JOURNAL

DU

MARQUIS DE DANGEAU

AVEC LES ADDITIONS

DU DUC DE SAINT-SIMON

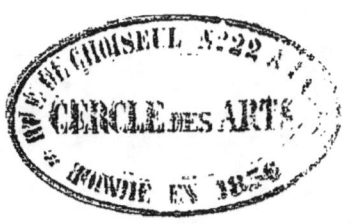

TYPOGRAPHIE DE H. FIRMIN DIDOT — MESNIL (EURE).

JOURNAL
DU
MARQUIS DE DANGEAU

PUBLIÉ EN ENTIER POUR LA PREMIÈRE FOIS

PAR

MM. EUD. SOULIÉ ET L. DUSSIEUX

AVEC LES

ADDITIONS INÉDITES

DU

DUC DE SAINT-SIMON

PUBLIÉES

PAR M. FEUILLET DE CONCHES

TOME DOUZIÈME
1707 — 1709

PARIS

FIRMIN DIDOT FRÈRES, FILS ET Cⁱᵉ, LIBRAIRES

IMPRIMEURS DE L'INSTITUT DE FRANCE

RUE JACOB, N° 56

1857

JOURNAL

DU

MARQUIS DE DANGEAU

AVEC LES ADDITIONS

DU DUC DE SAINT-SIMON.

ANNÉE 1707.

Mardi 1ᵉʳ novembre, à Versailles. — Le roi communia le matin par les mains du cardinal de Janson, et assista avec la maison royale à toutes les dévotions de la journée. Monseigneur et messeigneurs ses enfants firent aussi leurs dévotions. L'évêque d'Agde officia à la grande messe, et l'évêque d'Angers prêcha l'après-dînée et fut fort applaudi. Le soir, chez madame de Maintenon, le roi travailla avec M. de Pontchartrain. Au sortir de vêpres le roi fit la distribution des bénéfices : il donna l'évêché de Grenoble, qui vaut 25,000 livres de rente, à l'abbé de Montmartin, un des grands vicaires de l'archevêque de Vienne, et une abbaye dans Metz (1) à l'abbé de Bourlemont, frère du duc d'Atri *. Cette abbaye vaut 12,000 livres de rente et étoit vacante par la mort de l'abbé Anselin, fils de la feue nourrice du roi. — Le roi a donné 1,000 francs de pension à Duguay-Trouin, et au chevalier de Tourouvre 400 pistoles pour son voyage, et le renvoie à Brest, parce que le chevalier de Forbin va remettre à la mer avec son escadre.

---

(1) L'abbaye de Saint-Vincent.

* Ces Mémoires, on l'a déjà dit, sont affables et libéraux. Atri est dans le royaume de Naples et appartient à la maison Aquaviva; il a plu à ce frère de l'abbé de Bourlemont, sur je ne sais quelle généalogie tirée aux cheveux, d'y fonder une prétention en l'air, et sur cette prétention de se faire appeler le duc d'Atri, sans rang ni rien qui en approche; homme d'ailleurs de soi fort obscur, quoiqu'homme de qualité et de la maison d'Anglure.

Mercredi 2, *à Marly.* — Le roi tint, le matin, à Versailles, conseil d'État, comme à son ordinaire, et aussitôt après son dîner il partit pour venir ici, où il se promena jusqu'à la nuit. Monseigneur étoit parti le matin de Versailles pour courre le loup; il n'en trouva point, et arriva ici de bonne heure. Madame la duchesse de Bourgogne alla de Versailles à Saint-Germain pour voir la reine d'Angleterre, avec qui elle fut enfermée fort longtemps, et n'arriva ici qu'à six heures. Le roi a amené ici la comtesse d'Harcourt, qui n'y étoit jamais venue, et M. de Gondrin, qui n'y étoit venu que quand on y amena madame sa femme. — On eut par l'ordinaire des nouvelles de Lérida, qui ne sont que du 22. Voici une copie de la lettre du duc de Berwick : « L'on a continué à pousser des boyaux en avant pour établir des batteries contre la fausse-braie, les petits ouvrages et le corps du château; mais le manque de terre en rendra la perfection très-longue. Les ennemis rassemblent tout ce qu'ils peuvent de troupes et de milices pour venir secourir Lérida. »

Jeudi 3, *à Marly.* — Le roi, au sortir de la messe, alla courre le cerf; madame la duchesse de Bourgogne étoit avec lui dans sa calèche. Monseigneur et messeigneurs ses enfants étoient à la chasse. — On mande d'Espagne que le nouveau gouverneur d'Oran, qui étoit parti il y a quelques jours sur deux vaisseaux de Malte, avoit trouvé la place assiégée par mer par sept vaisseaux algériens au travers desquels ils passèrent et entrèrent dans le port. Aussitôt les Algériens prirent la fuite, et le lendemain on reprit le château Saint-Philippe, dont les

Maures s'étoient emparés. — Le roi de Suède, qui marche du côté de Thorn, a fait faire le procès au fameux Patkul, Livonien, qui avoit introduit le roi Auguste dans la Livonie, et, les juges l'ayant condamné comme traître, le roi de Suède l'a fait rouer tout vif à la tête de son armée. — On mande de Gênes que les troupes allemandes qu'on veut faire passer à Barcelone au service de l'archiduc n'étoient pas encore embarquées.

Vendredi 4, à Marly. — Le roi se promena le matin et l'après-dînée dans ses jardins, où il fait beaucoup planter. Le soir il joua avec les dames chez madame de Maintenon au trente et quarante. Monseigneur courut le loup. — On a déjà ramené en différents ports de Bretagne dix des vaisseaux de transport qu'on a pris après le dernier combat du chevalier de Forbin ; et sur un de ces vaisseaux que l'on a pris, les François, qui s'en étoient rendus maîtres, assurent qu'ils ont vu périr le cinquième vaisseau de guerre anglois, qui s'étoit sauvé du combat. — Le petit comte de Tallard, qui avoit eu l'agrément pour acheter le régiment de Tessé, a conclu son marché à 80,000 francs. — Le maréchal de Tessé, qui a été assez incommodé depuis quelques jours, a obtenu permission de revenir ici. — L'armée du maréchal de Villars a repassé en deçà du Rhin ; elle est séparée, et il y a déjà quelques officiers généraux arrivés à Paris.

Samedi 5, à Marly. — Le roi se promena le matin et l'après-dînée dans ses jardins. Monseigneur courut le loup. Monseigneur le duc de Bourgogne et madame la duchesse de Bourgogne allèrent pour coure un daim qui étoit dans le parc de Versailles ; on ne le trouva point. Ils allèrent dans la forêt de Marly, où ils chassèrent le sanglier avec les chiens de M. le comte de Toulouse. Le soir il y eut musique, comme il y en a toujours ici de deux jours l'un. M. de Vendôme arriva de Flandre et fut très-bien reçu du roi. — Les dernières nouvelles qu'on a reçues de Neufchâtel sont que le gouverneur s'en est retiré et qu'ils devoient avant-hier décider l'affaire en faveur de l'électeur de Brandebourg. Il y a une petite ville de cet État-là qui est catholique et qui a fait ses protestations.

Dimanche 6, à Marly. — Le roi tint conseil d'État à son ordinaire, et l'après-dînée il fut enfermé une heure et demie avec M. de Vendôme. Le soir, chez madame de Maintenon, il travailla avec M. de Chamillart. Monseigneur le duc de Bourgogne et madame la duchesse de Bourgogne allèrent à la paroisse, à vêpres. Monseigneur alla l'après-dînée à Saint-Germain voir le roi et la reine d'Angleterre. — Le maréchal de Villars doit arriver ici dans huit jours; sa femme, qui devoit l'aller trouver à Strasbourg, l'attend à Paris. — La princesse de Wolfenbuttel a été déclarée à Vienne reine d'Espagne. Les cérémonies de son mariage se sont faites, et elle doit partir incessamment pour Barcelone, où l'archiduc est toujours. — Il y a d'assez grands désordres en Boulonnois et en Picardie pour le faux-saunage. Des cavaliers, des dragons et des soldats se sont assemblés par bandes de deux ou trois cents hommes, ont pillé des greniers à sel, qu'ils vendent publiquement; ils en ont porté même jusqu'en Normandie.

Lundi 7, à Marly. — Le roi, au sortir de la messe, alla courre le cerf; madame la duchesse de Bourgogne étoit avec lui dans sa petite calèche; Monseigneur et messeigneurs ses enfants étoient à la chasse. Madame, dans une autre calèche, suit toujours le roi et depuis quelque temps elle mène une dame avec elle, et ce voyage-ci ç'a presque toujours été mademoiselle de Bouillon, qui aime fort la chasse. Madame la Duchesse suit presque toujours aussi dans une calèche du roi à quatre, où elle mène trois dames avec elle; outre cela, il y a encore une calèche à quatre pour les dames de madame la duchesse de Bourgogne. — On eut nouvelle que, le 3 de ce mois, les États de Neufchâtel avoient investi l'électeur de Brandebourg de leur souveraineté et de celle de Wallengin*. — La maréchale de Tourville est morte à Paris depuis un mois ; elle n'a eu du maréchal de Tourville qu'un fils, qui entre dans les mousquetaires**. Elle avoit eu, de son premier mariage avec M. de la Popelinière, plusieurs enfants qui sont encore en vie.

* Il y a tant eu d'écrits sur les prétentions à Neufchâtel qu'on s'abstiendra d'en parler ici : l'argent, l'éloignement et la conformité de religion prévalurent à tous droits, en faveur du Brandebourg.

** Les Mémoires se trompent ; le maréchal de Tourville avoit un fils qui fut tué dans la suite au combat de Denain, sans avoir été marié, et une fille qui le fut ensuite avec M. de Brassac, et qui fut une des dames de madame la duchesse de Berry.

Mardi 8, à Marly. — Le roi tint conseil de finance à son ordinaire. Il se promena l'après-dînée dans ses jardins, et à sept heures la cour d'Angleterre arriva. Le roi fut quelque temps avec eux, et puis laissa la reine chez madame de Maintenon, et alla travailler avec M. de Pontchartrain. Monseigneur mena le roi d'Angleterre et la princesse sa sœur à la musique. On soupa à neuf heures et demie, et après souper la cour d'Angleterre s'en retourna à Saint-Germain. — Les dernières lettres de Lérida sont du 29. M. le duc d'Orléans mande au roi qu'il espère lui envoyer bientôt un courrier pour lui apprendre la prise du château. On travaille à la sape, et nous ne sommes plus qu'à vingt-cinq toises de la muraille, à laquelle il y a déjà une brèche à monter trois hommes, et la muraille est fort ébranlée. Nous aurons le lendemain trente-huit pièces de canon encore en batterie. Le 27 on prit une maison et l'église des Jésuites, que l'on fit sauter, qui étoient entre le château et la ville et où les ennemis avoient fait un retranchement que l'on ne voulut pas attaquer quand la ville fut prise.

Mercredi 9, à Marly. — Le roi tint le conseil d'État, qui finit à midi, et travailla ensuite avec M. de Chamillart jusqu'à une heure. Madame la duchesse de Bourgogne se trouva assez incommodée, tout le jour, d'une fluxion dans la tête. Le soir, chez madame de Maintenon, le roi travailla encore plus de deux heures avec M. de Chamillart. — On mande de Boulogne que l'on a vu passer l'escadre du chevalier de Forbin, qui retourne à Dunkerque ; s'il fût parti un jour plus tard de Brest, il auroit reçu un avis que le roi lui envoyoit par un courrier. Cet avis étoit qu'une flotte angloise partoit pour la Virginie et n'étoit convoyée que par trois vaisseaux de guerre ; mais sa grande diligence, dont il n'y a qu'à le louer, a été un malheur en cette occasion, car sûrement il auroit été chercher cette flotte et la combattre encore. Le roi parla du chevalier de Forbin à son coucher et de tout ce qu'il avoit fait cette année, et en parla fort honorablement. — L'ambassadeur de Venise qui étoit à Rome est retourné à Venise. Les difficultés qu'il avoit eues à Rome avec le pape, sur ce qu'il n'avoit pas voulu donner la paix au connétable Colonne, ne sont pas finies ; et la république veut que son ambassadeur n'en fasse pas plus sur le cérémonial que les ambassadeurs de l'empereur et du roi*.

* Plus nos derniers rois ont augmenté de puissance, plus ils ont perdu de rang ; le cardinal Mazarin y mit le comble en souffrant l'égalité des couronnes. Il y a bien loin de ne donner pas la main même chez soi aux autres rois, comme cela étoit sans difficulté pour les nôtres, ou la donner comme par force et par excès de civilité aux rois d'Angleterre, de Castille et d'Aragon, comme cela est arrivé à plusieurs de nos rois, et en dernier lieu à Louis XII et à François Ier avec Ferdinand le Catholique, et avec Henri VIII, et voir leurs ambassadeurs non-seulement en compétence avec ceux des rois du nord, mais user d'adresse pour la préséance avec eux. Il y aura lieu de s'étendre là-dessus davantage. La prétention de Venise est digne d'admiration, et encore plus de ce qu'elle est souffrete.

Jeudi 10, à Marly. — Le roi, après la messe, alla courre le cerf seul dans sa petite calèche ; madame la duchesse de Bourgogne ne put pas aller avec lui. Elle avoit mal passé la nuit, et son mal augmenta si fort l'après-dînée qu'elle fut contrainte de se mettre au lit et eut une fièvre assez violente. Le roi se promena l'après-dînée, et au retour de sa promenade alla la voir. Il y retourna encore avant son souper, et la trouva assez abattue. — Il y a un grand démêlé entre M. de Bouillon et la maison de Noailles. Il y a quelques mois que M. de Bouillon pria le roi d'envoyer quelques compagnies de dragons dans la vicomté de Turenne, où les esprits paroissent disposés à la révolte; quatre compagnies de dragons y marchèrent. Les Noailles, qui ont quelques terres dans cette vicomté, prétendent qu'il n'y a jamais eu nul mouvement de révolte, et que M. de Bouillon n'avoit demandé ces troupes que pour établir de nouveaux droits dans cette terre. Il y a déjà longtemps qu'ils ont eu des démêlés qui étoient un peu assoupis, mais qui n'étoient pas entièrement terminés; ceci renouvelle leurs démêlés avec plus d'animosité que jamais.

Vendredi 11, *à Marly*. — Le roi se promena tout le jour dans ses jardins et entra plusieurs fois chez madame la duchesse de Bourgogne, qui fut saignée le matin, qui eut la fièvre tout le jour avec deux redoublements et une assez grosse fluxion sur le visage. Cela n'empêchera pas qu'elle ne retourne demain à Versailles, et on ne croit point que la fièvre ait des suites, parce que c'est une fièvre de fluxion. Le roi joua le soir au trente et quarante avec les dames chez madame de Maintenon. — M. de Médavy commandera en Savoie et en Dauphiné en l'absence du maréchal de Tessé, qui doit arriver incessamment et qui est assez incommodé. Du Bourg, Péry et Lée, lieutenants généraux, demeurent en Alsace, Dubourg à Strasbourg; Péry à nos lignes, et Lée à Béfort; Vivans, lieutenant général aussi, commandera sur la Sarre. Les maréchaux de camp qui demeurent en ces pays-là sont MM. de Broglio, le comte de Chamillart, le comte de Villars et......

Samedi 12, *à Versailles*. — Le roi, après s'être promené tout le jour à Marly, en partit sur les cinq heures pour venir ici. Monseigneur alla seul dîner à Meudon et revint ici le soir. Madame la duchesse de Bourgogne passa la nuit fort doucement, et à dix heures elle alla voir le roi dans son cabinet, et puis monta en carrosse pour revenir ici. Elle se coucha en arrivant; mais elle se releva le soir, n'ayant plus de fièvre, et alla voir le roi chez madame de Maintenon. Monseigneur le duc de Bourgogne partit de Marly en même temps qu'elle. — Le roi ne veut plus d'échange particulier des prisonniers; il demande un échange général, ce que les ennemis devroient accepter, car nous avons présentement du moins autant de leurs prisonniers qu'ils en ont des nôtres. — Le duc de Noailles fait fortifier Puycerda et Belver, dont il s'empara il y a quelques mois, et il y a fait travailler avec tant de succès que ces deux places sont présentement en état de défense. — Le soir il y eut comédie, mais madame la duchesse de Bourgogne n'y alla point.

Dimanche 13, à Versailles. — Le roi tint conseil d'État à son ordinaire. L'après-dînée il alla tirer. Le soir il travailla avec M. de Chamillart chez madame de Maintenon. Madame la duchesse de Bourgogne n'a plus de fièvre ni de fluxion; elle alla à la messe avec Monseigneur, qui sortit du conseil à midi et demi. — Un courrier particulier, parti de Lérida le 4 au soir, apporta des lettres de M. le duc d'Orléans qui font espérer une prompte réduction de Lérida. Tout notre canon étoit en batterie. La brèche est fort augmentée et nos sapes fort avancées. On a intercepté une lettre du prince de Darmstadt à l'archiduc, à qui il mande qu'il se fera enterrer sous les ruines de Lérida, mais que la place sera bientôt prise si l'on n'envoie promptement un secours considérable. — Le roi a détaché deux cents hommes du régiment des gardes qui seront commandés par les sergents qu'on a choisis pour leur valeur et leur sagesse. On les envoie en Picardie et en Boulonnois. On joindra à ce corps, s'il est nécessaire, des garnisons des places voisines pour détruire les troupes de faux-sauniers qui sont en ce pays-là.

Lundi 14, à Versailles. — Le roi prit médecine et travailla le soir avec M. Pelletier. Monseigneur et messeigneurs ses enfants partirent avant huit heures pour aller à Rambouillet, où ils demeureront jusqu'à vendredi. Madame la duchesse de Bourgogne devoit prendre médecine, mais on jugea qu'elle s'en pouvoit passer; elle alla avant et après la messe chez le roi, et a repris son train de vie ordinaire. — Il y a quelque temps que le premier médecin du roi d'Espagne, qui étoit François, mourut. Le roi d'Espagne écrivit au roi pour le prier de lui en renvoyer un autre. Le roi ordonna à M. Fagon de lui en choisir un, le plus habile qu'il pourroit et le plus sage. M. Fagon a choisi..., qui a pris congé du roi, après sa médecine. Le roi lui recommanda de ne se mêler de rien au monde que des choses de sa profession. On envoya, il y a quelque temps, un nouveau confesseur au roi d'Espagne, à qui le roi recommanda la même chose, ne voulant point que les Espagnols puissent se plaindre que les François qui sont auprès de leur roi entrent dans les affaires dont ils ne sont point chargés.

Mardi 15, à Versailles. — Le roi, après le conseil de finances, travailla encore avec M. de Chamillart. L'après-dînée il alla se promener à Trianon, et le soir il travailla avec M. de Pontchartrain chez madame de Maintenon. — Un armateur arrivé à Dunkerque mande qu'il a ramené sur son bâtiment trois Anglois qui avoient péri dans un grand vaisseau et qu'il eut la charité de mettre sur son vaisseau, les ayant trouvés près de se noyer. Ces trois Anglois disent qu'ils étoient sur la flotte de l'amiral Showel, qui, revenant de Lisbonne, avoit été surpris d'une furieuse tempête à l'entrée de la Manche; que les trois plus gros vaisseaux qu'il avoit avec lui et deux moindres avoient été jetés aux Sorlingues sur des rochers et avoient péri; que l'amiral Showel lui-même étoit sur un de ces vaisseaux, où il y avoit près de mille hommes; qu'ils ne pouvoient pas avoir connoissance si quelqu'un s'étoit sauvé, mais qu'ils croyoient qu'ils avoient péri tous. Cette nouvelle mérite confirmation; on en doute encore beaucoup.

Mercredi 16, à Versailles. — Le roi tint conseil d'État à son ordinaire. Il sortit à deux heures et alla tirer dans son grand parc, dont il revint charmé. Il y trouva une quantité prodigieuse de gibier, en tua beaucoup, et en donna à ceux de ses grands officiers qui eurent l'honneur de le suivre à la chasse. Monseigneur envoie tous les jours savoir des nouvelles du roi et lui rendre compte des chasses qu'ils font à Rambouillet (1). Madame la duchesse de Bourgogne alla l'après-dînée se promener à l'Étoile, qui est la petite maison de madame la duchesse d'Orléans dans le parc. Elle alla ensuite voir la maison de Bontemps dans l'avenue (2), et puis l'établissement de petites filles qu'a fait madame la princesse de Conty auprès de sa maison. Le roi travailla le soir chez madame de Maintenon avec M. de Chamillart, qui lui porta les lettres de M. le duc d'Orléans du 5. Ce prince lui mande que le 2 on a commencé à battre en brèche le corps du château; que nous sommes maîtres de tout le chemin couvert et de tous les petits ouvrages; qu'il ne croit pas que la place puisse tenir encore six jours et qu'un colonel espagnol nommé Zerezeda, qui avoit été détaché avec cent cinquante chevaux, en avoit battu un des ennemis beaucoup plus forts, leur avoit tué cinquante hommes et ramené des prisonniers. Les généraux ennemis étoient venus le 1er de ce mois avec deux mille chevaux sur des hauteurs de l'autre côté de la Sègre pour reconnoître notre situation.

Jeudi 17 à Versailles. — Le roi dîna en sortant de

---

(1) Voir la relation de tout ce qui s'est passé à Rambouillet pendant le séjour que Monseigneur et messeigneurs les princes y ont fait, dans le *Mercure* de novembre-décembre, pages 294 à 308.

(2) L'avenue de Paris. — Voir l'*Histoire des rues de Versailles* par M. le Roi, tome II.

la messe, et puis alla se promener à Marly, d'où il ne revint qu'à la nuit. Monseigneur, qui devoit revenir demain de Rambouillet, manda au roi qu'il ne reviendroit que samedi au matin. Madame la duchesse de Bourgogne alla à la Ménagerie, où elle monta à cheval avec beaucoup de dames. — M. le maréchal de Villars arriva et salua le roi à la descente de son carrosse et en fut très-bien reçu. — Toutes les troupes moscovites ont repassé la Vistule et vont rejoindre le prince Menzikoff, qui est près de Tycoczin et qui se doit rendre bientôt à Grodno. La plus grande partie des troupes du czar doivent aller hiverner en Moscovie et font des désordres effroyables en Pologne. Le roi de Suède est campé sur la Wartha, où il attend un renfort de dix mille hommes qui lui viennent de Suède et de Poméranie. Le comte de Zobor, qu'il a remis en liberté, est arrivé à Vienne, où il a été rétabli dans toutes ses charges. Le roi de Suède se plaint fort de la lenteur avec laquelle s'exécute en Silésie son traité avec l'empereur.

Vendredi 18, à Versailles. — Le roi dîna à une heure et puis alla tirer dans son grand parc; madame la duchesse de Bourgogne et beaucoup de dames à cheval allèrent le voir tirer. Jamais on ne vit tant de faisans en l'air; le roi en tua beaucoup et en donna à toutes les dames qui avoient suivi madame la duchesse de Bourgogne. — M. de Pontchartrain, qui est allé à Paris pour la maladie de madame sa femme, manda le soir au roi qu'il avoit la confirmation du naufrage de l'amiral Showel, et M. le comte de Toulouse, qui est à Rambouillet, en a eu aussi des nouvelles. — On mande de Londres que le parlement, qu'ils appellent présentement le parlement de la Grande-Bretagne, qui avoit commencé ses séances le 3, avoit été ajourné au 11, et que les députés d'Écosse avoient pris séance dans les deux chambres. — On a eu avis de Constantinople du 8 septembre qu'un chef des hordes tartares nommé Ibeg, avec cent mille chevaux, avoit attaqué les Moscovites, qui n'avoient que quarante mille hommes; qu'il leur avoit donné bataille vers la fin d'août, les avoit défaits entièrement et avoit ensuite bloqué Azof. On délibère à Constantinople pour avouer ou désavouer Ibeg.

Samedi 19, *à Versailles.* — Le roi tint conseil de finances à son ordinaire, et l'après-dînée il alla se promener à Trianon. Monseigneur arriva au lever du roi; il alla dîner seul à Meudon, et revint ici le soir pour la comédie. — M. le chevalier de Maulevrier arriva sur les huit heures; M. de Chamillart le mena chez le roi, qui étoit encore au lit. Il apporte la nouvelle de la prise de Lérida, qui se rendit le 11 au matin. La garnison a eu une capitulation honorable; elle pouvoit encore tenir quelques jours; il n'en est sorti que cinq ou six cents hommes sous les armes. Dès que le roi eut appris cette nouvelle, il envoya éveiller Madame et madame la duchesse d'Orléans pour la leur apprendre. Nous n'avons eu à ce siége, tant de la ville que du château, que sept à huit cents hommes tués ou blessés, et il est venu beaucoup de déserteurs françois de l'armée ennemie qui n'étoit qu'à deux lieues de Lérida quand la place s'est rendue. M. le duc d'Orléans a acquis beaucoup d'honneur à ce siége; il alloit plusieurs fois le jour à la tranchée et répandoit beaucoup d'argent. Il a détaché d'Arennes, lieutenant général, avec douze bataillons, pour aller faire le siége de Morella dans le royaume de Valence.

Dimanche 20, *à Versailles.* — Le roi tint conseil d'État; l'après-dînée il alla tirer, et le soir, chez madame de Maintenon, il travailla avec M. de Chamillart. Monseigneur alla voir tirer le roi; madame la duchesse de Bourgogne y alla aussi à cheval avec beaucoup de dames. M. le maréchal de Tessé arriva et salua le roi à son lever et en fut très-bien reçu. — Le duc d'Albe vint au dîner du roi, qui lui parla fort de Lérida et qui fit conter beaucoup de détails du siége par le chevalier de Maulevrier.

On chanta le *Te Deum* à la messe du roi, et on le chantera vendredi à Paris. — M. de Listenois a été pris entre Benfeld et Strasbourg ; on ne sait par qui ni comment. On a fait écrire une lettre d'une main inconnue, mais signée de lui, dans laquelle il mande à son homme d'affaires, en Franche-Comté, qu'il ne peut écrire ni où il est ni entre les mains de qui il est, mais qu'on le mettra en liberté si on donne 1,200 pistoles à un homme qu'il enverra pour les prendre à Besançon. On a envoyé l'argent il y a déjà huit jours, et on n'a appris cette nouvelle que ce soir, madame de Mailly, sa belle-mère, qui le savoit, n'en ayant point parlé. Cette aventure est fort étonnante par toutes ses circonstances. Il a été pris, dit-on, avant que M. de Villars fût parti de Strasbourg, et il dit qu'il n'en a point entendu parler étant sur les lieux et n'en a eu aucun avis par toutes les lettres qu'il reçoit tous les jours. On n'en a rien mandé non plus à M. de Strasbourg. M. de Listenois est fort à plaindre et on le croit en grand danger.

* Ce M. de Listenois étoit un fou sérieux, plein de vues, de projets et d'idées ; il se relaissa dans un village, d'où il fit tout ce manége pour tirer de l'argent, qui lui fut en effet envoyé ; après quoi, il reparut sans trop savoir que dire. Tout fut bientôt découvert, et servit de leçon sur son compte.

Lundi 21, *à Versailles*. — Le roi dîna de fort bonne heure et alla se promener à Marly, d'où il ne revint qu'à la nuit, et à son retour il travailla avec M. Pelletier chez madame de Maintenon. Le roi, après son lever, fit entrer le maréchal de Catinat dans son cabinet, et lui dit : « J'ai une prière à vous faire, et j'espère que vous ne me refuserez point. » Le maréchal lui dit : « Parlez, Sire, et j'exécuterai vos ordres dans l'instant. » Le roi reprit la parole et lui dit : « M. le maréchal, votre mésintelligence avec M. de Chamillart m'embarrasse* ; je voudrois vous voir raccommodés. C'est un homme que j'aime et qui m'est nécessaire. Je vous aime et je vous estime fort aussi. » Le maréchal lui dit : « Sire, je m'en vas tout à l'heure chez lui. — Non, lui dit le roi, il est là derrière ; je vais l'appeler. » La réconciliation se fit devant le roi ; et dès qu'ils furent tous deux sortis du cabinet et que M. de Chamillart fut retourné chez lui, le maréchal y alla. Ils furent quelque temps enfermés ensemble, et quand le maréchal sortit M. de Chamillart le conduisit jusques au bout de son appartement sans que M. de Catinat l'en pût empêcher ; mais quand ils furent à la dernière porte, le maréchal lui dit : « Monsieur, vous avez voulu faire cette façon-là ; mais, je vous supplie, que ce soit pour la dernière fois, afin que vous me regardiez, et que le public le sache, comme un ami et un serviteur particulier. »

* Ç'a été de tout temps une chose étrange que la puissance des ministres, qui ont toujours eu l'adresse de personnifier le roi en eux et de lui faire accroire qu'il y alloit de son autorité, de son service et de sa grandeur : ce fut ainsi que M. de Louvois prit un style si fier avec les gens de la plus haute qualité et des premiers grades à la guerre, et qui n'étoient point titrés, et à qui il fit ordonner par le roi de lui écrire Monseigneur ; c'est ainsi qu'il perdit, et pour cela seul, et à découvert, le peu de ceux-là qui ne purent s'y résoudre ; c'est ainsi que Louvois écrivoit d'égal aux ducs, à qui son père en même charge que lui, M. Colbert, contrôleur général et secrétaire d'État, et tous les autres avoient toujours écrit Monseigneur ; c'est ainsi qu'il acquit les mêmes styles aux autres secrétaires d'État ; c'est ainsi qu'ils recherchèrent et corrigèrent à ce style tous les imprimés où il se trouvoit autrement. Tessé avoit brouillé Catinat avec Chamillart ; on voit la sagesse et la modération du maréchal à l'égard de l'un et de l'autre et sa rare modestie sur tous les deux. On verra comme Tessé, après avoir usé et abusé de Chamillart, pratiqua à son égard et à la lettre le dévouement du vieux maréchal de Villeroy, qu'il faut tenir le pot de chambre aux ministres en crédit, et dès qu'ils branlent le leur verser sur la tête.

Mardi 22, *à Versailles*. — Le roi tint conseil de finance à son ordinaire. L'après-dînée il alla se promener à Trianon, et le soir il travailla avec M. de Pontchartrain chez madame de Maintenon. Le soir il y eut appartement chez Monseigneur, où il y eut de la musique et un grand jeu. — M. Tiepolo, ambassadeur de Venise, après le lever du roi, eut son audience de congé, et le roi le fit chevalier. Il fait chevaliers tous les ambassadeurs de Venise le jour de leurs audiences de congé. Le roi lui donna le baudrier et l'épée, que M. de la Rochefoucauld lui présenta comme grand-maître de la garde robe; car c'est la garde-robe qui fournit le baudrier et l'épée; ensuite l'ambassadeur eut ses audiences de congé de toute la maison royale. — Le chevalier Bauyn, à qui le roi donna le gouvernement de Furnes après la mort de d'Avéjan, a vendu depuis quelques jours sa compagnie au fils de d'Avéjan, qui étoit lieutenant dans ce corps. Le prix de ces compagnies aux gardes est fixé à 80,000 fr. — Le comte d'Auvergne est retombé depuis quinze jours dans son ancienne maladie, et l'on n'en espère plus rien. — Quand le roi fait les ambassadeurs de Venise chevaliers, il leur donne l'accolade, et leur dit : « Par Saint-Georges et par Saint-Michel, je vous fais chevalier. » Quand ils sont retournés à Venise, cela leur donne le droit de porter sur l'épaule une pièce de drap qu'ils appellent la *stola* et des boucles dorées à leur ceinture.

Mercredi 23, *à Versailles.* — Le roi tint le conseil d'État à son ordinaire. Monseigneur et monseigneur le duc de Bourgogne sont toujours au conseil d'État, mais ils ne vont presque jamais aux autres. Le roi alla l'après-dînée se promener à Trianon. Madame la duchesse de Bourgogne, après la messe, monta à cheval avec beaucoup de dames et alla courre le lièvre avec des lévriers, et puis revint manger à la Ménagerie. Monseigneur et messeigneurs les ducs de Bourgogne et de Berry étoient à cette chasse et à ce repas. Le soir le roi travailla chez madame de Maintenon avec M. de Chamillart. Il y eut comédie; il y en avoit déjà eu une lundi. — Le comte d'Auvergne mourut le matin à Paris. Il avoit le gouvernement de Limousin, qui vaut près de 50,000 livres de rente; le roi a donné ce gouvernement au maréchal de Berwick. Il n'y avoit aucun brevet de retenue*. — Le roi donna audience le soir au maréchal de Villars chez madame de Maintenon, où étoit M. de Chamillart. Le roi donna à ce maréchal l'appartement qu'avoit ici le comte d'Auvergne. Il ne reste plus rien à donner de tout ce qu'il avoit que le justaucorps à brevet, que beaucoup de gens demandent.

* La maladie et la mort du comte d'Auvergne firent parler; mais elles ne demandent que le silence (1).

Jeudi 24, à Versailles. — Le roi dîna au retour de la messe et puis s'alla promener à Marly. M. de la Rochefoucauld le servit à son dîner, parce que le chambellan et les premiers gentilshommes de la chambre n'y étoient pas; et si M. de la Rochefoucauld n'y avoit pas été, ç'auroit été un maître de la garde-robe. — M. le prince de Conty a choisi, pour son premier gentilhomme de la chambre, M. le marquis de Bellay, et le roi l'a approuvé. Les princes du sang ne choisissent point de grands officiers dans leurs maisons sans lui en demander l'agrément. Cette charge chez ce prince n'avoit point été remplie depuis la mort du chevalier d'Angoulême *. — Monseigneur alla dès le matin à Meudon, où il demeurera quelques jours. Monseigneur le duc de Bourgogne, madame la duchesse de Bourgogne et monseigneur le duc de Berry y allèrent dîner avec trois ou quatre dames qu'ils y menèrent, et le dîner fut en particulier. A six heures tous les gens qui sont du voyage de Meudon arrivèrent, et il y eut grand jeu. Monseigneur a mené, ce voyage-ci à Meudon, plus de vingt courtisans.

---

(1) Saint-Simon retourne ainsi cette phrase dans ses Mémoires : « Le comte d'Auvergne mourut enfin à Paris, le 23 novembre, d'une longue et fort singulière maladie où les médecins ne connurent rien, peut-être pour y connoître trop. »

*La libéralité des Mémoires est infinie. Jamais les princes du sang n'ont eu de grands officiers; le premier prince du sang a un gentilhomme de la chambre, que M. le Prince, le Héros, appela le premier gentilhomme de la chambre, en même temps se donna un premier écuyer. Il y eut des temps où cela ne fut pas difficile lors de son mariage avec la nièce du cardinal de Richelieu et dans les premiers temps de la régence, où il fut le maître par la foiblesse de Gaston et la crainte et le besoin du cardinal Mazarin. Le premier prince du sang est le seul dont la maison soit passée à la chambre des comptes pour les privilèges de ses officiers, et le seul qui, à titre de prince du sang, ait une pension du roi réglée et affectée. Quelques conquêtes qu'aient fait les princes du sang par leurs mariages avec les enfants naturels du feu roi et par l'élévation que le feu roi a voulu donner à ces mêmes enfants, ils n'ont pu ni avoir de grands officiers, ni faire passer leur maison à la chambre des comptes, ni avoir des privilèges pour aucun de leurs domestiques. On a vu en plus d'un endroit qu'ils n'ont jamais pu, sous le feu roi, faire admettre, ni à Marly, ni dans les carrosses de Monseigneur, ni à sa table, aucun des gens distingués de leurs domestiques; ni pas une de leurs dames d'honneur, ni à Marly, ni dans les carrosses, ni à la table des filles de France, et que celles qui y ont été admises l'étoient des filles du roi et uniquement par grâce à ce titre, à l'exclusion de celles des autres princesses du sang, et tandis que MM. du Maine et de Toulouse avoient de leurs premiers domestiques à Marly. Jamais M. le Prince, M. le Duc ni M. le prince de Conty n'en ont jamais pu avoir aucun, à l'exception une fois ou deux de M. de Lussan, chevalier de l'Ordre, premier gentilhomme de la chambre de M. le Prince, et de sa femme, qui, une seule fois, à des Rois, mangea à table, à la suite de madame la Princesse. Quant à ce choix de ces officiers des princes du sang, qu'ils ne font point sans le roi, c'est une nouveauté qui n'a été introduite qu'à l'occasion de M. le Duc et de son mariage, qui faisoit prendre au roi une part particulière en lui, et conséquemment à vouloir qu'il n'eût point de gens distingués du commun de ses domestiques qui ne lui fussent agréables; à quoi le soin qu'avoit M. le Prince de n'oublier rien qui put plaire donna lieu, et qui s'est suivi depuis, mais qui jusqu'alors avoit été parfaitement inconnu.

Vendredi 25, à Versailles. — Le roi dîna avant onze heures et puis s'alla promener à Marly, d'où il ne revint qu'à la nuit. — M. le prince de Talmond épouse mademoiselle de Bullion, à qui on donne 450,000 francs, et on le loge et le nourrit à Paris lui et sa femme. M. de Talmond aura les honneurs du Louvre; sa femme sera assise, mais ces honneurs-là ne passeront point à ses enfants*. — M. le duc d'Orléans reviendra ici quand il aura fait à Madrid la cérémonie de tenir sur les fonts le prince des Asturies au nom du roi, et l'on compte que le roi le renverra en Espagne au mois de février. Le duc de Berwick doit revenir aussi dans peu de jours d'Espagne, mais on ne sait pas si on l'y renverra. — Le roi d'Espagne a donné 20,000 écus de gratification au duc d'Albe. Il lui avoit déjà envoyé quelque argent pour le dédommager de la dépense qu'il avoit faite à la naissance du prince des Asturies. — Le parlement de la Grande-Bretagne a été prorogé jusqu'au 24 de ce mois, qui étoit jeudi dernier. La reine attend milord Marlborough, contre qui il y a un parti déclaré.

* On a vu ci-dessus, à l'occasion du tabouret de la princesse de Tarente, qui étoit la mère du duc de la Trémoille et du prince de Talmond, son frère, et de ce qu'elle étoit sœur de la mère de Madame, [que] M. de la Trémoille obtint un tabouret de grâce pour son frère à l'occasion de son mariage sous la cheminée, en côte mal taillée, et faisant accroire au roi que c'étoit une suite du tabouret de sa fille et de sa belle-fille, par l'heureux hasard de n'avoir ni cadet ni cadette. Le roi sentit après qu'il avoit été attrapé, et en parla; mais l'affaire étoit faite, et le brevet personnel lâché. Jusque-là M. de Talmond n'avoit eu aucuns honneurs quelconques; cela bâclé, M. de Talmond espéra que cette sauce feroit avaler le poisson à Madame; mais les Allemands abhorrent les mésalliances, et Madame avoit donné des preuves de la sienne. Elle n'avoit pas oublié qu'elle avoit tenu bon, plus de dix ou douze ans durant, contre toutes les instances de madame de Ventadour, qui la conjuroit de faire monter une fois madame de Bullion dans son carrosse; la mère de Bullion et la maréchale de la Mothe, mère de madame de Ventadour, étoient sœurs : madame de Bullion étoit une femme fort haute, qui aimoit à aller à Versailles et qui désiroit avec tant de passion d'entrer dans le carrosse de Madame qu'elle promit 20,000 francs à madame de Ventadour pour cela : à la fin elle en fit confidence à Monsieur, qui s'y laissa gagner; mais Madame, à qui il fallut bien le dire aussi pour la toucher, y résista longtemps encore, puis, de guerre lasse, elle y consentit. Madame de Bullion paya 20,000 francs à madame de Ventadour, puis entra une fois dans le carrosse

de Madame; mais ce fut tout, et elle n'osa jamais songer à ceux de madame la duchesse de Bourgogne ni à Marly. Madame fut donc outrée de voir la fille de madame de Bullion devenir sa cousine germaine, et fit un vacarme sans mesure et qui fut tel que, si le mariage n'avoit pas été avancé au point qu'il l'étoit, il ne se seroit jamais fait. La colère de Madame dura longtemps, et enfin s'apaisa à force de pardons et d'instances; mais, quoique la princesse de Talmond n'ait presque point paru à la cour, Madame ne fut jamais pour le prince de Talmond, ni même pour M. de la Trémoille, comme elle avoit été auparavant, et il y parut dans la régence de M. le duc d'Orléans, où le prince de Talmond n'eut aucune grâce qu'un petit gouvernement de place, et pensa mourir de douleur de n'avoir pu être fait duc pair, surtout quand il en vit d'autres. Il se raccrocha longtemps depuis par le mariage peu pécunieux d'une parente de la reine avec son fils, qui flatta sa vanité et qui tira son fils, par un brevet de duc, de l'état ordinaire dont le tabouret de grâce qu'il avoit obtenu à son mariage l'avoit lui-même tiré.

Samedi 26, *à Versailles.* — Le roi tint conseil de finance à l'ordinaire, et l'après-dînée il alla se promener à Trianon. — M. de Gacé et M. de Gondrin, qui ont leurs régiments en garnison à Montreuil, ont ordre de s'y en aller, pour empêcher le faux saunage que leurs cavaliers et leurs soldats y font. M. de Creuilly, colonel de dragons et dont le régiment est à Caen, avoit ordre aussi de s'en aller à sa garnison; mais l'ordre a été changé, parce qu'il en arrive. Les habitants et les paysans de ces pays-là aident fort aux troupes à faire ce faux saunage. — On mande de Pologne que la peste augmente considérablement à Cracovie et dans les lieux circonvoisins, que le roi de Suède marche à Varsovie et qu'un de ses partis a enlevé, dans un des faubourgs, la palatine de Belz, femme du grand général de la couronne, qui a été proscrit depuis quelques jours par le roi Stanislas, que beaucoup de sénateurs ont reconnu depuis que le roi de Suède et lui sont rentrés en Pologne.

Dimanche 27, *à Versailles.* — Le roi tint conseil d'État à son ordinaire, et l'après-dînée il entendit le sermon avec toute la maison royale. Mademoiselle de Bourbon, qui a pris la robe pour la première fois, étoit au sermon au rang des princesses. Le roi travailla le soir avec M. de Chamillart chez madame de Maintenon. Madame a fait tout ce qu'elle a pu pour empêcher, par ses conseils, le prince de Talmond d'épouser mademoiselle de Bullion et a déclaré qu'elle ne signeroit point son contrat de mariage. Il a l'honneur d'être son cousin germain. La noce s'en fera jeudi à Paris. Le soir le roi donna une assez longue audience au maréchal de Tessé chez madame de Maintenon, où étoit M. de Chamillart. Ce maréchal ne servira plus parce qu'il est fort incommodé; on croit même que, cet hiver, il sera obligé de se faire faire la grande opération. Le roi, après le sermon, alla se promener dans les jardins. Monseigneur le duc de Bourgogne et madame la duchesse de Bourgogne montèrent dans la tribune, où ils entendirent vêpres.

Lundi 28, à Versailles. — Le roi tint conseil de dépêches. L'après-dînée il alla se promener à Marly, et le soir il travailla chez madame de Maintenon avec M. Pelletier. Madame la duchesse de Bourgogne et monseigneur le duc de Berry allèrent dîner à Meudon avec Monseigneur, qui les mena à l'opéra. Ils retournèrent ensuite souper à Meudon, où il y eut grand jeu. Madame la duchesse de Bourgogne et monseigneur le duc de Berry ne revinrent ici qu'à quatre heures du matin. Monseigneur demeura à Meudon, d'où il ne reviendra que jeudi. — Par les nouvelles qu'on a d'Italie, on apprend que le comte Martinitz est reparti de Naples. Il retourne à la cour de l'empereur, et le général Thaun demeure vice-roi à Naples par intérim. Le général Vaubonne est mort en ce pays-là des blessures qu'il avoit reçues au siége de Gaëte. — La ville de Lyon, qu'on avoit cru qui feroit quelques difficultés sur les billets de monnoie qui vont passer dans les provinces pour un quart dans les payements, n'a fait aucune remontrance là-dessus, ni aucune ville du royaume non plus : ainsi Paris s'en trouvera fort soulagé, et l'on y perd moins présentement en s'en défaisant.

Mardi 29, *à Versailles.* — Le roi tint conseil de finance à son ordinaire. L'après-dînée il alla tirer, et le soir il travailla avec M. de Pontchartrain chez madame de Maintenon. Le roi signa le matin le contrat de mariage du prince de Talmond; mais Madame, de qui il a l'honneur d'être cousin germain, ne l'a point voulu signer, et a déclaré même qu'elle ne verroit ni la femme ni le mari. — Le roi a donné grâce au comte de Tonnerre. On le met à la Bastille, où il sera un an. Il donnera 10,000 francs d'aumônes, que M. le cardinal de Noailles partagera aux pauvres, et il n'entrera jamais dans aucune maison où sera M. Amelot; et si M. Amelot arrivoit dans une maison où il fût, il seroit obligé d'en sortir afin que M. Amelot n'ait pas la douleur de voir celui qui a tué son fils, et un fils qu'il aimoit tendrement. Le roi avoit fait écrire à M. Amelot par M. le chancelier et par M. de Chamillart pour l'exhorter à consentir que l'on fît grâce au comte de Tonnerre à cause de son extrême jeunesse.

Mercredi 30, *à Versailles.* — Le roi tint conseil d'État à son ordinaire; Monseigneur y vint de Meudon, et s'y en retourna dîner. L'après-dînée le roi alla à Trianon, et le soir il travailla avec M. de Chamillart chez madame de Maintenon. Monseigneur le duc de Bourgogne observa à l'entrée de la nuit, avec M. Cassini le fils, une comète qui paroît depuis deux jours, qui fait trois degrés par jour s'approchant du septentrion. Monseigneur le duc de Bourgogne est savant en astronomie comme en beaucoup d'autres choses. — On mande de Vienne que le prince de Salm est raccommodé avec l'empereur, qu'il est rentré dans ses charges et dans la place de chef du conseil*. — On a des nouvelles certaines que M. de Rabutin est rentré en Transylvanie et a fait lever le blocus de Deva, que les mécontents tenoient investi depuis quelques mois. On a fait de nouvelles propositions d'accommodement au prince Ragotzki par les ministres de Hollande et d'Angleterre; il a répondu qu'il ne pouvoit plus traiter avec l'empereur, et que les États de Hongrie avoient déclaré le trône vacant.

* Ce prince de Salm avoit épousé la sœur aînée de madame la Princesse et de la duchesse d'Hanovre, et, se trouvant en grand crédit à Vienne, avoit fait le mariage du roi des Romains, dont il avoit été gouverneur, avec une fille de cette duchesse d'Hanovre, qui étoit ainsi propre nièce de sa femme et cousine germaine de ses enfants. Cela le mit dans la première considération à Vienne, encore plus quand Joseph fut devenu empereur par la mort de Léopold, son père. C'étoit un prince fougueux au dernier point, adonné à ses plaisirs, médiocrement capable d'autre chose, et Amélie, sa femme, une princesse très-vertueuse. Le prince de Salm souffrit une éclipse à sa faveur, qui reprit le dessus en peu de temps et qui ne finit qu'avec le court règne de ce jeune empereur.

Jeudi 1ᵉʳ décembre, à Versailles. — Le roi dîna au sortir de la messe, et puis alla courre le cerf dans le parc de Marly. Après la chasse il alla changer d'habit au château. Il se promena dans les jardins, et ne revint qu'à la nuit. Monseigneur revint de Meudon et il y eut comédie le soir. — Le roi donna ces jours passés une pension de 2,000 francs à Mommeins, officier des gardes du corps. — La noce du prince de Talmond se fit à Paris chez la mère de la mariée. — M. de Nimeur fut reçu à l'Académie françoise. Il y a huit mois qu'il avoit été élu, mais aussitôt après son élection il fut obligé de partir pour l'armée; ainsi il n'avoit pas pu se faire recevoir. On a trouvé que sa harangue étoit fort bien.

Vendredi 2, à Versailles. — Le roi travailla le matin avec le P. de la Chaise. Il dîna de bonne heure et puis alla tirer. Monseigneur et monseigneur le duc de Berry coururent le loup. — On mande d'Italie que les ennemis ont embarqué trois ou quatre mille hommes pour les envoyer à Barcelone, et que dès qu'ils y seront arrivés milord Galloway fera embarquer les troupes angloises et hollandoises qu'il commande, pour retourner en Portugal. — Il est arrivé ici un valet de chambre de M. de Listenois qui a toujours été avec lui depuis qu'il est pris. Il vient pour emporter l'argent, après quoi il assure que son maître sera mis en liberté. On vouloit le faire suivre, mais il a dit qu'on s'en donnât bien de garde et que, sur le moindre soupçon d'être découvert, les gens qui l'ont pris le tueront. Jusqu'ici on ne comprend rien à cette affaire, et l'on n'ose travailler à l'approfondir.

Samedi 3, à Versailles. — Le roi, après le conseil de finance, travailla avec M. de Chamillart, et l'après-dînée il alla se promener à Marly. Le soir il joua chez madame de Maintenon avec madame la duchesse de Bourgogne et ses dames au trente et quarante, comme il fait depuis trois mois les jours qu'il n'a point à travailler avec quelques ministres. — Les faux sauniers continuent à faire beaucoup de désordres dans les provinces. On a arrêté en Anjou vingt-cinq cavaliers du régiment de Roye et dans l'Orléanois quelques cavaliers du régiment de Biron. On les décimera; on les fera tirer au billet pour être pendus et on enverra les autres aux galères. On va faire partir les colonels de ces régiments, quoiqu'ils eussent déjà été visiter leur quartier d'hiver depuis le retour de l'armée.

Dimanche 4, à Versailles. — Le roi tint le conseil d'État à son ordinaire. L'après-dînée il alla au sermon avec toute la maison royale, hormis madame la duchesse de Bourgogne, qui se trouva un peu incommodée. Au sortir du sermon le roi entra chez madame du Maine, puis alla se promener dans les jardins, et au retour de la promenade il travailla avec M. de Chamillart chez madame de Maintenon. Madame la duchesse du Maine accoucha le matin d'une princesse qui s'appellera mademoiselle du Maine. Madame sa mère souhaitoit fort d'accoucher d'une fille, parce qu'elle a déjà trois garçons qui se portent fort bien et qui sont fort jolis. Elle s'étoit tenue à Sceaux durant presque toute sa grossesse; elle n'est revenue ici que deux ou trois jours avant que d'accoucher.

Lundi 5, à Versailles. — Le roi dîna de fort bonne heure et puis alla se promener à Marly, et au retour il travailla avec M. Pelletier chez madame de Maintenon. — Seize cavaliers portant du faux sel ont été assez insolents pour le venir vendre dans le village de Meudon; on les fait suivre et on en fera une punition exemplaire, si on peut les attraper. — Le soir il y eut comédie; madame la duchesse de Bourgogne, qui se porte mieux que hier, y alla. — Il arriva un écuyer de M. le duc d'Orléans qui a laissé ce prince à Saragosse. Il en devoit partir le 28 pour aller en trois jours à Madrid, où S. A. R. compte de ne demeurer que quinze jours au plus. On ne sait rien encore du siége de Morella; mais on croit qu'on n'attaquera que la ville et qu'on se contentera d'en bloquer le château, qui est très-fort. — Il arriva un courrier de M. de Grignan, qui tient les états de Provence. Quoique cette province ait fort souffert cette année, elle accorde au roi 700,000 francs, comme elle les a toujours donnés depuis quelques années.

Mardi 6, à Versailles. — Le roi, après le conseil de finance, travailla encore avec M. de Chamillart. Il alla tirer l'après-dînée, et le soir il travailla avec M. de Pontchartrain chez madame de Maintenon. Madame la duchesse de Bourgogne ne monte plus à cheval depuis quelques jours, et il y a quelques apparences qu'elle est grosse. — M. l'archevêque de Rouen, qui a été longtemps malade à Gaillon, en étoit revenu à Paris se trouvant un peu mieux, mais il fut encore fort mal ces jours passés. Il ne s'est point démis du prieuré de la Charité, comme on l'avoit dit. — Il arriva un courrier de M. de Roquelaure, qui mande que les états de Languedoc ont accordé au roi trois millions de don gratuit et deux millions pour la capitation. — Le maréchal de Villars a fait de nouvelles acquisitions auprès de Vaux, entre autres une terre que madame de Nemours avoit de la maison de Longueville. Il doit repartir avant la fin du mois pour retourner en Alsace et emmène à Strasbourg la maréchale sa femme.

Mercredi 7, à Versailles. — Le roi tint le conseil d'État à son ordinaire. L'après-dînée il alla se promener à Trianon, et le soir, chez madame de Maintenon, il travailla avec M. de Chamillart. La princesse de Talmond prit le tabouret au souper du roi. — Il arriva un courrier du maréchal de Château-Renaud par lequel on apprit la clôture des états de Bretagne, qui ont accordé au roi la même somme qu'il y a deux ans. — Moreau, premier valet de chambre de monseigneur le duc de Bourgogne, mourut ici*. Il a fait Niert, un des premiers valets de chambre du roi, son légataire universel. On croit qu'il lui laisse la valeur de 100,000 écus qui étoit des biens d'acquêt. Il laisse à ses parents les biens qu'il avoit eus de sa famille. Il avoit un fort bel appartement dans le château, qui touche à celui de M. de Niert et que le roi donne à Niert le fils, qui en avoit un qu'on donne aux capitaines des gardes de M. le duc d'Orléans; et celui qu'ils avoient, le roi le donne à M. Maréchal, son premier chirurgien, pour augmenter celui qu'il avoit déjà et qui touche celui qu'on lui donne.

* Moreau étoit un premier valet de garde-robe du roi et avoit été des ballets et des plaisirs de sa jeunesse, très-bien fait, de l'esprit et nulle impertinence de valet; un fort honnête homme, et né pour être un vrai seigneur. Il avoit toute sa vie vécu avec ceux de la cour, dont il étoit aimé et estimé, et encore plus des dames, ayant été un des hommes de la cour des mieux faits et de la meilleure mine; on le voyoit bien encore à soixante-dix-sept ans, qu'il avoit. Il lui étoit resté beaucoup d'amis, et d'amis considérables, et ne s'étoit jamais marié. Il fut le seul mis de la main du roi auprès de monseigneur le duc de Bourgogne. C'étoit un vrai répertoire de cour et un homme de très-bonne compagnie, toujours considéré du roi, et toutefois assez libre en ses propos, qui étoient souvent salés; il en lâchoit quelquefois sur la dévotion de son maître et sur ses longues conférences avec son confesseur; il n'aimoit ni les dévots ni les jésuites, et toutefois avoit la confiance de son maître et du duc de Beauvilliers; du reste il vivoit moralement bien, en honnête homme et plein d'honneur. Quand il se vit près de sa fin, il fut si touché de tout ce qu'il avoit vu de près en son maître qu'il l'envoya supplier de lui accorder ses prières et la grâce de faire une communion pour lui dès qu'il seroit mort, et déclara qu'il ne connoissoit rien de plus saint que ce prince. Monseigneur le duc de Bourgogne en fut très-touché à son tour, monta chez lui et fit ses dévotions pour lui dès qu'il fut mort. Jamais prince, et de cet âge, n'a peut-être reçu d'éloge si complet ni si exempt de flatterie.

Jeudi 8, à Versailles. — Le roi et toute la maison royale assistèrent à toutes les dévotions de la journée. Le soir, chez madame de Maintenon, il joua au trente et quarante avec madame la duchesse de Bourgogne et ses dames. Le roi ira lundi à Marly pour toute la semaine. — Il arriva un courrier de Madrid, où M. le duc d'Orléans arriva le dernier du mois. Ce prince mande qu'il sera obligé d'y faire un plus long séjour qu'il n'avoit cru par la multitude des affaires qu'il y a trouvées, et quoiqu'il travaille depuis le matin jusqu'au soir, il croit qu'il n'en pourra partir qu'à la fin de ce mois. Le roi d'Espagne a fait chevalier de la Toison le marquis de Bay, qui commande ses troupes en Estramadure*. Le duc de Noailles a son congé pour revenir servir son quartier. On compte même qu'il arrivera à Marly les premiers jours de la semaine qui vient. Le maréchal de Berwick n'étoit pas encore à Madrid quand le courrier de M. le duc d'Orléans en est parti; il doit être de retour ici avant la fin du mois. M. de Legall, lieutenant général, commandera cet hiver les troupes qu'on laisse dans l'Aragon, dans le royaume de Valence et en Catalogne.

* Le soi-disant marquis de Bay, fils d'un cabaretier, Ducasse, de Gray, en Franche-Comté, dont le père vendoit des jambons à Bayonne, Morville et quelques autres, déshonorèrent l'ordre de la Toison d'Or. Le rare est qu'il fut offert à Bezons dans la suite, étant alors maréchal de France, et que le roi ne voulut pas consentir qu'il l'acceptât. Son bâton pourtant lui valut l'Ordre en 1724, sans que l'exemple de Catinat lui en pût servir.

DÉCEMBRE 1707.

Vendredi 9, *à Versailles*. — Le roi travailla le matin avec le P. de la Chaise, dîna de bonne heure et alla l'après-dînée tirer dans son grand parc. Monseigneur alla dîner à Meudon. Madame la Duchesse, qui devoit aller dîner avec lui, n'y alla point, parce que la petite vérole a paru ce matin à mademoiselle de Charolois, sa fille. On a même transporté cette princesse du château à la ville. — Un armateur de Nieuport a pris depuis quelques jours un bâtiment parti d'Ostende pour aller en Angleterre, sur lequel étoit un neveu de Marlborough, un autre colonel anglois et plusieurs autres officiers. — La maréchale de Noailles et M. d'Antin se sont brouillés sur la dot de madame de Gondrin, dont M. d'Antin demandoit le payement, et madame de Noailles prétend n'en rien devoir par une contre-lettre qu'elle avoit de madame de Montespan. Ils se plaignent fort les uns des autres. — Le roi doit voir ce printemps les huit escadrons de la gendarmerie, quatre ou cinq escadrons de carabiniers et quelques régiments de cavalerie.

Samedi 10, *à Versailles*. — Le roi ne tint point le conseil de finance qu'il a accoutumé de tenir tous les samedis. Il ne put sortir l'après-dînée à cause de la pluie, et passa aussitôt après son dîner chez madame de Maintenon. Il y joua le soir avec les dames. Il y eut comédie. — Les billets de monnoie diminuent considérablement, et l'on s'aperçoit tous les huit jours qu'on s'en défait avec beaucoup plus de facilité et moins de perte. On espère qu'avant la fin du mois qui vient on n'y perdra plus rien. — On mande d'Allemagne que le duc de Wurtemberg, qui est marié à une princesse de Bade-Dourlach, dont il a même des enfants, a épousé une autre femme, que l'empereur a fait comtesse quelques jours avant la noce. Il a mandé à sa première femme, qui est à Stuttgard, d'en sortir; les habitants de la ville, qui sont fort affectionnés à cette princesse, ne veulent point qu'elle en sorte. — Le traité d'échange général pour tous les prisonniers de guerre s'avance fort, et il paroît que les ennemis le souhaitent autant que nous.

Dimanche 11, à Versailles. — Le roi, à son réveil, apprit la mort de monseigneur l'archevêque de Rouen. M. de la Rochefoucauld lui demanda pour l'abbé de la Roche-Guyon, son petit-fils, qui étudie en théologie, l'abbaye du Bec, qu'avoit cet archevêque et qui vaut du moins 40,000 livres de rente. Le roi lui répondit : « Votre petit-fils a-t-il l'âge? » M. de la Rochefoucauld lui assura qu'il avoit dix-neuf ans. « Hé bien, dit le roi, je vous la promets. » Le roi le rappela ensuite et lui dit : « Il ne faut point en faire à deux fois, et je vous la donne dès cette heure. » Le roi tint le conseil d'État à son ordinaire, et au sortir du conseil il parla à M. de Beauvilliers sur la charge de premier valet de chambre de monseigneur le duc de Bourgogne, vacante par la mort de Moreau. On avoit cru d'abord que ce seroient les premiers valets de chambre du roi qui la feroient; mais il y a eu quelques difficultés entre eux sur cela, et monseigneur le duc de Bourgogne a paru souhaiter de n'être point servi par quartiers dans cette charge et a témoigné que personne ne lui seroit plus agréable pour la remplir que Duchesne, premier valet de chambre de monseigneur le duc de Berry. Le roi a trouvé ce choix fort bon, et monseigneur le duc de Berry, sans le consentement duquel monseigneur le duc de Bourgogne ne le vouloit point faire, y a consenti, disant : « Je regrette fort Duchesne, dont j'étois fort content; mais je ne voudrois pas m'opposer à une chose qui lui est si avantageuse, et de plus il me suffiroit, pour y consentir, de savoir que M. le duc de Bourgogne le souhaite. » — Le roi donna l'après-dînée une audience assez longue au comte d'Évreux, qui, après lui avoir rendu compte de beaucoup de détails de la cavalerie, lui demanda le brevet de mestre de camp pour le marquis de Saint-San, qui sert dans le régiment colonel, et le roi le lui accorda en lui disant qu'il avoit résolu de n'en plus donner. — Le soir le roi travailla avec M. de Chamillart chez madame de Maintenon. — Le roi donna au marquis de Seignelay, maître de sa garde-robe en survivance de la Salle, un beau logement dans le grand commun, qu'avoit M. l'archevêque de Rouen, son oncle.

Lundi 12, *à Marly*. — Le roi dîna au sortir de la messe, et après son dîner il partit de Versailles pour venir courre le cerf dans ce parc-ci. Après la chasse il se promena dans les jardins jusqu'à la nuit, et le soir il travailla avec M. Pelletier chez madame de Maintenon. Monseigneur vint ici avec madame la princesse de Conty. Monseigneur le duc de Bourgogne, madame la duchesse de Bourgogne et monseigneur le duc de Berry arrivèrent ici avant la nuit. M. le Duc et madame la Duchesse ne sont point du voyage; ils sont demeurés à Versailles à cause de la petite vérole de mademoiselle de Charolois, qui va entrer dans les jours dangereux de cette maladie. M. le duc du Maine est demeuré aussi à Versailles pour tenir compagnie à madame du Maine, qui vient d'accoucher; mais il viendra faire sa cour au roi tous les jours. Madame la vidame [d'Amiens] est de ce voyage-ci pour la première fois. Le roi y a donné aussi une chambre au comte d'Évreux, qui n'y étoit jamais venu, et une au marquis de Nangis, qui n'y étoit venu les autres années que pour les bals. Monseigneur, en arrivant ici, joua avec madame la duchesse de Bourgogne au papillon, qui est un jeu fort à la mode depuis quelques jours.

Mardi 13, *à Marly*. — Le roi, après la messe, alla courre le cerf avec les chiens de M. du Maine et trouva cet équipage fort beau et fort bien servi. Il se promena dans les jardins l'après-dînée, et le soir il travailla avec M. de Pontchartrain. Monseigneur et monseigneur le duc de Berry allèrent dès le matin courre le loup, d'où ils ne revinrent qu'à trois heures. On espéroit depuis vingt jours que madame la duchesse de Bourgogne étoit grosse; mais ces espérances-là sont finies. La cour d'Angleterre arriva sur les sept heures. Le roi les alla recevoir à l'ordinaire à leur entrée dans le château et puis il les mena chez madame de Maintenon ; et ensuite Monseigneur mena le roi d'Angleterre et la princesse sa sœur à la Ménagerie, et madame la duchesse de Bourgogne joua au brelan. — Il y a longtemps que la reine douairière d'Espagne souhaitoit d'avoir pour son majordomo-major le duc de Saint-Pierre. Le roi y a enfin donné son consentement, et l'on espère que le roi d'Espagne ne fera aucune difficulté de le donner aussi. Le duc de Saint-Pierre est présentement à Montpellier, où la duchesse sa femme, qui étoit partie grosse de Paris, s'est blessée.

Mercredi 14, *à Marly.* — Le roi tint conseil d'État comme à son ordinaire. L'après-dînée il se promena quelque temps dans ses jardins malgré le grand vent et la pluie. Le soir il travailla avec M. de Chamillart chez madame de Maintenon. M. de Torcy vint aussi lui parler et y demeura quelque temps pendant que M. de Chamillart y fut. Le roi a donné la charge de premier valet de chambre de monseigneur le duc de Berry à Chenedé, qui étoit premier valet de garde-robe de ce prince, et le roi a donné la charge de premier valet de garde-robe à un quatrième fils de Cantin, que le père avoit mis dans les mousquetaires. — Les dernières lettres d'Angleterre portent qu'il y a eu plusieurs lords qui ont parlé très-fortement dans le parlement contre ceux qui gouvernent les affaires. La chambre haute n'a point encore remercié la reine de sa harangue, quoique ce fût par là d'ordinaire qu'elle commençât ses séances. Il paroit même que les Wighs et les tories se plaignent également et de ce qu'on n'est plus payé de ses terres et de ce que le commerce est ruiné. Les lords Haversham, Wharton, Halifax et Peterborough ont parlé avec beaucoup de force, louant fort la reine et attaquant les ministres.

Jeudi 15, *à Marly.* — Le roi, en sortant de la messe, alla courre le cerf et revint dîner ici comme il fait tou-

jours aux chasses d'hiver. Le soir il joua chez madame
de Maintenon au trente et quarante avec les dames. M. le
duc de Noailles arriva et servira son quartier avant que
de retourner en Roussillon. — M. l'archevêque de Rouen
n'avoit point disposé du prieuré de la Charité, comme on
l'avoit dit, et comme ce prieuré est dépendant de Cluny,
M. le cardinal de Bouillon en a disposé en faveur du
prince Frédéric, cadet des enfants du feu comte d'Auvergne. Ce prieuré vaut environ 20,000 livres de rente,
et comme M. le cardinal de Bouillon a voulu aussi que
l'abbé d'Auvergne profitât de cette vacance, le prince
Frédéric a cédé à son frère le prieuré du Saint-Esprit, qui
dépend aussi de Cluny. Ce prieuré vaut 13,000 livres de
rente, et le prince Frédéric se réserve, en le cédant, une
pension de 5,000 livres. — On est convenu avec les ennemis d'un lieu et d'un jour pour régler les échanges
des prisonniers; ce sera à Nivelles, et on commencera à
y travailler le 18 de ce mois. Le roi y envoie le marquis
de Ruffey, maréchal de camp, et un commissaire; les
Anglois y envoient Cadogan, et les Hollandois Cronstrom.

Vendredi 16, à Marly. — Le roi, après la messe, alla
courre le cerf avec les chiens de M. le comte de Toulouse.
L'après-dînée il se promena, et le soir il joua avec les
dames chez madame de Maintenon. — On a des nouvelles
de M. de Listenois; il est présentement chez lui à Besançon.
On ne parle plus de ce qui lui est arrivé, dont on ne sait
rien de positif; mais on dit qu'il y a une grande altération dans sa santé. — L'évêque de Mende mourut il y a
quelques jours. Cet évêché est fort noble, et vaut 40,000
livres de rente. — Le cardinal de Bouillon a assuré à
l'abbé d'Auvergne, après sa mort, la terre d'Oliergues
en Auvergne. Elle est fort noble et vaut 8,000 livres de
rente. Après la mort de l'abbé d'Auvergne, il la substitue
au prince Frédéric; après la mort du prince Frédéric,
aux enfants du prince d'Auvergne, leur frère aîné, en cas
qu'il rentre dans les bonnes grâces du roi; et en cas qu'il

n'y rentre point, à celui des enfants de M. de Bouillon que voudra l'abbé d'Auvergne.

Samedi 17, à Versailles. — Le roi, après la messe, courut le cerf. L'après-dînée il se promena dans les jardins de Marly et en repartit à quatre heures pour venir ici. Monseigneur alla dîner à Meudon, où il mène beaucoup de courtisans et d'où il ne reviendra que vendredi. Madame la duchesse de Bourgogne partit de Marly avant le roi. — M. de Valsemé, lieutenant général, que le roi avoit envoyé en Provence pour y commander sous M. de Grignan, est mort à Toulon. Il avoit le cordon rouge avec la pension de 4,000 livres. — M. le prince de Léon est revenu de Bretagne, dont il a tenu les états cette année. Il y avoit mené dans son carrosse Florence (1), et l'a ramenée; mais elle n'étoit point à Dinan, où les états se tenoient. M. de Rohan a obtenu du roi qu'on la fît enfermer, et on l'a enlevée depuis quelques jours à une maison auprès de Paris, qui s'appelle les Ternes. Le prince de Léon ne veut plus voir M. ni madame de Rohan. M. de Rohan lui offre de donner à Florence 5,000 livres de pension et d'avoir soin des enfants qu'il a d'elle, s'il veut ne la plus voir.

Dimanche 18, à Versailles. — Le roi, avant que d'entrer au conseil, donna une longue audience au prince de Léon; S. M. en donna aussi une au prince de Rohan, son père. Le roi et toute la maison royale entendirent le sermon, et après le sermon le roi fut longtemps enfermé avec le comte de Bezons. Le soir le roi travailla avec M. de Chamillart à son ordinaire chez madame de Maintenon. — M. de Manneville, gouverneur de Dieppe, est mort. On croit que S. M. laissera à sa veuve ce gouvernement à vendre. Elle est fille de feu M. de Montchevreuil et a été dame d'honneur de madame du Maine. — Par toutes les nouvelles qu'on a d'Allemagne, d'Angleterre et de Hollande, il ne paroît pas que les ennemis augmentent leurs troupes

---

(1) Voir l'addition de Saint-Simon, du 30 mai 1708.

pour la campagne qui vient. — Le roi ne s'est point mêlé de l'affaire de M. de Bouillon avec la maison de Noailles. Elle prend le train ordinaire de la justice; mais ils vont plaider avec beaucoup d'aigreur les uns contre les autres.

Lundi 19, *à Versailles.* — Le roi prit médecine, comme il la prend tous les mois, et travailla l'après-dînée avec M. Pelletier, et puis le soir, chez madame de Maintenon, il travailla à régler les fortifications qu'il veut faire à Toulon. M. le comte de Toulouse, le maréchal de Tessé, M. Pelletier, Langeron et un ingénieur assistoient à cette délibération. Le roi a résolu d'y employer 2,500,000 livres; mais on n'y emploiera cette année que 350,000 livres, qui suffiront pour mettre la place en état de défense. — Hier, M. le premier président étant à table chez lui avec toute sa famille et quelques conseillers qui étoient venus dîner avec lui, le plancher tomba sous eux. Il n'y eut que la première présidente qui ne tomba point, et par bonheur, quoiqu'ils tombassent fort bas, il n'y eut que le précepteur de son fils blessé assez légèrement. — M. de Saint-Geniez, qui étoit colonel des houssards dans l'armée de Flandre, [quitte ce régiment]. Les houssards n'étoient pas contents de lui, il n'étoit pas content d'eux. Le roi donne ce régiment à un Hongrois que le prince Ragotzki avoit envoyé au roi pendant qu'on étoit à Fontainebleau avec de fortes instances pour qu'on lui donnât de l'emploi. On met Saint-Geniez mestre de camp réformé dans un régiment de cavalerie.

Mardi 20, *à Versailles.* — Le roi tint conseil à son ordinaire. L'après-dînée il alla tirer, et le soir il travailla avec M. de Pontchartrain. — Il y a eu une grande tempête sur les côtes de Hollande. Beaucoup de vaisseaux ont péri dans le Texel; il y a eu même beaucoup de villages submergés. On n'en sait pas encore le détail; mais la perte est grande par toutes les nouvelles qu'on a de ce pays-là. — M. le duc d'Orléans doit être parti de Madrid du 17. Il vient par Pampelune, et on l'attendoit à Bayonne le 22.

M. le duc de Berwick ne reviendra que quand S. A. R. sera retournée en Espagne. On a laissé pour gouverneur dans Lérida Louvigny, fils de celui qui avoit longtemps servi en Flandre et dans le Milanois et qui étoit un officier de grande réputation parmi les Espagnols. — Le mariage du marquis de Chamillart est arrêté avec mademoiselle de Mortemart; cela n'est pas encore public. On ne dit point ce qu'on donne à la fille; M. de Chamillart donne 20,000 écus de rente à son fils.

Mercredi 21, à Versailles. — Le roi tint conseil d'État; Monseigneur y vint de Meudon, et après le conseil il emmena avec lui madame la duchesse de Bourgogne dîner à Meudon. Monseigneur le duc de Bourgogne y alla dans son carrosse, et monseigneur le duc de Berry y alla avec les dames de madame la duchesse de Bourgogne. Monseigneur le duc de Bourgogne en revint de bonne heure pour être à la prière qui se fait à cinq heures. Madame la duchesse de Bourgogne et monseigneur le duc de Berry revinrent pour le souper du roi. Le roi alla tirer l'après-dînée, et le soir, chez madame de Maintenon, il travailla avec M. de Chamillart. M. de Villars y fut plus d'une heure, reçut les derniers ordres du roi et prit congé de lui pour retourner en Alsace; mais il ne partira de Paris que dans huit jours. — Le roi a donné le cordon rouge vacant par la mort de Valsemé à Muret maréchal de camp, qui est encore à Fenestrelles et qui sert avec beaucoup d'application, l'hiver et l'été. — Bontemps, premier valet de chambre du roi, obtint pour M. d'Argenis, son gendre, une grâce que le roi n'accorde guère, qui est la permission de vendre son régiment, qui est un régiment nouveau, et d'avoir un brevet de colonel réformé dans un vieux régiment.

Jeudi 22, à Versailles. — Le roi dîna de bonne heure et alla à Marly, d'où il ne revint qu'à la nuit. Le mariage du marquis de Chamillart avec mademoiselle de Mortemart est public. On ne donne à la demoiselle que 20,000 écus d'argent comptant, et madame sa mère lui assure 40,000 francs après sa mort; outre cela, elle aura encore près de 100,000 francs du douaire de sa mère, et le roi, en faveur du mariage, donne à la demoiselle 10,000 francs de pension. — M. de Listenois est revenu à Paris. Il a même, été aujourd'hui à l'Étang voir M. de Chamillart, à qui il a dit qu'il avoit été pris véritablement par quelques officiers des ennemis; que tous les bruits qu'on avoit fait courre de lui depuis ce temps-là étoient faux; qu'il lui donneroit par écrit le récit de toute cette aventure; qu'il le prioit d'en faire examiner la vérité, et quand il le sauroit d'en rendre compte au roi pour effacer tous les mauvais offices qu'on lui avoit rendus là-dessus, et qu'en cas qu'il avançât la moindre fausseté le roi devoit le punir rigoureusement.

Vendredi 23, *à Versailles.* — Le roi ne sortit point de tout le jour. Il fut longtemps enfermé avec le P. de la Chaise l'après-dînée, comme il fait toutes les veilles des jours qu'il fait ses dévotions. Monseigneur revint de Meudon. — La distribution des bénéfices vacants est faite. Le roi n'y travaille d'ordinaire que l'après-dînée, dès qu'il a communié; mais le P. de la Chaise a prié le roi que ce fût dès aujourd'hui, parce qu'il se trouve mal. Il aura bientôt quatre-vingt-quatre ans, et ses infirmités augmentent. — M. de Cronstrom, envoyé de Suède, qui est ici, a eu nouvelle que le comte de Zobor, chambellan de l'empereur, et qui étoit rentré dans ses charges depuis que le roi de Suède l'avoit renvoyé après lui avoir pardonné, conservant un profond ressentiment du soufflet qu'il avoit reçu du baron de Stralenheim, envoyé de Suède à Vienne, et de tous les malheurs qu'il avoit essuyés depuis, est allé à Breslau, où le baron de Stralenheim étoit pour les affaires du roi de Suède, et l'a assassiné. On ne doute pas que le roi de Suède ne porte son indignation fort loin.

Samedi 24, *à Versailles.* — Le roi fit ses dévotions; Monseigneur et monseigneur le duc de Bourgogne les firent aussi à la chapelle; madame la duchesse de Bourgogne les fit aux Récollets, dans la chapelle en haut. L'après-dînée le roi et toute la maison royale entendirent les vêpres en bas; M. l'évêque de Strasbourg officia. Le roi fit collation à neuf heures, et à dix heures il alla dans la tribune avec toute la maison royale, et entendit les matines et les trois messes de minuit. — Le roi a donné l'archevêché de Rouen à M. l'évêque de Noyon *, l'évêché de Noyon à l'abbé de Rochebonne, fils de Rochebonne qui commande à Lyon, et l'évêché de Mende à l'abbé de la Salle. Ces deux abbés étoient grands vicaires de M. l'évêque de Poitiers. — Madame d'Armagnac, qui étoit malade depuis quelque temps, est à la dernière extrémité. On ne croit pas qu'elle passe la journée de demain. Elle a fait un testament par lequel elle donne deux petites terres à mademoiselle d'Armagnac, et M. d'Armagnac l'a ratifié.

* On a vu l'origine de la fortune de cet abbé en adoptant madame de Maintenon pour être de son nom. L'évêque de Chartres, Godet, directeur de Saint-Cyr et de cette toute-puissante, l'avoit eu grand vicaire, et le trouva et le laissa mâchoire d'âne, mais de bonnes mœurs et de doctrine à la mode, ce qui étoit aisé à un prélat comme d'Aubigné, qui ne savoit pas lire. Il fut donc évêque de Noyon, avec un crédit qu'on a vu en son lieu: sa cousine putative le fit archevêque de Rouen; et comme tout lui étoit facile, elle obtint pour lui la conservation du rang de comte-pair, ce qui étoit sans exemple et qui n'en a eu que trop depuis. Tout stupide qu'il étoit, il attrapa le parlement de Normandie: les archevêques de Rouen y prêtoient serment à genoux à la grande chambre entre les mains du premier président, avant d'y prendre leur place; les derniers archevêques Harlay, Médavy et Colbert avoient trouvé que cette forme étoit indigne de l'épiscopat, et aimèrent mieux se priver de la séance que de s'y soumettre, quoique leurs prédécesseurs ne fussent pas moins archevêques qu'eux et que pour la naissance il n'y eût pas même de proportion. Celui-ci, armé de l'autorité de sa cousine, leur dit qu'ayant prêté au parlement de Paris le serment de pair de France, comme évêque comte de Noyon, et là acquis séance en tous les parlements du royaume, il n'avoit plus de serment à prêter, alla au parlement avec l'habit de pair ecclésiastique, se mit en place, opina, et a continué depuis d'y aller de la sorte. Il

étoit bien aisé de lui répondre que, n'ayant plus Noyon, il n'avoit plus de séance de pair nulle part, et qu'il devoit un serment au parlement de Rouen pour s'y acquérir la séance comme archevêque, puisqu'il n'y en pouvoit avoir qu'à ce titre ; mais cela passa de la sorte, et il se moqua d'eux. Son prédécesseur avoit fort embelli la superbe maison de Gaillon. La maison archiépiscopale de Rouen étoit fort abandonnée ; celui-ci la rebâtit presque toute très-magnifiquement.

Dimanche 25, jour de Noël, à Versailles. — Le roi et toute la maison royale assistèrent à toutes les dévotions de la journée. Le soir le roi travailla chez madame de Maintenon avec M. de Chamillart. — Madame d'Armagnac mourut ici à huit heures du soir. M. de Villette mourut à Paris d'apoplexie. Il étoit le plus ancien des quatre lieutenants généraux de la marine et avoit un cordon rouge et 4,000 francs de pension. Il avoit, outre cela, une pension de 2,000 écus, qui demeure à sa veuve. Il étoit cousin germain de madame de Maintenon. — L'aumônier de M. du Maine, qui est homme de condition, a eu dans la promotion de hier un bénéfice qui vaut 1,000 écus de rente, et quand il a remercié le roi ce matin, le roi lui a dit : « Je suis bien aise de vous avoir fait plaisir, mais j'en ai encore fait davantage au duc du Maine qu'à vous. » — On mande de Marseille que l'archevêque d'Aix est à la dernière extrémité ; il a plus de quatre-vingts ans.

Lundi 26, à Versailles. — Le roi a tenu le matin conseil d'État, qu'il auroit tenu hier sans la bonne fête. Il n'a point sorti l'après-dînée, parce qu'il faisoit une pluie horrible. Il a travaillé ce soir chez madame de Maintenon avec M. Pelletier. — Le roi a donné 8,000 francs de pension aux enfants de M. de Villette. — Le roi a permis à M. de Chamillart de vendre la charge de trésorier de l'ordre du Saint-Esprit, et il est en traité avec M. de Maisons. Ce ministre a acheté depuis peu de jours la terre de Cagny, en Normandie ; c'est une terre qui vaut 10,000 écus de rente et qui est fort noble. Le président de Maisons a eu par sa femme la terre de Galville, qui touche à celle de Cagny et qui est fort bien bâtie, et on croyoit qu'il donneroit cette terre pour la charge de l'Ordre. — La princesse électorale de Brandebourg est accouchée, depuis un mois, d'un fils, que l'électeur veut que l'on appelle le prince d'Orange. — Il arriva un courrier qui a laissé M. le duc d'Orléans à quatre lieues au delà de Bayonne. Ce prince espère pouvoir arriver ici jeudi ou vendredi au plus tard.

Mardi 27, à Versailles. — Le roi, après le conseil de finance, travailla encore avec M. de Chamillart. L'après-dînée il alla se promener à Trianon, et le soir il travailla avec M. de Chamillart chez madame de Maintenon. — Le roi a donné la place de lieutenant général de la marine à M. d'O, qui étoit le plus ancien chef d'escadre, et a fait Ducasse lieutenant général aussi. Il n'y a d'ordinaire dans la marine que quatre lieutenants généraux; en voilà un de supernuméraire, mais il y a déjà eu quelques exemples de cela. Langeron, qui est présentement le premier lieutenant général, a eu le cordon rouge qu'avoit M. de Villette. On a fait deux chefs d'escadre, qui sont Champigny et Serquigny; ce dernier est neveu du feu maréchal de Tourville. On a fait trois capitaines de vaisseau, qui sont : le marquis de Béthume, Maupeou et Saint-Quentin. — Il y a déjà quelques années que M. d'O n'alloit plus chez M. de Pontchartrain, et madame la duchesse d'Orléans même avoit voulu faire ce raccommodement sans en pouvoir venir à bout. M. de Pontchartrain, dès que M. d'O a été nommé lieutenant général, lui a envoyé un gentilhomme pour lui en porter la nouvelle. M. d'O est allé l'en remercier. Ils sont entrés en éclaircissement sur le passé et sont sortis contents l'un de l'autre. — Le roi a donné au duc de Tresmes un brevet de retenue de 400,000 francs sur sa charge de premier gentilhomme de la chambre. — Le roi a donné à Pelleport, brigadier de cavalerie qui sert en Espagne, une pension de 500 écus sur l'ordre de Saint-Louis qu'avoit M. de Muret, qui vient d'avoir le cordon rouge. — M. de Listenois est revenu et a salué le roi ce soir. Il ne paroît pas que sa santé ait été altérée, comme on l'avoit dit.

Mercredi 28, à Versailles. — Le roi tint le conseil d'État à son ordinaire. Il alla se promener l'après-dînée dans ses jardins, et le soir, chez madame de Maintenon, il travailla avec M. de Chamillart. Monseigneur, au sortir du conseil, monta en carrosse avec monseigneur le duc de Bourgogne, madame la duchesse de Bourgogne, monseigneur le duc de Berry, mesdames de Duras, de Mailly et d'O. Il fit mettre dans sa berline mademoiselle de Lislebonne et la maréchale d'Estrées, et les mena dîner à Meudon à un dîner particulier, où les courtisans ne le voient point. Ils revinrent ici pour le souper du roi. — Le roi fit entrer l'après-dînée Artagnan des mousquetaires, et lui dit qu'il l'avoit choisi pour aller commander des troupes qu'il a en Provence sous M. de Grignan, comme étoit Valsemé. — L'archevêque d'Aix est mort. Il vaque présentement deux places d'ecclésiastiques dans l'ordre du Saint-Esprit et vingt-six de laïques.

Jeudi 29, à Versailles. — Le roi alla dîner à onze heures et alla se promener à Marly, d'où il ne revint qu'à la nuit. Monseigneur courut le loup, qui fut tué à dix lieues d'ici. Messeigneurs les ducs de Bourgogne et de Berry allèrent, dès le matin, faire des battues auprès de Meudon. Madame la duchesse de Bourgogne dîna chez madame d'O, où l'on fit venir de Paris Pécourt, pour la remettre dans le train de la danse. Madame la duchesse de Bourgogne y fit venir quelques dames qui doivent être du bal de jeudi prochain. — Le chevalier de Lauzun, mourut à Paris[*]. Il étoit frère du duc de Lauzun, qui n'a point d'enfants, et auroit été son héritier. — L'archevêque de Toulouse est à l'extrémité. Il a fait mander à l'abbé de Villacerf, son neveu, de le venir trouver, afin d'avoir la consolation de le voir avant de mourir. — On apprit le soir que le chevalier de Lauzun n'étoit pas encore mort, mais que les médecins l'avoient abandonné, parce qu'il n'y avoit plus d'espérance. — Le soir il y eut comédie.

* Ce chevalier de Lauzun n'avoit pas moins de valeur ni guère moins d'esprit et d'extraordinaire que le duc de Lauzun, son frère; mais il étoit fort obscur. Il avoit pourtant été des amis de M. le prince de Conty et été avec lui en Hongrie, puis en Pologne. Il demeura après lui en Hongrie, mais il ne put s'y accommoder, parce qu'il ne le pouvoit avec personne, pas même avec son frère, qui le faisoit vivre et lui donnoit abondamment.

Vendredi 30, *à Versailles.* — Le roi, après son lever, fut longtemps enfermé avec M. le duc d'Orléans, qui venoit d'arriver. Ce prince se loue fort de toute la nation espagnole; tout le monde en ce pays-là lui a témoigné beaucoup d'amitié et lui a rendu tous les respects dus à sa naissance et à son mérite. Il a été traité partout comme ils traitent les infants. Le duc de Berwick étoit parti de Saragosse pour venir ici, mais il a trouvé à Almaçan un courrier du roi qui lui porte l'ordre de demeurer en Espagne. Il va faire un tour à Madrid et puis retournera en Aragon. — Le traité de M. de Chamillart avec le président de Maisons, pour la charge de trésorier de l'Ordre, est rompu. — M. le Grand, qui est demeuré à Paris depuis la mort de madame sa femme, a eu une attaque de paralysie, mais il n'a point perdu connoissance. On l'a saigné sur-le-champ, et on lui a fait prendre de l'émétique.

Samedi 31, *à Versailles.* — Le roi tint conseil de finances comme à l'ordinaire, et l'après-dînée il alla se promener à Trianon. — Le maréchal de Villars partit de Paris; on croit qu'il va faire quelque entreprise. — Le chevalier de Lauzun est mort. — M. de Sagonne, maître des requêtes, fils de Mansart, est nommé à l'intendance de Moulins, d'où l'on rappelle M. d'Ablèges. — Monseigneur et monseigneur le duc de Berry coururent le loup. Madame la duchesse de Bourgogne alla à Saint-Germain voir la reine d'Angleterre. Le soir il y eut comédie.

ANNÉE 1708.

Dimanche 1ᵉʳ janvier, à Versailles. — Le roi entendit la grande messe, où l'archevêque de Reims officioit; il y avoit peu de chevaliers. Il entendit vêpres dans la tribune, et il ne descend en bas que quand il y a un évêque qui officie. Le prévôt des marchands vint le matin, à la tête de la maison de ville, faire les complimuments ordinaires au roi. — On eut des lettres de Madrid qui nous apprirent la prise du château et de la ville de Morella. On croyoit ne pouvoir prendre que la ville et tenir ensuite le château bloqué, mais heureusement une bombe est tombée dans la chambre du gouverneur et l'a tué; cela a mis tant de désordre parmi les officiers qui commandoient sous lui qu'ils ont demandé à capituler. On leur a accordé une capitulation honorable. Il ne reste plus rien aux ennemis dans le royaume de Valence que Denia et Alicante. — Le roi, à son dîner, dit au duc d'Albe que M. le duc d'Orléans comptoit de retourner bientôt en Espagne et qu'il en étoit revenu fort content de l'affection qu'ont tous les peuples pour leur roi.

Lundi 2, à Versailles. — Le roi tint le conseil d'État qu'il auroit tenu hier sans les cérémonies de la journée. Il alla tirer l'après-dînée. — Le roi a donné à M. de Chamillart un brevet de retenue de 250,000 francs sur sa charge de trésorier de l'ordre du Saint-Esprit. — M. de Seignelay, maître de la garde-robe du roi, épouse mademoiselle de Furstemberg, à qui sa mère donne 100,000 francs présentement, et lui assure 200,000 francs après sa mort. — Le roi travailla le soir chez madame de Maintenon avec M. Pelletier. Il y eut comédie. — Le prince Eugène est arrivé à Vienne, et on croit qu'il retournera incessamment en Italie. Les alliés faisoient de grandes instances à la cour de l'empereur pour qu'on l'envoyât auprès de l'archiduc en Espagne, mais il ne veut point de cet emploi, d'autant plus qu'ils n'ont quasi plus de troupes en Catalogne. Les Anglois et les Hollandois qui y sont restés veulent repasser en Portugal.

Mardi 3, à Versailles. — Le roi tint conseil de finance à son ordinaire. Il alla tirer l'après-dînée, et le soir il travailla avec M. de Pontchartrain chez madame de Maintenon. — On mande de Gênes que les troupes qu'on devoit embarquer pour envoyer en Catalogne sont encore autour de cette ville, dans des fiefs impériaux qu'ils achèvent de ruiner, et que les vaisseaux qui les devoient porter à Barcelone ne sont pas encore prêts. — La charge d'intendant de la maison de madame la duchesse de Bourgogne, qui depuis la création de la maison n'avoit pu être vendue, a été donnée à M. Dorémius pour 25,000 écus. On en avoit fixé le prix à 100,000 francs, on lui fait grâce de 25,000. Cette charge prête serment entre les mains de madame la duchesse de Bourgogne. Il ne reste plus à vendre dans sa maison que celle du trésorier, qu'on fait exercer par Lefèvre; elle est fixée à 100,000 écus. Elle vaut 30,000 livres de rente, et prête serment entre les mains du chevalier d'honneur.

Mercredi 4, à Versailles. — Le roi tint conseil d'État à son ordinaire; l'après-dînée il alla se promener dans les jardins, et le soir il travailla chez madame de Maintenon avec M. de Chamillart. Le soir il y eut comédie, où vont toujours Monseigneur, madame la duchesse de Bourgogne, monseigneur le duc de Berry et Madame, et on y met quatre fauteuils. Le roi et monseigneur le duc de Bourgogne n'y vont plus il y a déjà longtemps.

JANVIER 1708.

Copie de la lettre du duc de Berwick.

A Madrid, le 26 décembre 1707.

La garnison du château de Morella en est sortie le 17, conformément à la capitulation; elle étoit composée de trois cents hommes de troupes réglées et d'environ huit cents paysans armés. Le régiment de Louvigny-infanterie, au service d'Espagne, a été surpris et enlevé par les ennemis à Bénavarry. Les lettres de Lisbonne assurent que le frère du roi de Portugal commet tous les jours mille extravagances de même genre à peu près que son oncle le roi don Alphonse. Dans une de ces aventures il a été blessé dangereusement par quelques Anglois qu'il avoit attaqués sur le Tage.

Jeudi 5, à Versailles. — Le roi, après sa messe, donna audience au maréchal de Villeroy, qui lui demanda l'agrément de se démettre de sa charge en faveur du duc de Villeroy son fils. Le roi lui permit et lui dit qu'il pouvoit rendre publique la grâce qu'il lui faisoit, et l'après-dînée, quand le roi changea d'habit pour aller se promener à Marly, le maréchal lui dit : « J'ai été si troublé ce matin, Sire, que je ne vous ai point parlé du brevet de retenue que Votre Majesté avoit eu la bonté de me donner sur cette charge. » Le roi lui répondit qu'il l'accordoit au duc de Villeroy comme il lui avoit accordé à lui. Ce brevet est de 500,000 francs. Il y a treize ans qu'à pareil jour le maréchal de Villeroy avoit eu la charge, le lendemain de la mort de M. de Luxembourg*.
— Un peu avant dix heures le roi entra chez madame la duchesse de Bourgogne, où étoient le roi d'Angleterre et la princesse sa sœur, les princesses et les dames de la cour. On entra dans la galerie, qui étoit éclairée extraordinairement, car il y avoit près de deux mille grosses bougies, et de la galerie on entra dans la pièce qui est avant la chambre du roi, où l'on trouva quatre tables de dix-huit couverts chacune : la première étoit tenue par

le roi, où étoient le roi d'Angleterre, la princesse sa sœur et madame la duchesse de Bourgogne. La seconde table étoit tenue par Monseigneur, la troisième par monseigneur le duc de Bourgogne, et la quatrième par monseigneur le duc de Berry. Après le souper on rentra dans la galerie et on passa dans le grand appartement du roi, où il y eut un bal magnifique dans la pièce où sont les tribunes, et dans ces tribunes étoient les violons et les hautbois. Les courtisans entroient par le bout de l'appartement du côté de la chapelle, hormis les grands officiers qui étoient entrés avec le roi. Le roi avoit fait venir à ce souper la duchesse d'Albe par une distinction particulière et qui ne tire point à conséquence pour les autres femmes des ambassadeurs. Parmi les dames qui dansoient au bal étoit la comtesse Towienska, Polonoise, qui est de la maison de Lubomirski et dont le mari est neveu du défunt cardinal primat. Il y avoit beaucoup de danseurs et de danseuses qui n'avoient jamais eu l'honneur de danser devant le roi. Les dames étoient en grand habit et en grandes boucles. Le roi demeura au bal jusqu'à une heure après minuit, et Monseigneur y demeura jusqu'à la fin. Il n'étoit guère que trois heures quand on en sortit (1).

---

(1) « Il est de certains usages auxquels les siècles n'ont point porté d'atteintes, et il paroît qu'on ne pourroit, sans irréligion, manquer à les observer, quoique cependant il semble être permis de ne pas les suivre, et que l'on ne fasse point un crime à ceux qui ne les observent pas. La fête appelée *des Rois* est de ce nombre, et ce qui s'est toujours pratiqué la veille de cette fête et souvent le jour s'est fait de tout temps avec plus ou moins d'éclat, selon la naissance et la fortune de ceux qui s'assemblent ces jours-là pour suivre un usage établi de tous les temps. On ne doit pas s'étonner si le roi, qui s'est toujours conformé à tout ce qu'il a trouvé établi avec justice et surtout aux choses qui ont des apparences de religion, quelque légères qu'elles soient, a toujours observé avec un éclat digne de son rang et de la magnificence qui lui est naturelle ce qui se pratique dans le temps de la fête *des Rois*. Cette magnificence a paru cette année avec toute son étendue la veille de la fête des Rois, S. M. ayant résolu de régaler ce jour-là une partie des principales dames de la cour en leur donnant un souper qui devoit être servi sur quatre tables différentes de dix-huit couverts chacune, et qui devoit être suivi d'un magnifique bal, où devoient dan-

* Le maréchal de Villeroy étoit en disgrâce depuis son retour, en 1706, duquel il avoit tout espéré par son habitude et par la protection de madame de Maintenon; l'une et l'autre échouèrent; le roi ne put revenir de sa dureté à refuser de profiter de ses bontés et à demander

---

ser une partie des dames du souper, ainsi que plusieurs dames de distinction et les principaux seigneurs de la cour.

« Pour donner quelque ordre à cette relation, je crois la devoir commencer par la manière dont l'escalier par lequel on devoit passer à l'appartement où les tables étoient dressées étoit illuminé, et lorsque je vous aurai dit tout ce qui regarde cet appartement, qui est le petit appartement de Sa Majesté, et que je vous aurai parlé des ordres qui avoient été donnés afin que tout se passât sans confusion pour le service de quatre tables, qui devoient être remplies de soixante-douze personnes, je les laisserai ensuite à table, et pendant que l'on s'y divertira, suivant l'usage du jour, je passerai à l'appartement destiné pour le bal, où j'entrerai par l'escalier qui y conduisoit et qui est du côté de la chapelle; et après vous avoir fait une peinture de cet appartement, je vous parlerai du grand salon qui est à l'autre bout de cet appartement, d'où j'entrerai dans la galerie, afin de faire une description de l'état où elle étoit alors et de tout ce que l'on avoit fait pour la rendre toute brillante de lumières; et lorsque je vous aurai fait voir les mesures que l'on avoit prises pour l'entrée des personnes à qui il devoit être permis de voir le bal sans danser, je retournerai prendre l'auguste compagnie qui remplissoit les quatre tables, pour la conduire au bal, dont je vous parlerai ensuite, aussi bien que des habits et de ce qui se passa au bal jusqu'à quatre heures du matin, que le roi d'Angleterre et madame la princesse sa sœur s'en retournèrent à Saint-Germain.

« Le premier des escaliers (*) dont je viens de vous parler étoit illuminé par un grand nombre de girandoles posées sur de grands guéridons que l'on nomme *torchères* et par un grand nombre de bougies placées sur les rampes, et les lumières que produisoient plusieurs lustres qui étoient dans les deux pièces (**) que l'on voit vis-à-vis et à la droite du haut de cet escalier, étant jointes à celles dont je viens de vous parler, produisoient toutes ensemble un si grand éclat qu'il ne pouvoit être effacé que par celui des appartements et de la galerie.

« On entroit ensuite dans la salle des gardes (***), dans laquelle on avoit dressé des tables où le fruit étoit posé.

« Les buffets étoient dressés dans la pièce suivante (****), d'où l'on entroit dans ce que l'on appelle aujourd'hui *le Salon* (*****). Ce salon, quoique plus long que large, n'est fait que depuis quelques années, et il est composé de ce qui comprenoit auparavant l'antichambre et la chambre de S. M., qui est présentement

(*) L'escalier de la Reine ou escalier de marbre.
(**) La grande salle des Gardes et la salle des gardes de la Reine.
(***) La salle des gardes de l'appartement du Roi.
(****) Chambre où le roi mangeait à son grand couvert.
(*****) Ce salon ou antichambre du roi est la pièce qu'on a appelée depuis *l'OEil de bœuf*.

son retour. Le maréchal s'en prit à Chamillart et rompit ouvertement avec lui, ce qui ne raccommoda pas ses affaires. Le roi ne le pouvoit supporter et avoit peine à lui répondre, et même à lui dire les choses que sa charge exigeoit. L'embarras extrême du maréchal, et

---

dans le lieu que l'on nommoit ci-devant *le Salon* (*). Les quatre tables étoient dressées dans le nouveau salon dont je viens de vous parler.

« Je ne vous dis point que les trois pièces dont j'ai parlé d'abord étoient toutes brillantes de lumières, puisqu'il est aisé de se l'imaginer. Je passe à ce qui avoit été arrêté afin que le service pût être fait sans confusion, quoiqu'il y eût quatre grandes tables à servir.

« Soixante-douze Suisses de la compagnie des Cent-Suisses de S. M. avoient été choisis pour porter les plats, et comme il étoit impossible qu'il n'y eût de la confusion si chacun ne savoit à quelle table il devoit porter les plats dont il étoit chargé, ces quatre quadrilles de Suisses avoient chacune des rubans de couleurs différentes et marquées pour chaque table; en sorte que ceux d'une quadrille ne pouvoient se mêler avec ceux de l'autre, aucun ne se séparant de ceux qui portoient des rubans d'une même couleur.

« On avoit nommé plusieurs contrôleurs de la maison du roi pour poser les viandes, de manière qu'il y en avoit deux à chaque table pour faire cette fonction. Le service des officiers du gobelet fut aussi partagé touchant ce qui regarde leurs charges, et M. Benoist, contrôleur de la maison du roi, régloit toutes les tables. M. le marquis de Livry, premier maître d'hôtel, eut l'honneur de servir Sa Majesté, et M. Félix, contrôleur général de la maison du roi, eut celui de servir monseigneur le Dauphin.

« Le roi soupa à dix heures, à son ordinaire, et Sa Majesté, ayant été avertie qu'elle étoit servie, entra dans la galerie (**) seulement pour y jeter un coup d'œil, afin de voir l'effet du grand nombre de lumières qui en faisoient briller toutes les beautés. Sa Majesté étoit accompagnée du roi d'Angleterre, de madame la princesse sa sœur, de tous les princes, de toutes les princesses de la maison royale et de toutes les personnes qui devoient avoir, ce soir-là, l'honneur de manger aux tables qui venoient d'êtres servies. Voici les noms des personnes qui mangeoient à ces tables :

« *Première table.* — Le roi, et à la droite de Sa Majesté : le roi d'Angleterre, madame la princesse d'Angleterre, Madame; à la gauche de Sa Majesté : madame la duchesse de Bourgogne, madame la duchesse d'Orléans. Les autres places furent occupées indifféremment; celles qui les remplirent sont : madame la duchesse d'Aumont, qui fut reine, madame la duchesse de la Ferté, madame la duchesse de Brancas, madame la duchesse de Roquelaure, madame la duchesse du Lude, madame de Middleton, madame la princesse de Montauban, madame la princesse d'Épinoy et madame la princesse d'Harcourt. — 16.

« *Seconde table.* — Monseigneur. M. le duc d'Orléans, madame la Duchesse, qui fut reine, mademoiselle de Bourbon, mademoiselle de Conty, madame la

---

(*) Voir la note, tome VIII, page 259.
(*) La grande galerie ou galerie des Glaces.

avec le roi, et de paroître devant le monde sur un pied avec lui si différent de ce qu'il avoit été, le résolut à donner sa charge à son fils pour n'avoir plus de détails de rien avec le roi ni de quartier à le suivre, et le roi regarda comme une délivrance cette grâce que lui demanda le

---

duchesse d'Albe, madame de Boufflers, madame de Souvré, mademoiselle de Tourbes, mademoiselle de Melun, madame la maréchale de Clérembault, madame de l'Aigle, madame de Mirepoix, madame de la Vieuville, madame la comtesse d'Harcourt, madame la duchesse de la Feuillade, madame la duchesse de Duras. — 17.

« *Troisième table*. — Monseigneur le duc de Bourgogne. Madame la duchesse de Villeroy, madame la duchesse de Lorges, madame la duchesse de Nogaret, madame d'O, madame d'Épinoy, qui fut reine, madame de Torcy, madame de la Vallière, mademoiselle de Villefranche, madame de Gié, madame de Villacerf, madame de Bellefonds, madame de Gondrin, madame la duchesse de Noailles, madame la duchesse de Guiche, madame la maréchale d'Estrées. — 16.

« *Quatrième table*. — Monseigneur le duc de Berry. Madame la maréchale de Rochefort, madame de Mailly, madame de Beaumont, madame de Listenay, madame la duchesse d'Estrées, madame de Sforce, madame de Châteauthiers, madame la vidame, madame de Maulévrier, madame la comtesse de Livry, qui fut reine, mademoiselle de Langeron, mademoiselle de Sainte-Hermine, madame de la Vrillière, madame de Tobieska, madame de Montbazon, mademoiselle de Bouillon. — 17.

« Il n'est pas surprenant que les soixante-douze couverts dont étoient composées les quatre tables n'aient pas été tous remplis, puisqu'il est presque impossible que parmi soixante-douze personnes il ne s'en trouve toujours quelques-unes d'arrêtées par quelque obstacle qui les empêche de jouir d'un honneur que leur naissance ou leur rang leur ont procuré.

« Toutes ces tables furent également servies, aussi étoient-elles toutes regardées comme la *table du roi*. Pendant que les reines burent, on suivit l'usage ancien et général, et les cris de *la reine boit* se firent entendre, et comme il arrivoit quelques fois que deux ou trois reines buvoient dans le même temps, le bruit que faisoient ces cris étoit plus ou moins grand, mais toujours fort agréable, parce que les voix des dames l'emportoient sur celles des hommes qui étoient à ces tables, et ce qui augmentoit encore le bruit du concert formé par tant de voix différentes est que, quoique ceux qui servoient n'y mêlassent pas leurs voix, les uns se frappoient dans les mains, et les autres trouvoient moyen de frapper harmonieusement sur quelque pièce d'argenterie de manière que tous ces bruits ensemble et formés sur différents tons avoient quelque chose de divertissant, et convenoient fort à la cérémonie du jour.

« Laissons continuer un divertissement d'autant plus réjouissant qu'il n'est pas ordinaire dans un lieu si auguste, et passons par l'escalier qui conduit au grand appartement du roi, dans lequel on devoit danser, afin d'examiner tout ce que l'on peut dire de cet escalier, de cet appartement, du grand salon qui est au bout, et de la galerie que l'on voit dans le retour.

maréchal. Il prit ensuite le parti d'être beaucoup à Villeroy, peu à Paris, et point du tout à Versailles; mais ce parti forcé mit au désespoir un courtisan que sa faveur avoit élevé à tout et qui n'avoit de mérite avec les autres ni de consistance avec soi-même que par cette faveur

---

« Cet escalier (*) étoit éclairé de la même manière que l'escalier de la gauche, et l'on y voyoit beaucoup de torchères et de girandoles, ce qui en faisoit briller toutes les beautés, qui peuvent aller de pair avec tout ce qui enrichit les plus beaux appartements. Il y avoit sur un des paliers un grand buffet chargé de toutes sortes de rafraîchissements.

« Les pièces par où l'on entroit dans le grand appartement du roi après avoir quitté l'escalier (**) étoient garnies de buffets sur lesquels étoient encore d'autres rafraîchissements et d'une partie de tout ce qui devoit servir à la collation qui devoit être distribuée pendant le bal. Ces pièces étoient parfaitement bien éclairées.

« Il y avoit dans la salle du bal (***), qui suivoit, douze lustres, dix torchères avec des girandoles, et l'on avoit aussi placé plusieurs girandoles sur l'appui des deux tribunes qui sont dans cette salle, qui servent ordinairement à placer la symphonie. Le cercle du bal étoit au milieu de cette salle. Il y avoit à l'un des bouts de ce cercle deux fauteuils, dont l'un étoit pour le roi et l'autre pour le roi d'Angleterre. La figure de ce cercle représentoit un carré long, et des pliants qui suivoient les deux fauteuils dont je viens de parler achevoient de former le premier rang; il y en avoit un second de tabourets, et un troisième de formes. Il y avoit aux deux bouts de la salle et dans les croisées des gradins par étages pour les spectateurs. Les officiers ordinaires de la musique étoient placés dans les deux tribunes; ainsi on peut juger que le nombre en étoit considérable, et que tous les airs sur lesquels on dansa furent parfaitement bien joués.

« La chambre du lit et celle du trône (****), que l'on trouvoit après la salle du bal lorsqu'on étoit entré par le grand escalier qui est à la droite, étoient éclairées par plusieurs torchères garnies de girandoles et par plusieurs autres girandoles qui étoient sur les tables. On doit remarquer qu'il y a au milieu de chacune de ces chambres un lustre d'une très-grande beauté, et que les lumières de ces deux lustres et celles des girandoles faisoient briller les cristaux, qui jetoient un éclat si éblouissant que la vue ne pouvoit s'arrêter longtemps à les regarder.

« Il y avoit aussi un très-magnifique lustre dans le salon où l'on entre en sortant de la chambre du trône (*****). Il étoit non-seulement éclairé par les bougies dont le lustre étoit garni, mais aussi par les girandoles qui étoient placées sur plusieurs torchères et sur les tables de marbre de ce salon.

« On entroit ensuite dans la galerie (******), qui étoit éclairée par un rang de

(*) L'escalier du Roi ou des Ambassadeurs.
(**) Le salon de Vénus et la salle de Diane.
(***) Le salon de Mars; voir la note, tome 1er, page 103.
(****) Le salon de Mercure et le salon d'Apollon.
(*****) Le salon de la Guerre.
(******) La grande galerie ou galerie des Glaces.

veur qui avoit nourri son orgueil, et mis au net son incapacité parfaite.

Vendredi 6, à Versailles. — Le roi alla tirer l'après-dînée. Il ne travailla point le matin avec le P. de la Chaise,

---

lustres qui en remplissoient toute la longueur, par un grand nombre de girandoles placées sur les tables et par huit pyramides de quinze pieds de haut chacune et dont les bases, de plus de quatre pieds de haut, étoient richement ornées. Les pyramides qui étoient portées par ces bases avoient huit étages si remplis de flambeaux qu'ils se touchoient les uns les autres. Il y avoit cent trente-deux bougies sur chacune de ces pyramides, qui étoient terminées par une grosse bougie en flambeau, et toutes ces lumières étant opposées à une étoffe d'or qui couvroit le corps de ces pyramides, il en sortoit un éclat si brillant et si vif qu'il seroit difficile de l'exprimer.

« Le salon qui est à l'autre bout de la galerie (*), entre l'appartement de madame la duchesse de Bourgogne et la galerie, et qui fait face à celui qui est au bout du grand appartement du roi, étoit illuminé de la même manière que celui par où l'on entre dans ce grand appartement, et dont je vous ai déjà parlé de l'illumination. Il y avoit soixante-dix girandoles, tant dans ces deux salons que dans la galerie.

« Comme il auroit été malaisé d'éviter la confusion si l'on n'y avoit pas apporté un grand ordre, les huissiers de la chambre occupoient toutes les avenues de l'appartement où l'on devoit danser, et M. le duc de la Trémoille, premier gentilhomme de la chambre en année, leur avoit donné des listes des personnes à qui il avoit jugé à propos d'accorder des places sur les gradins de la salle du bal.

« Le souper finit sur les onze heures et demie, et toute la cour, ayant traversé la galerie, le salon par lequel on entre dans l'appartement du roi, la chambre du trône et celle du lit, entra dans la salle du bal. Voici les noms de ceux qui dansèrent : Le roi d'Angleterre, monseigneur le duc de Berry, S. A. R. M. le duc d'Orléans, M. le duc d'Enghien, M. le duc d'Estrées, M. le duc de Mortemart. Tous les noms qui suivent sont mis ici sans qu'on ait observé de suivre les rangs de ceux qui les portent. Je ne sais même si on n'en a point oublié quelques-uns : M. le marquis de Gondrin, M. le marquis de Nangis, M. le comte de la Mothe, M. le marquis de Listenay, M. le marquis de Boisfremont, M. le marquis de Roussillon, M. le marquis de Seignelay, M. le marquis de Tessé, M. le marquis de Biron, M. le marquis de Nesle, M. le marquis d'Ecquevilly, M. le marquis de Livry, M. le marquis de Chabannois, M. le comte de Montesson, M. le marquis de Grave, M. le marquis de Rouvroy. Voici les noms des dames qui ont dansé au même bal : Madame la princesse d'Angleterre, madame la duchesse de Bourgogne, mademoiselle de Bourbon, mademoiselle de Conty, mademoiselle de la Roche-sur-Yon. Les dames qui suivent ne sont point nommées selon leur rang : Madame la duchesse de Duras, madame la comtesse d'Harcourt, madame la duchesse

(*) Le salon de la Paix.

parce que ce révérend père est fort incommodé. Le soir il y eut appartement chez Monseigneur, où toutes les dames étoient encore fort parées. — M. de Montberon*, qui a la lieutenance générale de Flandre, sur laquelle il

---

de Noailles, madame la marquise de la Vrillière, Madame de Gié, madame la marquise de Bellefonds, madame la marquise de Listenay, mademoiselle de Sainte-Hermine, madame de Chaumont, madame de Tobieska, mademoiselle de Langeron, mademoiselle de Villefranche.

« Il seroit difficile de vous faire une peinture bien exacte des habits de toutes ces dames et des pierreries qui leur servoient d'ornements. Madame la princesse d'Angleterre étoit en robe, ce que l'on appelle aujourd'hui *grand habit*, et les habits de toutes les dames du bal étoient de la même manière ; celui de cette princesse étoit de velours jaune ; son corps étoit tout garni de pierreries aussi bien que sa robe, dont les attaches aussi de pierreries étoient des plus brillantes, et la jupe de cette princesse n'avoit pas de moindres ornements. L'habit de madame la duchesse de Bourgogne, qui étoit de velours noir, étoit garni de même, et sa jupe étoit semée de plusieurs bouquets de pierreries. Ces deux princesses avoient de très-belles aigrettes, et toute leur coiffure étoit aussi mêlée de pierreries. Tous les habits des dames étoient aussi de velours de différentes couleurs avec des parures de diamants, et les habits de celles qui étoient en deuil étoient garnis d'hermine avec des attaches de diamants.

« Le bal s'ouvrit par le roi d'Angleterre et madame la princesse sa sœur. On doit remarquer que la première fois que Sa Majesté Britannique se leva pour danser le roi se leva aussi, et que Sa Majesté se tint debout pendant tout le temps que ce prince dansa. On doit observer aussi que les princes, les princesses et généralement toutes les personnes qui dansèrent saluèrent Leurs Majestés avant que de danser. Le roi d'Angleterre, après avoir dansé avec madame la princesse sa sœur, prit madame la duchesse de Bourgogne, et ces deux princesses s'en acquittèrent avec tant de grâces que toute l'assemblée en fut charmée. Madame la duchesse de Bourgogne prit monseigneur le duc de Berry ; monseigneur le duc de Berry prit mademoiselle de Bourbon ; cette princesse dansa ensuite avec M. le duc d'Orléans, qui prit mademoiselle de Conty, qui dansa après avec M. d'Enghien, qui prit mademoiselle de la Roche-sur-Yon, et mademoiselle de la Roche-sur-Yon prit M. le duc d'Estrées, qui fut le premier des seigneurs qui dansèrent après les princes ; et pendant le reste du bal on se prit indifféremment.

« Il est aisé de s'imaginer que toutes les danses qui sont aujourd'hui le plus en usage furent dansées, et que les contredanses ne furent pas oubliées. Il seroit difficile de trouver dans aucun bal, quand même il seroit composé d'un plus grand nombre de danseurs et de danseuses, autant de personnes qui dansassent aussi bien, non-seulement (et je le dis avec vérité) parce que le bon air règne plus à la cour qu'ailleurs et qu'il peut être difficilement imité par ceux qui n'y font pas leur séjour ordinaire ou qui n'y viennent pas soua un brevet de retenue de 50,000 écus, a envoyé sa démission au roi, le suppliant de vouloir nommer quelqu'un à cette charge, afin qu'avant que de mourir il pût faire de cette somme les dispositions qui lui conviennent. M. de Montberon est si mal qu'il n'y a nulle espérance qu'il puisse guérir, et même il avoit déjà couru un bruit qu'il étoit mort. — M. le comte de Sillery**, premier écuyer de M. le prince de Conty, a remis cette charge à M. le prince de Conty sans être brouillé avec lui, et ce prince a donné cette charge au marquis de Bellay, qui étoit depuis quel-

---

vent, mais aussi parce que l'on ne risque guère de danser dans un lieu si auguste et où l'on est si éclairé sans être persuadé que l'on ne s'exposera pas à la censure de ceux qui ne pardonnent rien. Cependant il ne laisse pas d'être constant qu'un bal étant ordinairement composé d'un grand nombre de personnes, les unes ont plus de naturel pour la danse que les autres, et qu'il s'en trouve toujours qui remportent le prix; mais comme il est quelquefois difficile de décider, et qu'on le peut faire par inclination ou par goût, et que le goût de ceux qui décident n'est pas toujours juste, je crois ne devoir rien dire qui soit plus à l'avantage des uns que des autres, et d'ailleurs l'on doit être persuadé que ceux dont la danse a le moins brillé dans cette assemblée seroient sûrs de remporter le prix partout ailleurs.

« Le roi quitta le bal à une heure. La collation qui, parut quelque temps après, fut d'abord présentée à tout le cercle, et elle fut ensuite distribuée aux spectateurs. Je ne dis point que cette collation fut composée de tout ce qui pouvoit être servi dans un bal et rafraîchir une assemblée que la chaleur d'un lieu rempli de monde et brillant de lumières devoit avoir altéré : on sait assez que c'est à la cour où ces collations paroissent avec plus d'éclat, et que les officiers du roi qui en ont soin n'ont point de pareils dans le monde. Le bal recommença après la collation, et l'on peut dire que ce divertissement fit tant de plaisir aux danseurs et aux spectateurs que l'assemblée ne se sépara que sur les quatre heures du matin. Le bal fini, Sa Majesté Britannique et madame la princesse sa sœur retournèrent à Saint-Germain. Les gardes du corps, les Cent-Suisses, ainsi que les gardes françoises et suisses étoient sous les armes dans leurs postes ordinaires, et les tambours battirent aux champs de même qu'ils font en plein jour lorsque Leurs Majestés Britanniques viennent chez le roi.

« La description de cette fête parle assez sans qu'il soit nécessaire d'en rien dire davantage, si ce n'est qu'il paroit impossible qu'on puisse voir dans aucun lieu du monde autant de pierreries ensemble qu'il en parut dans ce bal, et qu'il est certain que l'on n'en peut donner dans des appartements plus magnifiques et plus étendus que ceux de Versailles, à cause de la galerie et des deux grands salons qui sont aux deux bouts. (*Mercure* de janvier, pages 244 à 288.)

que temps son premier gentilhomme de sa chambre. Le marquis du Bellay a mieux aimé la charge de premier écuyer, parce qu'elle lui donne plus de subsistance, et il en a besoin.

* Montberon étoit un homme de guerre, tel qu'il le falloit au roi et à M. de Louvois, quoique trop homme d'honneur pour ce dernier. C'étoit un homme sans aucune naissance et qui avoit pris le nom et les armes de l'ancienne maison de Montberon sans aucun fondement; pédant et parleur, conteur, vanteur à l'excès, brillant en bas détails, et qui avoit succédé à M. de Nevers au commandement des mousquetaires et du régiment d'infanterie du roi. C'étoit une manière de médecin qui vivoit de régime et qui se tua, lui et bien d'autres qui le crurent, par l'usage du café, qu'il faisoit lui-même. Il lui en vint à la fin un cancer à la main dont il mourut. Il n'avoit point servi de toute la dernière guerre, et passoit sa vie à Cambray, dont il étoit gouverneur, venant un instant à la cour une fois tous les hivers. C'étoit un petit homme grison, avec une calotte pour éviter la perruque, qui avoit tout à fait l'air de ces régents de collége qui n'ont point de petit collet, et qui en avoit encore plus le jeu; un brave homme, mais fort peu au delà.

** Le chevalier de Sillery étoit frère de Puysieux, chevalier de l'Ordre et ambassadeur en Suisse. Je ne sais quelle tracasserie il eut avec la princesse de Conty, qui étoit fort étrange. Il l'envoya promener. M. le prince de Conty ne fit qu'en rire. Il quitta. Il avoit de la valeur et de l'esprit singulier à la Sillery. Il se maria depuis à sa mode, et il eut un fils qui prit le nom de Puysieux, et qui continua cette dernière branche de Brulart, dit Genlis.

Samedi 7, à Versailles. — Le roi tint conseil de finances à son ordinaire, et l'après-dînée il alla tirer. Le soir il y eut comédie. — Les conférences de Nivelle pour l'échange des prisonniers sont finies, parce que les ennemis n'ont pas voulu faire un échange général et que le roi n'en veut point faire de particulier. — L'évêque de Conserans est mort; il étoit frère de feu Saint-Estève, lieutenant des gardes du corps. — M. de Vaudemont a fait un traité avec M. de Lorraine, par lequel il lui cède les droits qu'il a sur Bitche, Hombourg, Fenestrange, et autres terres qu'il a dans la Lorraine allemande, et M. de Lorraine cède à M. de Vaudemont tous les droits de souveraineté qu'il avoit sur la terre de Commercy. Par là M. de Vaudemont prendra le titre de prince souverain de Commercy, mais cette souveraineté ne s'étendra que sur la ville et quelques villages alentour. M. de Vaudemont espère qu'avec ce titre tous les princes lorrains, excepté les enfants de M. de Lorraine, lui céderont le pas. M. de Vaudemont arrivera incessamment ici, et madame de Vaudemont restera à Commercy.

Dimanche 8, à Versailles. — Le roi tint le conseil d'État à l'ordinaire, et après le conseil Monseigneur alla à Meudon, d'où il ne reviendra que samedi. Le soir le roi travailla avec M. de Chamillart chez madame de Maintenon. — Le roi a donné à M. le chevalier de Luxembourg la lieutenance générale de Flandre, sur la démission que M. de Montberon en avoit envoyée ces jours passés, et pour aider au chevalier de Luxembourg à trouver les 50,000 écus qu'il faut payer à M. de Montberon, le roi lui donne un brevet de retenue de 50,000 écus. Quand le duc de Luxembourg et le chevalier son frère remercièrent le roi, il leur dit : « Je suis très-aise de vous avoir fait plaisir, et vous pouvez compter que je n'oublierai jamais les services que m'a rendus M. votre père. » — Le fils de M. de Chamillart quitte le nom de marquis de Chamillart pour prendre celui de marquis de Cagny, qui est la terre que M. son père vient d'acheter en Normandie auprès de Dieppe.

Lundi 9, à Versailles. — Le roi tint le matin conseil de dépêches, qu'il ne tient que tous les quinze jours. Monseigneur le duc de Bourgogne est toujours à ces conseils aussi bien qu'au conseil d'État; Monseigneur s'en dispense quelquefois. Avant que d'entrer au conseil le roi signa le contrat de mariage de M. de Seignelay avec mademoiselle de Furstemberg. M. de Chamillart n'entra à ce conseil qu'à midi, parce que le roi lui laissa le temps de travailler pendant que les autres secrétaires d'État rapportèrent; au sortir du conseil S. M. signa le contrat de mariage de son fils avec mademoiselle de Mortemart. Il y eut une petite difficulté, l'après-dînée, entre les princesses, sur la signature de ces mariages : Mademoiselle de Bourbon avoit signé après madame la Duchesse, et madame du Maine ne voulut point signer au-dessous de mademoiselle de Bourbon, le roi n'ayant pas encore décidé laquelle de deux doit marcher devant*. — On apprit que le marquis de Thianges** étoit mort dans ses terres en Bretagne. Il étoit lieutenant général et avoit commandé les dernières années à Saint-Malo, où il s'étoit fait fort aimer. Il étoit menin de Monseigneur, et avoit un logement dans le château. Il n'a point laissé d'enfants.

* De cette difficulté de madame du Maine en vinrent d'autres dont il sera parlé en leur temps et lieu.

** M. de Thianges étoit un très-brave homme, très-particulier, très-dévot et encore plus extraordinaire. Il étoit fils unique de madame de Thianges, sœur de madame de Montespan, et frère de mesdames de Nevers et Sforce. Il avoit épousé mademoiselle de Bréval, fille du frère d'Harlay, archevêque de Paris, fille d'honneur de la grande Mademoiselle, aussi singulière que lui et dont il n'eut point d'enfants.

Mardi 10, à Versailles. — Le roi tint conseil de finances à son ordinaire. L'après-dînée il alla se promener à Trianon, et le soir il travailla avec M. de Pontchartrain chez madame de Maintenon. Madame la duchesse de Bourgogne et monseigneur le duc de Berry allèrent dîner à Meudon avec beaucoup de dames. Après dîner il y eut grand jeu, et puis Monseigneur les mena à Paris à l'opéra. Après l'opéra Monseigneur retourna à Meudon, et madame la duchesse de Bourgogne et monseigneur le duc de Berry revinrent ici. — Le cardinal de Noailles fit le matin, dans sa chapelle, à l'archevêché, le mariage de mademoiselle de Furstemberg avec M. de Seignelay (1). Les mariés allèrent dîner chez l'abbé

(1) « La cérémonie des épousailles se fit dans la chapelle de l'archevêché par M. le cardinal de Noailles, en présence de madame la princesse de Furs-

d'Auvergne, et le festin de la noce se fit le soir chez le bailli de Noailles, dont la princesse de Furstemberg avoit emprunté la maison. — M. de Vendôme a obtenu du roi une pension de 1,000 écus pour l'abbé Albéroni*. Il avoit déjà une pension de 2,000 francs, si bien qu'il en a 5,000 présentement. L'abbé Albéroni est Parmesan, et M. de Vendôme l'a pris en amitié pendant qu'il étoit en Italie. — Le roi a donné à M. de Vaudemont le logement qu'avoit ici M. de Thianges; il est petit, mais il est commode parce qu'il est en bas.

* Il se trouvera bien quelqu'un qui publiera la vie d'Albéroni, qui a fait tant de bruit dans le monde et qui est parvenu à être premier ministre d'Espagne, en faire son pis-aller du cardinalat et des trésors qu'il y a pris. Il suffira ici de parler des vils commencements de sa fortune. C'étoit le fils d'un jardinier d'autour de Parme, qui à force de fruits, d'esprit et d'adresse s'étoit introduit parmi les valets de M. de Parme, et s'étoit glissé jusqu'à lui, qui lui avoit trouvé de l'esprit et de l'entregent. M. de Parme s'en servit en des bagatelles intérieures. La guerre d'Italie l'obligea de traiter quelquefois avec M. de Vendôme; il lui envoya l'évêque de Parme en son camp. Mais avant de parler de l'indignation du prélat, il en faut toucher la cause, et cette cause auroit dû trouver place ici il y a longtemps.

M. de Vendôme étoit le plus sale et le plus débauché de tous les hommes, et débauché à toutes mains; c'étoit en outre le plus vain, le plus glorieux et le plus superbe des humains, et qui se piquoit en même temps d'être le plus simple, parce que cette simplicité, qui convenoit à son ordure, lui servit de degré d'abord et de comble après à son orgueil. Sa maison étoit une maison de Bohêmes, gentilshommes et valets, dont pas un pour l'ordinaire ne le servoit, et, général d'armée, il s'en alloit fort bien dans sa chaise tout seul avec son postillon, de Paris en Italie. Ses chiens couchoient en foule dans son lit; ses chiennes y faisoient leurs petits; ce qu'il mangeoit étoit horrible, et lui donnoit des indigestions continuelles. Il disputoit les choses du monde les plus absurdes, et maintint une fois à madame la princesse de Conty, fille du roi, la personne du monde la plus propre, que tout le monde faisoit au

temberg, de M. le prince d'Isenghien, de M. l'abbé d'Auvergne, de M. le prince Frédéric, son frère, abbé de la Charité-sur-Loire, de M. le marquis de Dangeau, de M. le maréchal et de M. le bailli de Noailles. » (*Mercure* de janvier, page 299.)

lit, et elle toute la première, et que toute la différence qu'il y avoit de lui à tout le monde, c'est que la mode étoit de s'en cacher, tandis que pour lui, simple et vrai, il l'avouoit de bonne foi. La vérité étoit qu'il ne s'en contraignoit pas, et que, couchant un jour à l'armée en même chambre que son frère le grand prieur, en deux lits de camp fort proches, il arriva que M. de Vendôme leva sa couverture, tourna le cul, et entendit son frère s'écrier : le fait étoit qu'il lui avoit couvert le visage. « Mon frère, s'écriat-t-il, je vous demande pardon. — Oh! ce n'est rien, mon frère, répondit l'autre en se torchant avec ses draps. » Tout cela n'étoit que gentillesses, qu'il sut après tourner en dignité, quand il eut escaladé ducs et maréchaux de France. Il se levoit le plus tard qu'il pouvoit à l'armée, où il recevoit le monde au lit, en sortoit presque nu, et se mettoit sur sa chaise percée devant quiconque, et ne s'y contraignoit en rien. D'abord les gens d'un certain état de grade ou de naissance se sentirent choqués d'une telle réception ; mais tout est mode, et le crédit et l'autorité font tout recevoir ; très-peu s'abstinrent de ces puantes heures, et M. de Vendôme les savoit bien remarquer. Ce fut donc par hauteur et par insolence qu'il se mit ainsi à chier devant tout le monde, et à y accoutumer tout ce qu'il y avoit de plus grand ; et l'électeur de Bavière, après qu'il fut avec lui en Flandre, y étant arrivé une fois ou deux pour lui parler, fut le seul à qui il en ait jamais fait excuse, mais de ces excuses qui n'ont que les mots. Là il donnoit ses ordres, écoutoit les requêtes et discussions de chacun, et soutenoit la conversation. Les jours de barbe on tiroit le bassin de dessous lui, on le lavoit, puis on le lui mettoit sous le menton, et la barbe faite on le remettoit sous lui. On apportoit après un déjeuner sur une petite table, qu'on approchoit de lui ; il mangeoit et rendoit en même temps, et on déjeunoit avec lui ; après déjeuner il y causoit encore, puis se torchoit le cul devant la compagnie, s'habilloit et commençoit sa journée. Ses audiences, ses signatures se passoient sur cette chaise percée, et l'évêque de Parme l'essuya comme les autres. Il en fut étrangement scandalisé ; mais ce fut bien pis le lendemain matin, qu'étant arrivé bien plus tard que la veille, dans l'espérance de trouver l'opération faite, non-seulement il l'y trouva encore, mais comme il vouloit s'habiller, il se torcha le cul devant lui qu'il lui présenta dans toute sa dimension. L'évêque outré partit le jour même, protestant qu'il ne reverroit de sa vie un homme qui lui avoit fait une telle insulte, et jamais M. de Parme ne put l'apaiser. Cela le réduisit à lui substituer Albéroni, qui n'en étoit pas à ces bagatelles près. C'étoit un drôle qui avoit tout l'esprit et toute la ruse et la délicatesse possible, qui connoissoit son monde par ses informations avant que de l'avoir vu, et qui n'aborda M. de Vendôme que l'encensoir à la main et par le nez. Il lui parla d'ordures, et le mit si à son aise qu'il en obtint tout, et se mit dans sa familiarité. Dès la première fois s'étant trouvé à la cérémonie du torche-cul fort peu modeste : « *Oh! culo dell' angelo*, » s'écria-t-il, et fit sa cour à merveille. Il se procura plusieurs envois d'autant plus aisément que M. de Parme réussissoit toujours par lui, et finalement il entra si avant dans les soupers et dans les autres débauches de M. de Vendôme, et par là dans sa confidence, qu'il crut trouver mieux son compte avec lui, et quitta M. de Parme, pour être un des secrétaires de M. de Vendôme, qu'il acheva de se dévouer par lui faire des potages au fromage et d'autres ragoûts italiens; car M. de Vendôme étoit bien plus gourmand qu'ivrogne, et surtout de rogatons extraordinaires; son goût et son discernement alloient de compagnie, le poisson puant étoit celui qu'il aimoit le mieux. Albéroni ne fut pas longtemps dans la maison qu'il en reconnut tous les autres, et qu'il y devint le favori; cela fâcha les autres valets, qui, tout publiquement et en pleine marche d'armée, lui donnèrent cent coups de bâton. Il se sauva demi-éreinté à toutes jambes, se plaignit amèrement à M. de Vendôme, qui s'en fâcha; tout le reste en rit, et lui à la fin avec les autres, et il n'en fut rien. Il s'ancra de plus en plus auprès de lui jusqu'à la fin de sa vie, où se trouvant en Espagne en grand commerce entre M. de Vendôme et madame des Ursins, M. de Parme l'y chargea de ses affaires, quand, par la mort de M. de Vendôme, il fut valet à louer. En voilà assez pour maintenant ; le reste se retrouvera en son temps.

Mercredi 11, *à Versailles*. — Le roi tint conseil d'État à son ordinaire; Monseigneur y vint de Meudon et puis s'y en retourna dîner. L'après-dînée le roi alla tirer. Le soir le roi ne travailla point avec M. de Chamillart chez madame de Maintenon, quoiqu'il y travaille tous les mercredis, parce qu'il donna congé à ce ministre pour aller au mariage de son fils, qui se fit à Paris l'après-minuit. La noce se fit chez la duchesse de Mortemart. — M. le duc de Lorraine donne le rang à M. de Vaudemont au-dessus de tous les autres princes de sa maison, excepté de ses enfants. Quelques princes de sa maison lui ont écrit des lettres de représentations là-dessus, qui n'ont fait aucun effet. M. de Lorraine a mandé au roi la résolution qu'il avoit prise là-dessus, et le roi a répondu qu'il étoit le maître de donner le rang qu'il lui plaisoit aux princes de sa maison. — M. le maréchal de Villars a passé à Pontarlier ; on ne dit point encore pourquoi il va faire ce voyage. Il en est reparti pour aller à Strasbourg. — M. de Chamillart, allant à Paris, passa à Meudon, où il travailla longtemps avec M. le duc d'Orléans, qui retourne en Espagne au mois de février.

Jeudi 12, *à Versailles.* — Le roi dîna de fort bonne heure et alla se promener à Marly, où il demeura jusqu'à la nuit; à son retour il travailla chez madame de Maintenon avec M. de Chamillart. Madame la duchesse de Bourgogne alla l'après-dînée à Meudon voir Monseigneur, et revint ici pour le souper du roi. Il y aura ici lundi un grand bal en masque, où le roi sera. — La diète des cantons suisses se doit assembler le 15 à Bade. Le roi demande aux cantons que la ville et le château de Neufchâtel soient remis entre les mains du corps helvétique jusqu'à la paix générale, et que les troupes de l'électeur de Brandebourg n'y soient pas reçues qu'à la paix. On examinera si les jugements rendus par les trois États de Neufchâtel en faveur de cet électeur ont été rendus dans les formes, auquel cas ils seront confirmés; mais que si ces jugements ont été rendus contre les lois du pays, qu'on procéderoit de nouveau à examiner les prétentions de tous les prétendants françois. Ce que le roi demande à la diète est si raisonnable et paroît même si bon pour les Suisses, qui par là évitent toutes les apparences de guerre, qu'on espère que la diète prendra des résolutions conformes aux désirs du roi, qui ne cherche que la paix et la justice.

Vendredi 13, *à Versailles.* — Le roi travailla le matin avec le P. de la Chaise, qui se porte considérablement mieux quoiqu'il ait quatre-vingt-quatre ans. L'après-dînée le roi alla tirer. — On mande d'Angleterre que les deux chambres du parlement ont présenté une adresse à la reine Anne pour la prier de ne conclure aucun traité avec la France que l'archiduc ne soit remis en possession de tous les royaumes qu'avoit Charles II, et que milord Marlborough les avoit assurés qu'il avoit conclu un traité avec l'empereur, qui s'engage de faire passer en Catalogne vingt mille hommes de troupes qui sont en Italie sous le commandement du prince Eugène et qu'il ne doutoit pas que l'empereur n'envoyât sa ratification quand on la lui demanderoit. — On avoit fait courir le bruit que M. de Lorraine avoit donné la main, chez lui, à M. de Vaudemont ; mais cela ne s'est point trouvé véritable, et M. de Vaudemont, qui est à merveille présentement dans cette cour-là, ne l'a ni demandé ni prétendu.

Samedi 14, à Versailles. — Le roi, après son lever, fit prêter serment au duc de Villeroy pour la charge de capitaine des gardes du corps sur la démission du maréchal, son père, et avant la messe du roi le duc de Noailles, qui est en quartier, donna, dans la salle des gardes, au duc de Villeroy le bâton, qu'il porta toute la journée et fit toutes les fonctions de la charge. Le roi tint conseil de finances à l'ordinaire. Monseigneur prit médecine à Meudon. Il en devoit revenir ce jour-là et avoit commandé la comédie ; et les comédiens n'ayant point été contremandés, madame la duchesse de Bourgogne eut envie de les faire jouer dans son appartement ; mais comme il n'y auroit pas eu assez de place pour les spectateurs, elle les fit jouer dans la salle ordinaire de la comédie et y alla avec monseigneur le duc de Berry et Madame. — On a eu des lettres de M. des Alleurs, datées de la fin de novembre. Les négociations de paix de l'empereur avec les mécontents sont entièrement rompues, et on a eu par ces lettres la confirmation que le comte de Berzini avoit été fait palatin de Hongrie, qui est la première dignité de ce royaume et qui ne cède qu'au roi quand il y en a un d'élu et aux princes de Transylvanie par l'alliance qui est entre ces États ; ainsi le prince Ragotzki commandera toujours en ce pays-là, parce qu'il y a déjà quelque temps qu'il a été élu prince de Transylvanie.

Dimanche 15, à Versailles. — Le roi tint le conseil d'État à l'ordinaire ; Monseigneur y vint de Meudon, où il ne retournera qu'après le premier voyage de Marly, où l'on doit aller jeudi pour dix jours. Le roi travailla le soir avec M. de Chamillart chez madame de Maintenon. — Comme il y a encore quelques billets de monnoie qui n'ont point été convertis ni placés sur la maison de ville, sur les revenus généraux des provinces, sur les fermiers généraux ou sur le clergé, et que ces billets, passé le dernier jour de décembre ne doivent plus avoir de cours, le roi a donné une déclaration par laquelle il permet d'en porter pour cinq millions à la maison de ville, dont on payera l'intérêt comme de ceux qui y ont déjà été placés. — On a nouvelle de Gênes que les troupes que les ennemis ont fait embarquer sur la côte pour passer en Catalogne avoient mis à la voile le 1er de ce mois. Elles sont composées de quinze ou seize bataillons qui ne font pas plus de cinq mille hommes, parce qu'ils n'ont pas encore été recrutés. Ils n'ont point embarqué de cavalerie.

Lundi 16, *à Versailles.* — Le roi dîna de bonne heure et alla se promener à Marly, d'où il ne revint qu'à la nuit. Au retour il travailla chez madame de Maintenon avec M. Pelletier. Après souper il y eut grand bal en masque dans le grand appartement du roi; on n'y laissa entrer que des masques fort connus. Le roi y demeura jusqu'à une heure et demie, et le bal dura jusqu'à quatre heures. Monseigneur y demeura jusqu'à la fin. Le roi d'Angleterre y arriva à une heure, et après le bal il retourna à Saint-Germain. Il pria le roi qu'on ne lui fît aucune façon et ne voulut point qu'on lui donnât de fauteuil. Après que le roi fut sorti du bal, on y fit entrer quelques compagnies de masques venus de Paris, mais plus de cent carrosses, qui en étoient pleins, s'en étoient retournés, ayant appris, en arrivant ici, que le roi ne vouloit que des gens fort connus (1). — Le comte d'Évreux a prêté

---

(1) « Il fut permis à toutes les personnes de la cour de venir masquées ainsi

le serment de colonel général de la cavalerie, et a payé en argent blanc ce qu'on donne pour le serment, et les officiers de la chambre s'en sont plaints parce qu'on a accoutumé de les payer en or*.

---

qu'aux officiers de guerre, du nombre desquels pourtant n'étoient compris que les lieutenants-colonels et tous ceux qui sont au-dessus. Personne ne devoit entrer à ce bal sans s'être fait connoître, et l'on avoit cru devoir se servir de toutes ces précautions pour éviter la confusion qui se rencontre toujours en de pareilles occasions, et qui n'auroit pas manqué d'arriver si l'on n'en avoit pas usé de la sorte, quoiqu'il n'y ait point en Europe de plus vastes appartements que ceux de Versailles; mais la cour de France est toujours si grosse et Paris est rempli d'un si grand nombre de personnes de distinction qu'il est impossible de les joindre ensemble sans que la confusion soit tout à fait grande. Ce n'est pas que cela ne soit arrivé quelquefois, et l'on peut dire, en parlant de ces sortes d'assemblées, que la magnificence y règne dans un suprême degré et qu'il est impossible d'en trouver autant en quelque lieu du monde que ce soit. Cependant, quoique les yeux y soient charmés par un amas éblouissant de riches habits, ils ne sont pas moins divertis par l'ingénieuse variété de diverses mascarades, composées par des compagnies différentes, non plus que par les habits de plusieurs particuliers qui en imaginent souvent de différents qui n'ont jamais été vus et dont la singularité fait plaisir. Enfin l'on peut dire que tous les déguisements du bal dont je vous parle furent riches, galants et ingénieux. On dansa dans le même lieu où le *Bal sérieux* s'étoit donné dix ou douze jours auparavant. Les illuminations étoient disposées de même que celles du premier bal, mais on en avoit retranché les pyramides, parce que la fumée du grand nombre de lumières dont elles étoient couvertes pouvoit endommager la peinture de la galerie.

Le roi d'Angleterre vint *incognito* à ce bal accompagné de quelques seigneurs de la cour; ce prince n'avait pas voulu d'habit magnifique afin de n'être pas reconnu; cependant il ne put échapper à la pénétration du roi, qui, jugeant qu'il ne vouloit point être reconnu, ne le découvrit point. Sa Majesté soupa à son ordinaire avant le bal, avec la famille royale. Monseigneur et monseigneur le duc de Bourgogne ne masquèrent point. Le bal fut ouvert par monseigneur le duc de Berry et par mademoiselle de Bourbon. Rien ne fut épargné à la collation; on y distribua de très-beaux fruits et des confitures sèches en paquets, et les eaux y furent servies en abondance. Le roi demeura au bal jusqu'à une heure et demie, et l'on peut dire que toute l'assemblée s'y divertit beaucoup, puisqu'elle ne se sépara qu'à cinq heures du matin. Entre les déguisements d'une invention toute singulière dont je vous ai déjà parlé, on admira celui de M. le vidame, qui étoit déguisé en vase, et lorsqu'on l'eut pris pour danser le pied du vase se forma en pieds naturels, les anses en deux bras qui s'étendirent, et le couvercle parut s'élever et former une tête, et quand il eut cessé de danser le vase reprit sa première forme et parut comme il étoit auparavant. » (*Mercure* de janvier, pages 325 à 330.)

* Ce monopole des serments a toujours été croissant. La délicatesse de se faire un titre d'être payés en or et une injure de l'être en argent n'avoit pas encore été imaginée ; mais que n'imaginent pas les valets d'un roi aussi arbitrairement maître, qui aimoit mieux ses valets que ses ministres et que ses enfants, légitimes s'entend, non légitimés, avec lesquels valets il étoit plus dangereux mille fois de se mettre mal qu'avec fils de France et ministres, quels qu'ils fussent.

Mardi 17, à Versailles. — Le roi, après le conseil de finances, travailla encore avec M. de Chamillart, et le soir il travailla chez madame de Maintenon avec M. de Pontchartrain. Madame la duchesse de Bourgogne descendit à sept heures chez Monseigneur, où il y eut appartement. A ces appartements on commence toujours par la musique, qui n'est que d'un acte de quelque opéra, et puis on se met au jeu. Monseigneur y joua avec madame la duchesse de Bourgogne au papillon, et monseigneur le duc de Bourgogne, qui y vint après la musique, y joua aussi de son côté avec des dames. Ce jeu est venu de telle mode à la cour qu'on ne joue quasi plus autre chose (1). — Par toutes les nouvelles qu'on a d'Allemagne, on ne doute quasi plus que le comte de Staremberg n'aille commander cette année l'armée de l'archiduc en Catalogne. On se prépare à Vienne à faire partir la princesse de Wolfenbuttel, que ce prince a épousée par procureur et qui presse l'empereur son frère de la faire partir incessamment et de lui envoyer un secours considérable, sans quoi il ne seroit pas en état de soutenir la guerre.

Mercredi 18, à Versailles. — Le roi prit médecine par précaution, comme il a accoutumé de faire tous les mois, et l'après-dînée il tint le conseil d'État qu'il auroit tenu le matin sans la médecine. Le soir, chez madame de Maintenon, il travailla avec M. de Chamillart. — Le

---

(1) L'*Académie universelle des jeux*, édition de 1730, dit que ce jeu de cartes est presque inconnu à Paris, qu'il est fort aisé et qu'il donne beaucoup de plaisir à le jouer comme il faut.

roi ne nomme d'ordinaire aux évêchés vacants que les jours qu'il fait ses dévotions; mais comme il a cru que le diocèse de Conserans avoit besoin d'un évêque, il y nomma ces jours passés l'abbé de Verthamon, grand vicaire de Pamiers. Cet évêché vaut 18,000 livres de rente.

Jeudi 19, *à Marly*. — Le roi dîna de bonne heure à Versailles, et puis vint courre le cerf dans ce parc-ci; après la chasse il se promena dans les jardins jusqu'à la nuit. Monseigneur et monseigneur le duc de Berry partirent de bonne heure de Versailles, allèrent courre le loup, et puis vinrent ici faire leur retour de chasse. Madame la duchesse de Bourgogne partit de Versailles à trois heures, alla à Saint-Germain voir la reine d'Angleterre, et arriva à six heures ici. Le roi a amené ici les dames de la cour qui dansent et en fera même danser plusieurs de celles qui y avoient renoncé. Il veut que madame la Duchesse danse. Il fait danser aussi quelques courtisans qui y avoient renoncé et en a amené trois ou quatre de jeunes gens qu'il n'avoit jamais menés ici, qui sont le comte de Tessé, le comte de Clermont et le marquis de Bauffremont. Il y aura quatre bals à ce voyage-ci. — M. de Vaudemont arriva ici le soir. Les princes lorrains établis ici ne le voient point; ils ont écrit à M. de Lorraine et attendent sa réponse.

Vendredi 20, *à Marly*. — Le roi se promena le matin dans ses jardins, et l'après-dînée dans les hauts de Marly. On croyoit qu'il y auroit bal; mais c'est l'anniversaire de la reine mère, morte en 1666, et le roi n'a pas voulu qu'il y en eût à cause de cela; il l'a remis à demain. — L'empereur a nommé des commissaires pour traiter du mariage de la seconde des archiduchesses avec l'ambassadeur de Portugal, qui va à Vienne en faire la demande pour le roi son maître. L'évêque d'Osnabruck est choisi pour la conduire à Lisbonne, et le prince Maximilien d'Hanovre conduira en Catalogne la princesse de Wolfenbuttel, épouse de l'archiduc. — Nos armateurs ont pris un vaisseau de guerre anglois et quelques vaisseaux marchands qui alloient à Livourne, et on les a menés à Dunkerque. On mande de Londres qu'on y a fait la liste des vaisseaux que les François ont pris depuis le commencement de cette guerre, et par le compte qu'ils ont fait ils conviennent qu'on leur a pris onze cents vaisseaux marchands et trente vaisseaux de guerre; mais ils disent qu'ils nous en ont pris encore davantage, ce qui n'est pas vrai à beaucoup près.

Samedi 21, *à Marly*. — Le roi, après la messe, alla courre le cerf dans le parc; il ne court point ailleurs depuis quelques années et revient toujours dîner ici après la chasse quand les jours sont courts. Il se promena l'après-dînée dans ses jardins, et sur les sept heures du soir le bal commença. Le roi y demeura une heure, et le bal finit à neuf heures et demie, pour laisser le temps aux dames d'aller se reposer avant le souper. Les danseuses sont : madame la duchesse de Bourgogne, madame la Duchesse, mademoiselle de Bourbon, mademoiselle de Conty, la comtesse d'Harcourt, les duchesses de Villeroy, de Noailles et de Duras, mesdames de Souvré, de la Vrillière, de Listenois et de Chaumont, et mademoiselle de Melun. Les danseurs sont : monseigneur le duc de Berry, M. le duc d'Orléans, M. le duc d'Enghien, MM. de Mortemart, de la Feuillade, de Listenois, de Bauffremont, de Clermont, de Nangis, de Gondrin, de Seignelay, de Livry, de Tessé et le chevalier de Sully. — M. de Chamillart se reposera sur M. Desmaretz de beaucoup de petits détails de finances, surtout pour ce qui regarde l'extraordinaire des guerres.

Dimanche 22, *à Marly*. — Le roi tint conseil d'État à son ordinaire, et alla l'après-dînée à Saint-Germain voir le roi et la reine d'Angleterre, et travailla le soir avec M. de Chamillart chez madame de Maintenon. — On mande d'Angleterre que le parlement accorde à la reine Anne tout l'argent qu'elle demande pour la continuation de la guerre; mais les fonds pour payer cet argent ne sont pas encore assignés, et il y a eu dans le parlement des harangues assez vives contre ceux qui gouvernent. Milord Haversham est toujours un de ceux qui parlent le plus fortement contre le ministère. Il étoit de la chambre basse du temps du roi Guillaume, qui le fit lord, croyant par là le contenir; mais à la première assemblée du parlement il parla dans la chambre haute avec la même force qu'il parloit dans la basse. Le roi Guillaume lui dit : « Milord, j'espérois qu'au moins, après la grâce que je vous ai faite, vous vous contiendriez la première fois. — Sire, lui répondit-il, quand vous m'auriez fait roi, je n'en soutiendrai pas moins l'intérêt de l'État et du peuple. »

Lundi 23, *à Marly*. — Le roi se promena le matin dans les jardins et alla tirer l'après-dînée. Le bal commença à sept heures. Le roi obligea madame de Maintenon d'y venir pour voir danser madame la duchesse de Bourgogne; elle y demeura une demi-heure, et le roi y demeura encore quelque temps après. Le bal finit à neuf heures et demie. — On mande de Gênes que les troupes de l'empereur sont entrées dans les places de Toscane qui sont de la domination d'Espagne et qui se sont rendues sans être assiégées. On mande aussi que les troupes embarquées sur la flotte ennemie doivent aller en Sardaigne, où ils trouveront fort peu de résistance, et de là ils continueront leur dessein, qui est d'aller à Barcelone. C'est le marquis de la Jamaïque, que nous avons vu ici il n'y a pas longtemps, qui est présentement vice-roi de Sardaigne.

Mardi 24, *à Marly*. — Le roi, après la messe, alla courre le cerf. Il n'y eut point de conseil de finances, quoiqu'il y en ait tous les mardis. L'après-dînée le roi se promena dans les jardins, et le soir il travailla avec M. de Pontchartrain. — Le chevalier de Nogent mourut à Paris*. Il avoit le gouvernement de Sommières en Languedoc, qui vaut 8,500 francs et qui est payé par la province. Il s'étoit marié depuis quelques années, quoique fort vieux, à madame de la Jonchère et avoit donné tout son bien aux enfants qu'elle avoit d'un premier mariage, et en avoit frustré sa famille. — On mande d'Espagne que le duc de Berwick est allé à Valence; qu'il y vient beaucoup de déserteurs de Denia et d'Alicante, qui sont toujours bloquées; qu'il a péri sur les côtes un bâtiment anglois, chargé de trois cents Portugais qui repassoient de Barcelone à Lisbonne; que le comte d'Oropesa[**], qui avoit quitté le parti de Philippe V et qui étoit auprès de l'archiduc, étoit mort à Barcelone. Il étoit de la maison de Bragance. On mande de Madrid que le vieux marquis de la Floride y étoit mort; il étoit ici il n'y a que deux mois. Il étoit gouverneur du château de Milan quand nous l'avons rendu.

[*] Ce chevalier de Nogent étoit une espèce de brutal, favori de M. de Louvois et de Saint-Pouanges, qui avoit toujours été aide de camp du roi et à qui M. de Louvois, toujours magnifique, fit bâtir à son insu la plus jolie maison du monde sous sa terrasse de Meudon, qu'il trouva prête à loger au retour d'une des dernières campagnes du roi et de ce ministre, sans s'en être douté. Il étoit frère du mari de la sœur de M. de Lauzunt tué au passage du Rhin, de Vaubrun, tué à la belle retraite d'Altenhelm, de M. de Lorges, à la mort de M. de Turenne, et de la princesse de Montauban.

[**] Le comte d'Oropeze avoit été président du conseil de Castille, qui est la première place d'Espagne; fort Autrichien. Philippe V le trouva exilé, l'y laissa, et il se retira auprès de l'archiduc, où il mourut peu considéré.

Mercredi 25, *à Marly.* — Le roi tint le conseil d'État à son ordinaire et se promena l'après-dînée dans ses jardins, et travailla ensuite chez madame de Maintenon avec M. de Chamillart. Le roi et la reine d'Angleterre arrivèrent à huit heures; la reine demeura chez madame de Maintenon avec le roi jusqu'au souper, et le roi d'Angleterre vit jouer Monseigneur et madame la duchesse de Bourgogne au papillon. La princesse d'Angleterre arriva à neuf heures, tout habillée pour le bal en masque. On soupa un peu de meilleure heure qu'à l'ordinaire, et puis le bal commença. Tout le monde étoit en masque hormis le roi. La reine d'Angleterre demeura au bal une heure, et puis retourna à Saint-Germain. Le roi y demeura une demi-heure après la reine, et puis s'alla coucher. Le bal dura jusqu'à quatre heures du matin. Le roi d'Angleterre et la princesse sa sœur y demeurèrent jusqu'à la fin et puis retournèrent à Saint-Germain; Monseigneur eut la complaisance d'y rester jusqu'à la fin aussi. La princesse d'Angleterre avoit amené avec elle mesdemoiselles de Melfort et de Middleton, qui sont fort jolies et qui dansent fort bien. — Le maréchal de Villars est revenu de Huningue à Strasbourg, et toutes les troupes qui étoient en mouvement sont rentrées dans leurs quartiers.

Jeudi 26, *à Marly*. — Le roi, après son lever, entretint longtemps M. de Chamillart dans son cabinet, et puis ce ministre alla à Paris. Le roi alla tirer l'après-dînée. — On parle fort du mariage de mademoiselle de Lavardin avec le fils de M. le Premier; elle a 3 ou 400,000 francs de bien dont elle jouit. — Le roi a donné 1,000 francs d'augmentation de pension à la veuve du chevalier de Nogent, qu'on appeloit le marquis de Nogent depuis son mariage; elle en avoit déjà une de 2,000 francs. — On mande de Toulon que le 7 on avoit vu passer à vingt lieues au large des îles d'Hyères les vaisseaux ennemis qui portent en Catalogne les troupes que les ennemis ont embarquées sur la côte de Gênes. — On mande de Pologne que le czar étoit arrivé le 14 décembre à Nerva, où il avoit demeuré quelques jours, qu'ensuite il étoit allé à Pétersbourg en Ingrie et que de là il avoit pris la route de Moscou.

Vendredi 27, *à Marly*. — Le roi, après la messe, courut le cerf; après dîner il se promena dans les jardins, et le soir, à sept heures, il y eut bal, où le roi demeura une demi-heure. Le bal finit à neuf heures et demie, afin que les dames eussent le loisir de changer d'habit avant le souper. — On apprend par les lettres de Hambourg que les palatinats de Cracovie et de Sandomir, qui étoient les plus opposés au roi Stanislas, lui ont envoyé des députés qui en ont été bien reçus, et que ces palatinats l'ont reconnu pour leur légitime roi. — On mande de Cadix qu'on y est dans l'espérance d'y voir arriver bientôt la flotte qui vient du Mexique et qu'on assure qui sera richement chargée. — Il y aura lundi à Versailles grand bal en masque chez madame la princesse de Conty, la mariée, et vendredi bal en masque aussi dans le grand appartement du roi, où tous les masques de Paris seront reçus, pourvu que quelqu'un de la troupe qui soit connu se démasque et réponde de ceux qui sont venus avec lui.

Samedi 28, *à Versailles.* — Le roi se promena tout le jour à Marly et revint ici à la nuit. M. de Chamillart travailla le soir avec le roi chez madame de Maintenon. — Le comte de Tavannes a acheté de M. de la Martinière la sous-lieutenance des chevau-légers Dauphin; le roi lui donne commission de mestre de camp. Il la donne aussi au marquis de Nérestang, qui n'est que guidon.

Dimanche 29, *à Versailles.* — Le roi tint le conseil d'État à l'ordinaire. Après dîner il alla se promener à Trianon, et le soir il travailla chez madame de Maintenon avec M. de Chamillart. Monseigneur, après le conseil, monta dans sa berline avec madame la duchesse de Bourgogne et la mena dîner à Meudon. Monseigneur le duc de Berry les suivit avec quelques dames que cette princesse avoit choisies pour ce dîner, qui fut en particulier. — M. l'archevêque d'Aix (1) est mort dans son diocèse après une longue maladie. Les Provençaux, dont il n'étoit pas trop aimé, ont fait son épitaphe, qui est fort courte : *Requiescat, ut requievit.* Il vaque par sa mort une seconde

---

(1) Daniel de Cosnac.

place parmi les commandeurs ecclésiastiques de l'Ordre. — Poisson, premier médecin de monseigneur le duc de Bourgogne, mourut ici. Cette charge vaut 13 ou 14,000 livres de rente, et le roi l'a donnée à Dodart, qui étoit premier médecin de monseigneur le duc de Bretagne; cet emploi ne vaut que 7,000 livres de rente.

Lundi 30, *à Versailles*. — Le roi dîna de bonne heure et alla tirer; le soir il travailla chez madame de Maintenon avec M. Pelletier. Madame la duchesse de Bourgogne entra dans le cabinet du roi après son souper et puis elle alla s'habiller en masque et descendit chez madame la princesse de Conty, la mariée, où il y eut grand bal, qui dura jusqu'à quatre heures du matin. On y servit une collation plus magnifique que ces collations-là n'ont accoutumé d'être. Monseigneur y descendit, mais il s'alla coucher avant une heure. — Il y aura des changements sur les monnoies le 1er de mars. On diminue les louis d'or de cinq sols; ils ne vaudront plus que treize livres. Les pièces de vingt sols sont diminuées de deux sols, et les pièces de dix sols à proportion; mais il n'y aura rien de changé aux écus ni aux pièces de trente sols. — Le roi donne le gouvernement de Sommières à M. de Montpezat, ancien capitaine aux gardes. Son père avoit eu ce gouvernement, et il est au milieu de leurs terres; ainsi la grâce est encore plus agréable pour lui qu'elle n'auroit été pour un autre. — Il y eut comédie à sept heures.

Mardi 31, *à Versailles*. — Le roi tint le conseil de finances à son ordinaire; il alla l'après-dînée se promener dans les jardins, et le soir il travailla avec M. de Pontchartrain. — Les princes de la maison de Lorraine prétendoient ne devoir pas aller chez les princes du sang en grand manteau; et à l'occasion de la mort de madame d'Armagnac les princes du sang en ont parlé au roi; et le roi en a parlé à M. le Grand, qui est ici depuis le retour de Marly, et S. M. a réglé que les princes de la maison de

Lorraine iroient en grand manteau chez les princes du sang *. — M. de la Feuillade avoit levé un régiment de deux bataillons en Dauphiné il y a trois ou quatre ans, et ce régiment a toujours servi en campagne depuis qu'il est levé. M. de la Feuillade l'a vendu 10,000 écus à M. de Mancini, second fils de madame de Nevers. — Marquessac, qui commandoit à Cazal et qui étoit colonel du régiment de Cambrésis, a vendu ce régiment 52,000 francs à un neveu du chevalier de Montgivrault, qui s'appelle....

* Une des différences des petits-fils de France et des princes du sang étoit d'être visités en mante et en manteau, tant sur leurs propres grands deuils que sur ceux des particuliers qu'ils étoient allés voir. Les princes du sang, qui toujours ont monté et qui se sont utilement servis des avantages communs avec eux que le roi peu à peu a donnés à ses enfants naturels, se procuroient tant qu'ils pouvoient par insinuation les visites en mante et en manteau des gens de qualité non titrés. Quand cela fut devenu ordinaire à ceux-là, ils en vinrent à la prétention ouverte qui ne leur fut contestée par aucun d'eux, tout étant devenu mode et exemple, et imitation en France : de là ils essayèrent sur les gens titrés, qu'ils trouvèrent moins faciles ; et à la fin en firent faire le commandement par le roi en cette occasion qui emporta les ducs avec la maison de Lorraine. On verra ailleurs comme cela fut exécuté quand il fallut que tous le subissent en même temps pour de grands deuils de princes du sang.

Mercredi 1ᵉʳ février, à Versailles. — Le roi tint le conseil d'État. L'après-dînée il alla à Trianon, et le soir il travailla chez madame de Maintenon avec M. de Chamillart. — Le marquis de Béthune, fils de celui qui étoit ambassadeur en Pologne, épouse mademoiselle d'Armenonville, à qui on donne présentement 500,000 francs ; on les loge et on les nourrit pendant dix ans. Le marquis de Béthune n'a que 2,000 écus de pension que lui donne sa mère et 4,000 francs de pension du roi. — Les princes de la maison de Lorraine ont rompu tout commerce avec M. de Vaudemont à cause du rang que M. de Lorraine lui a donné au-dessus d'eux. M. de Vaudemont prétend l'avoir toujours eu, et eux soutiennent tout le contraire.

Jeudi 2, jour de la Chandeleur, à Versailles. — Le roi, à onze heures, alla à la chapelle précédé par tous les chevaliers de l'Ordre; il y eut procession autour de la cour. Les princesses ni les dames ne viennent point à cette procession-là. L'après-dînée le roi entendit le sermon du P. de la Rue, dont il fut extrêmement content, et je ne me souviens point d'avoir entendu un plus beau sermon. Il y eut vêpres ensuite, et on retourna encore au salut. — Les princes et les princesses de la maison de Lorraine ont été en grand manteau et en mantes chez les princes et les princesses du sang. — Le roi, depuis deux mois, ne joue plus chez madame de Maintenon, comme il avoit fait, pendant quelque temps, les jours qu'il ne travailloit avec aucun ministre.

Vendredi 3, à Versailles. — Le roi dîna de bonne heure et alla se promener à Marly, d'où il ne revint qu'à la nuit. Après souper madame la duchesse de Bourgogne n'entra point dans le cabinet du roi et alla s'habiller en masque, et un peu avant minuit le bal commença dans le grand appartement du roi, où tous les masques de Paris furent reçus. Le roi y demeura une heure, et il avoit permis aux courtisans qui ne dansoient point de n'être pas masqués; mais il défendit qu'aucun n'entrât en habit de deuil. Le roi d'Angleterre arriva avant que le roi en sortît. Monseigneur y demeura jusqu'à deux heures, et monseigneur le duc de Bourgogne y demeura jusqu'à la fin, qui fut à quatre heures, et s'amusa, durant que les autres dansoient, à jouer au papillon, après que Monseigneur en fut sorti. Les dames qui dansoient et qui accompagnèrent madame la duchesse de Bourgogne étoient toutes magnifiquement masquées.

Samedi 4, à Versailles. — Le roi tint le conseil de finances à son ordinaire. Madame la duchesse de Bourgogne, qui s'étoit couchée à cinq heures du matin, alla à la messe à son heure ordinaire, et l'après-dînée elle se recoucha. — Le bruit se répand que M. de Monasterol, envoyé de l'électeur de Bavière, épouse madame de la Chétardie, à qui il est attaché depuis quelque temps; mais les gens qui le connoissent le plus particulièrement n'ajoutent point de foi à ce bruit. — On mande de Gênes que les troupes ennemies qui sont en Italie sont diminuées de vingt-deux mille hommes en ce pays-là, tant par les troupes qui sont retournées en Allemagne que par celles qu'on a embarquées pour les envoyer à l'archiduc, et cependant on compte que M. de Savoie aura encore une armée de trente-cinq mille hommes. — Les Hollandois ont encore imposé un centième denier sur tous leurs sujets; quelques villes s'y étoient opposées, mais enfin elles y ont toutes consenti. Elles payoient déjà deux centième denier, si bien que cette année ils payeront plus de la moitié de leur revenu.

Dimanche 5, à Versailles. — Le roi, après le conseil d'État, travailla encore avec M. de Chamillart. L'après-dînée il alla à Trianon, et le soir travailla chez madame de Maintenon avec M. de Chamillart. Monseigneur alla à Meudon, où il demeurera jusqu'à samedi. — Le roi donne au maréchal de Tessé un brevet de retenue de 200,000 fr. sur la charge de premier écuyer de madame la duchesse de Bourgogne; ce maréchal ne servira point cette année. — On mande de Silésie que l'empereur n'y fait pas exécuter tout ce qu'il avoit promis au roi de Suède pour la restitution des temples aux protestants.

Lundi 6, à Versailles. — Le roi dîna de bonne heure et alla se promener à Marly, d'où il ne revint qu'à la nuit; à son retour il travailla chez madame de Maintenon avec M. Pelletier. Madame la duchesse de Bourgogne fut fort incommodée tout le jour d'une grosse fluxion dans la tête. Elle devoit aller demain dîner à Meudon avec Monseigneur et après dîner à l'opéra; mais on ne croit pas que sa santé lui permette. — Le roi Auguste augmente ses troupes en Saxe, et a un train d'artillerie. On ne sait pas quel est son dessein; le roi de Suède lui envoie un officier principal pour s'expliquer avec lui là-dessus. On a voulu persuader au roi de Suède que le dessein du roi Auguste, en cas que S. M. Suédoise s'engage à poursuivre le czar jusqu'en Moscovie, est d'aller joindre avec ses troupes le palatin de Belz, grand général de la couronne, et de faire casser tout ce qui a été fait en faveur du roi Stanislas.

Mardi 7, à Versailles. — Le roi tint le conseil de finances à l'ordinaire; l'après-dînée il alla tirer, et le soir il travailla chez madame de Maintenon avec M. de Pontchartrain. Madame la duchesse de Bourgogne fut incommodée toute la nuit et manda à Monseigneur qu'elle ne pourroit pas aller ni à Meudon ni à l'opéra; ainsi la partie est remise à vendredi. — Il y a déjà quelques jours qu'on a eu nouvelle d'Espagne que Mahoni avoit pris Alcoy, qui ôte aux ennemis la communication de Denia à Alicante. Le duc de Berwick est revenu à Saragosse. On dit toujours qu'il viendra faire un tour ici, mais il n'en parle point dans ses lettres. — On avoit rendu de mauvais offices à l'abbé de Maulevrier* sur ce qu'on prétendoit qu'il avoit de grands commerces avec M. l'archevêque de Cambray après la défense que le roi lui avoit faite. Cet abbé eut hier audience du roi, dans laquelle il se justifie pleinement de cette accusation, et il sortit fort content de son audience, dans laquelle le roi lui parla avec beaucoup d'ouverture de cœur, de confiance et d'amitié.

* L'abbé de Maulevrier étoit aumônier du roi, cousin de l'abbé de Langeron, lecteur des princes, et chassé avec M. de Cambray, leur précepteur, qu'il suivit dans sa disgrâce. Cet aumônier étoit un grand homme, pâle, mourant, ignorant, intrigant, se fourrant par tous les bons endroits, grands ou petits, où il y avoit espérance, et tant qu'il pouvoit entrant dans tout: sa réputation d'ailleurs fut équivoque; ce qui est sûr c'est qu'il est mort banqueroutier longtemps après le roi, et toujours intrigant. Il s'appeloit Andrault, comme les Langerón, gens de fort peu de chose; par son cousin il s'étoit fait ami de M. de Cambray, et il étoit à merveille avec le P. de la Chaise, dont il avoit cultivé la famille du temps qu'il résidoit comte de Lyon, dont le chapitre a su mollir comme Malte. Cette liaison l'avoit initié avec M. de Beauvilliers et tous les amis de M. de Cambray, et il s'étoit concilié tous les ministres. Il étoit très-vif avec un air glacial, et s'étoit fort brouillé avec le cardinal de Noailles. Il eut dans la suite d'autres démêlés dont il se tira mal et eut grand'peine à être évêque. Le feu roi, tout à la fin de sa vie, lui donna Autun; il n'en voulut que pour l'honneur, et le refusa sous prétexte des bulles, mais en effet, se trouvant trop vieux, et eut une abbaye à la place. Les commerces qu'il avoit étoient infinis; il passoit ses jours à visiter et ses nuits à écrire. Il mourut subitement à Bourbon; il ne se trouva pas de quoi payer l'hôte, mais des papiers, des coffres tout pleins. Ce fut lui qui par son intrigue fit envoyer son neveu Maulevrier en Espagne, où il attrapa enfin la Toison, et en rapporta le mépris et l'aversion de cette cour.

Mercredi 8, à Versailles. — Le roi tint le conseil d'État à son ordinaire; Monseigneur y vint de Meudon, et au sortir du conseil il passa chez madame la duchesse de Bourgogne, qui se porte considérablement mieux. Monseigneur retourna ensuite dîner à Meudon. Le roi travailla le soir avec M. de Chamillart chez madame de Maintenon. Après le souper du roi madame la duchesse de Bourgogne alla droit chez elle se masquer, et à minuit elle alla chez madame de Chamillart, où il y eut un grand bal fort bien ordonné; il dura jusqu'à six heures du matin. Au sortir du bal madame la duchesse de Bourgogne entendit la messe et puis se coucha. Monseigneur le duc de Berry demeura au bal avec elle jusqu'à la fin. Madame de Beaumont, plus connue sous le nom de mademoiselle Loison *, avoit été avertie de ne point venir à ce bal ni à aucun de ceux de la cour. Elle ne laissa pas d'y venir et d'y danser devant madame la duchesse de Bourgogne à visage découvert, ce qu'on a trouvé fort mauvais. — On mande de Pologne que le roi de Suède, avec toutes ses troupes, avoit passé la Vistule. Le roi Stanislas, qui commandoit l'avant-garde, étoit entré dans Thorn où il a été reçu magnifiquement.

* Mesdemoiselles Loison, l'une brune, l'autre blonde, étoient les deux plus jolies créatures de leur temps, avec de l'esprit et du ma-

nége; le duc de Montfort et bien d'autres s'y ruinèrent. Sur la fin de leur beauté, Beaumont, conseiller au grand conseil, n'eut pas honte d'en épouser une. Leur réputation leur fit défendre les bals de la cour; la Beaumont en hasarda un où elle fut fort recueillie et où madame la duchesse de Bourgogne la trouva même fort à son gré; elle en fut chassée.

Jeudi 9, à Versailles. — Le roi dîna de bonne heure et alla se promener à Marly, d'où il ne revint qu'à la nuit. M. de Chamillart fut quelque temps avec lui dans son cabinet après son lever, et puis s'en alla à l'Étang; ce ministre est fort tourmenté de vapeurs qui ne l'empêchent pas de travailler, et le travail augmente son mal. Monseigneur le duc de Berry ne demeura qu'une heure dans son lit et alla à Meudon courre le loup avec Monseigneur; il eut même le plaisir de le tuer. Il coucha à Meudon. Madame la duchesse de Bourgogne ne se leva qu'à sept heures du soir, elle n'eut pas la force de souper avec monseigneur le duc de Bourgogne, qui attendit jusqu'à son réveil pour souper avec elle. Elle soupa avec le roi. — La diète des Suisses a été fort partagée. MM de Berne n'ont pas été si fort les maîtres qu'ils l'espéroient, et les cantons catholiques appuient fort les propositions que le roi y a fait faire par son ambassadeur. On ne sait point encore comment cela se terminera.

Vendredi 10, à Versailles. — Le roi, après la messe, travailla avec le P. de la Chaise. Monseigneur le duc de Bourgogne alla dîner à Meudon avec Monseigneur; madame la duchesse de Bourgogne y alla un peu après lui et y mena mademoiselle de Conty et plusieurs dames dont il y en avoit deux qui n'avoient jamais vu Meudon, qui sont mesdames de Nangis et de Seignelay. Sur les quatre heures Monseigneur mena madame la duchesse de Bourgogne et toutes les dames à Paris à l'opéra, et monseigneur le duc de Bourgogne revint ici. Après l'opéra on retourna souper à Meudon. Il y eut grand jeu après le souper, et on revint ici fort tard. — Le roi a donné l'archevêché d'Aix à l'évêque de Marseille, qui est frère du comte du Luc, et l'évêché de Marseille à l'abbé de Poudens, agent du clergé. Cet évêché vaut 28,000 livres de rente, et l'archevêché d'Aix ne vaut guère davantage.

Samedi 11, *à Versailles*. — Le roi tint le conseil de finances à son ordinaire. Monseigneur revint le soir de Meudon, et il y eut comédie. — Le mariage du marquis de Béthune avec mademoiselle d'Armenonville, est rompu et on assure que celui de Monasterol avec madame de la Chétardie est conclu. Ce comte est allé à Mons trouver l'électeur son maître pour le lui déclarer, à ce que tout le monde croit. — On a envoyé une lettre de cachet à la dame de Beaumont pour la faire sortir de Paris, avec défense d'en approcher de trente lieues. — On a eu une mauvaise nouvelle d'Espagne. On mande de Madrid que les Maures ont pris Oran. La garnison, qui a eu une bonne capitulation, et les principales familles qui étoient dans cette place sont déjà arrivées à Carthagène.

Dimanche 12, *à Versailles*. — Le roi tint le conseil d'État à l'ordinaire, et le soir il travailla avec M. de Chamillart chez madame de Maintenon. Monseigneur le duc de Bourgogne et madame la duchesse de Bourgogne entendirent vêpres, et à sept heures il y eut appartement chez Monseigneur. — L'empereur avoit envoyé en Sicile un abbé qui, sous un nom supposé, s'étoit introduit dans le pays et avoit voulu tenter la fidélité d'un des principaux seigneurs du pays, à qui il avoit montré des lettres de créance qu'il avoit de l'empereur. Ce seigneur en donna avis sur-le-champ au marquis de los Balbazès, vice-roi, qui fit arrêter cet abbé, à qui le procès fut incontinent fait, et la sentence qui le condamnoit à être écartelé fut exécutée dès le lendemain. — M. le duc d'Orléans a donné à M. l'abbé de Thesu la charge de secrétaire de ses commandements, qui vaquoit depuis quelques mois par la mort de Thesu, frère aîné de l'abbé. M. le duc d'Orléans avoit eu quelque envie de donner cette charge à l'abbé

Dubois, mais le roi a mieux aimé qu'il la donnât à l'abbé de Thesu*.

* Il n'y eut rien que l'abbé Dubois ne fît pour être secrétaire des commandements de M. le duc d'Orléans. Madame la duchesse d'Orléans ne l'aimoit pas auprès de ce prince, encore qu'il eût fait son mariage, et lui fit donner l'exclusion par le roi. Il n'est pas encore le temps de parler de ce scélérat célèbre, qui devint cardinal et premier ministre et qui dans cette fortune si prodigieuse ne put pardonner à l'abbé de Thesu la préférence qu'il en avoit essuyée.

Lundi 13, *à Versailles*. — Le roi tint le conseil de dépêches, et le roi permit à M. de Chamillart, qu'il avoit entretenu avant le conseil, de n'y être point; ce ministre s'en alla à l'Étang, fort tourmenté de ses vapeurs, qui lui viennent d'épuisement de travail. Le soir il y eut comédie. Le soir le roi travailla avec M. Pelletier chez madame de Maintenon. Après le souper du roi madame la duchesse de Bourgogne alla se masquer, et il y eut grand bal chez elle, où tous les masques de Paris furent reçus. Le roi y vint et y demeura une heure. Le roi d'Angleterre et la princesse sa sœur y arrivèrent à minuit et demi et y demeurèrent jusqu'à la fin, qui fut à six heures du matin. Madame la duchesse de Bourgogne, avant que de se coucher, alla entendre la messe et rendre une petite visite à madame de Maintenon, qui s'en alloit à Saint-Cyr. — La diète des Suisses, qui se tenoit à Bade, est finie du 7 de ce mois. Les cantons catholiques s'y sont comportés d'une manière dont le roi a été fort content, et sans la sagesse et la modération du roi, qui n'a pas voulu qu'ils en fissent davantage, ils en seroient venus à une rupture entière et à la guerre même avec les cantons protestants. La neutralité est établie pour Neufchâtel; ainsi ce pays-là demeurera en repos.

Mardi 14, *à Versailles*. — Il y eut conseil de finances, où M. de Chamillart ne vint point. Le roi vouloit se promener l'après-dînée dans ses jardins, mais la neige l'en empêcha. Il travailla avec M. de Pontchartrain chez madame de Maintenon. Le soir il y eut appartement chez Monseigneur. Madame la duchesse de Bourgogne, qui ne s'étoit levée qu'à six heures, soupa en se levant avec messeigneurs les ducs de Bourgogne et de Berry et descendit à l'appartement. — On envoie en Espagne douze bataillons des troupes qui sont en Dauphiné. Le roi d'Espagne a envoyé en Sicile deux cents officiers réformés et un régiment de cavalerie à pied, qu'on remontera en ce pays-là. — Madame a eu la fièvre avec de grandes oppressions. Elle ne veut point être saignée ni faire de remèdes, et on craint que ce mal n'ait de la suite. Dès qu'elle a un peu de soulagement, elle s'habille et écrit, comme elle a accoutumé de faire dans sa plus grande santé.

Mercredi 15, *à Versailles.* — Le roi tint le conseil d'État à son ordinaire; M. de Chamillart n'y vint point, et le roi trouva bon même qu'il ne vint point travailler avec lui le soir chez madame de Maintenon. Ce ministre commence à se mieux porter et compte de venir vendredi matin travailler avec le roi. Après souper il y eut grand bal en masque chez Monseigneur, où le roi d'Angleterre et la princesse sa sœur vinrent et qui dura jusqu'à six heures du matin. — L'évêque de Digne (1) mourut ces jours passés à Paris; cet évêché est d'un très-petit revenu. — Madame de Belsunce, sœur de M. de Castelmoron, lieutenant de gendarmerie, a été faite coadjutrice du Roncerai à Angers, dont sa tante, qui est sœur de M. de Lauzun, est abbesse. — Mademoiselle de Nicolaï, sœur du président de la chambre des comptes, est morte à Paris; elle avoit plus de 10,000 écus de rente.

Jeudi 16, *à Marly.* — Le roi dîna de bonne heure à Versailles et puis vint ici, où il demeurera jusqu'à la fin de la semaine qui vient. Madame la duchesse de Bourgogne ne se leva qu'à six heures du soir, donna ensuite

---

(1) François le Tellier.

à dîner à messeigneurs les ducs de Bourgogne et de Berry, et puis partirent de Versailles pour venir ici. La maladie de Madame continue; sa fièvre augmente. Madame de Seignelay a eu un logement ici pour la première fois et dansera aux bals. — Le duc de Berwick attend M. le duc d'Orléans à Pampelune et en partira pour revenir ici, sitôt que ce prince sera arrivé. Après qu'ils auront conféré ensemble, M. le duc d'Orléans ira à Saragosse si sa présence y est nécessaire; sinon, il ira tout droit à Madrid. Il compte de prendre congé du roi samedi et de partir lundi de Paris. — La garnison d'Oran n'est point venue à Carthagène, comme on l'avoit dit; elle est allée à Marsalquivir, et on espère que cette place, si les Maures l'attaquent, se défendra mieux qu'Oran.

Vendredi 17, à Marly. — Le roi travailla depuis dix heures jusqu'à une heure avec M. de Chamillart, qui avoit déjà travaillé deux heures avec M. le duc d'Orléans. Ce ministre est toujours fort incommodé et supplie instamment le roi de lui ôter une partie de ses emplois, étant accablé de travail. Le roi, qui ne peut ni chasser ni se promener, toute la terre étant couverte de neige, s'amusa l'après-dînée à voir jouer au billard. Le soir, à sept heures, il y eut bal, qui dura jusqu'au souper; le roi vit danser pendant une demi-heure. — Sourcy, gentilhomme de la vénerie qui commandoit la meute du roi pour le cerf, est mort à Versailles. Le roi donne 500 écus de pension à sa veuve, 2,000 francs de pension à Bercenet, qui étoit le plus ancien lieutenant après lui, et met en la place de Sourcy Boisfranc, qui étoit le premier lieutenant de la louveterie et qui commandoit cet équipage-là.

Samedi 18, à Marly. — Le roi ne sortit point de tout le jour, parce qu'il y a trop de neige sur la terre. M. le duc d'Orléans prit congé du roi et doit partir lundi ou mardi de Paris. Madame est toujours malade, et on espère qu'enfin elle consentira à être saignée. M. de Chamillart

s'est trouvé fort incommodé d'avoir travaillé hier si longtemps avec le roi et avec M. le duc d'Orléans et presse fort S. M. de mettre un contrôleur général en sa place.
— M. le duc d'Orléans compte d'emporter en Espagne dix millions en assignations. Il a des lettres de Samuel Bernard pour six millions, et ces lettres n'ont jamais été protestées en Espagne. Ces six millions, par le change, ne produiront que 4,800,000 livres, qu'il touchera dans le cours de cette année à 400,000 francs par mois. Les assignations pour les autres quatre millions ne sont pas tout à fait si bonnes. Les Espagnols fourniront le pain pour les troupes de France, et cela leur sera déduit sur les habits, les armes, la poudre et le canon qu'on leur a envoyés de France.

Dimanche 19, *à Marly*. — Le roi tint conseil d'État à son ordinaire. M. de Chamillart, qui est toujours incommodé, ne put pas venir; il ne vint point non plus travailler le soir avec le roi; M. de Cagny, son fils, y travailla en sa place. La cour d'Angleterre arriva ici sur les six heures, et à sept heures le bal commença, qui dura jusqu'au souper. Le roi y mena la reine d'Angleterre et n'y demeurèrent qu'une demi-heure, et puis le roi alla travailler avec M. de Cagny, et la reine d'Angleterre rentra chez madame de Maintenon. Quand le roi d'Angleterre danse son premier menuet au bal, le roi lui fait l'honneur de se tenir toujours debout. La maladie de Madame augmente; elle a enfin consenti d'être saignée, ce qu'on a fait aujourd'hui et ce qu'on fera encore. — On ne sait pas encore tous les changements qu'il y a dans les finances, mais on ne doute plus que la place de contrôleur général ne soit remplie par M. Desmaretz et qu'on ne rembourse les deux directeurs, dont on supprime les charges. Dans toute cette affaire M. de Chamillart a eu le procédé du plus honnête homme du monde, et le roi en est plus content que jamais.

Lundi 20, *à Marly*. — Le roi travailla le matin avec

M. de Chamillart ; il vint ici de l'Étang et s'y en retourna dîner. Il est toujours fort incommodé, et le roi a enfin consenti qu'il lui remît la charge de contrôleur général des finances, et le roi a mis à sa place M. Desmaretz*, qui étoit un des directeurs des finances. L'autre directeur, qui est M. d'Armenonville, sera remboursé des 800,000 fr. que la charge lui avoit coûtés. Le roi lui donne 12,000 francs de pension, et il ne se mêlera plus des affaires de finances. Il est conseiller d'État et a la capitainerie du bois de Boulogne. Les six intendants de finances, qui sont MM. de Caumartin, du Buisson, Bignon, Desforts, Guiet et Rebours, donneront chacun 200,000 francs, et on crée un septième intendant des finances, qui donnera 800,000 francs ; ainsi voilà deux millions. Il ne faut que 800,000 francs pour M. Desmaretz et 800,000 francs pour M. d'Armenonville. Il restera 400,000 francs pour le roi.

* On a vu quel étoit Desmaretz lors de son retour en grâce, quand on le fit directeur des finances avec Armenonville. Celui-ci pensa mourir de douleur de voir ce camarade contrôleur général, et lui retomber à n'être plus que simple conseiller d'État, après avoir manié les finances avec tant d'autorité toute sa vie, et lorsque Desmaretz étoit le plus éloigné de tout. Mais il fut vengé : Desmaretz, à la mort du roi, retomba presque aussi bas qu'il avoit été, et y mourut de regret, tandis qu'Armenonville brilla avec son fils par des emplois qui les distinguèrent et qui les portèrent au ministère et aux sceaux, dont ils tombèrent après de plus haut, et en moururent à leur tour de regret l'un et l'autre. Il faut attendre encore un an à parler de Chamillart, pour mettre tout ce qui le regarde ensemble.

Mardi 21, à Marly. — Le roi ne tint point le conseil de finances. M. Desmaretz vint le matin faire ses remercîments et fut quelque temps enfermé avec le roi. L'après-dînée le roi alla tirer, et le soir, chez madame de Maintenon, il travailla avec M. de Pontchartrain. Après souper il y eut grand bal en masque. Le roi trouvoit bon que les masques de Paris y vinssent ; mais le vilain temps et l'éloignement firent qu'il y en eut très-peu. Le roi demeura au bal jusqu'à une heure, et il dura jusqu'à six heures. Monseigneur y demeura jusqu'à la fin. — Le roi donne à M. de Chamillart 40,000 francs d'augmentation sur les appointements de la charge de secrétaire d'État de la guerre et lui donne le château de Noisy avec 50,000 francs pour le faire accommoder, et permission de chasser dans la forêt de Marly et dans le parc de Versailles, et M. de Chamillart vend sa maison de l'Étang à M. Desmaretz, qui lui en donne 200,000 francs.

Mercredi 22, à Marly. — Le roi, avant la messe, prit des cendres, et le cardinal de Janson, grand aumônier, vint de Paris pour les lui donner. Quoique toute la maison royale eût veillé fort tard, ils entendirent tous la messe à l'heure ordinaire. Le roi se promena l'après-dînée dans ses jardins. Il avoit tenu le conseil d'État le matin, où M. de Chamillart ne put pas venir. Il ne vint pas non plus le soir travailler avec le roi, comme il fait tous les mercredis. — On mande d'Espagne qu'on embarque à Carthagène quatre bataillons et un régiment de cavalerie qu'on envoie en Sicile; ce royaume paroît toujours très-fidèle. On a fait ôter, il y a déjà quelque temps, à Messine, une inscription dont les habitants de cette ville étoient fort piqués et qu'on y avoit mise après que M. de la Feuillade en eut retiré les troupes de France. On mande aussi de Madrid que les grandes eaux ont emporté un des bastions de Cadix et qu'on travaille en grande diligence à le refaire. — Madame la duchesse de Bourgogne alla à Versailles l'après-dînée voir Madame, qui se porte considérablement mieux.

Jeudi 23, à Marly. — Le roi travailla le matin avec M. de Chamillart, qui vint ici et s'en retourna dîner à l'Étang; ce ministre est toujours fort incommodé. L'après-dînée le roi alla tirer. C'est M. Poultier qu'on fait le septième intendant des finances. Il aura dans son département les étapes, les lits d'armées et beaucoup de choses qui regardent l'extraordinaire des guerres. Il vendra sa charge de garde du trésor royal dont il a donné un million; et on croit que c'est Montargis qui l'achètera. — M. le duc d'Orléans est parti de Paris. Le marquis de Nancré* ne le suivra point cette année en Espagne. — M. de Chamillart ne veut point conserver l'entrée dans le conseil royal des finances, ce que le roi lui avoit offert et ce que M. Pelletier le ministre avoit fait quand il quitta la charge de contrôleur général. M. de Chamillart croit qu'il est plus sage à lui de ne point entendre parler des affaires de finances et que les gens d'affaires ne le puissent pas accuser de vouloir encore s'en mêler. Outre cela, il aura plus de loisir de penser aux affaires de la guerre, car le conseil de finances, qui se tient deux fois la semaine, lui auroit ôté quatre ou cinq heures de son temps.

*Le voyage de madame de Nancré avec madame d'Argenton à Grenoble réussit à la fin assez mal à Nancré, quoiqu'il en eût été justifié. Le roi prit d'autres prétextes, et témoigna à M. le duc d'Orléans qu'il seroit bien aise qu'il ne le suivît point; lorsqu'il lui demanda qui il meneroit avec lui, il lui nomma entre autres Fontpertuis, garçon d'esprit, mais oisif et volontaire, qui s'étoit attaché à lui par madame Sforce et par M. de Nevers, son neveu, dont il étoit ami alors. « Comment, s'écria le roi, le fils de cette folle qui couroit le pays après M. Arnauld, cette furieuse janséniste! je ne veux point de cela avec vous. » M. d'Orléans, se prenant à rire, répondit au roi qu'il ne le connoissoit pas, que de sa mère il n'en disoit rien, mais que pour Fontpertuis il ne croyoit pas en Dieu, bien loin d'être janséniste. « Oh! si cela est, répliqua le roi, du fond du cœur fort soulagé, je n'ai rien à dire, vous le pouvez mener; » et en effet il le mena. Le fait alors n'étoit que trop vrai. M. d'Orléans n'en faisoit jamais le récit sans en rire aux larmes. Je ne sais si Fontpertuis s'est converti depuis, mais il acquit des biens immenses au Mississipi, qu'il a bien su conserver, et n'a guère vu M. le duc d'Orléans depuis ses richesses, et se brouilla tout à fait avec M. de Nevers.

Vendredi 24, à Marly. — Le roi se promena le matin dans ses jardins et alla tirer l'après-dînée. Il n'y a point eu de musique les soirs depuis qu'on est en carême. — M. Desmaretz n'achète plus la maison de l'Étang, comme on l'avoit dit. Madame de Chamillart a été visiter Noisy et a trouvé qu'il faudroit trop d'argent pour le rendre logeable ainsi ils garderont l'Étang, et M. Desmaretz achète la maison de la Marche, où M. de la Cour a fait beaucoup de dépense; elle ne coûtera que 25,000 écus à M. Desmaretz, et comme cette maison est dans le parc de l'Étang, on l'en séparera par l'enfermer de murailles. — On crée quatre charges pour le commerce dont on prétend tirer 400,000 francs de chacune. — M. le Grand, qui a toujours fort aimé madame de Châteauthiers * et qui l'honoroit d'une estime particulière, qu'elle mérite, avoit songé à l'épouser. Elle a reçu cette proposition avec toute la reconnoissance qu'elle devoit de l'honneur qu'il lui vouloit faire, mais elle n'a point voulu changer de condition ni entrer dans une maison dont les enfants n'auroient peut-être pas été assez aises de l'y voir.

* Madame de Châteauthiers étoit une demoiselle de bon lieu, et rien davantage, et que l'amitié de Madame avoit tirée d'entre ses filles d'honneur pour la faire sa dame d'atours, ce qui la fit appeler Madame. Elle avoit encore de la beauté quoiqu'elle ne fût plus fort jeune, et avoit toujours été sage, modeste et vertueuse dans son plus grand éclat, et à force de bienséances et de se respecter elle s'étoit fait respecter sans avoir été dévote. Elle avoit beaucoup d'esprit, et un esprit naturel et franc, quand elle étoit en liberté et en humeur, et de l'honneur elle en avoit beaucoup. On n'avoit jamais parlé d'elle, et l'amitié de Madame et son attachement pour elle furent entiers et réciproques jusqu'à la mort de Madame. Elle eut le bon esprit de sentir toutes les épineuses suites d'un mariage tel que celui de M. le Grand; son humeur, ses infirmités, sa nombreuse famille lui firent solidement préférer sa liberté à des chaînes aussi honorables. Elle n'en fut que plus estimée, plus honorée de M. le Grand et plus considérée de tous ses enfants. Après la mort de Madame elle s'enterra chez son frère, commandeur de Malte, à Paris, dans la retraite, dans une grande piété et parmi un très-petit nombre d'amis et sans sortir de chez elle.

Samedi 25, à Versailles. — Le roi, après avoir dîné à Marly, monta à cheval et alla tirer, et après la chasse il vint ici. Monseigneur alla de Marly dîner à Meudon, où il demeurera jusqu'à vendredi. Il a promis à M. de

Vendôme d'aller le 15 du mois prochain à Anet, où il compte d'être huit jours. Monseigneur le duc de Bourgogne et madame la duchesse de Bourgogne partirent de Marly à quatre heures pour revenir ici. En arrivant ici le roi alla voir Madame, qui n'est pas entièrement guérie, et puis il alla voir monseigneur le duc de Bretagne, qui est assez enrhumé depuis quelques jours. — Le roi envoie M. de Bezons en Espagne, et il emporte des patentes pour ne pas rouler avec les autres lieutenants généraux. On dit qu'il demande à être maréchal de France; on le trouve fort digne de cet honneur. — M. le Duc n'a pas été content de M. de Chamillart, sur ce qu'il y a environ un mois il ne voulut pas faire une démarche que M. le Duc croit qu'il doit faire à l'occasion des cahiers des députés de Bourgogne.

Dimanche 26, à Versailles. — Le roi tint le conseil d'État à son ordinaire; M. de Chamillart n'y demeura pas longtemps et fut même incommodé d'y avoir été. L'après-dînée le roi et toute la maison royale entendirent le sermon du P. de la Rue, et après le sermon le roi alla se promener à Trianon. Le soir le roi travailla avec M. de Chamillart chez madame de Maintenon. — Langlée mourut ici assez subitement*. Il laisse plus d'un million de bien, qu'on croit qu'il donne à mademoiselle de Guiscard, sa nièce. On dit qu'il a fait deux ou trois testaments, qui sont déposés en différents lieux. Il avoit une charge de maréchal des logis de l'armée qui lui valoit 18,000 francs. — Le roi a redonné des logements à tous ceux à qui il les avoit ôtés, pour donner à M. Desmaretz tout ce qu'avoit M. Pelletier, le ministre, quand il étoit intendant des finances. Madame d'Épinoy a le logement qu'avoit la comtesse de Châtillon et celui de M. de Châtillon, son mari. Il donne au duc de Villeroy, par prêt, le logement du duc de Gramont; au duc de la Roche-Guyon, par prêt, le logement qu'avoit le cardinal de Coislin; à M. de Souvré, le logement qu'avoit M. Desmaretz au grand commun; au petit Bontemps, par prêt, le logement qu'avoit le marquis d'Effiat. On laisse M. Pelletier de Sousy dans le logement où il étoit. Ces arrangements furent faits dès le lendemain que M. Desmaretz fut déclaré contrôleur général.

* Langlée n'étoit rien du tout et ne se piquoit pas de naissance. Son père, pour avoir un titre de quelque chose, s'étoit affublé de cette charge de maréchal des logis de l'armée; le fils ne mit jamais le pied dans pas une qu'à la suite de la cour. Sa mère avoit été femme de chambre de la reine mère, parfaitement bien avec elle; fort dans l'intrigue et dans le grand monde, où elle étoit comptée par son esprit plus que son état ne comportoit; elle avoit mis son fils dans la familiarité de Monsieur, où le jeu et les débauches l'avoient mené fort avant. Le jeu et l'appui de sa mère le mit des grandes parties du roi, dont il a toujours été tant que le roi a joué. Gros et noble joueur et fort heureux, sage aussi, car après y avoir excessivement gagné, il ne joua plus que pour se soutenir à la cour, être de tous les Marlys et se maintenir dans la familiarité qu'il y avoit acquise. C'étoit un homme à qui le grand usage du monde tenoit lieu d'esprit et qui avoit passé sa vie sans mélange parmi la fleur de la cour et fort peu dans celle de la ville; magnifique, et prêtoit de l'argent noblement; mais de façon à se faire honneur, de bon compte et de bon procédé partout. On ne comprend pas comment il étoit devenu le roi des modes, en habits, en maisons, en meubles, dont rien n'étoit approuvé s'il n'avoit son attache. Il décidoit aussi souverainement des fêtes, et personne n'en osoit donner qu'avec son avis et en le suivant (1). On conçoit aussi peu la familiarité qu'il avoit usurpée avec Monseigneur et avec les filles du roi et avec toutes les dames, et son privilège exclusif de leur dire, tant qu'il lui plaisoit et en plein salon de Marly, toutes les ordures que bon lui sembloit. Pour Monsieur, tant qu'il a vécu, il étoit son complaisant et toute sa cour avec lui, et il se licencioit moins, mais toutefois impunément, avec madame la duchesse de Bourgogne. Il voyoit peu le roi, qui ne lui parloit presque jamais; mais il étoit le maître chez tous les ministres et avec tous les princes du sang, qui ne bougeoient de chez lui à Paris dans le peu qu'il y étoit, où il vivoit avec splendeur. Ce sont

---

(1) « Feu M. de Langlée, qui vient de mourir, étoit généralement regardé comme un homme de bon goût, particulièrement pour ce qui regarde la magnificence, qui décidoit là-dessus de beaucoup de choses dont on se rapportoit à lui. Il avoit une parfaite connoissance du monde, et il étoit fort estimé. » (*Mercure* de mars, page 192.)

de ces personnages uniques qui régnent sur des riens, dont l'amas et le journalier leur donnent une consistance qui les rend considérables sans qu'on sache pourquoi, et dont ils usent après avec tyrannie; car il ne se contraignoit pour personne, et disoit quelquefois le fait aux gens très-bien, mais très-impudemment. Du reste bon homme et obligeant; sa perruque, ses habits, son maintien ressembloient à Monsieur à s'y méprendre, et jusqu'à toutes ses façons. Il ne se maria point, avoit un frère abbé, qu'il méprisoit et qui ne paroissoit guère, et logeoit chez lui madame de Guiscard, sa sœur. Pour Guiscard, qui étoit presque toujours sur la frontière, il ne le pouvoit souffrir, ne le logeoit point et ne le voyoit que par complaisance. Il fut accusé d'être commode à beaucoup de gens; avec tout cela il s'étoit érigé un tribunal avec lequel il falloit compter en bien des rencontres, où la meilleure compagnie, la plus choisie, la plus distinguée abondoit et où il n'étoit guère de gens qui ne se fissent un plaisir d'aller, et plusieurs une distinction et un honneur de mode et de bel air. Ce qui est surprenant, c'est que sa mort déconcerta bien des gens, et fit une sorte de vide.

Lundi 27, à Versailles. — Le roi prit médecine et travailla l'après-dînée avec M. Pelletier. Madame la duchesse de Bourgogne alla se promener à la Ménagerie et a recommencé à monter à cheval. — Le roi d'Espagne a déclaré qu'il iroit cette année se mettre à la tête de son armée. M. de Bezons partira le 15; on ne dit point encore bien sûrement le grade qu'on lui donnera, mais il paroît content de sa destination. — Le roi n'a point encore déclaré les jours qu'il travaillera avec M. Desmaretz. — M. le comte de Lannoy, celui qui a épousé mademoiselle de Furstemberg, a acheté le régiment de Saint-Sulpice 65,000 francs; M. de Chamillart s'est chargé d'en demander l'agrément au roi, et il l'a eu. Il vendra un de ces régiments nouveaux qu'il a et dont on lui offre déjà 26,000 francs. — On mande d'Allemagne et de Venise que le Grand Seigneur arme par mer et par terre; la république même en paroît fort alarmée. — *Le Rubis*, un des vaisseaux du roi, a fait depuis quelques jours une prise considérable. — M. Béranger, fils de M. du Guast, maréchal de camp, a épousé la fille de M. de Surbeck, lieutenant général, à qui on donne 200,000 francs, et on lui assure 100,000 francs après la mort de son père.

Mardi 28, *à Versailles.* — Le roi, après le conseil de finances, travailla avec M. Desmaretz. L'après-dînée il alla se promener à Trianon, et le soir il travailla avec M. de Pontchartrain chez madame de Maintenon. Madame la duchesse de Bourgogne alla dîner à Meudon avec Monseigneur; monseigneur le duc de Bourgogne y alla après le dîner, parce que, comme il ne fait point le carême, il ne veut manger qu'en particulier. — Les testaments de Langlée ont été ouverts chez le lieutenant civil. Il laisse tout son bien, qui est de 42,000 livres de rente, outre sa maison et ses meubles, à mademoiselle de Guiscard, sa nièce et à l'abbé de Langlée, son frère, seulement une pension viagère de 6,000 livres. Il ne donne rien à madame de Guiscard, sa sœur, que 6,000 livres de pension en cas qu'elle devienne veuve ou qu'elle se sépare de son mari. — D'Autichamp, mestre de camp de cavalerie, a eu permission de vendre son régiment, et il l'a vendu à M. du Fief.

Mercredi 29, *à Versailles.* — Le roi tint le conseil d'État à son ordinaire. M. de Chamillart n'y fut qu'une demi-heure, parce qu'il avoit beaucoup à travailler avec M. le duc de Noailles et M. de Bezons. L'après-dînée le roi entendit le sermon et alla ensuite se promener dans les jardins. Le soir, chez madame de Maintenon, il travailla avec M. de Chamillart. — Le roi a partagé la charge de maréchal des logis de l'armée qu'avoit Langlée. Il en donne la moitié à Mauroy, lieutenant général, et l'autre moitié à Verceil, qui commande les hussards dans l'armée du maréchal de Villars et qui fait depuis quelques années la charge de maréchal des logis de l'armée. Ils tireront de cet emploi chacun 6,500 francs; ce qu'elle valoit davantage à Langlée, c'étoit par quelques pensions qu'on y avoit joint. — On arme trente vaisseaux à Dunkerque ou dans les ports voisins. Les troupes de terre qui sont sur cette côte sont en mouvement. On y fait marcher encore quelques bataillons. Cela fait faire bien des raisonnements à Paris et ici, et même il paroît, par les nouvelles qu'on a de Hollande et d'Angleterre, que cela y donne de l'inquiétude.

Jeudi 1ᵉʳ *mars, à Versailles.* — Le roi dîna de bonne heure et alla se promener à Marly, d'où il ne revint qu'à la nuit. Monseigneur ne reviendra de Meudon que samedi. Monseigneur le duc de Bretagne est moins enrhumé, mais il a peine à s'accoutumer à la nouvelle nourrice qu'on lui a donnée; on a été obligé d'en changer depuis trois jours. — Le rabais qu'on avoit publié pour les monnoies le 1ᵉʳ de mars s'est exécuté. Les pièces de vingt sols sont diminuées de deux sols, les pièces de dix à proportion. Les louis d'or sont diminués de cinq sols et ne valent plus que treize francs. On en a beaucoup porté au trésor royal les derniers jours du mois. — M. de Chamillart, qui avoit le Lyonnois dans son département, a prié M. de Torcy de l'échanger contre le Dauphiné; ainsi M. le maréchal de Villeroy, gouverneur du Lyonnois, et M. de Chamillart, qui sont fort mal ensemble depuis longtemps, auront moins d'occasions qui puissent augmenter leur brouillerie *. — L'abbé Mangin et l'abbé Fraguier furent reçus à l'Académie, et l'abbé Régnier répondit à leurs harangues.

* Le maréchal de Villeroy, de père en fils, étoit roi dans son gouvernement, et la Feuillade avoit commencé de l'être dans le sien. Leur disgrâce eut besoin de l'étai du secrétaire d'État de la province pour y éviter la décadence et les dégoûts. Le maréchal, brouillé avec le sien autant qu'avec le roi, s'en trouvoit fort en presse, et la Feuillade avoit besoin de toute l'autorité de son beau-père, qu'il ne trouvoit pas dans Torcy. C'est ce qui fit le changement indifférent à Torcy, et qui ne le fut ni à Chamillart, à cause de son gendre, ni au roi même, pour éviter les tracasseries journalières entre son ministre et le maréchal de Villeroy.

Vendredi 2, à Versailles. — Le roi travailla le matin avec le P. de la Chaise et alla tirer l'après-dînée. Monseigneur le duc de Berry alla à Meudon, où il courut le loup avec

Monseigneur. — L'affaire de l'armement de Dunkerque se développe tous les jours. On ne peut plus douter présentement que ce ne soit pour aller faire une descente en Écosse, où l'on assure qu'il y a un grand parti pour le roi d'Angleterre, qui y passera sur nos vaisseaux. Nous y envoyons douze bataillons françois et beaucoup d'officiers irlandois, qui sont déjà arrivés à Dunkerque. On y envoie deux lieutenants généraux et deux maréchaux de camp, et l'on compte qu'à la fin de la semaine qui vient tout pourra être embarqué. — Péry, lieutenant général et qui a un régiment italien, est mort à Strasbourg. D'Arsan, qui est capitaine de grenadiers de ce régiment et qui a commission de colonel, est venu demander ce régiment, comme neveu de Péry. Le roi le lui a donné sur cet exposé; mais on dit présentement qu'il n'est ni son neveu ni son parent, et qu'il a été dans des étages fort bas dans la maison; ainsi on craint pour lui que son faux exposé ne renverse son affaire. — Il y eut sermon l'après-dînée, où le roi n'alla point. Le prédicateur fit un fort beau compliment à monseigneur le duc de Bourgogne, qui étoit en bas, et madame la duchesse de Bourgogne étoit dans la tribune.

Samedi 3, à Versailles. — Le roi tint le conseil de finances et alla l'après-dînée à la volerie pour la première fois de cette année. Madame la duchesse de Bourgogne y alla avec beaucoup de dames à cheval, et elles en revinrent à toutes jambes avec messeigneurs les ducs de Bourgogne et de Berry qui les conduisoient. Le soir le roi travailla longtemps avec M. de Chamillart, dont la santé se rétablit un peu. Monseigneur revint de Meudon. Monseigneur le duc de Bretagne est beaucoup mieux et s'accoutume à sa nouvelle nourrice. — Les lieutenants généraux qui vont en Écosse sont MM. de Gacé et de Vibraye; les maréchaux de camp: MM. de Lévis et de Ruffey. Le roi d'Angleterre partira de Saint-Germain mardi ou mercredi au plus tard; plusieurs des gens qui doivent passer avec lui sont déjà partis. Tous les vaisseaux sont prêts à Dunkerque. On ne doute pas que ces nouvelles ne soient sues présentement en Angleterre et qu'on n'y prenne des mesures pour empêcher l'exécution de cette entreprise; mais on espère qu'ils ne pourront les prendre assez à temps; car il n'y a plus de troupes en Angleterre et peu de vaisseaux en état.

Dimanche 4, à Versailles. — Le roi tint conseil d'État à son ordinaire. Il entendit l'après-dînée le sermon avec toute la maison royale, et puis alla se promener à Trianon. Le soir le roi travailla chez madame de Maintenon avec M. de Chamillart. — M. Péry n'est point mort, et son prétendu neveu, qui en avoit porté la nouvelle, a été contraint d'avouer qu'il n'est point son parent et dit présentement qu'il est son fils bâtard. — M. de Fourcy, conseiller d'État, est mort; il y a déjà quelque temps que sa santé ne lui permettoit plus de venir au conseil. Le roi a promis la première place vacante à M. de la Houssaye, intendant d'Alsace; ainsi il est assuré d'avoir la place de M. de Fourcy. — Les douze bataillons qu'on envoie en Écosse sont les deux de Béarn, dont Montendre est colonel; les deux de Luxembourg, Mouy colonel; les deux d'Agenois, le marquis de Meuse colonel; les deux d'Auxerrois, d'Anfreville colonel; les deux de Boulonnois, Crécy colonel; les deux du régiment de Boisfermé. On donne à chaque colonel qui s'embarque 500 écus, aux lieutenants-colonels et majors 300 écus; à chaque capitaine 200 écus, et à tous les autres officiers à proportion. Le roi d'Angleterre doit arriver vendredi à Dunkerque, où il trouvera tous les vaisseaux prêts, sur lesquels on porte les armes pour armer douze mille hommes.

Lundi 5, à Versailles. — Le roi dîna de bonne heure et alla courre le cerf dans le parc de Marly. Après la chasse il alla se déshabiller au château et puis alla à Saint-Germain dire adieu au roi d'Angleterre, qui part toujours mercredi et qui est transporté de joie de l'entreprise qu'il va faire. Monseigneur et messeigneurs ses enfants allèrent aussi dire adieu au roi d'Angleterre, qui vouloit venir ici demain ; mais le roi l'a prié de ne point venir, disant qu'il avoit assez d'autres affaires et que madame la duchesse de Bourgogne le viendroit voir demain. Le soir le roi travailla chez madame de Maintenon avec M. Pelletier. Monseigneur alla à la comédie. M. de Chamillart alla le matin à Saint-Germain prendre congé du roi d'Angleterre, et l'assura que sa maladie ne l'avoit point empêché de donner tous les ordres nécessaires pour que rien ne lui manque dans l'expédition qu'il va faire. Il consola les officiers anglois qui ne sont point de ce voyage en les assurant qu'ils seroient bientôt employés. — La princesse d'Angleterre a eu la rougeole, mais elle est entièrement guérie. La reine sa mère est toujours en prières pour l'heureux succès du voyage du roi son fils.

Mardi 6, à Versailles. — Le roi, après le conseil de finances, travailla encore avec M. Desmaretz, qui l'a assuré qu'on porte toujours beaucoup d'argent au trésor royal. — On a envoyé quatre millions en Flandre pour achever de payer les troupes qui sont en ce pays-là, où l'on compte d'avoir une armée plus belle et plus nombreuse encore que l'année passée. — Le roi travailla le soir chez madame de Maintenon avec M. de Pontchartrain, qui l'a assuré que tous les vaisseaux étoient prêts à Dunkerque et tous déjà à la rade, et que le roi d'Angleterre pourroit s'embarquer en y arrivant. On ne fera point de cérémonies au roi d'Angleterre sur son chemin. Il couchera demain à Amiens, et se fait appeler le chevalier de Saint-Georges. Madame la duchesse de Bourgogne alla l'après-dînée à Saint-Germain pour lui dire adieu. — Le roi a fait M. Voisin conseiller d'État ordinaire et a donné la place de conseiller d'État de semestre à M. de la Houssaye, comme il lui avoit promis. M. d'Armenonville, qui précède dans le conseil M. Voisin par la date d'intendant des finances, étant devenu depuis conseiller d'État, espéroit la place d'ordinaire; mais le roi ne s'attache point à l'ordre du tableau, et de plus M. Voisin étoit conseiller d'État longtemps avant lui.

Mercredi 7, à Versailles. — Le roi tint le conseil d'État à son ordinaire, mais M. de Chamillart n'y put pas demeurer longtemps parce qu'il se trouva mal; cela ne l'empêcha pourtant pas de travailler le soir avec le roi chez madame de Maintenon. L'après-dînée le roi et toute la maison royale entendirent le sermon. Monseigneur, madame la duchesse de Bourgogne et monseigneur le duc de Berry allèrent le soir à Clagny, où madame la duchesse du Maine y jouoit la comédie de *l'Hôte de Lemnos*, faite par M. de Malezieu; c'est une traduction de Plaute, intitulée *Mostellaria*. Le roi d'Angleterre partit un peu après six heures de Saint-Germain. Il doit aller coucher à Amiens, demain à Boulogne et sera vendredi de bonne heure à Dunkerque. Il dit au roi, lundi, à Saint-Germain, qu'il espéroit n'avoir pas l'honneur de le revoir sitôt; qu'il demeureroit en Écosse, n'y eût-il qu'un château qui lui fût fidèle; mais que s'il étoit jamais rétabli dans ses royaumes, comme il le prétendoit, il reviendroit de Londres ici pour lui marquer sa reconnoissance et son attachement pour sa personne et pour toute la maison royale. Il n'est parti avec lui que deux de ses courtisans. Il a renvoyé Verceil, enseigne des gardes, qui étoit de semaine auprès de lui et tous les gardes du roi.

Jeudi 8, à Versailles. — Le roi alla l'après-dînée à la volerie. A son retour M. de Cagny entra dans son cabinet, qui lui apporta apparemment quelque nouvelle. Madame la duchesse de Bourgogne et plusieurs dames étoient à la volerie à cheval, et au retour monseigneur le duc de Bourgogne se mit à leur tête afin qu'elles ne revinssent pas à toutes jambes. Le soir il y eut comédie. — On eut nouvelle que le roi d'Angleterre n'avoit pu coucher hier qu'à deux lieues en deçà d'Amiens, parce que sa chaise étoit rompue. Le duc de Perth, son gouverneur, étoit parti lundi. Middleton, Scheldon, son sous-gouverneur, Richard Hamilton et quelques autres officiers étoient partis dès le dimanche. Richard Hamilton est le plus ancien lieutenant général de ceux qui passent en Écosse, parce qu'en 1690 il servit en cette qualité en Irlande, sous le roi Jacques II. — On a fait brigadiers deux mestres de camp réformés anglois qui servoient dans le régiment de cavalerie anglois, dont Nugent est mestre de camp. Ces deux brigadiers sont Douch et..... L'un des deux passe en Écosse; et sur nos vaisseaux il y a quatre mille selles, quatre mille paires de pistolets et quatre mille paires de bottes. On trouve en Écosse beaucoup de bons chevaux.

Vendredi 9, à Versailles. — Le roi et toute la maison royale entendirent le sermon après quoi le roi alla se promener à Trianon. Monseigneur le duc de Bourgogne et madame la duchesse de Bourgogne allèrent se promener dans les jardins. — On eut des lettres d'Angleterre par lesquelles on apprit qu'il y a de grandes brouilleries à Londres. Harley, secrétaire d'État, a quitté sa charge; et milord Marlborough a obligé la reine Anne d'ôter les charges à plusieurs officiers considérables qui étoient de même avis que Harley sur les affaires. La reine Anne a eu même beaucoup de peine à s'y résoudre. Cela n'a nul rapport aux affaires d'Écosse ni à notre armement. On croit même que cela pourra avoir de grandes suites. — D'Andrezel, secrétaire du cabinet et qui a fait longtemps la charge d'intendant dans l'armée que nous avions en Italie, sera intendant de l'armée qu'on envoie en Écosse. C'est M. de Gacé sûrement qui commandera nos troupes en Écosse. — Monseigneur alla l'après-dînée à Meudon, où il avoit donné ordre à Mansart de s'y trouver pour voir ses nouveaux bâtiments.

Samedi 10, à Versailles. — Le roi, après le conseil de finances, travailla encore avec M. Desmaretz. Monseigneur, madame la duchesse de Bourgogne et monseigneur le duc de Berry allèrent dîner à Meudon, à un dîner particulier. — M. le marquis de Béthune épouse la sœur de M. le maréchal d'Harcourt, à qui on donne 80,000 francs. La marquise de Béthune, mère de celui qui se marie, fait plus en faveur de ce mariage qu'elle ne faisoit pour celui de mademoiselle d'Armenonville, qui avoit été presque conclu; car elle s'engage à loger et à nourir les mariés. — Mailly la Houssaye, brigadier d'infanterie, est mort en Espagne. Il étoit colonel d'un régiment qui est un des petits vieux; le roi a donné ce régiment à M. le comte de Bueil, brigadier d'infanterie, et qui n'avoit plus de régiment (1). — On n'a point encore de nouvelle que le roi d'Angleterre soit arrivé à Dunkerque, où l'on croit qu'il ne pourra s'embarquer que le 13. On a nouvelle que la flotte que Leak escortoit en Portugal avoit été obligée par les vents contraires de relâcher à Torbay.

Dimanche 11, *à Versailles*. — Le roi tint le conseil d'État à son ordinaire. M. de Chamillart n'y put pas venir; il ne vint point non plus le soir travailler avec le roi chez madame de Maintenon, comme il y travaille tous les dimanches. L'après-dînée le roi et toute la maison royale entendirent le sermon, et le roi, après le sermon, alla se promener à Trianon. Monseigneur le duc de Bourgogne entendit vêpres, qu'il entend tous les dimanches et les fêtes; madame la duchesse de Bourgogne et lui allèrent au salut. — Fretteville arriva le soir, qui apporta la nouvelle qu'il paroissoit devant Dunkerque plusieurs vaisseaux anglois, qu'on croyoit même que c'étoit la flotte de Leak, que les vents avoient repoussée à Torbay, et qu'étant revenus là ils avoient reçu ordre de la reine Anne de venir devant Dunkerque; mais il n'y a rien de moins sûr que ce soit cette flotte-là. Cependant on a

---

(1) Ce n'est point au comte de Bueil que le roi a donné le régiment de Mailly, c'est au chevalier de Bueil son frère, major du régiment d'infanterie de la reine. (*Note de Dangeau.*)

jugé à propos de faire débarquer nos troupes. Le roi d'Angleterre a écrit au roi une lettre où il marque fort l'envie qu'il a de passer et de ne pas abandonner des sujets qui se sacrifient pour lui, mais qu'il n'ose rien faire sans recevoir les ordres du roi; ainsi on croit cette entreprise-là manquée.

Lundi 12, *à Versailles*. — Le roi tint le conseil de dépêches. L'après-dînée il alla tirer, et le soir il travailla avec M. Pelletier chez madame de Maintenon. — Il arriva deux courriers de Dunkerque. Le premier nous apprit que le chevalier de Forbin avoit fait reconnoître les vaisseaux ennemis par Tourouvre et le chevalier de Nangis, qui étoient sur des bâtiments séparés, qu'ils avoient approché fort près, et leur rapport s'est trouvé conforme. Ils disent qu'il y a fort peu de vaisseaux de guerre; que ce n'est point sûrement la flotte de Leak. Forbin, étant très-persuadé que cela ne l'empêchera point de passer, a prié M. de Gacé de faire rembarquer les troupes. Le second courrier qui arriva le soir dit que toutes les troupes étoient rembarquées; que cela s'étoit fait en six heures de temps, mais que le roi d'Angleterre étoit malade; qu'on craignoit que ce ne fût la petite vérole ou du moins la rougeole mais que malgré son mal il avoit tant d'envie de partir qu'on espéroit qu'il s'embarqueroit le lendemain. Ces deux courriers partirent hier de Dunkerque, l'un à deux heures après midi, l'autre à neuf heures du soir.

Mardi 13, *à Versailles*. — Le roi, après le conseil de finances, travailla encore avec M. Desmaretz. Il devoit aller à la volerie l'après-dînée, mais le vilain temps l'en empêcha. — Le maréchal de Berwick arriva d'Espagne un peu après midi. Le roi, au sortir de son dîner, le fit entrer dans son cabinet. On ne doute plus qu'il aille commander en Dauphiné; mais cela n'est pourtant pas encore déclaré. — Mademoiselle de Damville, une des sœurs de M. de la Rochefoucauld, mourut à Paris. — Il arriva un courrier parti hier de Dunkerque. Forbin mande qu'il étoit prêt de lever l'ancre et de mettre à la voile quand on est venu lui dire que le mal du roi d'Angleterre étoit si considérablement augmenté que tous les médecins avoient dit que s'il s'embarquoit ils ne pouvoient pas répondre de sa vie. Cette nouvelle nous afflige tous fort ici; cependant nous ne sommes pas encore sans espérance, d'autant plus que la reine d'Angleterre a des lettres de ceux qui sont auprès du roi son fils et qui lui mandent que sa maladie n'est pas considérable. Cela s'accorde si peu avec la raison qu'on dit qui a empêché l'embarquement que nous ne savons plus à qui en attribuer la faute*. — Monseigneur fut purgé; il avoit été saigné dimanche, et cela par précaution. — Thévenin **, riche financier, est mort; en mourant il a donné à M. le chancelier sa belle maison de Paris toute meublée. On estime ce don 500,000 francs. Le chancelier faisoit quelque difficulté d'accepter ce présent, mais le roi le lui a conseillé et commandé.

* Cette expédition d'Écosse ne fut jamais goûtée de Pontchartrain; en haine de Chamillart, il fut accusé d'y avoir mis tous les retardements qu'il put, qui causèrent le contre-temps de la rougeole du roi d'Angleterre prêt à s'embarquer et le loisir aux Anglois de venir bloquer le port. Forbin fut accusé aussi d'avoir pu éviter les Anglois sur les côtes d'Écosse et pu faire le débarquement entier. Le malheur de cette entreprise fut certain; les causes demeurèrent douteuses, mais les soupçons fort grands. Chamillart en profita pour le frère de Matignon, son ami, qu'il en fit maréchal de France, et M. de Chevreuse pour son gendre, M. de Lévis, qui en fut lieutenant général, mais qui fut pris avec le vaisseau qu'il montoit.
** Thévenin n'avoit ni femme ni enfants, et devoit toute sa fortune au chancelier de Pontchartrain lorsqu'il étoit contrôleur général.

Mercredi 14, *à Versailles.* — Le roi tint le conseil d'État à son ordinaire; M. de Chamillart n'y put pas être, mais il alla le soir travailler avec le roi chez madame de Maintenon. L'après-dînée le roi et toute la maison royale entendirent le sermon et puis s'allèrent promener à pied dans les jardins. On a été obligé de changer encore de nourrice à monseigneur le duc de Bretagne; ainsi voilà la quatrième qu'il a eue. — Il arriva un courrier de Dunkerque à M. de Pontchartrain. Forbin nous redonne des espérances. Il mande qu'on peut se rembarquer vendredi; que les vaisseaux ennemis qui étoient devant Dunkerque s'en sont un peu éloignés; que même, quand ils y seroient, il ne les craindroit point, parce qu'ils n'ont que cinq ou six vaisseaux de guerre. On mande aussi que le roi d'Angleterre est mieux. — Mademoiselle de Bellefonds épouse M. de Fervaques, fils aîné de M. de Bullion, qui aura un bien prodigieux. On donne à la demoiselle 100,000 francs, et on lui en assure encore autant après la mort de sa mère. — Le roi fit partir le soir un courrier avec ordre à MM. de Gacé et de Forbin de faire tout embarquer et de mettre à la voile le plus tôt qu'ils pourront, puisque la santé du roi d'Angleterre le permet, et de ne plus attendre d'ordres nouveaux d'ici. — Le roi a donné à Vauvré, intendant de marine à Toulon, pour son fils qui sert dans les troupes, la survivance de la charge de maître d'hôtel ordinaire que Vauvré avoit achetée de Delrieux.

Jeudi 15, *à Versailles*. — Le roi, après la messe, donna audience dans son cabinet au maréchal de Berwick et lui dit qu'il le faisoit général de son armée de Dauphiné et qu'il commanderoit depuis le lac de Genève jusqu'à la mer. M. de Chamillart vit le roi avant qu'il allât à la messe. Monseigneur partit le matin pour aller à Anet, où il demeurera huit jours; il y mena avec lui madame la princesse de Conty. Beaucoup de dames et de courtisans sont de ce voyage-ci. — Il arriva un courrier de Dunkerque. Les vaisseaux ennemis, qui s'étoient déjà un peu éloignés de cette place, sont retournés aux Dunes. On croit que c'est pour y prendre des vivres et beaucoup de choses dont ils manquoient, parce que leur armement avoit été fait trop à la hâte. On espère toujours que le roi d'Angleterre, dont la santé se rétablit, pourra s'embarquer vendredi au soir ou samedi au plus tard. — Le roi a donné une pension de 2,000 écus à Dillon, Irlandois, lieutenant général, homme de grande réputation; il servira sous le maréchal de Berwick en Dauphiné. Il y a déjà longtemps qu'il sert en cette armée-là.

Vendredi 16, *à Versailles.* — Le roi, après la messe, fit entrer dans son cabinet le maréchal de Berwick et M. de Bezons et les fit parler tous deux sur les affaires d'Espagne, où Bezons va servir. M. de Berwick partira aussi pour le Dauphiné tout le plus diligemment qu'il pourra. — M. de Chamillart, dont la santé est un peu meilleure, donna audience à beaucoup d'officiers devant et après son dîner. — Le roi monta en carrosse à deux heures et alla par delà la grille qui est au bout du canal, où il fit la revue de la première compagnie de ses gardes, qui est celle de M. de Noailles, et de ses grenadiers à cheval. — Un courrier de M. de Pontchartrain arriva de Dunkerque, d'où il partit hier, et l'on ne doute plus que le roi d'Angleterre ne s'embarque demain. Il y a déjà plus de quinze jours qu'on a renvoyé en Écosse deux des trois députés de ce pays-là, qui ont été cachés tout cet été à Montrouge chez le bailli et qui avoient les pleins pouvoirs des seigneurs qui sont fidèles au roi d'Angleterre pour donner les assurances de leur fidélité et de l'envie qu'ils ont de le voir sur le trône de ses pères. Ils assurent qu'il sera reçu en Écosse avec de grandes acclamations et des seigneurs et du peuple. On les a fait partir pour l'Écosse sur des bâtiments différents avec un duplicata pour annoncer aux Écossois le départ du roi d'Angleterre.

Samedi 17, *à Versailles.* — Le roi, après le conseil de finances, travailla encore avec M. Desmaretz. Après son dîner il alla à la volerie; madame la duchesse de Bourgogne y alla, mais en carrosse, car on a quelques espérances de grossesse. — Il arriva le soir un courrier de Dunkerque. Forbin avoit espéré de pouvoir mettre à la voile hier au soir et de sortir des bancs par la passe de l'ouest, mais il n'y avoit pas assez d'eau ; il mande qu'il partira sûrement aujourd'hui. Le mal du roi d'Angleterre diminue tous les jours, et il fait paroître une grande envie d'être déjà embarqué. On voit quelques vaisseaux, qu'on croit vaisseaux de guerre, à l'est et à l'ouest de Dunkerque ; mais Forbin assure que cela ne l'empêchera point de passer. Beauharnois sera l'intendant de cette flotte. — La noce du marquis de Béthune avec la sœur du duc d'Harcourt se fit à Paris chez la duchesse d'Harcourt.

Dimanche 18, *à Versailles*. — Le roi tint conseil d'État à son ordinaire. M. de Chamillart ne vint point, mais le soir il travailla avec le roi chez madame de Maintenon. L'après-dînée S. M. avec toute la maison royale entendirent le sermon. Après le sermon le roi ne put pas sortir à cause du vilain temps. Il donna audience à M. de Bezons, qui prit congé de lui pour aller en Espagne. M. de Chamillart, en travaillant avec le roi le soir, lui apprit la mort de M. de Montberon, et le roi, dans l'instant, donna le gouvernement de Cambray, qu'il avoit, à M. de Bezons ; ce gouvernement vaut 25,000 livres de rente. Bezons avoit celui de Gravelines, qui en vaut 13,000, et le roi le donne à Chemerault, lieutenant général que M. de Vendôme, depuis assez longtemps, a fort recommandé au roi. Pendant que le roi étoit à son souper, M. de Pontchartrain lui apporta la nouvelle que le roi d'Angleterre s'étoit embarqué hier, sur les quatre heures, contre l'avis de beaucoup de ses domestiques, qui lui représentoient le mauvais état de sa santé. Deux heures après, le vent étant bon, on mit à la voile, et une heure après on ne voyoit plus les vaisseaux. Ils sont partis par une brume qui ne leur auroit pas permis de voir les vaisseaux de loin. Les vaisseaux qui étoient au delà des bancs étoient de nos armateurs qui revenoient avec des prises. On dit même qu'ils se sont joints à l'escadre du chevalier de Forbin. Le roi d'Angleterre écrit à la reine sa mère une lettre fort courte et lui mande : « Enfin me voici à bord. Le corps est fort foible, mais le courage est si bon qu'il soutiendra la foiblesse du corps. J'espère ne vous plus écrire que du palais d'Édimbourg, où je compte d'arriver samedi. » — M. du Gué, intendant de la marine à Dunkerque, écrit une grande lettre à M. de Pontchartrain et lui mande qu'on ne peut rien ajouter à l'ardeur qu'avoit le roi d'Angleterre pour partir, et quand quelqu'un de ses gens lui a voulu représenter qu'il trouveroit des vaisseaux ennemis de tous côtés, qu'il essuieroit des vents contraires, il a répondu que quand il seroit embarqué il ne rendroit pas les vents plus mauvais ni les ennemis plus forts, et que son devoir étoit d'être sur les vaisseaux que le roi avoit bien voulu lui confier.

Lundi 19, à Versailles. — Le roi dîna de bonne heure et puis alla à Marly, où il fit la revue de la compagnie d'Harcourt. Le soir il travailla avec M. Pelletier chez madame de Maintenon. — Il commença hier à faire un vent de nord très-violent, ce qui nous fait beaucoup craindre que le roi d'Angleterre n'ait été obligé à relâcher. On n'a point eu de nouvelle de Dunkerque aujourd'hui. — Il arriva avant-hier un courrier de Rochefort qui apporta la nouvelle qu'il y étoit arrivé un vaisseau venant de l'Amérique. Je ne sais si c'est de la Vera-Cruz ou de la mer du Sud. Il y a sur ce vaisseau, à ce qu'on dit, plus de deux millions en argent. — Le roi a donné à M. du Gué, intendant de la marine à Dunkerque, 1,000 écus de pension et 4,000 francs de gratification pour la dépense qu'il a faite à Dunkerque pendant que le roi d'Angleterre y a séjourné. — J'ai appris que le roi d'Espagne avoit donné 4,000 écus de pension à la comtesse d'Egmont*, qui est à Paris, dont le mari mourut l'année passée en Espagne. — La flotte de l'amiral Leak, qui avoit relâché à Torbay, avoit remis depuis à la voile et avoit relâché une seconde fois à Spithead, à ce que disent les nouvelles de Hollande.

* Cette comtesse d'Egmont étoit mademoiselle de Cosnac, nièce de l'archevêque d'Aix, parente de madame des Ursins, qui avoit longtemps demeuré chez elle à Paris et y avoit été mariée avant que madame des Ursins, lors duchesse de Bracciano, retournât en Italie et longtemps avant qu'elle passât en Espagne.

Mardi 20, à Versailles. — Le roi, après le conseil de finances, travailla avec M. Desmaretz. L'après-dînée il alla à Marly, où il fit la revue de la compagnie de Boufflers. Le soir il travailla avec M. de Pontchartrain chez madame de Maintenon. Madame la duchesse de Bourgogne ne monte plus à cheval depuis quelques jours, et les soupçons de grossesse augmentent fort. — On eut le matin un courrier de Dunkerque qui apporta la nouvelle que la flotte du roi d'Angleterre étoit mouillée derrière les bancs d'Ostende. Ils ont souffert de terribles coups de vent, qu'ils ont sentis neuf heures plus tôt que nous. Nos ancres ont fort bien tenu, et nous n'avons qu'un ou deux de nos bâtiments qui aient souffert, quoique la tempête ait été fort grande. Quand le courrier est parti, le grand vent étoit cessé et se tournoit du bon endroit pour aller en Écosse, et on ne doute pas que la première nouvelle qu'on en aura ne soit qu'on a remis à la voile. On a arrêté à Dunkerque onze hommes que le gouverneur d'Ostende y avoit envoyés pour apprendre des nouvelles de notre embarquement. Il y en avoit un douzième que l'on n'a pas pu prendre et qu'on croit caché dans la ville.

Mercredi 21, à Versailles. — Le roi tint le conseil d'État à son ordinaire. M. de Chamillart y vint et travailla le soir avec lui chez madame de Maintenon ; ce ministre se porte considérablement mieux. L'après-dînée le roi et toute la maison royale entendirent le sermon, et après le sermon il alla tirer. — Il arriva le matin un courrier de Dunkerque. Le roi d'Angleterre a remis à la voile par un très-bon vent. Trois petits bâtiments de sa flotte qui avoient été rudement battus de la tempête avoient été obligés de relâcher à Dunkerque. Il y avoit trois cents soldats sur ces bâtiments, et les frégates qui avoient ramené des prises à Dunkerque, il y a quelques jours, les ont rembarqués sur leurs bâtiments et vont tâcher à rejoindre le roi d'Angleterre. Les deux frégates qui avoient remené en Écosse deux des Écossois qui sont venus traiter ici et qu'on a renvoyés en leur pays pour annoncer le départ du roi d'Angleterre sont déjà de retour à Dunkerque. Ils assurent qu'il n'y a aucun vaisseau anglois sur cette côte-là et que, selon toutes les apparences, le roi d'Angleterre ne trouvera nulles difficultés à son passage, et sera reçu aussi bien qu'il l'espère.

Jeudi 22, *à Versailles*. — Le roi dîna de bonne heure et alla à Marly, où il fit la revue de la compagnie de Villeroy. Monseigneur revint l'après-dînée d'Anet avec madame la princesse de Conty, et le soir il y eut comédie pour la dernière fois jusqu'à Fontainebleau. Le roi a changé les jours qu'il donnoit aux ministres pour travailler le soir chez madame de Maintenon. — On mande de Flandre et de Hollande que les ennemis font marcher beaucoup de troupes angloises vers Ostende et un détachement des troupes de Hollande vers la Brille. On croit que c'est pour les y embarquer et les faire passer en Angleterre. — Un peu après que le roi nous eut donné le bonsoir à son coucher, un des gens de M. de Pontchartrain lui apporta une lettre de Dunkerque, d'où l'on mande que hier au soir mercredi il y avoit devant cette place vingt-sept vaisseaux de guerre anglois qui sont apparemment destinés pour suivre la flotte du roi d'Angleterre. Comme ce roi est parti des bancs d'Ostende deux fois vingt quatre-heures avant qu'ils fussent arrivés devant Dunkerque, il y a lieu d'espérer qu'il arrivera en Écosse et aura le loisir de faire son débarquement avant que les ennemis puissent arriver pour le troubler.

Vendredi 23, *à Versailles*. — Le roi dîna de bonne heure

et alla à Marly, où il fit la revue des quatre compagnies de ses gardes du corps et des grenadiers à cheval. Après les avoir vues séparément ces jours passés, il a voulu les voir toutes ensemble. Monseigneur le duc de Bourgogne et madame la duchesse de Bourgogne allèrent à la revue. Madame la duchesse de Bourgogne étoit en carrosse, parce que les soupçons de sa grossesse continuent. Après la revue elle vint se rhabiller ici et alla à Clagny voir la comédie de *l'Avare*, que jouoit madame du Maine. Monseigneur alla dîner à Meudon, d'où il ne revint que pour le souper du roi. — Il arriva un courrier parti hier de Dunkerque. Il dit que les vaisseaux ennemis ne paroissent plus devant cette place. On ne doute pas qu'ils n'aient fait voile vers l'Écosse. — On envoya avant-hier un courrier à M. de Vendôme, qui est encore à Anet, et le roi lui ordonne d'être ici samedi. On croit qu'on entrera en campagne en Flandre de meilleure heure que l'année passée. — M. de Monasterol a déclaré au roi son mariage avec madame de la Chétardie *.

* Cette madame de la Chétardie étoit veuve du gouverneur de Brisach, frère du curé de Saint-Sulpice, lequel avoit tout crédit auprès de madame de Maintenon. Sa belle-sœur étoit parfaitement belle et galante; on fut surpris que Monasterol songeât à l'épouser; ils vécurent dans une splendeur extravagante, qui les ruina à la fin et dont la catastrophe fut funeste. Longtemps après Monasterol, pressé pour ses comptes en Bavière, trouva plus court de se tuer d'un coup de pistolet que de les rendre, et sa femme, sans bien et sans considération, tomba dans l'obscurité à Paris; elle n'en eut point d'enfants. Son fils du premier lit a été longtemps depuis employé en Prusse par le garde des sceaux Chauvelin.

Samedi 24, à Versailles. — Le roi, après le conseil de finances, travailla encore avec M. Desmaretz. L'après-dînée il alla à Marly, où il fit encore la revue générale des gardes du corps qui vont retourner en leurs quartiers. Le soir le roi, chez madame de Maintenon, travailla avec M. de Vendôme et M. de Chamillart. — On eut nouvelle de l'arrivée de M. le duc d'Orléans à Madrid. — Le roi signa le matin le contrat de mariage de M. de Fervaques avec mademoiselle de Bellefonds, qui est plus riche qu'on ne l'avoit dit d'abord ; car on lui assure près de 100,000 écus. — On reçut plusieurs lettres d'Écosse qui toutes assurent que le roi d'Angleterre y sera reçu avec grande joie. Les prisonniers anglois faits à la bataille d'Almanza, qui sont répandus en différentes villes du royaume, offrent presque tous de prendre parti dans nos troupes depuis qu'ils ont appris que le roi d'Angleterre passoit en Écosse, et ceux qui sont à Auxerre, en assez grand nombre, ont fait des feux de joie en apprenant cette nouvelle et disent publiquement que c'est leur légitime roi, et offrent de l'aller servir. — Madame la duchesse de Bourgogne vint ici voir madame de Dangeau, avec qui madame de Maintenon avoit dîné, et puis alla à Saint-Germain voir la reine d'Angleterre.

Dimanche 25, à Versailles. — Le roi tint le conseil d'État à son ordinaire, et l'après-dînée il alla se promener à Trianon. Il n'y eut point de sermon ; il est remis à demain, comme on a remis la fête de Notre-Dame. — La reine d'Angleterre a reçu des lettres de Calais d'un homme en qui elle se fie et qui lui a toujours mandé des nouvelles qui se sont trouvées vraies. Il l'assure que les vaisseaux qui étoient devant Dunkerque le 21 au soir s'étoient séparés le 22 au matin ; que douze de ces vaisseaux étoient allés à Ostende pour embarquer les troupes angloises que les ennemis veulent faire passer en Angleterre, et que les autres vaisseaux de cette flotte étoient retournés aux Dunes, et qu'ainsi aucun ne suivoit le roi d'Angleterre. — Voici les changements que le roi a faits pour les jours qu'il veut travailler chez madame de Maintenon le soir avec ses ministres. Il donne le samedi et le mardi à M. de Chamillart et permet à ce ministre, qui est encore fort foible, de s'appuyer en travaillant avec lui. Il donne le dimanche à M. Pelletier et le lundi à M. de Pontchartrain.

Lundi 26, *à Versailles* — Le roi, après son lever, travailla avec M. de Chamillart jusqu'à midi et puis alla à la chapelle avec toute la maison royale, où il entendit la messe et vêpres. Après-dîner il entendit le sermon et alla au salut à cinq heures; ainsi il ne sortit point de tout le jour. Le soir il travailla avec M. de Pontchartrain chez madame de Maintenon. — On eut la confirmation de la nouvelle que la reine d'Angleterre avoit eue hier de la séparation de la flotte des ennemis. Les troupes angloises ne sont pas encore embarquées, et dans le chemin qu'ils ont fait depuis leur garnison jusqu'à Ostende on ne les a laissés entrer dans aucune ville, de peur qu'ils ne s'y cachent, tant on est persuadé qu'il y en a beaucoup qui songent à déserter. — On parle fort d'un voyage à Fontainebleau pour le mois de mai, supposé que madame la duchesse de Bourgogne soit grosse, à quoi il y a beaucoup d'apparence; parce qu'en ce cas-là elle ne pourroit pas être à Fontainebleau les mois de septembre et d'octobre, qui seroit le temps qu'elle pourroit accoucher.

Mardi 27, *à Versailles.* — Le roi, après le conseil de finances, travailla encore avec M. Desmaretz. L'après-dînée il alla à la volerie, et le soir il travailla avec M. de Chamillart chez madame de Maintenon. Monseigneur alla dîner à Meudon, où il demeurera jusqu'à samedi; il y a mené beaucoup de courtisans. Madame la duchesse de Bourgogne monta chez madame de Dangeau, et ensuite chez madame de la Vallière, où elle joua au brelan. — Le vieux M. de Mailly mourut hier au soir à Paris, âgé de quatre-vingt-dix-huit ans. Il laisse plus de 60,000 écus de rente en fonds de terre. Sa femme, qui a quatre-vingt-quatre ans, est encore en vie. Le marquis de Nesle, son petit-fils, hérite de presque tout ce bien-là, qui est substitué à l'aîné de la maison par substitution graduelle et perpétuelle, et le roi, en lui permettant de faire cette substitution il y a quelques années, renonça à l'ordonnance de Moulins. — Le capitaine d'un petit bâtiment arrivé près de Dunkerque a mandé à M. le comte de Toulouse que, le 20 au soir, il avoit vu sur le Dogger-Bank vingt ou vingt-cinq vaisseaux qu'il n'a pas pu bien compter; et comme nous savons que le roi d'Angleterre partit le 19 au soir de la hauteur d'Ostende par un bon vent, et que dans vingt-quatre heures il a pu aller au Dogger-Bank, on ne doute pas que ce ne soit ses vaisseaux. — Madame la duchesse de Bourgogne alla le soir à Clagny voir la comédie de *la Mère Coquette* (1), que jouoit madame la duchesse du Maine.

Mercredi 28, *à Versailles.* — Le roi, après le conseil d'État, travailla encore avec M. de Chamillart. L'après-dînée il alla au sermon avec toute la maison royale. La reine d'Angleterre arriva sur les six heures et s'en retourna à neuf. Madame la duchesse de Bourgogne, après le sermon, alla chez madame de Dangeau, d'où elle ne descendit que pour aller recevoir la reine d'Angleterre quand elle arriva. — On avoit eu, il y a quelques jours, la nouvelle qu'on voyoit, sur les côtes de Galice, les débris de beaucoup de vaisseaux, et on a appris aujourd'hui que trois ou quatre petits bâtiments anglois, battus par la tempête, étoient entrés dans la rivière de Vigo et n'ont songé qu'à demander du secours aux gens du pays. — M. l'évêque de Saint-Pons a fait depuis peu un mandement qui fait beaucoup de bruit. On va faire une assemblée des évêques de la province pour le censurer; Rome traitera peut-être cette assemblée de concile provincial. — Le roi a fait le prince Charles maréchal de camp, et donne son régiment, qui est de cavalerie, au comte de Lambesc, son neveu.

Jeudi 29, *à Versailles.* — Le roi dîna de bonne heure, alla tirer et puis alla à Marly, où il se promena jusqu'à la nuit dans ses jardins. Il déclara le matin qu'il iroit à Fontainebleau le 15 de mai si madame la duchesse de

---

(1) *Les Amants brouillés* ou *la Mère Coquette*, comédie de Quinault.

Bourgogne continuoit à être grosse. Il dit même à M. d'Antin, qui étoit venu de Meudon à son lever, d'en porter la nouvelle à Monseigneur, qui souhaite fort ce voyage-là. Il dit de plus à M. d'Antin qu'il iroit coucher chez lui à Petit-Bourg, comme l'année passée. — Les troupes angloises qui étoient en Flandre sont sûrement embarquées, et on les croit présentement dans la rivière de Londres. Les Hollandois ont fait quelques remontrances sur cela aux Anglois pour tâcher que ce détachement ne se fît point; mais leurs remontrances ont été inutiles. — M. le duc du Maine a fait avoir une commission de mestre de camp à...... capitaine des carabiniers; mais comme il n'est pas des plus anciens de ce corps-là et qu'il y en a beaucoup de ceux qui sont auparavant lui qui n'ont pas cette commission, à qui ce seroit un dégoût d'être commandés par un de leurs cadets, M. du Maine le fait incorporer dans son régiment de cavalerie.

Vendredi 30, à Versailles. — Le roi dîna de bonne heure et alla courre le cerf à Marly. A son retour de Marly M. de Pontchartrain entra dans son cabinet et lui apporta une lettre de l'intendant de marine de Dunkerque qui est venue par un courrier que M. de Pontchartrain y avoit envoyé. Cet intendant mande que le commandant d'une de nos frégates, qui avoit suivi le roi d'Angleterre et qui étoit demeurée un peu derrière parce qu'elle n'étoit pas assez bonne voilière, rapportoit qu'il avoit été obligé de revenir à Dunkerque parce que la flotte ennemie étoit entre la nôtre et lui; qu'il avoit vu entrer le vendredi 23 à midi notre flotte dans la baie d'Édimbourg et que le 24, à neuf heures du matin, il l'en avoit vue sortir rasant la côte d'Écosse vers le nord, et qu'il ne savoit si le roi d'Angleterre et nos troupes étoient débarquées. Cette lettre augmente notre incertitude. On croit que l'intendant de Dunkerque fera venir ici le commandant de cette frégate, qui nous donnera peut-être quelque éclaircissement de plus.

Samedi 31, *à Versailles.* — Le roi après, le conseil de finances, travailla encore avec M. Desmaretz. L'après-dînée il fit la revue de ses gardes françoises et suisses. Il vouloit la faire dans la grande avenue, mais comme il avoit beaucoup plu et que les soldats étoient dans la boue, il les fit entrer dans la cour du château. Le soir il entra chez madame de Maintenon et travailla avec M. de Chamillart. Monseigneur revint le soir de Meudon ; madame la Duchesse y étoit allée dîner avec lui, et il la ramena avec lui. — L'officier qui commandoit la frégate qui est revenue à Dunkerque, et qui s'appelle Fontenay, arriva ici. Il a donné quelques éclaircissements sur la lettre qu'on reçut hier qui font un peu mieux espérer ; mais, selon toutes les apparences, le roi d'Angleterre n'étoit point débarqué dans la rivière d'Édimbourg, et Forbin le menoit à Inverness, qui est un bon port au nord d'Écosse, par delà Aberdon. La flotte ennemie le suivoit, et il avoit entendu tirer quelques coups de canon. Fontenay étoit entré dans le golfe, mais la marée ne lui avoit pas permis d'entrer bien avant, et Forbin, se voyant suivi de près par les ennemis, qui ne lui auroient pas donné le temps de débarquer, n'avoit point été jusqu'à Édimbourg. Toute cette affaire n'est pas encore bien au net.

Dimanche 1er *avril, à Versailles.* — Le roi et toute la maison royale assistèrent à toutes les dévotions de la journée, et le soir il travailla avec M. Pelletier chez madame de Maintenon. A neuf heures et demie M. de Pontchartrain entra chez madame de Maintenon et lui apporta une lettre de l'intendant de la marine de Dunkerque, qui mande que Rambure, lieutenant de vaisseau, qui est un garçon fort connu ici et fort estimé, qui commandoit *le Protée*, étoit entré le 24 au soir dans la baie d'Édimbourg, où il avoit cru trouver notre flotte, qu'il n'avoit pas pu rejoindre, ayant déjà été obligé de relâcher à Dunkerque pendant que Forbin étoit derrière les bancs d'Ostende. Cet officier dit qu'en approchant d'Édimbourg plusieurs barques vinrent au-devant de lui, que trois pilotes même montèrent sur son bord et l'assurèrent qu'il y avoit trois mois qu'on attendoit le prince de Galles, que toute l'Écosse étoit soulevée en sa faveur. Il vint ensuite un gentilhomme sur son bord, qui l'asura qu'il y avoit déjà quinze mille hommes sous les armes prêts à recevoir le roi leur maître; que milord Haber en avoit fait la revue deux jours auparavant; que toute la noblesse, les villes et le peuple avoient signé la convention et le traité qu'ont fait avec nous les Écossois qui étoient à Montrouge l'été passé. Rambure, ne trouvant plus notre flotte, sortit de la baie, et fut poursuivi par dix-huit vaisseaux des ennemis, ce qui paroît fort extraordinaire. Ils lui ont même donné la chasse jusqu'à Dunkerque.

Lundi 2, à Versailles. — Le roi prit médecine comme il la prend tous les mois par précaution, et après sa médecine il travailla avec M. de Pontchartrain. Il ne dîna qu'à trois heures, et après son dîner il tint le conseil d'État qu'il auroit tenu hier sans la bonne fête. — On apprend par les nouvelles d'Angleterre que Marlborough a assemblé auprès de Londres un petit camp de deux ou trois mille hommes qu'on veut faire passer en Écosse, où ils envoient aussi deux régiments qui sont en Irlande. Ils feront marcher les dix bataillons anglois qui leur viennent de Flandre et les quinze bataillons qu'ils prétendent que les Hollandois leur envoient et qui doivent s'embarquer à la Brille. — Il arriva un courrier de M. le duc d'Orléans qui est venu de Madrid en six jours. Ce prince demeurera à Madrid jusqu'au retour de son courrier pour attendre la réponse de la lettre qu'il a écrite au roi sur les affaires de ce pays-là. Le roi d'Espagne ne fera pas la campagne, comme on l'avoit dit, et on manque de beaucoup de choses qui pourront retarder les entreprises que nous pourrions faire avec autant de bonnes troupes que nous en avons en ce pays-là.

Mardi 3, à Versailles. — Le roi, après le conseil de

finances, travailla avec M. Desmaretz. L'après-dînée il alla se promener à Marly, et le soir il travailla chez madame de Maintenon avec M. de Chamillart. — M. de Pontchartrain reçut des lettres de Hollande, qu'il porta au roi, dans lesquelles on mande qu'ils ont eu nouvelle en ce pays-là que le roi d'Angleterre avoit débarqué en Écosse le 27. — Nous assemblons un corps de troupes considérable sous Lille, et on croit qu'on veut faire quelque entreprise dans ce mois-ci. — On a des nouvelles de Londres qui portent que la reine Anne avoit donné part au parlement de l'embarquement du roi d'Angleterre, qui passe en Écosse, et qu'elle a déclaré tous ceux qui ont suivi *le pretender* à la couronne coupables de haute trahison. *Le Pretender* est le mot dont elle se sert pour parler du roi d'Angleterre, et c'est le même mot que prétendant. — Le duc d'Albe présenta au roi le comte de Gomicourt, colonel du régiment du prince des Asturies, qui arrive de Madrid. Il assure que le roi d'Espagne a dix-sept mille sept cents chevaux de la plus belle cavalerie qui soit au monde et plus de cent bataillons.

Mercredi 4, à Versailles. — Le roi tint le conseil d'État à son ordinaire, et l'après-dînée il entendit ténèbres en haut avec toute la maison royale. Le soir M. de Pontchartrain lui apporta des nouvelles venues par un petit bâtiment dont le commandant a parlé au capitaine d'une frégate anglaise qui venoit de Plymouth; où il dit qu'il a lu un ordre de la reine Anne au commandant des vaisseaux qui sont dans ce port-là de les armer en diligence, parce que le prétendu prince de Galles avoit débarqué à Dundée avec toutes les troupes françoises et que la flotte angloise étoit à l'embouchure de la rivière du Tay pour empêcher nos vaisseaux d'en sortir. L'ordre de la reine Anne est du 30, et ils disent que la descente a été faite le 27. On attend de plus grande confirmation de cette nouvelle. — Il y a plusieurs jours qu'on parle d'un voyage que M. de Chamillart doit faire en Flandre; il a été déclaré ce soir. Il partira lundi, et mène avec lui dans son carrosse Puységur, Chamlay et Pléneuf. On fait beaucoup de raisonnements sur le sujet de ce voyage.

Jeudi-Saint 5, *à Versailles*. — Le roi lava les pieds des pauvres, comme il fait tous les ans à pareil jour. Monseigneur et monseigneur le duc de Berry firent leurs pâques de bon matin et puis vinrent servir le roi à la cène. L'après-dînée le roi et toute la maison royale entendirent ténèbres dans la tribune, et le soir, après souper, ils allèrent en haut à la chapelle adorer le Saint-Sacrement. — Avant que le roi d'Angleterre partit, il avoit fait M. Hougue pair d'Irlande, et la reine et lui l'avoient traité de milord; et pour témoigner combien on étoit content de la négociation qu'il avoit faite en Écosse, où on le fit passer l'été dernier, le roi l'a fait brigadier d'infanterie; il n'étoit que colonel réformé. — Le voyage de l'empereur en Hongrie est rompu. Les mécontents ne veulent point venir à la diète qu'il avoit convoquée à Presbourg, et disent qu'ils n'ont plus d'ordres à recevoir de lui, l'interrègne ayant été publié.

Vendredi-Saint 6, *à Versailles*. — Le roi et toute la maison royale assistèrent à toutes les dévotions de la journée, et après ténèbres le roi s'enferma avec le P. de la Chaise, comme il fait toujours la veille des jours qu'il doit communier. — Il est venu par la Hollande et l'Angleterre de mauvaises nouvelles de notre flotte. Ils mandent qu'ils ont pris *le Salisbury*, vaisseau anglois que nous avions pris l'année passée, qui faisoit l'arrière-garde de notre flotte. Le chevalier de Nangis le commande; M. de Lévis et milord Greffin sont sur ce vaisseau, et on dit qu'ils sont pris. On ne dit rien du roi d'Angleterre. On mande seulement que la flotte est dispersée. — Le départ de M. de Chamillart est avancé d'un jour. Puységur ne va pas avec lui. Il ne partira que mercredi. Nous aurons le 9 de ce mois beaucoup d'infanterie et de cavalerie assemblés sous Warneton. Toutes les troupes qui sont dans le dedans du royaume et qui doivent servir en Flandre ont ordre de marcher.

Samedi-Saint 7, à Versailles. — Le roi fit ses pâques à la paroisse, comme il fait toujours à pareil jour, et au retour toucha beaucoup de malades. L'après-dînée il travailla avec le P. de la Chaise à la distribution des bénéfices, et à six heures il alla à la chapelle, avec toute la maison royale, entendre complies. Monseigneur et monseigneur le duc de Berry coururent le loup le matin. — Il arriva le soir un courrier de Dunkerque par lequel on apprit que quelques-uns des vaisseaux de la flotte de Forbin y étoient déjà revenus ; qu'il en paroissoit encore d'autres et qu'on ne doutoit pas que le roi d'Angleterre ne les suivît de près. Ils ne savent point ce qu'est devenu *le Salisbury;* mais les lettres d'Angleterre, qui disent qu'il est pris, sont si positives et si pleines de circonstances qu'on ne sauroit douter que la nouvelle ne soit vraie. — L'évêché de Digne a été donné à l'abbé de Pujet, grand vicaire de M. de Viviers ; l'abbaye de Saint-Riquier en Picardie, qu'avoit le feu archevêque d'Aix, a été donnée à l'abbé Molé ; une abbaye au pays du Maine, fort jolie (1), à l'abbé d'Usson, neveu de Bonrepaux et frère de Bonnac, envoyé du roi en Pologne. On a donné une autre petite abbaye (2) à l'abbé de Canillac. L'abbaye de Bonneval, qui est une abbaye de filles, a été donnée à une sœur de MM. de Châtillon ; elle étoit vacante par la mort d'une de ses sœurs. — Princé, qui commandoit dans Calais, est mort depuis quelques jours. Le roi ne remplit point cet emploi ; il y laissera commander le lieutenant de roi, à qui il donne 2,000 francs de pension d'augmentation. — Il y avoit une pension sur l'archevêché de Rouen que le roi y avoit mise après la mort du dernier archevêque ; le roi transporte cette pension sur l'abbaye de Saint-

---

(1) L'abbaye de Perseigne.
(2) Celle de Notre-Dame d'Eu.

Riquier, qui vaut 15,000 livres de rente. — Il y a déjà quelques temps qu'on sait que le pape a donné le gratis entier des bulles de l'archevêque de Rouen, qui sont de 30,000 écus, en considération de son mérite et du nom qu'il porte. Il est de la maison d'Aubigné, qui est la maison de madame de Maintenon.

Dimanche 8, jour de Pâques, à Versailles. — Le roi et toute la maison royale assistèrent à toutes les dévotions de la journée. Avant que d'aller à la messe, qui ne commença qu'à onze heures et demie, il avoit longtemps travaillé avec M. de Chamillart. Ce ministre partit l'après-dînée pour Flandre; il alla coucher à Senlis et doit demain coucher à Péronne. — Le chevalier de Beauharnois, frère de l'intendant de la marine qui étoit sur notre flotte, apporta la nouvelle que le roi d'Angleterre étoit arrivé hier à Dunkerque avec tous nos vaisseaux, hormis *le Salisbury* et un autre petit bâtiment. Le roi a fort loué la conduite du comte de Forbin. On ne l'appelle plus le chevalier depuis quelque temps. Le roi, en donnant l'ordre le soir au maréchal de Boufflers, lui dit : « Vous avez un confrère, qui est le maréchal de Matignon. » S. M. avoit donné un paquet à d'Andrezel pour le rendre au roi d'Angleterre quand il seroit à la mer, et dans ce paquet étoient les provisions de maréchal de France pour M. de Gacé, qui prit d'abord le nom de maréchal de Matignon.

Lundi 9, à Versailles. — Le roi tint le conseil d'État qu'il auroit tenu hier sans la bonne fête, et le soir il travailla chez madame de Maintenon avec M. de Pontchartrain. — Le roi d'Angleterre écrit au roi pour le prier de trouver bon qu'il demeure en quelques villes de Flandre jusqu'au commencement de la campagne, qu'il souhaite de faire comme un simple particulier et servir de volontaire. — Brissac*, major des gardes du corps, ne pouvant, par sa vieillesse et ses incommodités, servir le roi aussi exactement qu'il a toujours fait, a donné sa démission au roi, qui a mis en sa place d'Avignon, qui étoit le premier aide-major. Bruzac devient premier aide-major, et la seconde aide-majorité est donnée à Parifontaine, ancien exempt. — M. d'Armenonville marie sa fille au marquis de Gassion et lui donne 400,000 francs et six années de nourriture. Le marquis de Gassion aura plus de 100,000 francs de rente; il est colonel d'infanterie. — Le roi dit à son dîner qu'il partiroit pour Fontainebleau le 10 de mai. Monseigneur partira un jour devant. Le roi a donné ordre à du Metz pour que tout fût meublé dans ce temps-là.

* Ce Brissac étoit tout au plus gentilhomme, mais fort au goût du roi pour la discipline de ses gardes du corps et fort peu à celui des capitaines. Le roi parlant de majors, et combien ils étoient haïs quand ils faisoient bien leur devoir, M. de Duras, qui avoit le bâton derrière le roi, prit la parole et en même temps Brissac par le bras. « Oh! s'il ne tient qu'à être bien haï pour faire son devoir, voilà, Sire, et sans difficulté, le meilleur major de France! » Puis se mit à rire et chacun se tint. Il étoit en possession de dire tout ce qu'il lui plaisoit sans que le roi le trouvât mauvais. Brissac avoit plus de quatre-vingts ans et avoit passé sa vie dans les gardes du corps; il y étoit craint et autorisé, brutal, mais homme d'honneur et de valeur. Il fit, un jour, un tour fort plaisant, quoique lui-même ne le fût guère : le roi étoit sur le point d'arriver au salut l'hiver, et toutes les dames étoient aux tribunes avec chacune leurs petites bougies sous le nez pour prier Dieu bien dévotement dans leurs livres. Brissac, qui les soupçonnoit fort d'avoir moins leurs bougies pour lire que pour s'éclairer et être vues du roi, arrive à la tribune, passe sa tête sur celle où étoit le drap de pied, et crie aux gardes déjà postés de se retirer et que le roi ne viendra pas. Les gardes obéissent; les dames se regardent, soufflent leurs bougies, s'en vont et laissent le salut, qui alloit commencer indépendamment du roi. Elles ne faisoient que sortir que Brissac replace les gardes, et que le roi arrive bien étonné de ne trouver qu'eux. Brissac lui en dit la raison et ne fit pas sa cour aux dames, qui furent d'autant plus outrées que le roi en rit, et qu'on en parla longtemps, et qu'il n'y étoit resté que trois ou quatre dames qui furent bien remarquées du roi aux dépens des autres.

Mardi 10, *à Versailles*. — Le roi, après le conseil de finances, travailla encore avec M. Desmaretz. L'après-dînée il alla à la volerie, et le soir, chez madame de Maintenon, il travailla fort longtemps avec M. de Cagny, qui a eu des lettres de M. de Chamillart, son père, qui coucha hier à Péronne et qui mande que le voyage, bien loin de l'incommoder, fait du bien à sa santé. — Le roi approuve que le roi d'Angleterre fasse la campagne en Flandre comme volontaire, et il s'appellera le chevalier de Saint-Georges. Le roi ira demain à Saint-Germain voir la reine d'Angleterre, et tout cela sera réglé. Monseigneur a été aujourd'hui la voir et l'a trouvée plus affligée qu'on ne peut se l'imaginer du malheureux succès de l'affaire d'Écosse. — Les lettres de change que la reine Anne avoit envoyées pour M. de Savoie avoient été protestées à Gênes; mais on craint présentement, l'affaire d'Écosse étant manquée, que cela ne se raccommode. — Les troupes de Hollande, qui devoient passer en Angleterre sous le général Fagel et qui étoient, dit-on, composées de quinze bataillons qu'on embarquoit à la Brille, ont reçu un contre-ordre et retourneront en Flandre.

Mercredi 11, *à Versailles.* — Le roi tint le conseil d'État à l'ordinaire, et après le conseil Monseigneur monta dans sa berline avec madame la duchesse de Bourgogne et alla dîner à Meudon en particulier. Monseigneur le duc de Bourgogne y alla dans son carrosse, et monseigneur le duc de Berry y alla avec les dames que madame la duchesse de Bourgogne y menoit. Ils revinrent souper ici, mais Monseigneur est resté à Meudon, d'où il ne reviendra que pour le voyage de Marly, qui se fera mercredi. Le roi alla l'après-dînée à Saint-Germain voir la reine d'Angleterre et ils résolurent que le roi d'Angleterre partiroit de Dunkerque lundi pour revenir à Saint-Germain, où il demeurera jusqu'à l'ouverture de la campagne en Flandre. — M. de Vendôme partira pour Flandre le 22, et prendra les eaux de Saint-Amand quelques jours. — Le roi d'Angleterre a envoyé ici M. Hougue, qui a rapporté au roi des journaux de M. de Forbin et des lettres du roi d'Angleterre dont on est très-content. On ne sauroit témoigner meilleure volonté qu'il en a témoigné, et vouloit toujours qu'on mît pied à terre en Écosse.

Jeudi 12, *à Versailles.* — Le roi alla l'après-dînée se promener à Marly. Madame la duchesse de Bourgogne alla à Saint-Germain voir la reine d'Angleterre. — On mande de Constantinople que le Grand Seigneur a résolu de faire la guerre, que l'on fait un grand armement par mer et par terre, mais qu'on ne sait point encore si c'est pour attaquer les Moscovites, les Vénitiens ou l'empereur. — Le prince Eugène a passé à la cour d'Hanovre et est arrivé à la Haye. On ne sait point encore quelle armée il commandera. Il attend milord Marlborough, qui doit venir conférer avec lui. — Les régiments des gardes françoises et suisses sont partis pour la Flandre; les dernières compagnies marchèrent hier. — On croyoit que les deux maréchaux de camp qui suivoient le roi d'Angleterre seroient faits lieutenants généraux; mais il n'y a que le marquis de Lévis qui le soit, et Ruffey demeure maréchal de camp.

Vendredi 13, *à Versailles.* — Le roi, au retour de la promenade qu'il fit l'après-dînée, alla chez madame la duchesse de Bourgogne, qui avoit été saignée le matin pour sa grossesse, dont on ne peut plus douter. Elle s'apperçoit déjà elle-même qu'elle grossit assez visiblement. En la saignant, on la piqua deux fois, et elle redonna son bras la seconde fois sans hésiter et ne songeant qu'à excuser son chirurgien. Elle se leva un peu avant dix heures du soir, et se fit porter en chaise chez madame de Maintenon, où elle vit encore le roi. — Le comte de Montchevreuil, capitaine de vaisseau, est mort à la Rochelle, où il s'étoit marié par amour il y a quelques années. — M. d'Estanchaux, qui faisoit la charge de secrétaire du cabinet chez Monseigneur, est mort, et comme Monseigneur n'a point d'officiers particuliers, qu'il est servi par ceux du roi, on ne doute pas que cet emploi ne soit donné à un des secrétaires du cabinet. Callière fait les lettres du roi, Charmond fait celles de monseigneur le duc de Bourgogne; ainsi l'emploi qui vaque sera apparemment donné au président Duret ou à M. d'Andrezel, car il n'y a que quatre secrétaires du cabinet.

Samedi 14, à Versailles. — Le roi, après le conseil, travailla avec M. Desmaretz, comme il fait présentement après tous les conseils de finances, et le soir, chez madame de Maintenon, il travailla avec M. de Cagny. L'après-dînée il jugea une grande affaire du cardinal de Bouillon contre les moines réformés de Cluny, qui dura quatre grosses heures. Le roi voulut que cette affaire fût jugée devant lui et par ceux qui sont du conseil de finances. Il y avoit outre cela le rapporteur, qui étoit M. Turgot, et les commissaires étoient : M. de Ribère, M. Voisin et M. de Harlay. Il y eut trois voix pour M. le cardinal de Bouillon, qui furent celles de MM. de Harlay, Pelletier et Desmaretz. Il y en eut cinq contre, qui furent celles du rapporteur, de MM. Voisin, de Ribère, de Beauvilliers, du chancelier; et le roi, dans les affaires des particuliers se range toujours au plus de voix; ainsi l'arrêt du grand conseil, qui avoit déjà condamné le cardinal de Bouillon, subsiste dans son entier. Au sortir du conseil de l'après-dînée le roi alla faire un tour dans ses jardins pour prendre l'air.

Dimanche 15, à Versailles. — Le roi tint le conseil d'État à son ordinaire. Monseigneur, en sortant de ce conseil, trouva d'Andrézel, qui arrivoit de Dunkerque, et lui dit que le roi l'avoit choisi pour exercer sa charge de secrétaire du cabinet auprès de lui, et quand le roi sortit il dit à d'Andrezel : « Mon fils et moi, nous nous sommes trouvés de même avis sur votre sujet. » — Milord Marlborough est arrivé à la Haye et a déjà été en conférence avec le prince Eugène et le pensionnaire Heinsius. On dit que le prince Eugène doit commander une armée entre la Moselle et la Meuse, et, sur cela, le bruit s'est répandu ici que nous aurons aussi une armée de ces côtés-là et que ce seroit le duc de Berwick qui la commanderoit. — Le roi travailla le soir avec M. Pelletier chez madame de Maintenon. Madame la duchesse du Lude présenta au roi madame de Monasterol au sortir de son cabinet, et le roi la trouva fort bien faite. Ensuite madame de Roquelaure, qui attendoit aussi le roi à la sortie de son cabinet, eut une audience de lui qui dura plus d'un gros quart d'heure. On croit que c'est pour le mariage de sa fille avec le prince de Léon.

Lundi 16, *à Versailles.* — Le roi tint le conseil de dépêches et travailla le soir avec M. de Pontchartrain. — M. de Chamillart a envoyé un courrier au roi dont il attendra le retour avant que de partir de Flandre pour revenir ici. — Le maréchal de Matignon salua hier le roi; on dit qu'il servira en Flandre cette année. — M. de Vendôme est revenu d'Anet et partira de Marly les premiers jours du mois de mai. — La vieille duchesse d'Uzès, qui avoit quatre-vingt-neuf ans, est morte à Paris. Elle étoit retirée depuis fort longtemps dans une communauté où elle vivoit fort saintement. Elle laisse un assez gros bien dont la plus grande partie revient au duc d'Uzès, son petit-fils, et le reste à Florensac, son fils.

Mardi 17, *à Versailles.* — Le roi, après le conseil de finances, travailla longtemps avec M. Desmaretz. Le duc de Berwick prêta serment pour le gouvernement de Limousin et le chevalier de Luxembourg pour la lieutenance générale de Flandre. Le roi alla tirer l'après-dînée, et le soir il travailla chez madame de Maintenon avec M. de Cagny. Le duc de Berwick demanda au roi d'être du voyage de Marly qui se fera demain, et le roi lui dit : « Vous n'avez que peu de jours à demeurer en ce pays-ci, il faut vous laisser le plaisir d'être avec la duchesse de Berwick et dans votre famille. Vous pourrez venir à Marly tous les jours et aux heures qui vous conviendront le plus. Je crois que ce parti-là sera le plus agréable et le plus commode pour vous. »

Mercredi 18, *à Marly*. — Le roi tint le conseil d'État à son ordinaire, et au sortir du conseil on sut que le roi avoit nommé le marquis de Jarzé à l'ambassade de Suisse en la place du marquis de Puysieux, qui demande depuis longtemps à revenir de ce pays-là. — Le roi, après son dîner, partit de Versailles et vint, sur les hauteurs du parc de Marly faire la revue de ses gendarmes et de ses chevau-légers, dont il fut très-content. Madame la duchesse de Bourgogne, qui étoit partie de Versailles un peu après lui, arriva sur la fin de la revue, et le roi fit encore défiler les deux compagnies devant elle. Il n'y a de dames qui n'avoient point encore eu de logement ici [que] madame de Cagny. Le roi y a donné un logement à M. Desmaretz, qui apparemment en aura tous les voyages. Le soir, au coucher de madame la duchesse de Bourgogne, on s'aperçut qu'il y pouvoit avoir quelque changement à sa grossesse.

Jeudi 19, *à Marly*. — Le roi, après la messe, se promena dans les jardins de Marly, et l'après-dînée il courut le cerf dans son parc. Monseigneur et monseigneur le duc de Berry étoient à la chasse. Madame la duchesse de Bourgogne garda le lit. On envoya quérir Clément, son accoucheur, à Paris, qui ne doute point qu'elle ne soit blessée. Monseigneur le duc de Bourgogne, qui la vient voir à tous moments, fut longtemps enfermé avec elle l'après-dînée. Le roi y vint trois fois dans la journée. Elle ne sent encore aucunes douleurs. — Le jour que M. de Gacé fut déclaré maréchal de France à la mer, M. de Lévis fut déclaré lieutenant général, Fitz-Gérald maréchal de camp, Mouy et Montendre brigadiers d'infanterie. — On parle fort du mariage de M. de Villequier, fils du duc d'Aumont et qui n'a que seize ans, avec mademoiselle de Guiscard, à qui on donne en mariage 50,000 livres de rente. Elle en aura presque encore autant après la mort de son père et de sa mère, et en cas qu'elle vienne à mourir sans enfants on donne 100,000 écus de son bien à M. de Villequier.

Vendredi 20, *à Marly.* — Le roi, après la messe, s'alla promener dans les jardins. L'après-dînée il fit au haut de son parc la revue de ses deux compagnies de mousquetaires: Madame la duchesse de Bourgogne ne sent encore aucune douleur, mais elle est sûrement blessée; cela allongera le voyage de Marly. Le roi ne s'est point encore expliqué s'il y aura du changement au voyage de Fontainebleau, mais il paroît qu'on a toujours envie d'y aller au mois de mai. Le roi d'Angleterre arriva à Saint-Germain et viendra ici dimanche avec la reine sa mère. Il compte toujours de faire cette année la campagne en Flandre. M. de Chamillart arriva ici le soir et en arrivant il travailla avec le roi chez madame de Maintenon. — Par les lettres de Piémont on apprend que le comte Guy de Staremberg y est arrivé. Il doit s'embarquer bientôt sur la côte de Gênes pour passer à Barcelone; en attendant, M. de Savoie l'a mené avec lui à Suze, où ce prince fait beaucoup travailler.

Samedi 21, *à Marly.* — Le roi travailla le matin avec M. de Chamillart et y travailla encore le soir chez madame de Maintenon; ce ministre se porte considérablement mieux depuis son voyage. L'après-dînée le roi courut le cerf. Monseigneur et monseigneur le duc de Berry coururent le loup. Madame la duchesse de Bourgogne, qui garde son lit, n'a point encore senti de douleurs, et il y eut le soir musique dans le salon près de son appartement, comme à l'ordinaire. — On a des nouvelles du dernier décembre que les galions, richement chargés, étoient à Carthagène, où M. Ducasse étoit arrivé aussi, et qu'on croyoit qu'ils en partiroient bientôt pour venir en Espagne. — L'empereur a perdu toute espérance d'accommodement avec les Hongrois, qui font plus de désordres que jamais. Ils ont même brûlé des bourgs et des villages à deux lieues de Vienne. — On mande de Hollande que Marlborough repasse en Angleterre et que le prince Eugène est allé faire un tour à Amsterdam ; on a peine à croire que ce soit par simple curiosité.

Dimanche 22, à Marly. — Le roi tint le conseil d'État à son ordinaire. L'après-dînée il se promena dans ses jardins, et à sept heures le roi et la reine d'Angleterre arrivèrent et allèrent d'abord chez madame la duchesse de Bourgogne, qui garde le lit. Le roi ne reviendra de Marly à Versailles que de samedi en huit jours. On croit qu'on ira toujours à Fontainebleau dans le mois de mai. — Durant le voyage que M. de Chamillart a fait en Flandre il a chassé un commis de l'extraordinaire des guerres qui étoit à Lille. Ce commis étoit protégé par M. de Bagnols, intendant de Flandre, qui a voulu justifier le commis des accusations qu'on faisoit contre lui, et cela a mis de l'altération entre ce ministre et cet intendant. — On mande d'Italie que M. de Savoie fait de furieux magasins sur la côte de Gênes et dans son pays pour nous donner de l'inquiétude, et du côté de Provence, et aussi du côté de Dauphiné. Le comte Guy de Staremberg est encore avec lui et compte de s'embarquer incessamment pour passer à Barcelone. — Le roi d'Espagne a donné la grandesse à deux Espagnols et au prince de Chimay, Flamand et gendre de feu M. de Nevers.

Lundi 23, *à Marly.* — Le roi va tous les jours trois fois chez madame la duchesse de Bourgogne, le matin après le conseil, l'après-dînée après sa chasse ou sa promenade et le soir après son souper. Cette princesse est accouchée d'un faux germe et a souffert fort peu de douleurs en s'en délivrant. Elle a passé la journée depuis fort doucement, et il y a eu musique dans le petit salon devant sa chambre, comme à l'ordinaire. Le soir le roi travailla chez madame de Maintenon avec M. de Pontchartrain, comme il fait présentement tous les lundis. — Il arriva un courrier de M. le maréchal de Villars, qui est encore à Strasbourg. On fait venir beaucoup de troupes de son armée pour fortifier encore celle de Flandre, et on en envoie de Dauphiné pour remplacer celles qu'on fait venir de l'armée du maréchal de Villars. — Le maréchal de Berwick a ordre de partir incessamment, et on ne sait pas bien encore si on l'envoie en Dauphiné ou ailleurs. Le bruit court toujours que messeigneurs les ducs de Bourgogne et de Berry pourroient bien faire la campagne en Flandre, mais cela est très-incertain.

Mardi 24, *à Marly*. — Le roi, après le conseil de finances travailla avec M. Desmaretz. L'après-dînée il alla courre le cerf, et le soir, chez madame de Maintenon, il travailla avec M. de Chamillart. — On a des nouvelles d'Angleterre qui portent que milord Greffin avoit déjà été interrogé et qu'il avoit répondu fort sagement aux interrogations qui lui ont été faites; que le duc de Shrewsbury avoit demandé à la reine Anne que les deux fils de milord Middleton, qui sont ses parents proches, fussent envoyés à Notthingam, où est le maréchal de Tallard. — Jullien, lieutenant général qui commandoit les troupes dans le Vivarets, s'est brouillé avec M. de Roquelaure et M. de Basville. On l'a rappelé de son emploi, et on croit qu'on l'enverra cette année commander à Saint-Malo en la place du marquis de Thianges, mort depuis quelques mois. — M. de Matignon achète de la duchesse d'Elbeuf l'hôtel de Navailles à Paris. Il en donne 160,000 francs et un gros pot de vin, et Matignon vend au maréchal de Matignon, son frère, l'hôtel de Matignon.

Mercredi 25, *à Marly*. — Le roi tint le conseil d'État à son ordinaire, et l'après-dînée il se promena dans ses jardins. Madame la duchesse de Bourgogne acheva le matin d'être délivrée de sa fausse couche. Elle se porte à merveille et elle joue tout le jour dans sa chambre. — M. de Noailles aura pour maréchal de camp dans son armée le marquis de Guerchy en la place de M. de Polignac, qui y servoit l'année passée. — Le roi, avant que d'aller l'après-dînée à la promenade, travailla avec M. de Vendôme et M. de Chamillart. M. de Vendôme s'en va passer quelques jours à Belesbat; il verra à la Ferté M. le grand prieur, son frère, qui est revenu depuis quelques jours de Gênes, où il a demeuré longtemps. Il a la permission de demeurer en France, mais avec ordre de n'approcher de la cour qu'à quarante lieues. M. de Vendôme reviendra ici mardi. — On a donné à Court, lieutenant général, l'emploi qu'avoit Jullien dans le Vivarets.

Jeudi 26, *à Marly*. — Le roi se promena tout le matin dans ses jardins et courut le cerf l'après-dînée. Monseigneur et monseigneur le duc de Berry coururent le loup. Madame la duchesse de Bourgogne n'a point eu la moindre douleur ni le moindre mouvement de fièvre. On joue toute l'après-dînée dans sa chambre. — Les troupes que le roi d'Espagne envoie en Sicile sont embarquées à Carthagène et ont mis à la voile. On compte qu'il y a près de six mille hommes embarqués et que c'est Mahoni qui les commande. — Porto-Longone, que les ennemis assiégent depuis assez longtemps, se défend toujours fort bien. On y a envoyé quelque petit secours, qui y est entré heureusement. — M. de Bagnols, intendant de Flandre, a envoyé son fils ici, qui porte la copie d'une lettre que M. de Chamillart a écrite à son père. Il se plaint fort de cette lettre et demande à être rappelé. Le bruit avoit couru même qu'il l'étoit et qu'on envoyoit M. de Saint-Contest en sa place; mais on dit présentement que l'affaire se raccommode et que M. de Bagnols demeurera dans son emploi.

Vendredi 27, *à Marly*. — Le roi se promena le matin et l'après-dînée dans ses jardins. Monseigneur et monseigneur le duc de Berry coururent encore le loup. — Le bruit court plus que jamais que messeigneurs les ducs de Bourgogne et de Berry feront la campagne en Flandre; on assure même que leurs équipages, à quoi on a travaillé secrètement, sont prêts. — Monasterol, qui étoit à Paris, a reçu la nuit un paquet de l'électeur son maître, et dans l'instant il est parti pour l'aller trouver à Mons. On croit que cet électeur ne servira point en Flandre si monseigneur le duc de Bourgogne y va. On dit même qu'il ira commander notre armée sur le Rhin, que le maréchal de Berwick servira sous lui et que le maréchal de Villars, qui est fort brouillé avec cet électeur, ira commander notre armée en Dauphiné ; mais tout cela ne sont que des raisonnements, car jusques ici il n'y a rien de déclaré. — M. le duc d'Orléans est parti de Madrid, et pendant le séjour qu'il y a fait il a travaillé avec tant d'application qu'il a mis les choses en état d'entrer en campagne à la fin du mois. Il y a des lettres de Bayonne qui portent qu'il arriva le 17 à Saragosse.

Samedi 28, à Marly. — Le roi se promena le matin et l'après-dînée dans ses jardins, et le soir il travailla chez madame de Maintenon avec M. de Chamillart. Il va tous les jours deux ou trois fois chez madame la duchesse de Bourgogne et il y demeura assez longtemps l'après-dînée après sa promenade. Cette princesse continue à se porter de mieux en mieux, cependant on a résolu de ne partir d'ici que dans quinze jours, afin de lui donner plus de loisir de rétablir ses forces. — Le voyage de Fontainebleau est différé. On ne le fera que le 18 du mois de juin tout au plus tôt, et on croit même qu'il pourra être encore différé. — Les colonels des armées de Flandre et d'Allemagne ont ordre de partir pour aller à leurs régiments qui sont en marche ; mais les officiers généraux n'ont encore point d'ordre de partir, et on compte que les armées ne seront assemblées qu'entre le 15 et le 20 de mai. — Madame la duchesse du Maine est revenue ici de Clagny, où elle étoit. Elle y a été un peu malade, et doit s'en aller jeudi à Sceaux, où elle passera une partie de l'été.

Dimanche 29, à Marly. — Le roi tint le conseil d'État à son ordinaire, et l'après-dînée il travailla chez lui jusqu'à cinq heures avec M. Pelletier et puis alla se promener dans les jardins. Monseigneur le duc de Bourgogne alla à Versailles entendre vêpres et le salut. On ne doute plus que ce prince n'aille cette année commander en Flandre. — Il y avoit une grande dispute entre le comte d'Évreux, colonel général de la cavalerie, et le comte de Coigny, colonel général des dragons. Cette dispute avoit plusieurs branches, dont la principale étoit que dans les partis que l'on envoyoit à la guerre il y avoit des dragons et de la cavalerie et que ce détachement étoit commandé par un officier de dragons. Le comte d'Évreux prétendoit que ce commandant vînt lui en rendre compte avant d'aller au colonel général des dragons ; le comte de Coigny au contraire prétendoit que le commandant, étant officier de dragons, vînt tout droit à lui comme à son supérieur, et qu'il suffisoit pour le comte d'Évreux qu'il lui envoyât un officier de la cavalerie qui étoit dans ce détachement. Le roi décida ces jours passés et jugea cette difficulté-là et toutes celles qui étoient entre la cavalerie et les dragons en faveur du comte d'Évreux, ce qui diminue un peu la charge de colonel général des dragons.

Lundi 30, *à Marly*. — Le roi a déclaré que monseigneur le duc de Bourgogne commanderoit cette année l'armée de Flandre, que monseigneur le duc de Berry feroit la campagne volontaire avec lui ; ces princes partiront de lundi en huit jours, qui sera le 14. Il y a un mois que monseigneur le duc de Bourgogne étoit dans le secret, mais cela n'étoit pas encore entièrement réglé. Le roi ne le confia à monseigneur le duc de Berry que jeudi dernier. Ces deux princes ont une joie extraordinaire de ce que le roi a pris cette résolution*. L'électeur de Bavière ira commander l'armée du Rhin et aura sous lui le maréchal de Berwick. Le maréchal de Villars ira commander l'armée de Dauphiné, et on lui a envoyé un courrier pour le lui apprendre. On lui laisse le choix de venir ici avant que d'aller prendre ce commandement ou d'aller droit en Dauphiné. L'électeur de Bavière, qui a quelque regret de quitter la Flandre pour six mois, a consenti pourtant de bonne grâce à ce que le roi souhaitoit, et cette négociation là a été faite à Mons par M. de Chamillart. C'étoit même un des principaux sujets de son voyage en Flandre. — Le roi courut le cerf l'après-dînée.

* M. de Beauvilliers se promenoit dans le bas du jardin de Marly avec un seigneur de la cour, éloigné de son âge, mais intimement avec lui dès longues années (1), qui lui parla du mystère qu'il faisoit de la destination de monseigneur le duc de Bourgogne et qui le força de la lui avouer; en même temps il en parla comme d'un parti sage, convenable et nécessaire dans les circonstances d'alors; son ami n'en convint pas, et alla même jusqu'à lui dire qu'il ne se pouvoit rien faire de plus déplacé et de plus nuisible. Ils entrèrent en dispute; le seigneur lui prédit le succès de la campagne, non des lieux et des opérations, mais en gros, et de ce qui menaçoit monseigneur le duc de Bourgogne, qui, quoi qu'il fît, y succomberoit, et dans le monde et jusque dans le sein de sa royale famille. M. de Beauvilliers, l'homme du monde le plus doux et le plus mesuré, perdit patience, accusa ce seigneur de calomnie et de vision, et s'irrita de l'idée qui lui fut présentée de perdre l'héritier nécessaire de la couronne, comme d'une imagination folle et impossible à être conçue, encore plus à être exécutée. Les personnes et les moyens, les vues et les raisons que le seigneur lui en expliqua ne servirent qu'à le prier qu'ils ne s'en parlassent plus; son ami lui promit de ne lui en plus ouvrir la bouche, mais le somma de ne rien oublier de cette conversation. Ce n'étoit que raisonnement, et toutefois une très-nette conviction de ce seigneur, par tout ce qu'il voyoit et connoissoit de la cour et des personnages : chacun au partir de là le conta à sa femme, et M. de Beauvilliers en parla aussi au duc et à la duchesse de Chevreuse, blessé de la chose et peiné contre son ami. La vérité de la prédiction ne tarda pas un mois à pointer. Le seigneur fut étonné de voir M. de Beauvilliers entrer fort triste dans sa chambre, lui conter ce qu'il savoit déjà, et raisonner avec lui sur la conduite. Il ne s'éloigna plus tant de la prédiction, quoiqu'il le fût encore beaucoup, et à mesure qu'elle se vérifioit il venoit au conseil, et madame la duchesse de Bourgogne lui envoyoit madame de Nogaret, une de ses dames du palais et qui avoit infiniment d'esprit, de monde, de con-

---

(1) C'est Saint-Simon lui-même; voir ses *Mémoires*, tome IV, page 120 de l'édition in-12, publiée par M. Chéruel.

duite et de secret, consulter le seigneur, dont cette dame étoit fort amie et de sa femme, et cela dura jusqu'au retour de l'armée et avant dans l'hiver. M. de Beauvilliers fit souvent à son ami amende honorable, et madame de Chevreuse aussi, et ne le laissèrent pas ignorer à monseigneur le duc de Bourgogne. Trop de grands personnages y furent mêlés, dont il y a encore trop de reste, pour donner au net une anecdote si curieuse et si importante, et par cette même raison on sera fort sobre en additions sur les funestes événements de cette campagne.

Mardi 1ᵉʳ mai, à Marly. — Le roi, après le conseil de finances, travailla avec M. Desmaretz, et l'après-dînée il travailla avec M. de Chamillart. — Le roi ne déclara hier le départ de monseigneur le duc de Bourgogne qu'après avoir reçu un courrier de l'électeur de Bavière, qui devoit hier à Mons déclarer aussi qu'il alloit commander l'armée du Rhin. Le roi lui fait donner 400,000 francs d'extraordinaire, que l'intendant de Hainaut lui fera payer avant qu'il parte de Mons, afin qu'il y puisse payer ses dettes. Il en partira le 12 et sera le 19 à Strasbourg. Le roi a choisi Villaine, lieutenant des gardes du corps, pour servir cette campagne auprès de monseigneur le duc de Bourgogne, et Vernassal, enseigne, servira auprès de monseigneur le duc de Berry. — On a reçu des lettres de M. le duc d'Orléans du 22 de Saragosse. Il lui manque encore quelque chose pour pouvoir entrer en campagne et il ne compte pas pouvoir rien entreprendre avant le 15 de ce mois.

Mercredi 2, à Marly. — Le roi tint le conseil d'État à son ordinaire et il se promena l'après-dînée dans ses jardins. Le soir, chez madame de Maintenon, M. de Chamillart lui mena Saint-Frémont, qui revient de Mons, où le roi l'avoit envoyé incognito pour régler encore beaucoup de petites choses avec l'électeur de Bavière. Il s'est fort bien acquitté de sa commission, et l'électeur paroît fort content du roi. On lui fera toucher encore 400,000 francs au mois de juillet à Strasbourg. — M. le maréchal de Matignon servira dans l'armée de monseigneur le duc de

Bourgogne, et prendra l'ordre de M. de Vendôme. On prétend que le maréchal de Marsin, depuis qu'il est maréchal de France, avoit déjà pris l'ordre de M. de Vendôme en Italie et qu'ainsi c'est un exemple. Outre cela, M. de Vendôme a des patentes, à ce qu'on assure, pour commander aux maréchaux de France, quand il s'en trouvera dans l'armée où il sera. — M. de Bruzac, premier aide-major des gardes du corps, qui n'a que le rang d'enseigne, a obtenu la commission de lieutenant quoiqu'il y eût dans ce corps plusieurs enseignes plus anciens que lui, et outre le rang qu'il gagne à cela il aura 12 ou 1,500 francs plus qu'il n'avoit.

Jeudi 3, à Marly. — Le roi courut le cerf l'après-dînée. Le soir il donna audience à M. de Vendôme chez madame de Maintenon. Ce prince, qui revint ici mardi, a été souvent enfermé avec monseigneur le duc de Bourgogne. Puységur, qui est ici depuis quelques jours, a été appelé quelquefois à ces conférences-là. — Notre armée de Flandre sera composée de cent quarante-trois bataillons et de deux cent quinze escadrons. L'électeur de Bavière mène avec lui à l'armée du Rhin ce qui reste en Flandre de ses troupes, et il aura dans son armée quatre-vingt-un bataillons et cent quarante escadrons. — On a créé quatre intendants du commerce, qui financeront chacun 100,000 écus. Ils garderont le rang et les fonctions de maîtres des requêtes et vendront leurs charges de maîtres des requêtes, qu'on prendra en payement des 100,000 écus qu'ils doivent donner. Cela augmente le nombre des maîtres des requêtes; ils n'étoient que quatre-vingt-huit, ils seront quatre-vingt-douze. Les quatre hommes qu'on a choisis pour ces places du commerce sont : MM. de Machault, Foullé-Martangis, Chauvelin, fils du conseiller d'État, et le fils cadet de M. Daguesseau. Celui-là n'est pas maître des requêtes; son père est le chef de ce tribunal-là.

Vendredi 4, à Marly. — Le roi se promena le matin et l'après-dînée dans ses jardins, où il fait toujours de nouveaux embellissements. Madame la duchesse de Bourgogne commença à se lever mercredi et dîne chez madame de Maintenon tous les jours; elle se recouche l'après-dînée. — M. de Vendôme partit d'ici à une heure pour Clichy, d'où il repartira lundi matin pour Flandre. — M. de Dreux, maréchal de camp, gendre de M. de Chamillart, qui servoit dans l'armée du maréchal de Villars l'année passée, servira en Flandre cette année, et M. de Goësbriant, lieutenant général, qui servoit l'année passée dans l'armée du maréchal de Tessé, servira aussi en Flandre. Jullien, qu'on avoit dit qui commanderoit à Saint-Malo, n'y va point; c'est le marquis de Vibraye, aussi lieutenant général, qu'on y envoie. — J'appris que M. le chancelier, à qui Thévenin avoit donné en mourant sa belle maison de Paris avec tous ses meubles, donation qu'on estimoit 500,000 francs, l'avoit rendue à la famille de Thévenin, quoique le roi lui eût conseillé de ne faire aucune difficulté de l'accepter.

Samedi 5, *à Marly*. — Le roi courut le cerf l'aprèsdînée et ne le courra plus jusqu'au voyage de Fontaibleau, qui est fixé au 18 de juin. — M. de Bergeyck arriva ici de Mons; le roi lui a fait donner l'appartement qui est au-dessous de celui de M. de Chamillart. Il ne demeurera ici qu'un jour, et compte d'être de retour à Mons mardi. C'est un homme qui gouverne les affaires de finances du roi d'Espagne en Flandre depuis longtemps et qui est en grande réputation et de capacité et de probité. C'est chez lui que M. de Chamillart a logé pendant qu'il a été à Mons, et ils sont en fort grande amitié *.— On a nommé les six aides de camp de monseigneur le duc de Bourgogne, qui sont: le comte de Brancas, colonel d'un régiment qui est en garnison; le marquis de Clermont, colonel de dragons, réformé; le marquis d'Épinay, colonel de dragons, dont le régiment ne sert point en campagne cette année; le marquis de l'Aigle, brigadier d'infanterie et colonel d'un nouveau régiment qui ne sert point en campagne ; Villelouet, qui a la commission de colonel, vieil officier, et d'Affry, capitaine au régiment des gardes suisses.

* Bergeyck ne fut d'accord ni avec Chamillart, ni avec Vendôme, qui vouloit faire le siége de Maëstricht et soutenoit à Bergeyck, avec son opiniâtreté accoutumée, que cette place n'étoit pas du côté de la Meuse, où elle est, et il fut convaincu sans avoir voulu se rendre, et sur laquelle rouloit tout son projet de l'assiéger.

Dimanche 6, à Marly. — Le roi tint le conseil d'État à son ordinaire; avant que d'y entrer il fut assez longtemps dans son cabinet avec M. de Bergeyck et M. de Chamillart. Il travailla l'après-dînée chez lui avec M. Pelletier et alla ensuite se promener dans ses jardins, qu'il prit plaisir à faire voir à M. de Bergeyck. Le roi même en fit presque tout le tour à pied. Le soir M. de Chamillart et M. de Bergeyck furent deux heures à travailler avec lui chez madame de Maintenon. — On mande de Rome que le cardinal Nerli est mort. Il y a présentement sept chapeaux vacants dans le sacré collége, c'est plus qu'il n'en faut pour les couronnes, si le pape a envie d'en faire. — M. Bignon, intendant de Picardie, revient pour exercer la charge de prévôt des marchands, dont il va incessamment entrer en possession. On envoie en Picardie en sa place M. de Bernage, qui étoit intendant en Franche-Comté, et on envoie en Franche-Comté M. de Guerchois, qui étoit intendant à Alençon.

Lundi 7, à Marly. — Le roi se fit saigner par pure précaution et il alla à la messe à la chapelle à midi et demi. Il dîna en public avec les dames, comme à l'ordinaire. L'après-dînée il travailla avec M. de Pontchartrain et puis se promena dans ses jardins. — Le roi a fait donner 4,000 francs à Saint-Frémont pour le voyage qu'il a fait à Mons. M. de Bergeyck est parti pour y retourner. — Voici une copie de la lettre de M. le duc d'Orléans, de Saragosse le 29 : « M. d'Estaing assemble entre la Sègre et la Cinca un corps de cavalerie et quelque peu d'infanterie avec lequel il entrera dans la plaine d'Urgel par Balaguier. M. de la Badie va assembler une vingtaine de bataillons à Toriente avec un pont sur la jonction de la Sègre à la Cinca pour passer vis-à-vis de la Granja. Le reste de notre cavalerie et de notre infanterie s'assemble aux ordres de M. d'Arennes à Flix en deçà de l'Èbre, où j'ai fait faire ici des bateaux pour y pouvoir faire un pont. Quand ces trois corps seront joints ensemble, il y aura quarante-trois bataillons et soixante-six escadrons. Je partirai au commencement de la semaine qui vient pour m'y rendre. Le chevalier d'Asfeld en même temps, laissant de l'autre côté du Xucar sept ou huit bataillons avec quelque cavalerie, s'avancera avec tout le reste des troupes qui sont dans le royaume de Valence et poussera un corps d'infanterie jusqu'à Miravete et Mora. Tous ces mouvements, joints avec la diversion que peut faire M. de Noailles, obligeront les ennemis à se déterminer et à nous laisser voir ce qu'ils veulent abandonner ou ce qu'ils veulent soutenir, après quoi je pourrai prendre des mesures plus justes. »

Mardi 8, à Marly. — Le roi, après le conseil de finances, travailla avec M. Desmaretz, et l'après-dînée il travailla avec M. de Chamillart jusqu'à cinq heures. Monseigneur prit médecine par pure précaution, et elle ne l'empêcha pas de se promener dans les jardins sur les cinq heures. La santé de madame la duchesse de Bourgogne se rétablit à vue d'œil, et il y a déjà quelques jours que monseigneur le duc de Bourgogne a recommencé de coucher dans sa chambre. — Le duc de Berwick vouloit prendre congé du roi, qui lui a conseillé d'attendre l'arrivée du maréchal de Villars, qui doit être ici jeudi, et il veut que ces deux maréchaux aient une conférence devant lui sur son armée d'Allemagne. — Le roi donna ces jours passés une pension de 4,000 francs à Saint-Sernin*, colonel de dragons, que le maréchal de Villars lui a fort recommandé et qui a servi sous lui ces dernières campagnes.

* Saint-Sernin, gentilhomme de Languedoc fort simple et fort pauvre, étoit un chevalier d'industrie, mais avec de l'honneur et de la valeur. Il s'attacha au maréchal de Villars, s'habilla toujours comme lui, prit toutes ses manières, et le copia sans cesse et sans discontinuation à en faire mal au cœur. On s'y accoutuma dans la suite; on en rit; on l'en plaisanta; on l'appela le faux Villars; tout cela ne l'émut ni ne l'ébranla, et il a continué toute sa vie. Cela plut tellement au maréchal, à qui Saint-Sernin le donnoit comme une admiration, qu'il le prit en amitié autant qu'il étoit en lui et le servit de même.

Mercredi 9, à Marly. — Le roi prit médecine, comme il la prend tous les mois, et l'après-dînée il tint le conseil d'État, qu'il auroit tenu le matin sans sa purgation, et sur les six heures il alla faire un tour dans le jardin. — M. de Vaudemont arriva de Commercy ici, où le roi lui a donné une chambre quoi qu'on n'y doive plus demeurer que deux jours. — La flotte angloise, commandée par l'amiral Leak et qui a porté quatre ou cinq bataillons anglois en Portugal, a remis à la voile pour aller à Gênes, où elle doit embarquer quelques troupes allemandes qu'on envoie à l'archiduc à Barcelone. Milord Galloway, qui devoit, dit-on, retourner en Angleterre, est demeuré à Lisbonne, où il sera ambassadeur de la reine Anne et commandera les troupes angloises en ce pays-là, et le marquis das Minas commandera les portugaises.

Jeudi 10, à Marly. — Le roi, après la messe, se promena tout le matin dans ses jardins et avant que d'aller à la messe il avoit donné audience à M. de la Vrillère, puis à M. Desmaretz, ensuite à M. de Cagny, et après M. de Cagny à M. de Chamillart, son père, et enfin à M. le cardinal de Noailles, qui étoit venu de Paris pour cela. L'après-dînée le roi fit une petite loterie chez madame de Maintenon pour les dames qui avoient dîné avec elle, et après la loterie il donna audience au maréchal de Berwick, qui prit congé de lui, le roi ayant jugé à propos qu'il partît sans attendre plus longtemps le maréchal de Villars, qui a mandé qu'il n'arriveroit que dimanche ou lundi. — M. de Vaudemont, qui arriva hier, eut une fièvre très-violente. Il vouloit se faire porter à Paris; mais M. Fagon lui conseilla d'attendre à demain, trouvant la fièvre trop forte pour le transporter. — La cour d'Angleterre arriva ici sur les six heures. Le roi les mena à la promenade; ils soupèrent ici et puis s'en retournèrent à Saint-Germain.

Vendredi 11, *à Marly*. — Le roi se promena tout le matin dans ses jardins. L'après-dînée il fit encore une petite loterie chez madame de Maintenon pour les dames qui avoient dîné avec elle, et après la loterie il alla se promener. — Mansart se trouva mal à trois heures après minuit et mourut à sept heures du soir ici dans son appartement, au second commun. Il avoit soupé hier avec sa femme et sa famille dans la maison du surintendant des bâtiments; aucun remède ne put ni le sauver ni le soulager. Il étoit surintendant des bâtiments, emploi pour lequel il avoit 52,000 francs d'appointements, et il avoit gardé la charge de premier architecte, qui lui en valoit 18,000. Outre cela il avoit une infinité de commodités et disposoit de beaucoup d'emplois *. — Le marquis de Leuville, ancien colonel d'infanterie, épouse la fille de Taumé, fermier général, à qui on donne en mariage 400,000 francs d'argent comptant. — M. le marquis du Châtelet, lieutenant général qui ne servit point l'année passée, servira cette année sous le maréchal de Chamilly, et milord Galmoy, Irlandois, lieutenant général aussi et qui n'avoit pas servi non plus l'année passée, servira dans l'armée de l'électeur de Bavière.

* Mansart, qui avoit été aide des maçons dans sa première jeunesse, fit sa fortune à pas de géant, et prit le nom de Mansart qu'un autre Mansart avoit illustré par sa capacité et son goût pour les bâtiments et les jardins. Il étoit devenu familier et insolent au dernier point, et toutefois étoit assez bon homme. Il étoit ignorant dans son métier, et de Cotte, son beau-frère, ne l'étoit guère moins, quoique le premier après lui dans les bâtiments. Ils tiroient tout d'un dessinateur qu'ils tenoient clos et à l'écart chez eux, qui s'appeloit Lassurance, sans lequel ils ne pouvoient rien. L'adresse de Mansart étoit d'engager le roi dans des entreprises, ou longues ou fortes, par des riens en apparence, et de

lui montrer des plans imparfaits, qui missent au roi le doigt sur la lettre sans que personne s'en mêlât; alors Mansart s'écrioit qu'il n'auroit jamais trouvé ce que le roi proposoit, s'éclatoit en admiration, protestoit qu'il n'étoit qu'un écolier dans son art auprès de lui, et le conduisoit de la sorte où il le vouloit sans que le roi s'en défiât le moins du monde. Il entroit à toutes heures dans le cabinet du roi, s'y mêloit dans la conversation, tenoit le dé, attaquoit le roi, tiroit un fils de France, frappoit sur l'épaule à un prince du sang et aux plus grands seigneurs, et tout étoit en respect devant lui; car il ne laissoit pas d'être dangereux, et il n'y avoit ni ministre ni faveur qui ne le ménageât. Il s'étoit prodigieusement enrichi; sa mort, qui fut attribuée à une indigestion qui fut singulièrement traitée, fit beaucoup parler tout bas, d'autant que ceux qui le traitèrent, c'est-à-dire le chef, ne parut pas se contraindre en le condamnant. Le roi n'en parut pas fort touché, et la cour encore moins. Il avoit fait un beau pont de pierre à Moulins. Il l'étoit allé voir tout achevé, et étoit revenu triomphant de son ouvrage, qu'il n'avoit pas suffisamment fondé. Un mois après M. de Charlus, lieutenant général de cette province et père du marquis, puis duc de Lévis, ayant paru devant le roi, où il ne se montroit guère, et arrivant de chez lui, Mansart, qui s'y trouva, pria le roi de demander des nouvelles de son pont à M. de Charlus, sur lequel il se donna largement de l'encens. Charlus ne disoit mot; à la fin le roi lui en demanda des nouvelles. « Sire, répondit froidement Charlus, je n'en ai point depuis qu'il est parti; mais je le crois bien présentement à Nantes. — Comment, dit le roi, de qui croyez-vous que je vous parle? c'est du pont de Moulins. — Oui, Sire, répliqua Charlus, c'est le pont de Moulins aussi qui s'est détaché tout entier et tout d'un coup la veille que je suis parti et qui s'en est allé à vau-l'eau. » Le roi et Mansart demeurèrent aussi étonnés l'un que l'autre, et le fait se trouva vrai. Il en étoit déjà arrivé autant et de la même façon de Mansart au pont de Blois. Comme il gagnoit infiniment aux ouvrages, aux marchés, et en tout ce qui regardoit les bâtiments, il ne songeoit qu'à engager le roi tant qu'il pouvoit, et comme il n'avoit aucun goût, ni le roi non plus, il n'y a eu que des dépenses immenses sans beautés, sans commodités et sans agréments; et ce qui a fait la chapelle de Versailles telle qu'elle est, c'est que Mansart n'a songé qu'au coup d'œil de la tribune, parce que le roi descendoit fort rarement en bas, et pour l'exhaussement de cette chapelle qui fait l'effet du monde le plus choquant par dehors, il espéroit engager le roi à exhausser d'un étage tout le château de Versailles et ses deux ailes pour cacher cette difformité, et sans la guerre, dont il ne vit pas la fin; il en seroit venu à bout (1).

---

(1) L'abbé Lambert, dans son *Histoire littéraire du règne de Louis XIV*,

Samedi 12, *à Versailles*. — Le roi se promena tout le matin et toute l'après-dînée à Marly, et puis à sept heures il en partit pour venir ici. Monseigneur partit le matin de Marly, alla dîner à Meudon et revint le soir ici souper avec le roi. Madame la duchesse de Bourgogne revint ici de Marly en carrosse. — M. de la Frezelière, lieutenant général d'artillerie, qui la devoit commander cette année sur le Rhin, comme les années passées, fâché de ce que le roi n'avoit pas voulu qu'il servît de maréchal de camp, parce que cela tiroit à conséquence, s'en est trouvé blessé et a renvoyé sa commission. M. du Maine a fait tout ce qu'il a pu pour l'empêcher de prendre ce mauvais parti-là; mais la Frezelière n'a point profité de ses bons conseils, il a persisté dans sa résolution. Le roi lui a envoyé ordre de se mettre à la Bastille et a nommé le petit des Touches, qui devoit servir en Flandre, pour aller commander l'artillerie sur le Rhin. — On parle du mariage du fils aîné du duc de Brissac avec mademoiselle Mascarani, qui n'a plus ni père ni mère et qui a 1,700,000 francs de bien en bonnes rentes.

Dimanche 13, *à Versailles*. — Le roi tint le conseil d'État à son ordinaire; en sortant de ce conseil Monseigneur alla dîner à Meudon et y mena madame la Duchesse. Monseigneur le duc de Bourgogne permit à toutes les dames d'aller prendre congé de lui dans son appartement, et il les baisa toutes en leur disant adieu. Il a été plusieurs fois enfermé avec le roi depuis quelques jours. Madame la duchesse de Bourgogne alla avec lui à vêpres et au salut. — Le roi donna à de Cotte, beau-frère de feu Mansart, la charge de premier architecte. Il n'a pas encore disposé

1751, 3 vol. in-4°, constate (livre X), que Mansart « trouva à la cour des ennemis qui, jaloux de la confiance dont Sa Majesté l'honoroit, employèrent contre lui tout ce que l'envie a de plus noir pour ruiner et pour perdre ce grand homme dans l'esprit du roi. » Saint-Simon fut un de ces ennemis, et les détails circonstanciés donnés par l'abbé Lambert peuvent être opposés aux assertions passionnées de Saint-Simon.

de la surintendance des bâtiments. On offre trois millions de cette charge et de celles qui en dépendent. — Le marquis de la Frette * mourut subitement à Paris. Il laisse un bien considérable, et M. de Beauvilliers doit être son héritier; mais comme il étoit toujours *in reatu* depuis son combat avec M. de Chalais en l'année 1661 ou 1662, il ne jouissoit de ce bien que par fidéi-commis. Son bien, après son combat, fut donné à madame la duchesse de Chaulnes, sa demi-sœur, qui en mourant les avoit laissés à l'abbé de Scudéry, qui les administroit avec beaucoup de fidélité et rendoit les revenus à M. de la Frette.

* On a vu (1) quel étoit la Frette à l'occasion du duc de Chaulnes, ambassadeur à Rome; il suffit de dire que personne ne sut jamais mettre à si grand profit une mort civile, et vivre si largement de procès et de petites tyrannies dans ses terres. Il étoit vieux. Son nom étoit Gruel, de très-petits gentilshommes, dont l'un fut chevalier du Saint-Esprit d'Henri IV, à la prière du comte de Soissons, prince du sang, à qui il étoit et à qui Henri IV le sut bien dire.

Lundi 14, à Versailles. — Le roi tint le conseil de dépêches, et monseigneur le duc de Bourgogne, après le conseil, fut quelque temps enfermé avec lui et puis il passa chez madame la duchesse de Bourgogne. La séparation fut fort tendre de part et d'autre, et à une heure ce prince monta dans sa chaise de poste et alla coucher à Senlis, où toute la famille de M. de Chamillart étoit allée pour l'y recevoir et où ils lui avoient fait promettre qu'il arriveroit de bonne heure *. L'après-dînée le roi travailla avec M. de Pontchartrain et puis alla se promener à Trianon. Le soir, après son souper, la famille royale entra dans son cabinet comme à l'ordinaire, et monseigneur le duc de Berry y demeura quelque temps après que Monseigneur en fut sorti, et reçut les derniers ordres du roi. — Le maréchal de Villars a eu la fièvre à Metz; mais il mande que cela ne l'empêchera pas d'être

(1) Tome VI, page 413.

ici mercredi au plus tard. — J'appris que le roi avoit donné une pension de 1,000 écus et 2,000 écus de gratification à M. de Forbin **, à qui le roi d'Angleterre avoit promis, dès qu'il seroit arrivé en Écosse, de le faire chevalier de Saint-André, qui est l'ordre d'Écosse.

* Si le roi, qui ne partoit jamais un vendredi avec scrupule, ce qu'on a peine à comprendre, eût étendu ses chimères de jours heureux et malheureux plus loin, il n'auroit jamais laissé partir son petit-fils pour une campagne au 14 de mai, jour de la mort d'Henri IV et de Louis XIII, ou l'auroit plus craint que nul autre par le succès qu'eût cette campagne.

** Gacé, fait maréchal de France, Lévis lieutenant général, et d'autres officiers de terre ayant été avancés pour cette malheureuse expédition d'Écosse, Pontchartrain n'oublia rien pour procurer des grâces à Forbin, qui en avoit commandé l'escadre et qui étoit si accusé de l'avoir commandée si fort à son gré.

Mardi 15, à Versailles. — Le roi, au sortir du conseil de finances, travailla avec M. Desmaretz. Pendant le voyage de Marly il a travaillé une fois le soir chez madame de Maintenon avec le roi. Monseigneur le duc de Berry partit avant six heures du matin. Il a dîné à Senlis et va coucher à Roye. — M. de Cagny revint de Senlis, d'où il a vu partir monseigneur le duc de Bourgogne à neuf heures du matin, pour aller coucher à Péronne. — Le roi travailla l'après-dînée avec M. de Chamillart et puis alla se promener à Trianon. Madame la duchesse de Bourgogne s'y fit porter en chaise, mais elle en revint avec le roi dans sa calèche. Madame de Maintenon y vint de Saint-Cyr, où elle étoit allée dès le matin, et revint de Trianon dans le carrosse de madame de Dangeau. — Le maréchal de Villars arriva le soir à Paris, où son fils a la petite vérole; mais il ne le verra point et arrivera ici demain de bonne heure. — M. de Legall, lieutenant général, qui servoit depuis quelques années en Espagne, ne servira point cette campagne; et le marquis de Polignac, maréchal de camp, qui servoit l'année passée sous le duc de Noailles en Roussillon, ne servira point aussi cette campagne.

Mercredi 16, à Versailles. — Le roi tint le conseil d'État à son ordinaire. Le roi d'Angleterre vint l'après-dînée sur les trois heures et prit congé du roi et de toute la maison royale. Le soir, chez madame de Maintenon, M. de Chamillart mena le maréchal de Villars, et ils travaillèrent longtemps avec le roi ; ce maréchal avoit déjà travaillé deux heures chez ce ministre l'après-dînée en arrivant. — Le roi a donné à M. de Vauvré 180,000 francs de brevet de retenue sur sa charge de maître d'hôtel ordinaire. — Milord Marlborough est revenu à la Haye après avoir été à quelques cours d'Allemagne, où ils se sont trouvés le prince Eugène et lui, et le prince Eugène est retourné à Vienne. On ne sait encore où il commandera cette année. Ils font toujours courre le bruit qu'ils auront une armée sur la Moselle. — On mande d'Angleterre que la reine Anne a cassé le parlement, et qu'elle en doit incessamment assembler un autre. — Le roi ira à Marly le lendemain de la Pentecôte pour y demeurer jusqu'à la fin de la semaine, et le voyage de Fontainebleau est toujours fixé au 18 de juin, et Monseigneur partira pour ce voyage trois jours avant le roi.

Jeudi 17, jour de l'Ascension, à Versailles. — Le roi donna encore une longue audience le matin après la messe au maréchal de Villars, et l'après-dînée il entendit vêpres avec toute la maison royale. Monseigneur partit d'ici après vêpres et alla coucher à Livry, où il courra le loup demain matin, et après la chasse il ira dîner à Meudon, d'où il ne reviendra ici que jeudi. — Le maréchal de Villars ne partira que dans huit jours pour aller commander l'armée de Dauphiné. — M. de Villiers, qui a longtemps commandé les chevau-légers de la reine avec beaucoup de réputation et qui a quatre-vingt-sept ans, a eu une augmentation de pension. Il n'avoit que 2,000 francs ; il en a présentement 4,000. — Le roi a envoyé au duc de Gramont permission de revenir ici ; il y a longtemps qu'il étoit à son gouvernement de Bayonne. — M. le duc d'Orléans n'a pu commencer à agir que le 15 de ce mois. Il attendoit un grand convoi de munitions de guerre et de bouche, qui lui devoit venir de Roses.

Vendredi 18, *à Versailles.* — Le roi dîna de bonne heure et alla se promener à Marly, d'où la pluie le fit revenir plus tôt qu'à l'ordinaire. Madame la duchesse de Bourgogne alla se promener à la Ménagerie et y fit collation. — Le roi d'Angleterre partit à sept heures de Saint-Germain pour aller dîner à Chantilly, s'y promener toute l'après-dînée et puis aller coucher à Senlis. Demain il couchera à Péronne et arrivera dimanche à Valenciennes, où il trouvera monseigneur le duc de Bourgogne, qui y est arrivé de mercredi. On compte que l'armée s'assemblera le 22. Monseigneur le duc de Bourgogne, en passant à Cambray, n'alla point manger à l'archevêché, comme on le croyoit ; il dîna à la poste, où l'archevêque vint le saluer *. Monseigneur le duc de Berry arriva à Cambray quelques heures après que monseigneur le duc de Bourgogne en fut parti. Ils furent escortés depuis Metz en Couture jusqu'à moitié du chemin de Valenciennes à Cambray par le régiment de Courcillon, et ils eurent la bonté de témoigner au colonel et aux officiers qu'ils étoient très-contents de l'état où ils avoient trouvé ce régiment.

* L'attention du roi, ou plutôt de madame de Maintenon, étoit extrême pour couper toute communication entre monseigneur le duc de Bourgogne et l'archevêque de Cambray ; celle du monde n'étoit pas moindre à ce passage, et l'amitié et la confiance du prince pour lui étoient si parfaites et si connues que nulle considération présente ne put empêcher l'effet de celles de l'avenir, dans un pays où on se munit toujours de projets et d'espérances ; en sorte que M. de Cambray eut toujours chez lui une cour d'autant plus grosse et plus distinguée qu'on n'eut pas de peine à s'apercevoir de la violence que monseigneur le duc de Bourgogne se fit toutes les deux fois qu'il passa à Cambray pour exécuter les ordres qu'il avoit reçus à l'égard de son cher précepteur.

Samedi 19, *à Versailles.* — Le roi, après le conseil de

finances, travailla avec M. Desmaretz, et après son dîner il travailla longtemps avec M. de Chamillart. — Le roi ne remplira point la charge de surintendant des bâtiments et diminuera les appointements de beaucoup d'emplois qui dépendoient de cette charge et qui ne lui paroissent pas fort utiles. Il s'est fait donner beaucoup de mémoires sur tout cela et les examine avec soin et plaisir, car il aime à connoître la vérité par lui-même. — Par les dernières nouvelles qu'on a de M. le duc d'Orléans, S. A. R. étoit à Mequinenza, et l'on croyoit toujours dans son armée qu'il alloit faire le siége de Tortose. Le duc de Noailles, de son côté, est en marche et s'approche du Ter. Les ennemis ont beaucoup de cavalerie dans Girone, et c'est le prince de Darmstadt qui y commande. Il ne paroît pas qu'on entreprenne encore rien du côté de l'Estramadure. Le comte de Staremberg doit être présentement embarqué à Gênes pour passer à Barcelone. On attend à Milan la princesse de Wolfenbuttel, présentement femme de l'archiduc et qui doit passer à Barcelone aussi avec des troupes qu'on dit toujours qu'on y enverra; mais il faut que pour cela elle attende la flotte de l'amiral Leak.

Dimanche 20, à Versailles. — Le roi tint le conseil d'État à son ordinaire. Monseigneur y vint de Meudon et après le conseil s'y en retourna dîner. L'après-dînée le roi travailla avec M. Pelletier et à cinq heures il alla tirer. — Il y a du changement à l'affaire des intendants du commerce. On en a fait six au lieu de quatre, et ils ne vendront point leurs charges de maîtres des requêtes, dont on n'augmentera point le nombre. Le roi tire de cette affaire-là 1,400,000 francs argent comptant, savoir 500,000 francs que donne le corps des maîtres des requêtes, à qui on accorde une augmentation de gages au denier seize, et chacun des intendants du commerce donnera 50,000 écus, ce qui achèvera la somme de 1,400,000 francs qui revient au roi, et ils auront pour cela 12,000 francs d'appointements chacun. Ces six intendants du commerce sont MM. de Machault, Foullé-Martangis, Chauvelin, fils du conseiller d'État, le cadet des enfants de M. Daguesseau, qui n'étoit pas maître des requêtes et qui en achète une charge pour cela, d'Orçay, fils du prévôt des marchands, et le fils de M. Amelot, notre ambassadeur en Espagne, qui attend le consentement de son père pour cela.

Lundi 21, *à Versailles*. — Le roi alla se promener à Trianon et y donna une grande collation en particulier à madame la duchesse de Bourgogne, à madame de Maintenon et aux amies de madame de Maintenon. Madame la duchesse de Bourgogne en revint dans la calèche du roi. — On eut nouvelle que le roi d'Angleterre étoit arrivé hier au soir à Valenciennes. Beaucoup de troupes s'assemblent sous cette place. M. de Vendôme y étoit, qui retourna le lendemain à Mons, où s'assemble un autre corps de troupes; l'herbe est encore trop courte en ce pays-là. — Le maréchal de Berwick arriva le 16 à Strasbourg, où l'on attendoit l'électeur de Bavière cinq ou six jours après. Les ennemis s'assemblent derrière leurs lignes. M. d'Hanovre doit se rendre à leur armée le 25 de ce mois. Nous avons formé un camp de cavalerie de l'autre côté du Rhin, derrière la Quinche, et le reste de notre armée ne s'assemblera qu'à la fin du mois. — Le roi a donné à M. Trudaine, intendant à Lyon, 2,000 écus d'augmentation sur les appointements de l'intendance.

Mardi 22, *à Versailles*. — Le roi, après le conseil de finances, travailla avec M. Desmaretz, et après son dîner il travailla jusqu'à cinq heures avec M. de Chamillart, et ensuite alla se promener à Trianon. — Le roi doit nommer bientôt un directeur pour les bâtiments, à qui il donnera, dit-on, 20,000 francs d'appointements. — Le roi donna le matin une audience particulière au nouvel ambassadeur de Venise, qui s'appelle Antonio Mocenigo. — Par les lettres de Ratisbonne on apprend que la diète avoit consenti à recevoir l'électeur de Brande-

bourg dans le collége des princes pour le comté de
Meurs, mais sans préjudicier aux droits des maisons de
Nassau-Diest et de Nassau-Saarbruck, qui prétendent que
ce comté leur appartient. Le député de l'électeur a protesté contre cette clause. — Il y a beaucoup de désordres
à Hambourg et les troupes du cercle de la basse Saxe
sont entrées dans leurs quatre bailliages et ont même
déjà pris quelques postes auprès de la ville. Les magistrats arment et ont fait fermer leurs portes et n'ont plus
de communication avec la campagne. L'empereur leur
a envoyé le comte de Schomborn pour leur offrir sa médiation, que jusqu'ici ils n'ont pas voulu accepter. — Monseigneur ne reviendra pas ici jeudi. Il ira ce jour-là
coucher à Petit-Bourg et courra vendredi le loup dans la
forêt de Sénart.

Mercredi 23, à Versailles. — Le roi, après le conseil
d'État, alla dîner à Trianon ; madame la duchesse de
Bourgogne, madame de Maintenon et les amies de madame de Maintenon y allèrent dîner avec lui. Après le
dîner madame la duchesse de Bourgogne y fit venir cinq
ou six dames, qui jouèrent avec elle. Le roi travailla avec
de Cotte, son premier architecte, et à six heures le roi
mena toutes les dames à la promenade. On leur donna
une magnifique collation. A huit heures le roi revint ici
et ramena madame la duchesse de Bourgogne dans sa
calèche, et en arrivant il alla voir M. le comte de Toulouse, qui a pensé être brûlé cette nuit dans son lit par
une bougie qu'il avoit laissée allumée en lisant et qu'il
n'avoit pas éteinte en s'endormant. Elle avoit mis le
feu à ses matelas, et M. le comte s'est brûlé à la cuisse et à
la jambe assez violemment pour en être incommodé plus
d'un mois. Monseigneur vint ici de Meudon pour le conseil et s'y en retourna dîner. — Le roi d'Angleterre arriva
dimanche à Valenciennes. L'armée sera assemblée le 25 ;
monseigneur le duc de Bourgogne en fera la revue le 26
et puis marchera droit aux ennemis, qui doivent être as-

semblés aussi en ce temps-là et dont l'armée est aussi forte que la nôtre ; mais monseigneur le duc de Bourgogne cherche à les combattre.

Jeudi 24, à Versailles. — Le roi dîna de bonne heure et alla se promener à Marly, dont la pluie le fit revenir à sept heures. Monseigneur alla de Meudon coucher à Petit-Bourg chez M. d'Antin. Madame de Caylus donna une fort jolie collation à madame la duchesse de Bourgogne dans le petit jardin de Lambert. Madame de Maintenon, qui y étoit venue en revenant de Saint-Cyr, comptoit d'y faire son souper; mais, comme elle étoit prête à se mettre à table, le roi, qui étoit revenu de Marly beaucoup plus tôt qu'à son ordinaire, l'envoya querir. La fête étoit si bien ordonnée que, malgré le vilain temps, elle ne laissa pas de réussir et on s'y divertit fort. — Le roi a dit aujourd'hui que par les lettres qu'il recevoit de monseigneur le duc de Bourgogne toutes les apparences étoient qu'avant la fin du mois il y auroit une bataille en Flandre. — Le chevalier de Montgivrault* est mort à sa terre de Courcelles, dans le pays du Maine. C'étoit un gentilhomme qui avoit amassé beaucoup de bien dans le génie, dans la première guerre de Flandre en 1667, que M. de Louvois fit chasser et qui avoit conservé jusqu'à la mort beaucoup d'amis considérables à la cour et à Paris.

* Montgivrault ne fut jamais gentilhomme, et le Haquais, son frère aîné, ne s'en piqua jamais. Cet aîné avoit été avocat général de la cour des aides avec une grande réputation d'éloquence, de savoir et de probité, et avoit été, de jeunesse, ami intime du chancelier de Pontchartrain, qui étoit alors *in minoribus*. Lorsqu'il fut en fortune, il fit pour son ancien ami des bagatelles de sa convenance, parce qu'il étoit très-modeste, très-désintéressé et qu'il n'en voulut jamais davantage. Il étoit de tous les voyages de Pontchartrain, et, ce qui est estimable, il y étoit comme le maître de la maison sans s'y mêler de rien ; les valets en respect et les amis en attention pour lui ; tout le monde l'aimoit, il étoit gai, plaisant, plein de saillies et de reparties avec beaucoup d'esprit, et toujours dans sa place de petit bourgeois, dont toute l'intime confiance du ministre et la considération extrême qu'il lui marquoit en tout ne le put jamais déranger. Sur les dernières années sa

piété s'accrut de telle sorte que le chancelier et sa femme, qui l'aimoient autant l'un que l'autre, ne l'avoient pas tant qu'ils vouloient, et l'appeloient leur muet, parce que la charité avoit mis un cachet sur sa bouche, auquel on perdoit beaucoup. Il ne fut point marié, ni son frère Montgivrault, dont il faisoit fort peu de cas. Celui-ci avoit été chassé scandaleusement par Louvois pour friponneries dans les fortifications; soit qu'il fût vrai ou faux, il étoit fort riche, et son aîné ne l'étoit pas. Montgivrault avoit beaucoup d'esprit, se connoissoit fort en bonne chère, et la faisoit fort souvent à bonne compagnie et même à des gens distingués à la cour, et s'étoit fait un petit tribunal chez lui, où bien des gens étoient bien aises d'être reçus. Il avoit magnifiquement accommodé cette maison de Courcelles, et avoit mis ses armes partout, jusqu'aux cheminées et aux plafonds. M. de Chamillart l'acheta lors de sa disgrâce, et y a passé bien du temps, et sa femme après lui s'y retira tout à fait et y est morte.

Vendredi 25, à Versailles. — Le roi, après son dîner, s'enferma avec le P. de la Chaise, comme il fait toujours la veille des jours qu'il fait ses dévotions. Il alla ensuite se promener dans les jardins, et le soir, chez madame de Maintenon, il travailla longtemps avec M. le maréchal de Villars seul. M. de Chamillart est à l'Étang. Monseigneur, qui avoit couché à Petit-Bourg, courut le matin le loup dans la forêt de Sénart et revint ici le soir. Madame la duchesse de Bourgogne alla avec plusieurs dames dîner à la Ménagerie, d'où elle ne revint que pour le souper du roi. — L'électeur de Bavière est arrivé à Strasbourg, et, sur le bruit que les ennemis font courir qu'ils vont assembler une armée sur la Moselle, il a envoyé Saint-Frémont à Hombourg avec un assez gros corps de cavalerie et d'infanterie; mais ce corps ne s'ébranlera que quand on verra les troupes ennemies passer à Coblentz ou à Mayence pour marcher vers la Moselle. Ils font depuis peu quelques magasins à Coblentz; cependant il est bien difficile qu'ils assemblent une armée de ce côté-là et qu'ils y puissent subsister.

Samedi 26, à Versailles. — Le roi fit ses dévotions et toucha beaucoup de malades. L'après-dînée il entendit vêpres et puis fit la distribution des bénéfices vacants.

Il alla ensuite se promener à Trianon et le soir il travailla chez madame de Maintenon avec M. de Chamillart. — Notre armée de Flandre marche à Soignies; monseigneur le duc de Bourgogne en a fait la revue, dont il a été fort content. Il a laissé un petit corps sous le comte de la Mothe. — Par les dernières lettres qu'on a de M. le duc d'Orléans, un pont que nous avions sur la Sègre avoit été emporté par une violente crue d'eau; on travailloit à le rétablir, mais cela retarde toujours l'exécution de ses projets. — M. de Bagnols, intendant de Flandre, qui ne veut plus servir en cet emploi, est parti de Valenciennes aussitôt après que nos princes en sont partis et revient ici. — La comtesse de Gramont et la marquise de Bellefonds la jeune sont abandonnées des médecins et hors de toute espérance. — Le mariage du prince de Léon, qu'on croyoit sur le point d'être conclu avec mademoiselle de Roquelaure, est entièrement rompu, et les paroles de part et d'autre sont retirées.

Dimanche 27, jour de la Pentecôte, à Versailles. — Le roi, avant que d'aller à la messe, assembla le chapitre des chevaliers de l'Ordre et déclara qu'il avoit nommé le cardinal de la Trémoille commandeur de l'Ordre. Il y avoit deux places d'ecclésiastiques vacantes; il n'a rempli que celle-là. L'après-dînée il alla au sermon et à vêpres. Le prédicateur est un jésuite nommé le P. Rivière. Après vêpres le roi travailla avec M. de Chamillart jusqu'au salut, où il alla. Monseigneur et madame la duchesse de Bourgogne, qui avoient communié le matin aux Récollets, dans la chapelle en haut, assistèrent à toutes les dévotions de la journée avec lui. — L'armée des ennemis en Flandre est assemblée à Anderlecht sous Bruxelles et est plus forte qu'on ne l'avoit cru il y a quelques jours. — Le roi a donné à Lambert, contrôleur des bâtiments de Versailles, la charge d'architecte ordinaire qu'avoit de Cotte, qui vient d'être fait premier architecte. — Le roi travailla le soir avec M. Pelletier chez madame de Maintenon. — Le maréchal de Villars prit hier congé du roi; il est allé faire un tour à Vaux, d'où il partira mercredi pour se rendre à l'armée de Dauphiné.

Lundi 28, *à Marly.* — Le roi tint le matin à Versailles le conseil d'État, qu'il auroit tenu hier au matin sans la bonne fête. L'après-dînée il travailla avec M. de Chamillart et M. de Pontchartrain séparément, et puis vint ici, où il demeurera jusqu'à la fin de la semaine. Monseigneur fut le matin au conseil et il vint ici le soir avec madame la princesse de Conty. Madame la duchesse de Bourgogne va se préparer à prendre du lait; elle commencera mercredi ses remèdes. — Il arriva un courrier de monseigneur le duc de Bourgogne qui partit hier de Soignies, où nous sommes campés. Les ennemis ont quitté le camp d'Anderlecht et sont à Hall, qui n'est qu'à quatre lieues de Soignies, mais entre les deux camps il y a des défilés impraticables qui empêcheront qu'il n'y puisse avoir une grande action. Il y a deux petits corps de réserve dans notre armée; celui de la droite sera commandé par M. de Chemerault et celui de la gauche par M. de Biron.

Mardi 29, *à Marly.* — Le roi se promena le matin et l'après-dînée dans ses jardins, et travailla le soir chez madame de Maintenon avec M. de Chamillart. — Le roi a amené ici M. le marquis de Jarzé, qui n'y étoit jamais venu; il ne partira pour l'ambassade de Suisse qu'au mois de septembre au plus tôt. M. le marquis de Puysieux a permission de revenir sans l'attendre. — Le convoi qu'on doit envoyer à M. le duc d'Orléans et qui est embarqué à Cette en Languedoc et qui doit aller débarquer à Peniscola dans le royaume de Valence n'étoit pas encore parti le 15 de ce mois, ce qui pourra retarder les entreprises qu'on vouloit faire en Catalogne cette campagne.

Mercredi 30, *à Marly.* — Le roi tint le conseil d'État à son ordinaire et se promena l'après-dînée dans ses jardins. Madame la duchesse de Bourgogne fut purgée pour se préparer à prendre son lait. — On mande de Portugal que la flotte de l'amiral Leak est partie de Lisbonne pour aller dans la Méditerranée, ce qui fait craindre pour le convoi qu'on envoie de Languedoc à M. le duc d'Orléans. — M. le prince de Léon enleva hier mademoiselle de Roquelaure du couvent des filles de la Croix, faubourg Saint-Antoine, du consentement de la demoiselle. Elle avoit sa gouvernante avec elle, qui ne fit nulle difficulté de la suivre, croyant que c'étoit un carrosse de madame de la Vieuville qui la venoit prendre pour la mener dîner chez elle. Les laquais et le cocher avoient la livrée de la Vieuville. Quand le carrosse fut au bout de la rue, le prince de Léon, qui l'attendoit, se jeta dedans et le fit aller aux Brières, petite maison que le duc de Lorges a au Ménilmontant, et là un prêtre les maria et puis ils furent enfermés dans une chambre du duc de Lorges trois ou quatre heures, où ils trouvèrent un lit préparé, et sur les huit heures du soir le prince de Léon ramena mademoiselle de Roquelaure à son couvent, où elle déclara aux religieuses qu'elle venoit de se marier et écrivit à madame sa mère pour lui apprendre son mariage et lui demander pardon de l'avoir fait sans son consentement*.

* Cet enlèvement fit un furieux éclat. Le mariage avoit été fait et rompu par les pères et mères sans que les parties se connussent. Le prince de Léon n'avoit jamais servi, et malgré cela avoit si bien fait qu'il n'étoit point mal avec le roi; son père ne lui donnoit rien, et il se ruinoit avec une comédienne qui s'appeloit Florence, dont M. le duc d'Orléans avoit eu un fils et une fille, qui a épousé depuis Ségur, fils de celui qui avoit fait un enfant à la fille de M. de Saint-Aignan, abbesse de la Joye, et qui en accoucha en plein Fontainebleau. Le fils pendant la régence fut évêque duc de Laon, puis archevêque de Cambray avec force abbayes. M. de Rohan se plaignoit fort de ce manége, et eut souvent l'alarme que son fils n'épousât ou même n'eût déjà épousé Florence; le fils, qui espéroit devenir riche en se mariant, fut outré de la rupture, et prit le parti de l'enlèvement, du consentement de la fille, qui étoit fort laide et bossue, qui n'étoit plus jeune, et que sa mère n'aimoit guère, et qui craignoit de pourrir au couvent.

Jeudi 31, *à Marly.* — Le roi se promena le matin et l'après-dînée dans ses jardins, et pendant qu'il étoit chez madame de Maintenon madame de Roquelaure, qui n'est point de ce voyage, vint de Paris se jeter à ses pieds fort éplorée et lui demander justice du prince de Léon, qui avoit enlevé sa fille. Elle avoit été dès le matin parler à M. de Chamillart, qui est à Pontchartrain. Le roi répondit à madame de Roquelaure fort obligeamment, entrant fort dans sa peine et dans celle qu'aura M. de Roquelaure quand il apprendra cette nouvelle. Elle va faire ses poursuites en justice; mais on espère que, les premiers chagrins étant passés et le mariage étant si sortable, les familles de part et d'autre les feront convenir de finir cette affaire à l'amiable et de les marier dans les formes, qui n'ont pas été observées. Madame de Roquelaure a envoyé à son mari M. de Montplaisir, lieutenant des gardes du corps, qui est fort de leurs amis. — La jeune marquise de Bellefonds mourut à Versailles après une longue maladie.

Vendredi 1ᵉʳ *juin, à Marly.* — Le roi se promena le soir dans ses jardins comme il s'y étoit promené le matin. Madame de Maintenon, madame la duchesse d'Elbeuf, madame de Dangeau et madame d'Heudicourt étoient à la promenade du matin, et madame la duchesse de Bourgogne l'accompagna le soir avec plusieurs de ses dames. Sur les neuf heures du matin madame de Maintenon avoit été chez madame la duchesse d'Elbeuf, et le bruit se répandit qu'il s'y étoit agi du mariage de mademoiselles de Pompadour, sa nièce, avec mon fils, et que madame la duchesse de Bourgogne étoit dans la confidence, et effectivement c'est de cela qu'il s'agissoit, et on est convenu de tout, sous le bon plaisir du roi et dans l'espérance qu'il accordera les grâces qu'on a à lui demander pour l'accomplissement de ce mariage, qui est également souhaité de leur famille et de la nôtre. Mademoiselle de Pompadour est fille unique; elle n'a guère plus de treize ans. Elle a été élevée à merveille par une mère de grand mérite et est fort jolie de sa personne.

Samedi 2, à Versailles. — Le roi partit de Marly sur les sept heures du soir pour revenir ici, et le soir il travailla avec M. de Chamillart chez madame de Maintenon. Madame la duchesse de Bourgogne étoit revenue de Marly un peu avant lui. — Monseigneur le duc de Bourgogne devoit marcher la nuit passée de Soignies, où il étoit campé, pour venir prendre le camp entre Genappe et Braine-la-Leud. Par cette marche il entre encore plus avant dans le pays des ennemis. On compte toujours que nous avons quinze ou vingt mille hommes plus qu'eux. — On a reçu de mauvaises nouvelles du convoi qui étoit parti de Cette pour l'armée de M. le duc d'Orléans. Il est tombé dans la flotte de l'amiral Leak, et nous avons perdu une partie des bâtiments qui portoient nos farines et nos blés. — La comtesse de Gramont est à la dernière extrémité à Paris; on ne croit pas qu'elle puisse passer la nuit. Elle meurt avec une fermeté et une dévotion qu'on ne sauroit trop louer. — On ne doute plus que le prince Eugène ne vienne commander une armée sur la Moselle. Il est à Coblentz avec le prince héréditaire de Hesse, mais ils n'ont point encore fait passer le Rhin à aucunes troupes.

Dimanche 3, à Versailles. — Le roi tint le conseil d'État à son ordinaire, et au sortir du conseil Monseigneur alla dîner à Meudon, où il demeurera jusqu'à vendredi, et ce jour-là il en partira pour Fontainebleau. — La comtesse de Gramont* mourut à Paris. Elle ne laisse que deux filles, qui sont madame de Staffort et madame l'abbesse de Poussay, qui trouveront une succession fort médiocre. — Il arriva hier au soir fort tard un courrier de monseigneur le duc de Bourgogne, qui, après une fort belle et fort longue marche, est arrivé au camp qu'il vouloit occuper entre Genappe et Braine-la-Leud. Les ennemis, qui n'avoient eu aucune connoissance de notre marche, ne l'ont pas plus tôt apprise qu'ils ont décampé en diligence et se sont mis derrière Bruxelles. — Le roi travailla l'après-dînée avec M. Pelletier et puis s'alla promener à Trianon. — M. le duc de Rohan et la princesse sa femme ne veulent point entendre parler du mariage du prince de Léon avec mademoiselle de Roquelaure. Ils sont plus animés que jamais. Le prince de Léon est sorti de Paris. Ils veulent qu'il aille en Espagne, et lui il emploie tous ses amis pour les apaiser et pour les faire consentir à son mariage.

* La comtesse de Gramont avoit l'air d'une reine, beaucoup d'esprit et de grâce, du tour beaucoup dans l'esprit, et d'excellente compagnie ; haute, mais avec connoissance de ce qu'elle devoit. Elle avoit été élevée à Port-Royal des Champs, et en avoit conservé tout le goût, à travers les égarements de la beauté et de la jeunesse, et avoit vécu avec son mari, de la mort duquel on a parlé (1) et à cette occasion de sa vie et de son mariage, de manière à se faire considérer. Le goût que le roi eut toujours pour elle la mit de tout et l'avoit faite, en son temps, dame du palais de la reine. Madame de Maintenon la ménageoit et la craignoit auprès du roi ; il n'y avoit qu'un coin à la prendre, c'étoit celui de Port-Royal, dont la faveur ni les menaces ne la purent jamais détacher. Elle se fit même, dans les dernières années de cette fameuse abbaye, une affaire très-sérieuse pour s'y être enfermée pendant toute l'octave du Saint Sacrement. Ses dernières années furent toutes pour Dieu, et ce n'étoit pas sans de grands et courageux sacrifices. Ses frères avoient beaucoup d'esprit et de courage, très-aimables, mais particuliers, qui ne se marièrent point. Sa sœur avoit épousé le fameux Tyrconnel, qui soutint si bravement l'Irlande jusqu'à la fin de sa vie pour le roi Jacques. La comtesse de Gramont étoit une femme que tout le monde comptoit et ménageoit et qui étoit fort aimée de ses amis, dont elle avoit plusieurs.

Lundi 4, à Versailles. — Le roi alla dîner à Meudon avec Monseigneur et y mena madame la duchesse de Bourgogne, madame de Maintenon et plusieurs dames. S. M. en revint de meilleure heure qu'elle n'avoit résolu, parce qu'elle se trouva un peu incommodée d'un dévoiement qui l'obligea de souper en particulier et très-légè-

---

(1) Tome XI, page 293.

rement. Madame la duchesse de Bourgogne et toutes les dames qu'il avoit menées en revinrent avec lui. — Le bruit se répandit que pendant que le roi étoit à Meudon madame de Maintenon y avoit vu en particulier mademoiselle Chouin, en qui Monseigneur a beaucoup de confiance. — On a des lettres de M. le duc d'Orléans du 26; il n'étoit plus qu'à trois journées de Tortose. Il avoit fait un détachement pour occuper un poste par où il faut passer pour aller à Tortose et où ils avoient mis quelque infanterie et neuf cents miquelets. A l'approche de nos troupes les ennemis ont abandonné le poste; leur infanterie a rejoint le corps de leurs troupes qui sont entre Taragone et Tortose, et les miquelets se sont dispersés dans les montagnes. C'étoit là le seul passage où les ennemis auroient pu nous arrêter et retarder notre marche.

Mardi 5, à Versailles. — Le roi ne tint point de conseil de finances le matin; il entendit la messe dans son lit. Le mal qu'il avoit hier ne l'a pas fort tourmenté la nuit. Il a peu mangé à son dîner et a passé de bonne heure chez madame de Maintenon, où il a travaillé avec M. de Chamillart. M. Fagon a obtenu de lui qu'il souperoit durant quelques jours dans sa chambre en particulier jusqu'à ce que l'incommodité qu'il a eue soit entièrement passée. — Le roi donna hier au maréchal d'Harcourt la petite maison de Pontaly qui est dans le grand parc; la comtesse de Gramont l'avoit. C'est une maison très-aimable, où il y a de beaux jardins, des canaux et des fontaines. — En sortant de son dîner le roi voulut bien me donner une petite audience dans son cabinet, et le roi m'accorda la grâce que je lui demandois en faveur du mariage de mon fils avec mademoiselle de Pompadour, qui étoit de vouloir bien que je cédasse ma place de menin de Monseigneur à M. de Pompadour, et la grâce que je lui demandois étoit d'autant plus favorable que M. de Pompadour étoit neveu de feu de Montausier et qu'il avoit été élevé auprès de Monseigneur. Le soir, quand madame de Maintenon fut revenue de Saint-Cyr, elle manda à madame de Dangeau de descendre chez elle. Elle la fit entrer seule dans la chambre où le roi étoit, qui lui dit d'abord qu'il donnoit son consentement à ce qu'elle se démît de sa place de dame du palais entre les mains de sa belle-fille, et puis il ajouta qu'il lui conservoit la pension de 2,000 écus. Madame de Dangeau, qui ne s'attendoit point à cette dernière grâce-là et qui n'auroit pas même osé la demander, lui dit : « Ha! sire, vous me rendez honteuse par vos bontés, » et le roi lui dit : « Vous les avez bien méritées; » et puis lui fit des questions si sa belle-fille étoit aussi jolie qu'on le disoit, et qu'il se réjouissoit pour l'amour de nous de ce qu'il en entendoit dire *. — Monseigneur alla courre le loup dans la forêt de Sénart et revint coucher à Petit-Bourg.

* Dangeau ne pouvoit pas trouver un meilleur parti pour son fils, ni M. et madame de Pompadour un à leur fille plus dans leur goût. Ils étoient riches, très-malaisés et ne pouvoient rien donner ; et Dangeau pouvoit attendre et trouvoit tout avec cela ; eux étoient passionnés de la cour, et n'avoient jamais pu y prendre. Le mari étoit un homme triste, qui s'étoit enterré dans l'obscurité dès sa jeunesse et qui n'avoit point servi ; ils s'étoient mariés lui et sa femme par amour. Il étoit usé, leurs affaires en désordre, l'ennui les poursuivoit, et la rage de la cour les avoit saisis l'un et l'autre. Le mari devenoit menin de Monseigneur, la femme par madame de Dangeau se flattoit des Marlys et des places qui pouvoient la mettre par elle-même ; c'étoit pour eux les cieux ouverts, et madame d'Elbeuf, sœur de madame de Pompadour, y comptoit bien trouver ses convenances.

Mercredi 6, à Versailles. — Le roi tint le conseil d'État à son ordinaire. Monseigneur y vint de Petit-Bourg, où il avoit couché et consentit de bonne grâce que M. de Pompadour fût auprès de lui en ma place. Il me demanda auparavant si j'en avois parlé au roi et s'il l'agréoit. Le roi devoit aller dîner à Trianon avec madame la duchesse de Bourgogne, madame de Maintenon et quelques dames, mais M. Fagon obtint encore qu'il mangeât seul dans sa chambre. — Il y a des changements dans les maîtres des requêtes qui devoient acheter les charges d'intendant du commerce. Le fils de M. Chauvelin n'aura point cette place-là; on la donne au fils de M. l'Escalopier, qui achète pour cela une charge de maître des requêtes. — Le mariage de Lanjamet* est déclaré depuis quelques jours. Il y a déjà longtemps qu'il a épousé par amour une fille qui lui donnera peu de bien, et il avoit confié son secret au roi et à quelques dames de la cour de ses amies, mais il ne l'a rendu public que depuis quatre ou cinq jours.

* Lanjamet étoit un de ces champignons de cour qui s'y aident de tout, dont l'impudence fait toute la consistance et qu'on est toujours surpris d'y trouver partout. Il avoit été longtemps lieutenant au régiment des gardes, et avoit de l'esprit et de la valeur; avec cela il se fourra dans les maisons ouvertes, puis dans d'autres et se fit des amis. C'étoit un petit homme, avec un nez de perroquet fort étrange qui tenoit tout son visage, qui parloit, décidoit, s'intriguoit et se rendoit familier à manger dans la main. Il étoit Breton, et moins que rien. M. de la Trémoille, président aux états de Bretagne, et voulant faire opiner la noblesse, les voix s'élevèrent confusément, et dirent qu'on fît sortir qui n'avoit pas droit d'opiner. Tous les gentilshommes l'ont, si jeunes et si gueux qu'ils soient, mais il faut être gentilhomme; M. de la Trémoille jeta les yeux partout, et dit qu'il ne voyoit là personne qui n'eût droit d'opiner; alors toutes les voix s'écrièrent: « Lanjamet, Lanjamet, qu'il sorte ou nous n'opinerons point. » A ce bruit, Lanjamet sortit sans se défendre, et ne parut plus aux états; mais il revint à la cour aussi impudent qu'auparavant. Cela apprit à M. de la Trémoille et à bien d'autres qu'il n'étoit pas gentilhomme. M. le Grand, madame d'Armagnac et leurs familles, la duchesse du Lude le protégeoient fort, et lui obtinrent un petit gouvernement en Bretagne. Il étoit pauvre, et ne bougeoit de Versailles, logé à la ville, et n'alloit jamais à Marly. La femme qu'il épousa avoit été assez belle; c'étoit la veuve d'un procureur au parlement, grande intrigante, galante, méchante comme un serpent, avec bien de l'esprit et bien de l'impudence. Elle se fourra par son mari chez M. le Grand, et mit à la fin la division dans cette famille, dont aucun ne la voulut plus voir, à l'exception du prince Charles. Quelque néant que fût Lanjamet, ce fut pour lui un mariage honteux.

Jeudi 7, jour de la fête de Dieu, à Versailles. — Le roi n'alla point à la procession quoique son mal aille toujours en diminuant. — Le roi veut que le mariage de M. de Léon avec mademoiselle de Roquelaure se fasse, et avant le voyage de Fontainebleau. M. le cardinal de Noailles a fait là-dessus tout ce qu'un homme de bien, un galant homme et un homme en sa place devoit faire. Le roi a ordonné à M. de Rohan de le venir trouver dimanche et d'amener avec lui madame de Rohan, qui est aussi difficile que lui, et ni l'un ni l'autre n'y vouloient donner leur consentement. — Les articles du mariage de mon fils furent réglés par M. Voisin et signés l'après-dînée chez madame de Pompadour. — Il y a encore des changements sur les intendants du commerce. Foullé-Martangis ne le sera point; on met en sa place Rouillé de Fontaine, qui étoit intendant à Limoges, et on envoie à cette intendance Foullé-Martangis. On change aussi les intendants de Hainaut et de Poitou. Doujat étoit intendant de Poitou, on l'envoie en Hainaut, et Roujault, qui étoit intendant de Hainaut, va en Poitou.

Vendredi 8, à Versailles. — Le roi va tous les jours au salut et se promène ensuite à Trianon ou dans ses jardins. Il soupe encore en particulier dans sa chambre, mais il va reprendre son train ordinaire de souper en public. — L'électeur de Bavière et le maréchal de Berwick marchent avec toutes leurs troupes sur la Moselle. Ils laissoient le comte du Bourg avec le reste de leur armée pour défendre nos lignes, mais on commence à croire que le prince Eugène ne viendra point sur la Moselle, et [que] ce n'a été qu'une feinte et que même il va en Flandre conférer avec le milord Marlborough, comme des gens dont le dessein ne seroit pas encore formé. — Madame de Pontchartrain retomba hier dans les anciens accidents de sa maladie, qui est de perdre beaucoup de sang, et on n'a quasi plus d'espérance de la pouvoir guérir.

Samedi 9, à Versailles. — Le roi, après le conseil de finances, travailla avec M. Desmaretz, et l'après-dînée il travailla avec M. de Chamillart, qui prit l'ordre de S. M.

pour faire revenir mon fils pour achever son mariage (1). — On parle fort en Flandre d'une promotion d'officiers généraux; cependant on n'en parle point ici. — M. de Bagnols, qui étoit intendant en Flandre, ne va plus en ce pays-là. On donne sa place à M. de Bernières, qui étoit intendant à Ypres, et on envoie à Ypres M. le Blanc, qui étoit intendant en Auvergne. L'intendance d'Auvergne est donnée à M. Turgot de Saint-Clair. — Le roi a donné 1,000 écus de pension au chevalier de Hautefort, ancien colonel de dragons. — Les armées de Flandre sont tou-

---

(1) *Lettre de monseigneur le duc de Bourgogne à madame de Maintenon.*

Au camp de Braine-la-Leud, le 10 juin 1708.

Il ne faut pas pousser plus loin, Madame, un silence que je me reproche il y a déjà quelque temps, et je ne puis me servir pour cela d'une meilleure occasion que celle du départ du marquis de Courcillon. J'ai cru que je ne pouvois mieux répondre à la demande que m'en a fait madame sa mère qu'en l'envoyant au plus tôt lui-même pour finir une affaire qui doit être aussi agréable à toute la famille, et que dans le cours de la campagne on ne pouvoit choisir de temps plus tranquille que celui-ci et où il y eût moins d'apparence de quelque action. J'écris au roi qu'on n'a jamais vu de plus belle armée ni mieux rétablie que celle qu'il a ici, et que sa volonté surpasse encore sa beauté. Je vous supplie de me faire savoir, Madame, s'il est content de moi, et si jusqu'ici je n'ai rien fait qui lui ait déplu. Quoi qu'il en soit, je puis vous assurer que je n'ai jamais eu et n'aurai, s'il plaît à Dieu, que son service en vue, et que je lui ai dit la vérité.

Je ne vous parle pas de notre duchesse de Bourgogne; je suis étonné de sa régularité à m'écrire, et rien ne me fait mieux connoître l'amitié que vous m'avez toujours dit qu'elle a pour moi et dont je ne suis pas en doute. Il n'est, je crois, pas besoin que je vous la recommande, et vous en faites là-dessus plus que je ne puis vous en demander. Il ne me paroît pas jusqu'ici qu'elle se dissipe autant que par le passé; mais si cela étoit, Madame, je vous conjure de lui dire que je vous ai écrit pour la retenir, car, quoiqu'elle soit d'une grande exactitude à ses devoirs, je n'y sache rien de plus contraire que la dissipation. Faites-la aussi, je vous prie, songer à sa santé, de ma part, car vous savez qu'elle n'y pense pas toujours en tout ce qu'elle fait. En un mot, je vous conjure, Madame, de ne la point perdre de vue, de me rendre auprès du roi les bons offices que vous pourrez m'y rendre, de me conserver toujours l'honneur de votre amitié, et d'être persuadée que la mienne pour vous ne peut être plus sincère.

LOUIS.

(*Lettres de Louis XIV, etc., à madame de Maintenon,* imprimées pour MM. les bibliophiles français; Paris, Didot, 1822, 1 vol. in-8°.)

jours dans leurs mêmes camps, la nôtre entre Genappe et Braine-la-Leud, celle des ennemis entre Louvain et Bruxelles, et comme il y a beaucoup de fourrages dans ces deux camps-là, il y a apparence qu'on y demeurera encore longtemps.

Dimanche 10, *à Versailles.* — Le roi tint le conseil d'État à son ordinaire, et l'après-dînée il travailla avec M. Pelletier. — Le roi, qui est fort content de M. Amelot, son ambassadeur en Espagne, lui a donné pour son fils, qui est maître des requêtes, l'agrément pour acheter la première charge de président à mortier qui sera à vendre. — Il paroît, par toutes les nouvelles qu'on a d'Italie, que les troupes de l'empereur qui sont dans l'État de Milan et dans les pays circonvoisins veulent se rassembler pour assiéger Ferrare et le rendre ensuite au duc de Modène, qui a toujours conservé des prétentions sur cette ville, quoique depuis assez longtemps les papes en soient maîtres. Ils y tiennent même toujours un légat. — M. de Louville, à qui le roi d'Espagne avoit donné le gouvernement de Courtray, dont les ennemis sont maîtres présentement, épouse mademoiselle de Nointel, fille du conseiller d'État et nièce de M. Desmaretz.

Lundi 11, *à Versailles.* — Le roi dîna de bonne heure et alla se promener à Marly. Il devoit travailler le soir chez madame de Maintenon avec M. de Pontchartrain, qui envoya lui demander permission de ne point venir parce qu'il est à Paris auprès de madame sa femme, qui se meurt. — On a nouvelle que de nos cent barques que nous envoyons en Catalogne pour l'armée de M. le duc d'Orléans il en étoit arrivé quelques-unes à Péniscola, quelques autres s'étoient sauvées à Port-Mahon et que d'autres encore étoient revenues en Languedoc; ainsi il n'y en a pas la moitié qui soient tombées entre les mains des ennemis, et on avoit dit d'abord qu'il les avoient prises toutes. — Le prince Pio est arrivé ici depuis quelques jours de Madrid. Il s'en va en Sicile, où le roi d'Espagne l'envoie en qualité de commandant des armées. Les Espagnols appellent ces commandants *governador de las armas*. — Hier matin le roi donna à M. d'Antin la charge de directeur général des bâtiments. Il aura près de 50,000 francs d'appointements et tout autant d'autorité quasi qu'en avoient les surintendants des bâtiments. Le roi, dès hier après dîner, commença à travailler avec lui *.

* Le roi dégrada la charge d'un valet pour la donner à un seigneur. D'Antin ne fut que directeur, et Mansart étoit surintendant et ordonnateur. Bien des gens étoient après cette charge, qui avoit un rapport continuel avec le roi, et donnoit toutes sortes d'entrées et à toutes heures par les derrières, et un profit immense. Le choix balança longtemps; il est si aisé d'y voler gros que le roi en fut en peine. On ne douta point de l'exclusion de d'Antin sur une question que le roi fit à Monseigneur, sur laquelle il lui ordonna de lui répondre net. Monseigneur ne fit que baisser la tête en signe d'oüi, sans proférer un mot. « Je vous entends, dit le roi, je le voulois savoir. » Les prétendants éveillés le surent aussitôt et s'en réjouirent; leur étonnement n'en fut que plus grand vingt-quatre heures après.

Mardi 12, *à Versailles*. — Le roi, après le conseil de finances, travailla avec M. Desmaretz, et l'après-dînée, avant que d'aller à la promenade, il travailla avec M. de Chamillart. Madame la duchesse de Bourgogne, qui a commencé au dernier voyage de Marly à prendre du lait, le continue avec succès. Elle ne soupe point encore avec le roi, mais elle ne laisse pas d'ailleurs de mener sa vie ordinaire, et après qu'elle a soupé chez elle tous les soirs elle entre dans le cabinet du roi quand il sort de table. — On mande de Pologne qu'il y a une suspension d'armes pour un mois entre les troupes du roi Stanislas et celles de la confédération de Sandomir, afin qu'on puisse tenir en repos à Varsovie une assemblée des députés des deux partis pour chercher les moyens de rétablir la paix en ce pays-là. On espère même que le palatin de Belz fera son accommodement avec le roi Stanislas. — Le comte de Villiers, brigadier de dragons et qui commandoit les dragons de la reine, a été tué par un capitaine réformé de ce régiment, qui s'est sauvé chez les ennemis.

Mercredi 13, *à Versailles*. — Le roi tint conseil d'État à son ordinaire. Durant cette octave il va presque tous les jours au salut et va se promener ensuite. — On mande de Madrid que l'armée du marquis de Bay qu'il commande en Estramadure avoit passé, le dernier du mois de mai, la Guadiana sur le pont de Badajoz et étoit allée camper à Valverder, où il n'est séparé des ennemis que par la petite rivière qui vient de Badajoz à Olivensa. — L'archiduc envoie le cardinal Grimani à Naples en qualité de vice-roi. Il en fait revenir le comte de Thaun, qui servira cette année en Piémont, et le prince Philippe de Darmstadt, qui est à Vienne, est fait général des troupes du royaume de Naples. — Notre armée de Flandre est toujours dans le même camp, où il nous vient beaucoup de déserteurs de l'armée ennemie. Des partis de la garnison de Namur ont battu trois ou quatre partis de l'armée ennemie. Le bruit court en ce pays-là que le prince Eugène viendra avec les troupes qu'il devoit commander sur la Moselle joindre l'armée de Marlborough.

Jeudi 14, *à Versailles*. — Le roi alla en carrosse à la paroisse, d'où il accompagna le Saint Sacrement jusqu'au reposoir qui est à côté de l'hôtel de M. le prince de Conty et repassa par la place Dauphine, dont on fit le tour, et reconduisit le Saint Sacrement toujours à pied jusqu'à la paroisse, où il entendit la grande messe. — L'électeur de Bavière a laissé une partie de son armée en Alsace sous les ordres du comte du Bourg, et avec le reste de ses troupes il a marché sur la Sarre avec le maréchal de Berwick. Ils arrivèrent le 10 à Sarrelouis et ont laissé un corps très-considérable à Bouquenom. Le prince Eugène, qui doit commander l'armée des ennemis de ces côtés-là, étoit attendu à Francfort le 9, où l'électeur de Mayence et le duc d'Hanovre se devoient rendre aussi en même temps. — M. de Chamarande, lieutenant général, a ordre d'aller à Toulon, où il commandera les troupes en dedans de la ville et en dehors. Il y a déjà quelques jours que le roi a donné ordre à Langeron, lieutenant général des vaisseaux, et à Vauvré de s'y rendre aussi, et ils prendront congé du roi au premier jour pour s'y en aller.

Vendredi 15, *à Versailles.* — Le roi dina de bonne heure et alla se promener à Marly. En sortant de la messe il avoit signé le contrat de mariage de mon fils et puis avoit travaillé avec M. d'Antin. — M. le duc d'Orléans écrit de Ginestar, où il est campé (ses lettres sont du 8), que le 1er de ce mois, ayant appris qu'il y avoit à Falcete, qui est à cinq lieues de Ginestar, douze cents hommes de pied, quatre cents chevaux et mille miquelets, il résolut de les enlever, et pour cela il détacha trois mille hommes de pied et huit cents chevaux commandés par Gaetano, lieutenant général des troupes d'Espagne, qui arrivèrent à Falcete le 2 à la pointe du jour. Les ennemis, qui n'étoient point avertis de leur marche, voulurent se sauver dans les montagnes, mais ils furent suivis de si près et attaqués si vigoureusement que la cavalerie ennemie prit la fuite à toute bride. On leur tua quatre ou cinq cents hommes; on fit cinq cents prisonniers. On prit tous leurs bagages et leurs munitions et beaucoup d'officiers. M. le duc d'Orléans avoit aussi détaché, le 1er du mois, don Joseph Vallejo avec deux cents chevaux pour aller sur le chemin de Tortose à Taragone, où les ennemis avoient amassé tous les bestiaux du pays pour servir à la subsistance de la garnison de Tortose, si la place étoit assiégée. Il y marcha, battit les ennemis, défit les miquelets qui vouloient s'opposer à sa retraite et amena au camp mille bœufs et six mille moutons, que S. A. R. fit distribuer aux troupes. Il enleva encore quelques troupes qui occupoient d'autres petits postes et ramena cent trente prisonniers.

Samedi 16, *à Versailles.* — Le roi tint le conseil de finances et travailla avec M. Desmaretz à son ordinaire.

L'après-dînée il travailla avec M. de Chamillart et puis alla se promener à l'Étoile, qui est la maison de madame la duchesse d'Orléans dans le parc. Il y mena avec lui madame la duchesse de Bourgogne dans sa petite calèche. Il fut fort content de l'Étoile et ordonna à M. d'Antin d'y faire faire tout ce que madame la duchesse d'Orléans souhaiteroit d'y faire pour l'embellissement du lieu. Au retour de l'Étoile le roi trouva ici la reine d'Angleterre, qui vint lui dire adieu et qui l'attendoit chez madame de Maintenon. — On a fait depuis quelques jours l'opération de la ponction au comte de Fiesque; on lui a tiré douze pintes d'eau. On craint fort qu'il n'en puisse pas échapper, et comme il commence à enfler tout de nouveau, il veut aller se mettre entre les mains du médecin de Chaudray. — Le vieux marquis de Vibraye, père du lieutenant général, est mort à Paris au Luxembourg, où il avoit un bel appartement que le roi lui avoit continué depuis la mort de sa femme, qui étoit dame d'honneur de madame la duchesse de Guise. — Monseigneur partit vendredi de Meudon, où il étoit depuis quelques jours et alla coucher à Petit-Bourg, et aujourd'hui il arrive à Fontainebleau. Il a dans sa berline madame la princesse de Conty, qui étoit dès le mercredi à Meudon.

Dimanche 17, à Versailles. — Le roi tint le matin conseil d'État à son ordinaire. L'après-dînée il travailla avec M. Pelletier et puis alla se promener à Trianon. — M. le duc d'Orléans a détaché le comte de Bezons pour s'approcher de Tortose. Il a pris deux ou trois petits châteaux qui auroient pu nous incommoder durant le siége de cette place. On compte qu'on y pourra ouvrir la tranchée le 19 ou le 20. — Le mariage de mon fils se fit le matin à Saint-Sulpice et le soir la noce à l'hôtel de Navailles, chez madame la duchesse d'Elbeuf, qui fut fort magnifique. — On travailla aux articles du prince de Léon avec mademoiselle de Roquelaure*, et le roi veut que ce mariage s'achève; et en cas que M. de Rohan et madame de Roquelaure ne soient point d'accord sur les conditions, le roi décidera. Le duc de Rohan, qui s'étoit aheurté à ne vouloir point faire finir cette affaire, en est tombé malade. Le prince de Léon est revenu à Paris, où il se tient caché; il fait tout ce qu'il peut pour fléchir M. son père, mais fort inutilement jusqu'ici. Mademoiselle de Roquelaure est demeurée dans le couvent de la Croix, faubourg Saint-Antoine, où elle est gardée par quatre ou cinq religieuses, qui ne lui permettent de parler à personne ni d'écrire (1).

* Plus la duchesse de Roquelaure étoit outrée de l'aventure de sa fille, plus elle avoit raison de vouloir le mariage. On ne doit pas être surpris que le roi y ait mis toute son autorité, surtout ne lui en coûtant rien qu'une permission au duc de Rohan de substituer tous ses biens de Bretagne.

VOYAGE DE FONTAINEBLEAU.

Lundi 18, à *Petit-Bourg*. — Le roi partit d'assez bonne heure de Versailles pour avoir le temps en arrivant ici de se promener (2). Il avoit dans son carrosse madame la duchesse de Bourgogne, madame la duchesse de Brancas et la maréchale d'Estrées. — La duchesse du Lude

---

(1) Louis XIV avoit toujours eu beaucoup de bontés pour mademoiselle de Roquelaure, et M. de Léon savoit qu'il prenoit intérêt à ce qui regardoit mademoiselle de Roquelaure. M. de Léon résolut donc de confier son dessein au roi avant de l'exécuter. Il lui demanda audience, lui conta la situation où il se trouvoit, tout étant arrêté et convenu pour le mariage; mais M. le duc de Rohan (homme fort extraordinaire) ne voulant rien finir. Il lui dit que ce n'étoit point au roi, mais au plus honnête homme de son royaume qu'il comptoit parler dans ce moment, et lui fit l'histoire de son projet et de tous ses arrangements pour l'exécution. Le roi l'écouta et lui dit qu'il ne vouloit rien savoir de tout cela. Dès le lendemain M. de Léon l'exécuta. M. de Roquelaure vint se plaindre et demanda justice. Les esprits à la fin se radoucirent. C'est M. de Léon qui m'a conté lui-même son histoire. (*Note du duc de Luynes.*)

(2) « Sa Majesté s'est fort bien portée jusqu'à son départ de Versailles, excepté un peu de rhume qu'elle s'étoit attiré en essayant plusieurs fois des perruques et en se morfondant la tête. » (*Journal de la santé du Roi*, par Fagon.)

est restée à Versailles avec la goutte, et madame de Mailly y est restée aussi auprès de mademoiselle sa fille, qui a la petite vérole ou la rougeole au moins. — Il y a eu ces jours passés un ouragan depuis le Quesnoy jusque sur la Somme. Il n'étoit en largeur que d'environ soixante toises et en longueur dix-huit ou vingt lieues; mais il a été si violent qu'il a renversé les arbres et les maisons, et le dommage qu'il a fait est de plus de 500,000 écus, à ce qu'on mande de ce pays-là. — Montgeorges, qui commande à Nice, et Artagnan, qui est avec quelques troupes sur le Var, mandent qu'on a fait couper des chemins dans la montagne qui rendront le chemin par où M. de Savoie vint l'année passée en Provence impraticable et qu'il lui faudroit plus de six semaines pour le raccommoder médiocrement, et qu'ainsi il n'y a rien à craindre de ces côtés-là.

Mardi 19, *à Fontainebleau.* — Le roi malgré la pluie se promena tout le matin dans les jardins de Petit-Bourg; madame la duchesse de Bourgogne étoit avec lui. Après la promenade on revint dîner, et à une heure et demie on en partit pour venir ici, où le roi arriva à cinq heures. — On reçut à Petit-Bourg des lettres de monseigneur le duc de Bourgogne; son armée est toujours dans le même camp, où la gauche souffre un peu par le manque d'eau et l'éloignement des fourrages. — On mande de la Rochelle qu'on y avoit arrêté ces jours passés un Anglois qu'on avoit mis en prison parce qu'il ne vouloit point parler; le lendemain on alla dans la prison pour l'interroger, et on trouva qu'il s'étoit étranglé. — Un patron de barque françois arrivé à Marseille depuis quelques jours a rapporté de mauvaises nouvelles de Palerme. Il dit avoir vu M. de Mahoni, à qui on avoit refusé d'entrer dans la ville; que, y ayant voulu entrer par force avec les troupes qu'il avoit, on avoit tiré sur lui et que même il avoit été blessé au bras; que la populace armée entouroit la maison du vice-roi, et que dans les rues on crioit véritablement : *Vive le roi d'Espagne*, mais qu'on n'y ajoutoit plus Philippe V, ce qu'ils avoient toujours fait jusqu'ici et qu'il paroissoit que le parti de l'archiduc y devenoit le plus fort.

Mercredi 20, *à Fontainebleau.* — Le roi tint le conseil d'État à son ordinaire et après le conseil il travailla avec M. de Chamillart. L'après-dînée il alla tirer dans ses parcs. — Le roi fit une promotion de cinq lieutenants généraux, de deux maréchaux de camp et de douze brigadiers d'infanterie. Les lieutenants généraux sont : MM. de Puiguyon, de Kercado, de Bouzols, le comte d'Évreux et le comte de Villars, frère du maréchal.

Maréchaux de camp. — MM. le vidame d'Amiens, le marquis de Nangis.

Brigadiers. — MM. de Mirabaut, d'Épinay du régiment de Charolois, le marquis d'Angennes, le marquis de Leuville, le chevalier de Croy, le marquis de Charost, le duc de Mortemart, le marquis de Seignelay, le duc de Montbazon, Youel, Brillac, Contades. Ces trois derniers brigadiers sont capitaines au régiment des gardes.

Jeudi 21, *à Fontainebleau.* Le roi courut le cerf l'après-dînée; madame la duchesse de Bourgogne étoit avec lui dans sa calèche. — M. de Langeron prit le soir congé du roi pour s'en aller à Toulon. Vauvré, qui devoit partir en même temps que lui est demeuré ici avec la fièvre, mais il espère pouvoir partir dans peu de jours. — Par les dernières lettres qu'on a de M. le duc d'Orléans on apprend qu'il n'étoit plus qu'à une lieue de Tortose. Tout son canon étoit arrivé; il nous est venu en une heure de temps cent soixante-dix soldats et douze officiers qui ont déserté de Tortose. — On mande de Gênes que la princesse de Wolfenbuttel est arrivée à Milan et que dans peu de jours elle y fera une entrée magnifique comme reine d'Espagne. La flotte de l'amiral Leak, sur laquelle elle doit s'embarquer pour passer à Barcelone, a paru à la hauteur de Savone. On doit embarquer sur cette flotte quatre mille hommes, et quand ils seront arrivés en Catalogne les troupes de l'archiduc seront encore beaucoup plus foibles que les nôtres.

Vendredi 22, à Fontainebleau. — Le roi courut l'après-dînée avec les chiens de M. le comte de Toulouse; madame la duchesse de Bourgogne étoit dans sa calèche avec lui. Monseigneur est toujours à ces chasses-là et à cheval. Le roi n'a point fait venir ici les comédiens ce voyage. — Les articles du mariage du prince de Léon avec mademoiselle de Roquelaure sont signés. M. le duc de Rohan n'a voulu donner que 12,000 livres de rente à son fils, et madame la duchesse de Roquelaure n'en donne pas davantage à sa fille. Elle en vouloit donner 18,000 si M. le duc de Rohan en avoit voulu donner autant à son fils. On ne pourra encore achever le mariage de plus de deux mois, parce que M. le duc de Rohan et madame la duchesse de Rohan veulent tous deux, avant le mariage, faire une substitution de presque tout leur bien et que même le prince de Léon mette dans cette substitution 100,000 écus qu'il avoit eus de mademoiselle de Chabot, condition que M. son père a exigée de lui et sans laquelle il avoit déclaré qu'il ne signeroit point au contrat. Comme cette substitution est contraire à la coutume de Bretagne il faut des lettres patentes, vérifiées au parlement de Bretagne.

Samedi 23, à Fontainebleau. — Le roi tint conseil de finance et travailla ensuite avec M. Desmaretz; l'après-dînée il travailla avec M. de Chamillart. Il avoit donné ordre pour se promener autour du canal à cinq heures avec madame la duchesse de Bourgogne, mais la pluie, qui fut violente, l'en empêcha. — On apprit le soir que madame de Pontchartrain* étoit morte à onze heures du matin à Paris. C'étoit une femme d'un rare mérite et regrettée universellement de tout le monde et même de ceux qui ne la connoissoient pas, tant elle étoit en bénédiction. Elle étoit sœur de M. de Roucy. Elle laisse trois garçons (1). — On apprend d'Angleterre qu'on a mandé de la part de la reine Anne à milord Griffin, qui est à la Tour de Londres, que son procès étoit fait, qu'il n'avoit

---

(1) « La France vient de perdre une femme dont la naissance étoit des plus illustres, mais beaucoup au-dessous de son mérite. Elle avoit une dévotion sans hypocrisie, une vertu sans faste, un cœur sincère et pénétré de l'amour divin; une humilité chrétienne, une ardente charité, une piété sincère, une douceur angélique et une modestie charmante. C'étoit une épouse qui n'avoit point ou peu de pareilles, une femme sans volonté, sans ambition, sans entêtement, qui pouvoit servir d'exemple à toutes les personnes de son sexe, qui étoit estimée et honorée partout et qui avoit enfin une patience et une résignation aux volontés de Dieu peu communes.

« Quand après cette peinture, qui pourroit passer pour l'idée d'une femme qui ne se trouve point et qui s'est pourtant trouvée, je ne nommerois pas madame la comtesse de Pontchartrain, tous ceux qui ont eu l'avantage de la connoître ou qui en ont entendu parler la nommeroient aussitôt, puisque le bruit de toutes les vertus qu'elle possédoit dans le plus haut degré et dont aucune ne lui étoit disputée l'avoit fait connoître même de tous ceux qui n'avoient pas l'avantage de l'approcher, et que son nom étoit tous les jours dans la bouche de tout le monde, et surtout dans celle des pauvres, qu'elle a regardés pendant toute sa vie comme ses enfants. Toutes les choses et tout l'argent dont il lui étoit permis de disposer étoient à eux; elle entretenoit un grand nombre de familles; quelques gens même de distinction que la fortune avoit maltraités, particulièrement ceux qui étoient dans le service, recevoient selon les occasions des marques de ses libéralités, mais sans savoir de quelles mains elles leur venoient, puisqu'elle ne vouloit ne se pas souvenir elle-même du bien qu'elle faisoit et qu'elle vouloit que sa main gauche ignorât ce que faisoit sa droite. Vous jugez bien qu'une femme de ce caractère et qui paroissoit sacrifiée dès ce monde a souffert avec autant de résignation que de patience toutes les douleurs d'une longue maladie, pendant laquelle elle a été assistée par le P. de Latour, général des prêtres de l'Oratoire, qui ne l'a point abandonnée. Son appartement étoit tous les jours rempli d'un fort grand nombre de duchesses, et l'on ne doit pas s'en étonner, puisqu'elle en pouvoit compter beaucoup dans sa famille. Tout ce que la cour a de plus illustre s'y rendoit souvent aussi, et l'empressement de savoir des nouvelles d'une santé qui étoit si chère à tout le monde et qui devoit être bien précieuse à tous ceux qu'elle avoit obligés faisoit que son appartement étoit presque toujours rempli d'un grand nombre de personnes de la plus haute distinction et de beaucoup d'autres moins qualifiées, de manière que, selon les bruits qui s'y répandoient qu'elle se portoit un peu mieux ou qu'elle étoit plus mal, on voyoit régner la joie ou la douleur dans cette grande assemblée; et si la mort de cette comtesse l'a fait cesser, elle ne l'a pas fait oublier, puisque son souvenir demeurera longtemps gravé dans les cœurs de tous ceux qui la connoissoient ou qui ont ouï faire le portrait de ses vertus. Je pourrois ajouter ici que ceux qui entendront un jour parler d'elle pourront bien la regarder comme une

qu'à se préparer à la mort et qu'il auroit le cou coupé le 27 de ce mois. — Il est arrivé à Rochefort et en différents ports de Bretagne des vaisseaux revenant de la mer du Sud chargés de beaucoup de marchandises, mais il n'y a pas tant d'argent qu'on croyoit, car il n'y a que trois millions en tout.

---

sainte, puisqu'elle passe pour telle aujourd'hui dans l'esprit de beaucoup de gens. Elle est morte comme elle avoit vécu, avec une entière soumission aux volontés de Dieu; quoiqu'elle se fût depuis longtemps familiarisée avec la mort, elle n'a pas laissé de dire qu'elle n'avoit pas cru la devoir appréhender comme elle faisoit dans le temps qu'elle la voyoit approcher : bel exemple pour tous ceux qui ne mènent pas une vie aussi régulière et aussi sainte, car tous ceux qui vivent bien peuvent compter sur la miséricorde de Dieu, quand ils ne seroient pas parvenus à la perfection des saints. Madame de Pontchartrain ne demanda que deux choses en mourant, mais elle les recommanda fortement, savoir que son convoi se fît avec le plus de simplicité qu'il seroit possible et que l'on eût soin de ses domestiques.

« A peine eut-elle rendu les derniers soupirs que son époux, pénétré de la plus vive douleur, partit aussitôt avec le P. de Latour, dont je viens de parler, et le P. Simon, de la même congrégation, pour se rendre à Pontchartrain afin d'y pleurer, éloigné de la foule qui n'auroit pas manqué de l'accabler, une épouse dont il avoit toujours été tendrement aimé et qu'il avoit aimée de même. En effet jamais époux n'a fait voir plus d'amour et plus d'attachement pour une femme et n'en avoit eu plus de soin. Il passoit les jours et les nuits auprès d'elle, le temps dont ses grands emplois lui permettoient de profiter. Il étoit témoin de tout ce qu'elle prenoit, et il le lui faisoit souvent prendre lui-même. Enfin jamais époux n'ont eu plus d'attachement l'un pour l'autre, et jamais union pareille n'a attiré plus de louanges aux époux que l'on a donnés pour exemple de l'amour conjugal.

« Ce triste époux fut à peine arrivé à Pontchartrain que presque tous les parents de son illustre épouse s'y rendirent plutôt pour être témoins de sa douleur que pour le consoler, puisqu'ils avoient besoin d'être consolés eux-mêmes, mais ils devoient cette reconnoissance à la manière dont M. le comte de Pontchartrain en avoit toujours usé avec une parente qui étoit digne de l'hommage de toute la terre.

« Ceux qui connoissent la bonté du cœur de M. le chancelier, dont je voudrois qu'il me fût permis de vous faire ici l'éloge, peuvent juger de la douleur dont ce chef de la justice fut pénétré lorsqu'il apprit la mort d'une personne pour qui ses vertus ne lui avoient pas donné moins de vénération que la grandeur de sa naissance. Il en apprit la mort au roi, et il supplia en même temps Sa Majesté de le dispenser de se trouver au conseil qui se devoit tenir le lendemain, ce que ce prince lui accorda. (*Mercure* de juin, pages 373 à 383.)

* Madame de Pontchartain étoit tout à la fois le modèle et la coqueluche de la cour, l'esclave et la victime d'un mari barbare et l'adoration de son beau-père le chancelier et de sa belle-mère, qui ne s'en consolèrent jamais; la vertu la plus universelle, la bienséance la plus accomplie, l'esprit le plus sensé, le plus naturel, le plus aisé, la sagesse la plus exacte et la plus gaie, la sensibilité la plus retenue, la modestie la plus respectée, la sainteté la plus soutenue, la plus aimable, la plus aimée, la femme la plus amèrement et la plus universellement regrettée qui ait paru à la cour. Sa seule considération empêcha par deux fois son mari d'être chassé, qui, à sa mort donna des scènes et des comédies non pareilles. Ce fut un honneur particulier que le roi fit au chancelier de lui envoyer faire compliment à cette occasion, qu'il savoit lui être vraiment cruelle.

Dimanche 24, à Fontainebleau. — Le roi tint le conseil d'État à l'ordinaire, et l'après-dînée il travailla avec M. Pelletier; la pluie qu'il fit tout le jour l'empêcha de sortir. — On a nouvelle que l'empereur a donné l'investiture de tout le Montferrat à M. de Savoie, qui lui avoit fait déclarer que sans cela il ne se mettroit point en campagne. Cette investiture doit fort fâcher M. de Lorraine, car il n'y avoit que lui et madame la Princesse qui y eussent des prétentions raisonnables. — On fait venir en Provence quelques troupes de celles qui étoient sous le duc de Noailles en Roussillon, et entre autres le régiment de Hessy, qui est de trois bataillons et qui doit arriver à Toulon à la fin de ce mois. — Madame la présidente de la Traisne mourut à Paris. Elle étoit sœur de MM. de Comminges et avoit toujours été en réputation de femme de beaucoup d'esprit. — M. de Saint-Contest est intendant de l'armée de la Moselle; M. de Bernières de l'armée de Flandre; M. de la Houssaye de l'armée du Rhin; M. d'Angervilliers de l'armée de Dauphiné, et M. de........ de l'armée de Catalogne.

Lundi 25, à Fontainebleau. — Le roi prit médecine par pure précaution, et après son dîner, qui ne fut qu'à trois heures, il passa chez madame de Maintenon, où il demeura toujours jusqu'à son souper. Monseigneur courut le loup. — On mande que le prince Eugène, qui étoit arrivé à Coblentz, en étoit reparti déguisé, et l'on croit qu'il est allé en Brabant conférer avec milord Marlborough et prendre avec lui de nouvelles mesures, voyant bien qu'il ne pourroit rien faire sur la Moselle. — Madame la duchesse de Rohan arriva ici ayant laissé M. son mari assez malade à Paris. On crut d'abord qu'elle venoit pour quelque difficulté sur le mariage de son fils avec mademoiselle de Roquelaure, mais on sut le soir qu'elle n'étoit venue que pour demander au roi que le chevalier de Rohan, son second fils, qui est ancien colonel, fût fait brigadier. — Hier matin le roi envoya un gentilhomme ordinaire faire compliment à M. le chancelier sur la mort de madame de Pontchartrain, sa belle-fille, et lui dire en même temps qu'il le dispensoit pour ce jour-là de venir au conseil.

Mardi 26, *à Fontainebleau.* — Le roi tint le conseil de finance à son ordinaire. M. le chancelier y vint, et le roi lui fit encore beaucoup d'honnêtetés et des compliments très-obligeants sur la perte qu'il vient de faire de sa belle-fille. L'après-dînée le roi alla courre le cerf; madame le duchesse de Bourgogne étoit avec lui dans sa calèche. On prit deux cerfs; mais Monseigneur, qui étoit à la chasse revint après la prise du premier, et après s'être déshabillé il alla se promener autour du canal avec madame la princesse de Conty. — Il est venu ces jours-ci plusieurs lettres de Flandre qui portent que nous avions eu envie de surprendre Bruxelles et que même il y avoit dans le camp quatre mille échelles qu'on avoit fait faire à cette intention; que monseigneur le duc de Bourgogne ne l'avoit pas voulu exécuter sans savoir auparavant si le roi approuveroit cette entreprise, et que le courrier qui avoit apporté ici ses dépêches avoit eu ordre de repartir dans l'instant et porter la réponse du roi qui n'approuvoit pas cette entreprise.

Mercredi 27, *à Fontainebleau.* — Le roi tint le conseil

d'État à son ordinaire. L'après-dînée il alla tirer. Monseigneur se promena autour du canal avec madame la princesse de Conty; madame la duchesse de Bourgogne s'y promena aussi avec ses dames. — M. de Chamillart vint trouver le roi au retour de sa chasse, et lui apporta des lettres de M. le duc d'Orléans, qui sont du 16. Il mande au roi que le 12 il avoit investi Tortose à la demi-portée du mousquet; qu'on avoit encore pris trois cents hommes qui étoient dans des postes avancés et cinq barques qui portoient dans la place des farines et de la chair salée; que la garnison étoit de neuf bataillons de troupes réglées, de deux escadrons et de deux mille miquelets; que notre canon arrivoit; que nous avions deux ponts sur l'Èbre, un au-dessus et l'autre au-dessous de Tortose; qu'on ouvriroit la tranchée incessamment, et que malgré la force de la garnison il espéroit être bientôt maître de la place, qui n'est pas bonne. Comme nous sommes maîtres des hauteurs qui en sont très-proches, notre canon plongeroit dans tous les ouvrages.

Jeudi 28, *à Fontainebleau.* — Le roi courut le cerf l'après-dînée. Madame la duchesse de Bourgogne étoit avec lui dans sa calèche; elle avoit fait l'honneur à ma belle-fille de la lui présenter avant son dîner. — Les armées de Flandre sont toujours dans les mêmes camps. — L'abbesse de Saint-Pierre à Lyon, sœur du feu duc de Chaulnes, est morte depuis quelques jours dans son couvent; c'est une des belles abbayes de France et magnifiquement bâtie. — L'électeur de Bavière et le duc de Berwick ont quitté le camp de Sarrelouis et allèrent camper le 24 à Blicastel, où ils comptent de trouver du fourrage suffisamment jusqu'à ce que les ennemis se soient déterminés à quelque chose. M. de Saint-Frémont est resté auprès de Sarrelouis avec un corps considérable. Les ennemis sont encore à Castellane, où le prince Eugène n'étoit pas encore arrivé. M. le duc d'Hanovre est à Muhlberg dans les lignes d'Ettlingue.

Vendredi 29, *à Fontainebleau.* — Le roi travailla le matin avec le P. de la Chaise et l'après-dînée il alla tirer. — Le roi a donné à madame de Brissac, sœur du duc et qui est religieuse à Chelles depuis plus de vingt ans, l'abbaye de Saint-Pierre à Lyon, vacante par la mort de la sœur de feu M. le duc de Chaulnes; c'est une abbaye magnifique et par le revenu et par le bâtiment. — Les armées de Flandre sont toujours dans les mêmes camps. Nous serons obligés de changer bientôt le nôtre, parce que les fourrages commencent à manquer. — Les Anglois assemblent des troupes dans l'île de Wight et ont beaucoup de vaisseaux armés; ils voudroient nous donner de l'inquiétude pour nos côtes. — M. le duc de Savoie a un corps de troupes auprès de Suze. Il en a un autre auprès de Pignerol, et il en fait encore approcher d'autres vers les côtes de la mer, comme s'il les vouloit faire embarquer sur la flotte de l'amiral Leak, qui est encore auprès de Gênes; ainsi on ne peut encore pénétrer les desseins de ce prince.

Samedi 30, *à Fontainebleau.* — Le roi, après le conseil de finance, travailla avec M. Desmaretz comme à l'ordinaire. L'après-dînée il courut le cerf avec les chiens de M. le duc du Maine et au retour il travailla avec M. de Chamillart chez madame de Maintenon. Madame la duchesse de Bourgogne étoit à la chasse avec le roi dans sa calèche. — On mande de Madrid que notre armée d'Estramadure, que commande le marquis de Bay, est toujours fort proche de celle des Portugais, mais il ne s'est rien passé encore de considérable de ces côtés-là, et les grandes chaleurs les obligeront bientôt d'entrer dans des quartiers de rafraîchissements jusqu'au mois de septembre. — Par les nouvelles qu'on a d'Italie, il ne paroît pas que les troupes de l'empereur se hâtent de faire le siége de Ferrare. — Le pape a fait demander au roi son agrément pour lever des troupes en Avignon, et il a aussi demandé aux cantons catholiques d'en pouvoir lever en leur pays. Les Impériaux voudroient qu'il donnât l'investiture du royaume de Naples à l'archiduc, et on assure ici qu'il a dit qu'il souffriroit plutôt le martyre que de reconnoître un autre roi d'Espagne que Philippe V jusqu'à ce que la paix soit faite.

Dimanche 1ᵉʳ juillet, à Fontainebleau. — Le roi tint le conseil d'État à son ordinaire, et l'après-dînée il travailla avec M. le chancelier aux affaires de la marine; M. le chancelier travailloit en la place de son fils, qui a toujours été malade à Pontchartrain depuis la mort de sa femme. A six heures le roi monta dans sa petite calèche découverte avec madame la duchesse de Bourgogne et s'alla promener autour du canal. Monseigneur s'y promena de son côté avec madame la princesse de Conty et plusieurs dames. Les autres princesses étoient chacune dans leur carrosse avec plusieurs dames aussi. Il y avoit beaucoup de carrosses d'ambassadeurs et de courtisans, et cela avoit un air assez magnifique. — Il arriva le soir un courrier du duc de Noailles, qui a envoyé six bataillons et six escadrons en Provence, comme le roi lui avoit ordonné; mais comme M. le duc d'Orléans, qui n'étoit point encore instruit de ce détachement, lui envoyoit d'autres ordres; il a fait partir ce courrier pour en informer le roi, afin qu'on lui mandât ce qu'il falloit qu'il fît présentement. On fera repartir le courrier demain.

Lundi 2, à Fontainebleau. — Le roi courut le cerf l'après-dînée seul dans sa petite calèche; à toutes les chasses Madame suit toujours le roi dans une calèche séparée. Madame la duchesse de Bourgogne monta à cheval avec beaucoup de dames et alla se promener dans la forêt. — L'armée du prince Eugène a remarché en arrière et étoit campée, par les dernières nouvelles qu'on a eues, dans la plaine de Boppart. On ne doute plus que son dessein ne soit de marcher en Flandre pour se joindre à Marlborough. — L'empereur a donné à l'électeur palatin l'investiture du haut Palatinat, et l'ambassadeur de cet électeur à la diète de

Ratisbonne a pris séance au-dessus des autres électeurs séculiers. — Le roi donna ces jours passés une pension de 500 écus à l'abbé Marcara, Milanois, qui a quitté les bénéfices qu'il avoit en ce pays-là et a suivi M. de Vaudemont en France. — Notre armée en Flandre est toujours dans le même camp, et monseigneur le duc de Bourgogne fait accommoder des chemins à droite et à gauche, comme un homme qui veut bientôt décamper et qui ne veut point que les ennemis sachent de quel côté il veut marcher.

Mardi 3, à Fontainebleau. — Le roi tint le conseil de finance à son ordinaire, et travailla ensuite avec M. Desmaretz; l'après-dînée il travailla avec M. de Chamillart. — Il arriva le soir un courrier de monseigneur le duc de Bourgogne, qu'on fit repartir aussitôt. On n'apprend aucunes nouvelles qui se disent par ce courrier, mais on croit qu'il porte quelque projet qui a été approuvé du roi. — La duchesse de Châtillon est morte de la petite vérole à Paris. Elle étoit de la maison de la Trémoille, fille du feu marquis de Royan, et avoit hérité de tous les biens du comte d'Olonne. Le duc de Châtillon, son mari, qui est fort impotent, n'avoit de consolation que par sa femme, qui vivoit à merveille avec lui. Elle n'a laissé qu'un enfant, qui a huit ans. — Le marquis de Villequier épousa à Paris mademoiselle de Guiscard, qui lui porte en mariage plus de 50,000 livres de rente, dont elle jouit dès à cette heure. Elle aura encore un bien considérable de M. et de madame de Guiscard, ses père et mère. Le bien qu'elle a présentement vient de la succession de Langlée, qui étoit frère de sa mère. Le mariage et la noce se sont faits par M. l'archevêque de Reims, grand-oncle du marié.

Mercredi 4, à Fontainebleau. — Le roi tint le conseil d'État à son ordinaire, et l'après-dînée il alla aux toiles, où on avoit enfermé vingt-cinq ou trente sangliers. Le roi y avoit mené dans son carrosse madame la duchesse de Bourgogne, Madame et madame la duchesse d'Orléans.

Madame la duchesse d'Elbeuf et beaucoup de dames suivoient dans les carrosses de madame la duchesse de Bourgogne, qui montèrent toutes avec le roi dans un grand chariot, d'où l'on voyoit au-dessus des toiles toute l'enceinte. Monseigneur, qui y avoit mené madame la princesse de Conty et plusieurs dames, y étoit arrivé avant le roi et s'étoit mis dans un autre chariot qu'on avoit préparé pour lui auprès de celui du roi et darda quelques sangliers fort adroitement. Après la chasse il alla se promener autour du canal, et le roi revint tout droit ici. — On eut par l'ordinaire des nouvelles de Tortose du 23. La tranchée fut ouverte la nuit du 21 au 22 à la demi-portée du mousquet; il n'y eut que huit ou dix soldats tués ou blessés. Le sieur de Labat, aide de camp du comte de Bezons, y fut tué. Le travail y fut continué le 22 et la nuit suivante presque sans perte. On alloit travailler à des batteries qui ne seroient achevées que le 25, et l'on mande qu'on compte que la place sera prise avant le 10 de ce mois.

Jeudi 5, à Fontainebleau. — Le roi courut le cerf l'après-dînée; madame la duchesse de Bourgogne étoit avec lui dans sa calèche. — Le nonce Salviati, qui apporte ici les langes pour monseigneur le duc de Bretagne, étoit demeuré à Paris et n'avoit point encore eu d'audience du roi à cause des difficultés qu'il y avoit pour le cérémonial. Le baron de Breteuil, introducteur des ambassadeurs, prétendoit ne le devoir point aller recevoir à la salle où les ambassadeurs descendent, et qu'il ne le devoit recevoir que dans la salle des gardes du roi quand ils n'avoient point fait leurs entrées. Le nonce ordinaire et les autres ambassadeurs qui sont ici prétendoient que l'introducteur les vînt prendre dans la salle où ils descendent avant que de monter à l'audience du roi. Je ne sais qui avoit raison ; mais le roi a bien voulu faire cet honneur-là aux ambassadeurs, et M. de Sainctot, qui est introducteur des ambassadeurs comme Breteuil et qui est en semestre présentement, ira recevoir le nonce Salviati en bas et le conduira demain à l'audience du roi. M. de Torcy le dit hier aux ambassadeurs de la part du roi, et le nonce ordinaire le manda en même temps au nonce Salviati, qui est arrivé aujourd'hui.

Vendredi 6, à Fontainebleau. — Le roi alla tirer l'après-dînée. Monseigneur courut le loup. — On a nouvelle que le prince Eugène avoit fait passer la Moselle à toutes ses troupes le dernier jour du mois passé, et le partisan Lacroix mande qu'il a vu au-dessous de Coblentz son infanterie embarquée. Il ne lui faut que deux jours pour arriver à Cologne : ainsi l'on compte qu'elle pourra arriver à Maëstricht le 7 de ce mois, qui sera demain. — On a découvert une conspiration à Luxembourg. On a pris un boulanger qui en étoit et qui, à la question, a découvert tous ses complices, qui n'étoient que de malheureux ouvriers. Le boulanger a été pendu, et on s'est saisi des autres. On bouché des souterrains par où ils espéroient pouvoir faire entrer les ennemis. Le comte d'Autel, gouverneur de cette place, est dangereusement malade; mais le comte de Druy, lieutenant général des armées du roi, est dans Luxembourg, et la garnison, qui est presque toute de troupes de France, est fort nombreuse ; ainsi il n'y a rien à craindre. On croit que cette conspiration pourroit bien être ce qui avoit fait marcher le prince Eugène à Castellane, d'où il auroit pu envoyer des troupes plus aisément à Luxembourg ; cela n'auroit pourtant pas encore été bien facile.

Samedi 7, à Fontainebleau. — Le roi, après le conseil de finance, travailla à son ordinaire avec M. Desmaretz, et l'après-dînée il travailla avec M. de Chamillart, qui lui amena dans sa chambre M. de Gacé, fils du maréchal de Matignon, que monseigneur le duc de Bourgogne a envoyé au roi pour lui apporter l'agréable nouvelle que nous étions maîtres de la ville de Gand. A six heures le roi alla se promener autour du canal seul dans sa petite calèche. Monseigneur étoit dans un carrosse avec madame la princesse de Conty et plusieurs dames. Madame la duchesse de Bourgogne étoit à cheval, suivie de beaucoup de dames à cheval aussi. La promenade fut fort belle. Il y avoit beaucoup de carrosses et une infinité de peuple. — Voici une relation de l'affaire de Gand. M. de Chemerault partit le 3 au soir du camp de Braine-la-Leud avec deux mille chevaux et deux mille grenadiers sous le prétexte d'aller faire un fourrage sur Tubize. Il marcha en toute diligence à Ninove, où il s'arrêta quelque temps; de là il continua sa marche pour Gand. Comme il en étoit à une lieue, à cinq ou six heures au matin, M. de la Faye, brigadier d'infanterie espagnole, lui manda qu'il étoit maître de la porte de la chaussée. Il étoit parti de Mons la veille avec soixante soldats ou officiers de son régiment, déguisés. Il eut peu de peine à s'emparer de la porte, qui n'étoit gardée que par les bourgeois et trois ou quatre soldats, n'y ayant pas un seul bataillon dans toute la ville. Sur cette nouvelle, M. de Chemerault marcha à toutes jambes dans la ville, dont il se rendit maître sans qu'on lui tirât un seul coup et avec les acclamations de tout le peuple et des magistrats. Il a trouvé dans la ville un grand nombre d'artillerie et de munitions. Il envoya sur-le-champ le chevalier de Nesle en rendre compte à monseigneur le duc de Bourgogne, dont l'armée avoit marché le 4 au soir sur sept colonnes, et le chevalier de Nesle trouva monseigneur le duc de Bourgogne à midi qui faisoit faire halte à son armée sur le ruisseau de Pepingen. Monseigneur le duc de Bourgogne marcha sur-le-champ avec son armée. Comme la tête arrivoit au moulin de Goyck on vit paroître l'armée ennemie sur les hauteurs de Saint-Martin Lennick. Nous crûmes d'abord qu'ils venoient nous attaquer dans notre marche. Notre cavalerie se mit en bataille sur-le-champ pour donner le temps à notre infanterie d'arriver. Tout d'un coup l'armée des ennemis s'arrêta et commença à se camper, sur quoi on fit filer toujours notre armée vers la Dendre. Les ennemis détendirent et marchèrent en arrière. Nous avons su depuis que leur dessein étoit de camper leur armée la droite à Saint-Quentin-Lennick et la gauche à Anderlecht, mais que se trouvant trop près de nous ils avoient reculé leur droite vers l'abbaye de Bigarde, où ils séjournèrent encore hier. L'arrière-garde de notre armée passa la Dendre à Ninove le 6 sur les sept heures du matin sans tirer un coup de fusil, et toute l'armée continua sa marche pour ce camp, dont la droite est un peu derrière Alost et la gauche sur l'Escaut à Schellebelle. On fait le siége du château de Gand, qui est très-mauvais et où il n'y a que deux cents hommes dedans. On croit M. le comte de la Mothe maître de Bruges, où il s'est avancé avec son armée et qui est aussi dégarni que Gand. L'entreprise de Gand a été menée avec un secret admirable, et on la trame depuis six semaines. Il n'y avoit dans ce secret que messeigneurs les ducs de Bourgogne et de Berry, le chevalier de Saint-Georges (roi d'Angleterre), M. de Vendôme, le maréchal de Matignon, M. de Bergeyck, qui y a presque toute la part, MM. de Chemerault et de Puységur. On ne doute pas qu'on ne fasse le siége d'Oudenarde incessamment. Cette relation est venue de l'armée de Flandre, et il y a d'autres lettres qui portent que le prince Eugène est arrivé à l'armée des ennemis, mais que ses troupes sont encore entre Cologne et Maëstricht et ne pourront joindre celles de Marlborough que le 13 ou le 14.

Dimanche 8, à Fontainebleau. — Le roi tint le conseil d'État à son ordinaire, et l'après-dînée il travailla avec M. Pelletier. A six heures il monta dans sa petite calèche avec madame la duchesse de Bourgogne, et ils allèrent se promener autour du canal. Monseigneur s'y promena aussi en carrosse avec madame la princesse de Conty. — On eut hier au soir des lettres du siége de Tortose; elles sont du 27. Nous n'avons perdu personne de considérable depuis l'ouverture de la tranchée, que M. de Mouchant, colonel d'infanterie, qui faisoit la charge de major général. Nous avons deux batteries établies, une de seize pièces et l'autre de huit. Nous ne sommes plus qu'à cinquante toises du chemin couvert. Les assiégés font des sorties toutes les nuits, mais elles leur ont toujours été malheureuses. Dans la dernière le chevalier d'Asfeld, qui commandoit la tranchée et qui avoit été averti par des déserteurs qu'ils vouloient enclouer le canon, les attendit auprès de la batterie avec plusieurs soldats qu'il avoit fait mettre sur le ventre, en tua beaucoup et leur prit trente ou quarante hommes.

Lundi 9, à Fontainebleau. — Le roi courut le cerf l'après-dînée seul dans sa petite calèche; madame la duchesse de Bourgogne n'y put pas aller. Le soir, chez madame de Maintenon, il travailla avec M. de Pontchartrain. — Le matin M. de Chamillart entra chez le roi avant qu'il fût levé, et lui apporta une lettre qu'il avoit reçue de M. le baron de Bergeyck, qui lui mande que la garnison de la citadelle de Gand avoit capitulé et que les trois cents Anglois qui y étoient en garnison avoient promis de se rendre le dimanche au matin si, avant ce temps-là, ils n'étoient secourus par M. de Marlborough; que la ville de Bruges s'étoit rendue au comte de la Mothe et que la garnison de Courtray, qui n'étoit que d'un bataillon, avoit évacué la place et étoit entrée dans Menin. Sur le midi Fretteville arriva; le comte de la Mothe l'envoyoit au roi pour lui apprendre que Bruges s'étoit rendue, mais Fretteville ne dit point que la garnison de Courtray ait évacué. Un peu après l'arrivée de Fretteville il arriva un valet de pied de monseigneur le duc de Bourgogne qui portoit au roi la nouvelle que la citadelle capituloit; mais ce valet de pied avoit été arrêté quelque temps à Enghien par un régiment de cavalerie des ennemis qu'il y avoit trouvé; ainsi il n'avoit pu arriver qu'après le courrier de M. de Bergeyck, et ce courrier de M. de Bergeyck alloit à Madrid pour porter ces nouvelles au roi d'Espagne, et n'avoit écrit à M. de Chamillart que par cette occasion, comptant que le courrier de monseigneur le duc de Bourgogne arriveroit avant le sien. Monseigneur le duc de Bourgogne ne parle point qu'on doive investir Oudenarde ni que les ennemis aient évacué Courtray.

Mardi 10, *à Fontainebleau*. — Le roi, après le conseil de finances, travailla avec M. Desmaretz. L'après-dînée il alla tirer, et, le soir chez madame de Maintenon, il travailla avec M. de Chamillart. — Schelton, mestre de camp réformé et aide de camp de M. de Vendôme, arriva ici. Monseigneur le duc de Bourgogne l'a envoyé pour dire au roi que nous sommes maîtres de la citadelle de Gand. Nos troupes y entrèrent dimanche, suivant la capitulation; c'est Schelton qui l'avoit faite avec les troupes angloises qui étoient dans la citadelle. On leur a permis d'être encore un jour ou deux dans la ville pour faire leurs affaires. Ces trois cents Anglois qui y étoient en garnison étoient commandés par un réfugié françois, qui craint fort, à ce qu'il dit, d'être mal reçu par milord Marlborough, et il est certain que, s'ils avoient voulu se défendre, nous n'en serions peut-être pas maîtres encore. On croit même qu'il n'auroit pas été impossible aux ennemis de secourir la place le samedi; ainsi la nouvelle qu'a apportée Schelton n'a pas laissé de faire grand plaisir.

Mercredi 11, *à Fontainebleau*. — Le roi tint le matin conseil d'État à son ordinaire. L'après-dînée il travailla encore avec M. de Chamillart, et sur les six heures il monta dans sa calèche avec madame la duchesse de Bourgogne et alla se promener dans la forêt, du côté de la route de Moret. Il avoit fait préparer une collation dans une étoile qui est à la gauche de cette route. Madame de Maintenon étoit à cette collation, et le roi fit approcher sa calèche tout proche du carrosse où elle étoit. Il y avoit deux ou trois carrosses de madame la duchesse de Bourgogne pleins de dames qui suivoient le roi. Monseigneur y vint de son côté avec madame la princesse de Conty et plusieurs dames. On servit des collations à tous les carrosses, et la fête se passa fort gaiement. — On eut des lettres de M. le duc d'Orléans par l'ordinaire; elles sont du 30. On a avancé nos batteries malgré la difficulté du terrain, qui est presque tout roc. Nos bombes ont déjà mis le feu en plusieurs endroits, et le couvent des Carmes, qui est du côté de l'attaque, est presque tout brûlé. Nous perdons peu de monde quoique les assiégés fassent des sorties tous les jours. — Madame de Razilly mourut à Versailles; elle laisse beaucoup d'enfants dont elle avoit grand soin, et c'est une grande perte pour sa maison.

Jeudi 12, *à Fontainebleau.* — Le roi courut le cerf l'après-dînée. Madame la duchesse de Bourgogne étoit avec lui dans sa calèche, et l'on manqua le cerf, chose fort extraordinaire aux chiens du roi. Monseigneur prit médecine par précaution. — Il arriva hier au soir un courrier de M. de Villars; ses lettres sont du 8. M. de Savoie commence à se mettre en mouvement. On ne sait point encore de quel côté il se déterminera ni le nombre de ses troupes; mais il n'y a plus d'apparence qu'il songe à la Provence. — On jugea au conseil la fameuse affaire de Caille. Le rapporteur, qui étoit M. d'Imbercourt, avoit tenu trois séances lundi matin, lundi après dîner, mercredi après dîner. Ce matin les quatre commissaires avoient achevé de parler. Le cinquième commissaire avoit parlé le mercredi au soir après le rapporteur, et cette après-dînée le conseil a jugé. L'arrêt du parlement d'Aix a été cassé. On renvoie l'affaire au parlement de Paris, et elle a été civilisée. Quelques-uns des juges et le rapporteur même vouloient que l'arrêt du parlement d'Aix subsistât, ne trouvant pas les raisons de cassation assez fortes, mais pas un d'eux n'a cru que l'accusé fût Caille.

Vendredi 13, *à Fontainebleau.* — Le roi alla tirer l'après-dînée. — On mande de Flandre que les ennemis marchent et remontent la Dendre; ainsi nous saurons bientôt que notre armée aura marché aussi; celle du duc de Berwick devoit arriver aujourd'hui à Givet; mais, sur la nouvelle de la prise de Gand et de Bruges, il aura apparemment reçu ordre de forcer sa marche et de faire plus de diligence. — On mande de Gênes du 4 que la flotte de Leak n'avoit encore embarqué aucunes troupes, et on ne croit pas qu'elle mette à la mer avant le 15. — On mande d'Allemagne qu'on a mis M. de Mantoue au ban de l'empire. — La campagne est finie en Estramadure. Le marquis de Bay et les ennemis ont mis leurs troupes en quartier de rafraîchissement, et le duc d'Ossone, après avoir rasé Serpa et Moura, est retourné en Andalousie. — L'électeur de Bavière, qui remarche en Alsace, doit demeurer quelques jours à Metz. Il aura dans son armée, en comptant ses troupes qu'il ramène avec lui, quarante-deux bataillons et soixante-treize escadrons. Le duc de Berwick mène en Flandre trente-quatre bataillons et soixante-cinq escadrons.

Samedi 14, *à Fontainebleau.* — Le roi, en sortant du conseil de finances, apprit par un courrier de monseigneur le duc de Bourgogne la triste nouvelle d'un grand combat en Flandre où nous n'avons pas eu l'avantage. L'affaire se passa entre la Lys et l'Escaut, mercredi sur les quatre ou cinq heures du soir, et dura jusqu'à la nuit. On n'en sait encore presque aucun détail. Les ennemis, qui avoient fait trois marches outrées, avoient passé l'Escaut à Oudenarde avec la plus grande partie de leurs troupes. Les nôtres avoient passé l'Escaut à Gavre, mais en bien plus petit nombre que celles des ennemis; cependant nous les attaquâmes quoiqu'ils fussent postés et supérieurs à nous. Nous avons plusieurs bataillons et la gendarmerie qui ont fort souffert. La plus grande partie de notre armée a repassé dans Gand et étoit campée le jeudi au soir, qui est le jour que le courrier est parti à Lovendeghem, derrière le canal de Bruges; et ce camp qu'on a pris est ce qui étonne plus le roi dans cette affaire-là. Il paroît que nos troupes n'ont combattu que par parcelles et qu'on ne croyoit pas que tant de troupes des ennemis eussent passé l'Escaut. Le soir il arriva un autre courrier de M. de Vendôme, qui n'étoit parti de notre camp que hier au matin. Les lettres de M. de Vendôme nous consolent un peu. Elles disent que nous avons pris des drapeaux, des étendards et des timballes, que les ennemis n'en ont point des nôtres; mais il ne mande aucun détail qui puisse nous instruire comme l'affaire s'est passée, et ce que nous en savons en gros, c'est qu'elle est mauvaise. Nous avons eu de gens tués : Ximenès, colonel du Royal-Roussillon, la Bretesche, mestre de camp de cavalerie, officier de réputation, et beaucoup d'officiers de la gendarmerie blessés, dont voici ceux qu'on nous a nommés : Duplessis, major de ce corps, Tournemine, Tavannes, le chevalier de Broglio, le chevalier de Ximenès, frère de celui qui a été tué, Minière. On nomme aussi le marquis de Nesle pour avoir eu le bras cassé, mais cela n'est pas si sûr. Il y a deux officiers de ce corps qu'on ne sait ce qu'ils sont devenus, qui sont le chevalier de Mommeins et le marquis de Graves. Castelas, lieutenant-colonel du régiment des gardes suisses et maréchal de camp, est dangereusement blessé. Nous en apprendrons apparemment par la suite beaucoup d'autres. — Le roi alla le soir se promener à l'entour du canal; madame la duchesse de Bourgogne étoit avec lui dans sa calèche. Monseigneur s'y promenoit de son côté dans son carrosse avec madame la princesse de Conty. — On avoit appris le matin que le comte de la Mothe avoit pris, l'épée à la main, le fort de Plassendal ; toute la garnison a été tuée. Ce poste est de grande importance pour la communication des canaux.

Dimanche 15, *à Fontainebleau.* — Le roi tint le conseil d'État à l'ordinaire ; Monseigneur est toujours à ces conseils-là. L'après-dînée le roi travailla avec M. Pelletier et puis avec M. d'Antin, qui a fait un voyage à Versailles, où il a demeuré quinze jours et où il a ordonné toutes les réparations que le roi vouloit qu'on fît dans le dedans de la maison et qui seront achevées avant la fin du mois. A six heures le roi monta dans sa petite calèche avec madame la duchesse de Bourgogne et alla se promener autour du canal et sur les terrasses du Tibre. Monseigneur s'y promenoit de son côté avec madame la Duchesse, mademoiselle de Bourbon, sa fille, et plusieurs dames. Ils descendirent même de carrosse sur les terrasses du Tibre et s'y promenèrent longtemps à pied, et Monseigneur ne vouloit point que les carrosses arrêtassent devant lui. — Le soir, après le souper du roi, quand il fut rentré dans son cabinet, M. de Cagny lui apporta des nouvelles de Flandre venues par un courrier de M. de Vendôme. Il revient tous les jours beaucoup de soldats à notre armée. Le chevalier de Mommeins, dont on étoit en peine, s'étoit retiré à Tournay avec quatre-vingts gendarmes. Biron, lieutenant général, Ruffey et Fitz-Gérald, maréchaux de camps, le comte de Crouy, brigadier d'infanterie, le duc de Saint-Aignan, M. d'Ancenis, mestre de camp de cavalerie, et quelques autres sont prisonniers à Oudenarde.

Lundi 16, à Fontainebleau. — Le roi courut le cerf l'après-dînée. Madame la duchesse de Bourgogne n'étoit point avec lui ; elle a quitté son lait depuis quelques jours ; elle se doit purger demain. Le roi travailla le soir avec M. de Pontchartrain. — Le duc de Berwick arriva le 13 à Tournay, où il a trouvé trois ou quatre mille hommes de notre armée qui s'y étoient retirés après le combat. Les troupes qu'il a amenées d'Alsace arriveront sous Douay le 19 ou le 20 au plus tard. Les troupes de Marlborough sont campées leur droite à Helchin et leur gauche tirant vers Courtray, et le prince Eugène est avec son armée à Lessine. On avoit dit d'abord qu'il n'étoit point au combat, et l'on dit présentement qu'il y étoit, mais ses troupes n'y étoient pas. Nous avons appris avec surprise et douleur que les ennemis avoient dans Oudenarde plus de quatre mille de nos soldats prisonniers et sept cents officiers.

Le maréchal de Berwick est à Lille. Il avoit mandé à un capitaine anglois que nous avons dans Warneton avec trois cents soldats de se retirer, il a mandé qu'il se défendroit. Les ennemis le font attaquer par un détachement de leur armée, et on entendoit encore tirer de ce côté-là, par les dernières nouvelles qu'on a eues.

Mardi 17, à Fontainebleau. — Le roi, après le conseil de finances, travailla encore avec M. Desmaretz. L'après-dînée il alla tirer, et le soir, chez madame de Maintenon, il travailla avec M. de Chamillart. — Le marquis de Lenoncourt, envoyé ici par M. de Lorraine, arriva ici le soir. Il n'a pas pu encore voir le roi. On sait qu'il a apporté la nouvelle de la mort de M. de Mantoue, parce qu'en passant à Paris il l'a dit à gens qui l'ont mandé ici. — Le roi donna ces jours passés le régiment Royal-Roussillon au chevalier de Ximenès, frère du colonel qui a été tué au dernier combat. Le maréchal de Boufflers lui a rendu tous les bons offices qu'on peut rendre en pareille occasion, faisant souvenir le roi des services du père, en louant fort et le fils mort et le fils vivant. M. de Vendôme avoit écrit en faveur d'un officier constitué en grade plus considérable. — Le jour avant le combat Chemerault avoit été détaché avec quelque cavalerie et dragons. Il trouva un régiment de dragons que les ennemis vouloient jeter dans Oudenarde et qu'il défit entièrement. Le marquis de Vassé, colonel de dragons, qui avoit été détaché avec Chemerault, fut blessé en cette occasion, où il s'étoit fort distingué. — Madame la duchesse de Bourgogne prit médecine.

Mercredi 18, à Fontainebleau. — Le roi tint le conseil d'État à l'ordinaire, et l'après-dînée il alla tirer. Monseigneur se promena autour du canal. Le roi donnera demain audience au marquis de Lenoncourt, que M. de Lorraine envoie ici pour demander au roi permission de se mettre en possession de Charleville. M. le Prince prétend que c'est madame la Princesse qui doit hériter du

Montferrat et des terres qui sont en France. Madame la duchesse de Mantoue a son douaire particulièrement hypothéqué sur Charleville. — On a eu par l'abbé de Pomponne, notre ambassadeur à Venise, la confirmation de la mort de M. de Mantoue, qui mourut le 5 à Padoue. Il n'a point fait de testament, son médecin l'assurant toujours qu'il n'étoit guère malade; mais il a reçu ses sacrements, parce qu'un médecin de Padoue lui fit connoître l'extrême danger où il étoit. On mande qu'il a laissé beaucoup d'argent comptant, de pierreries, de tableaux, de vaisselle et de meubles magnifiques. — Il arriva un courrier de M. de Bergeyck, qui mande que notre armée peut subsister longtemps dans son camp près de Gand. On a fait encore entrer dans cette ville huit mille sacs de grains. M. de Bergeyck sert très-utilement les deux pays dans cette occasion-ci comme dans toutes les autres. Il arriva le soir un courrier de monseigneur le duc de Bourgogne. Notre armée est toujours à Lovendeghem, où il nous revient toujours des soldats qu'on croyoit perdus dans le combat, et la confiance se rétablit dans notre armée. Milord Marlborough est toujours auprès de Tournay; mais on ne croit pas qu'il en ose entreprendre le siége. Ils ont envoyé quelque cavalerie en Artois pour faire contribuer ce pays-là, et le duc de Berwick a détaché quelque cavalerie de son armée pour les suivre. — On eut par l'ordinaire des nouvelles de Tortose du 8, et quoique les assiégés se défendent bien, on espère de pouvoir être en état, dans un jour ou deux, d'attaquer la contrescarpe, après quoi la place ne tiendra pas longtemps, parce qu'il y a déjà une grande brèche au corps de la place.

Jeudi 19, à Fontainebleau. — Le roi courut le cerf l'après-dînée; madame la duchesse de Bourgogne étoit avec lui dans sa calèche. — Le bruit se répandit qu'il étoit arrivé le matin un courrier qui apportoit la nouvelle de la prise de la ville de Tortose, et ce qui le fit croire plus aisément, c'est que par les nouvelles de hier on apprenoit que presque tout le canon des ennemis étoit démonté et qu'on ne tiroit plus du fort des Carmes. Nous allâmes même tous faire des compliments à Madame, qui nous désabusa; mais sur les sept heures du soir le marquis de Lambert, brigadier d'infanterie, arriva; M. le duc d'Orléans l'a envoyé pour apporter au roi cette bonne nouvelle. La nuit du 9 au 10 on se logea dans le chemin couvert, que les ennemis défendirent fort bien, et firent même une vigoureuse sortie pour nous en chasser avant que nous y fussions bien établis; mais ils furent repoussés et perdirent beaucoup de monde. Le 10 ils battirent la chamade, et le 11 la capitulation fut signée. La garnison n'en doit sortir que le 15 pour être conduite à Barcelone; mais nous étions maîtres des portes quand M. de Lambert en est parti, qui étoit le 12 au matin. Par la capitulation, le gouverneur s'engage à faire rendre le château d'Arès dans le royaume de Valence, parce que le commandant de ce château est sous ses ordres; ce poste nous incommodoit fort et étoit la retraite de tous les miquelets du pays. Nous n'avons pas perdu plus de six cents hommes au siége de Tortose, et les assiégés y ont perdu plus de la moitié de la garnison. M. le duc d'Orléans a acquis beaucoup d'honneur à ce siége, et le roi en est content au dernier point. Il a surmonté des difficultés presque insurmontables. — On a des lettres de Flandre du 16. Le duc de Berwick, qui est à Lille, mande que les troupes qu'il commande arriveront sous Douay le 20 du plus tard.

Vendredi 20, *à Fontainebleau.* — Le roi alla tirer l'après-dînée. — On mande de Gênes que l'archiduchesse étoit partie de Milan le 7 et qu'elle devoit s'embarquer à Vado le 14 pour passer à Barcelone; M. le duc de Savoie a un corps de troupes assez considérable et qu'il commande lui-même sur le haut du Mont-Louis, et qu'il a un corps de troupes dans le val d'Aoste commandé par le général

Thaun, qui est revenu de Naples. Nous avons M. de Thouy avec quelques bataillons de ce côté-là pour tâcher de s'opposer au passage du petit Saint-Bernard, et Médavy est à Modane, où il espère pouvoir défendre ses retranchements contre M. de Savoie. Le maréchal de Villars est à Oulx, qui viendra apparemment joindre M. de Médavy si le poste de Modane se peut défendre. — L'armée des ennemis en Flandre est campée à Verwick, où ils se sont rendus maîtres de nos lignes, où il n'y avoit que de petits détachements d'infanterie. Le prince Eugène y est, mais son armée est encore vers Bruxelles.

Samedi 21, à Fontainebleau. — Le roi se fit rapporter au conseil une affaire pour un prieuré qu'il avoit donné à l'abbé du Cambout et que le cardinal de Bouillon, comme abbé de Cluny, avoit donné au prince Frédéric, son neveu, et le roi se condamna lui-même. C'étoit M. du Bouchet, maître des requêtes, qui rapporta l'affaire. On avoit su il y a quelques jours que le cardinal de Bouillon avoit passé à Beaumont. On avoit dit même qu'il avoit passé à son abbaye de Saint-Martin, ce qui n'étoit pas vrai; mais comme il avoit ordre de n'approcher de Paris que de trente lieues, cette démarche d'en venir à huit lieues avoit déplu. Cependant le roi n'a pas laissé, quoi qu'il en fût mécontent, de se condamner lui-même et de lui laisser la nomination du bénéfice qui étoit en question. — L'armée de monseigneur le duc de Bourgogne est toujours à Lovendeghem, où l'on a des subsistances en abondance par les soins de M. de Bergeyck. On fait des retranchements derrière ce canal depuis Bruges jusqu'à Gand. Il nous y revient tous les jours beaucoup de soldats, et même plusieurs de ceux qui étoient prisonniers à Oudenarde se sont sauvés et ont rejoint l'armée.

Dimanche 22, à Fontainebleau. — Le roi tint le conseil d'État à son ordinaire et travailla l'après-dînée avec M. Pelletier. Monseigneur donna à dîner chez lui à madame la duchesse de Bourgogne, et il y eut appartement comme il y en a eu tous les dimanches depuis qu'on est ici. Madame la duchesse de Bourgogne alla au salut et puis alla trouver le roi, avec qui elle se promena autour du canal, dans sa petite calèche. — Les nouvelles de Flandre sont que M. d'Artagnan, commandant un gros détachement d'infanterie, s'étoit rendu maître du fort Rouge le 19 au matin. Il y avoit dedans cent trente hommes, et on y a trouvé onze pièces de canon. Ce fort est sur le canal du Sas de Gand; les gens du pays l'appellent Rotenhuis. Cela leur donnera des facilités pour étendre les contributions jusqu'à Hulst et Axel. Les ennemis avoient fait une course dans l'Artois pour établir des contributions; Capy, qu'on avoit détaché avec quatre cents chevaux, les en a rechassés fort vite. Les paysans armés s'étoient joints à lui et ont fait abandonner aux ennemis une partie des otages et du butin qu'ils emmenoient. Ils ont brûlé quelques maisons auprès d'Arras; on ne leur a pas laissé le temps de faire de plus grands désordres.

Lundi 23, à Fontainebleau. — Le roi tint le matin conseil de dépêches. L'après-dînée il courut le cerf, qui passa la rivière et lui ôta par là tout le plaisir de la chasse. Il en revint de bonne heure et au retour il travailla avec M. de Pontchartrain. — Monseigneur le duc de Bourgogne a fait un détachement de cavalerie qui sera commandé par Cheyladet. Ce détachement est de trente-quatre escadrons qu'il envoie pour fortifier l'armée du duc de Berwick, et monseigneur le duc de Bourgogne n'a pas besoin de tant de cavalerie dans son camp, où il lui restera encore cent quatre-vingts escadrons. — Par le dernier courrier qu'on a eu de M. de Villars on apprend que M. de Savoie avoit fait descendre le mont Cenis à ses troupes et qu'il étoit à Lanebourg, et que le comte de Thaun, qui commandoit un autre corps dans le val d'Aoste, passoit le petit Saint-Bernard pour entrer dans la Tarentaise, ce qui obligera Médavy de quitter le poste de Modane, où il pourroit être attaqué par les derrières. — Il est survenu encore de nouvelles difficultés pour le mariage du prince de Léon avec mademoiselle de Roquelaure. — Ce voyage-ci est allongé. Le roi devoit partir le 6 d'août, il ne partira que le 27.

Mardi 24, *à Fontainebleau.* — Le roi tint le conseil de finances et travailla ensuite avec M. Desmaretz. L'après-dînée il travailla avec M. de Chamillart, et à six heures il alla se promener avec madame la duchesse de Bourgogne autour du canal. Monseigneur s'y promenoit en carrosse avec madame la princesse de Conty. — L'armée de M. le duc d'Orléans, la conquête de Tortose étant faite, se repose présentement, et on travaille durant ce repos à amasser ce qui est nécessaire pour une autre entreprise, et apparemment ce sera le siége de Girone, qui nous donnera la communication avec la France. — On mande de notre armée de monseigneur le duc de Bourgogne, d'où il arrive tous les jours des courriers, qu'il y est revenu plus de deux mille de nos soldats prisonniers à Oudenarde. Il y en a même qui se sont sauvés en passant l'Escaut à la nage, et un de nos partis, qui a trouvé un des ennemis qui escortoit des officiers et des soldats qu'on envoyoit d'Oudenarde à Bruxelles, a battu le parti ennemi, a délivré tous les soldats ; mais les officiers n'ont point voulu être délivrés, parce qu'ils avoient donné leur parole.

Mercredi 25, *à Fontainebleau.* — Le roi tint le conseil d'État à son ordinaire, et l'après-dînée il alla tirer. Monseigneur donna à dîner chez lui à madame la duchesse de Bourgogne. Madame la Duchesse, mademoiselle de Bourbon et beaucoup de dames étoient de ce dîner. Il y eut ensuite appartement, où l'on joua gros jeu. — M. de Biron arriva ici. Il a été pris dans le dernier combat de Flandre, et les ennemis lui ont donné congé pour un mois. Il se loue fort de la politesse de leurs officiers généraux, mais il se plaint fort des officiers subalternes et des cavaliers qui le prirent à la fin du combat, qui le dépouillèrent et le maltraitèrent cruellement. — Il arriva un courrier du maréchal de Villars, qui mande d'Oulx, où il étoit campé, qu'il va rassembler ses troupes sous le fort Barraux, où il compte qu'il sera joint par M. de Médavy, qui a quitté le poste de Modane, qu'il n'auroit pu garder quand le comte de Thaun a passé le mont Saint-Bernard, parce qu'il l'auroit pu attaquer par derrière pendant que M. de Savoie auroit attaqué ses retranchements. M. de Villars compte aussi que Thouy, qui est dans la Tarentaise, le viendra rejoindre, et quand ces trois corps seront ensemble...... [sic]

Jeudi 26, *à Fontainebleau.* — Le roi, après son lever, donna audience au maréchal de Boufflers, qui la lui avoit demandée, et après la messe il alla chez madame de Maintenon, où M. de Chamillart lui vint parler; ensuite il fit entrer le maréchal de Boufflers, qui, après cette seconde audience, monta dans sa chaise de poste. Le roi, après lui avoir parlé, fit entrer chez madame de Maintenon M. de Biron, qui nous dit en sortant que le roi lui avoit parlé du combat de Flandre comme nous nous l'imaginions bien; mais il nous assura que le roi ne lui avoit fait conter que ce qui le regardoit en son particulier et ne lui avoit fait nulle autre question. L'après-dînée le roi alla courre le cerf; madame la duchesse de Bourgogne étoit avec lui dans sa petite calèche et se trouva assez incommodée le soir en se couchant. On sut à midi que le maréchal de Boufflers, dans sa première audience, avoit demandé au roi de s'en aller à Lille, dont il est gouverneur particulier, outre qu'il a le gouvernement général de Flandre. Il a fort pressé le roi là-dessus, comptant qu'en l'état où est l'armée ennemie sa présence y pouvoit être utile au service du roi, qui a fort loué son zèle et a consenti à son départ.

Vendredi 27, *à Fontainebleau.* — Le roi passa toute l'après-dînée chez madame de Maintenon et n'en sortit que sur les six heures pour aller se promener autour du canal avec madame la duchesse de Bourgogne. Il convia madame de Maintenon à y aller, et elle y mena mesdames d'Heudicourt et de Dangeau; étant au bout du canal, il fit avancer le carrosse de madame de Maintenon à côté de sa calèche et fit élaguer l'allée de marronniers afin que de là on eût la vue de la campagne et de la forêt. — On sut que le maréchal de Boufflers, après avoir obtenu du roi la permission d'aller à Lille, lui avoit demandé que le marquis de Surville y pût servir de lieutenant général sous lui et que la Frézelière, qu'on mit à la Bastille au commencement de la campagne, allât aussi à Lille pour y commander l'artillerie. Le roi lui accorda tout ce qu'il lui demandoit, et par là le maréchal de Boufflers a le plaisir de faire rentrer deux hommes de mérite dans ce service, ce qui a été fort loué de tout le monde. Le roi a trouvé bon aussi qu'il y menât Lalande, très-bon ingénieur et qui étoit ici n'étant plus employé.

Samedi 28, *à Fontainebleau*. — Le roi, après le conseil de finances, travailla avec M. Desmaretz à son ordinaire. L'après-dînée il alla courre le cerf; madame la duchesse de Bourgogne étoit avec lui dans sa calèche. Au retour de la chasse il travailla avec M. de Chamillart chez madame de Maintenon. Monseigneur partit le matin en chaise de poste, et alla dîner à Meudon, d'où il ne reviendra que lundi au soir. — On a des lettres de M. le duc d'Orléans du 18. Il étoit encore auprès de Tortose, d'où il a vu sortir la garnison, qui étoit encore de trois mille hommes sous les armes; mais de ces trois mille hommes-là, plus de la moitié a pris parti dans nos troupes, si bien que notre armée est présentement plus forte qu'au commencement du siége. S. A. R. a renvoyé le chevalier d'Asfeld dans le royaume de Valence, où l'on croit qu'il fera le siége de Denia. — On mande de Provence que la flotte de l'amiral Leak, sur laquelle étoient embarquées l'archiduchesse et les troupes que les ennemis envoient à Barcelone, avoit été obligée par le gros temps à relâcher sur la côte de Gênes.

Dimanche 29, à Fontainebleau. — Le roi tint le conseil d'État à son ordinaire. Il travailla l'après-dînée avec M. Pelletier, et au soir il se promena autour du canal dans sa petite calèche avec madame la duchesse de Bourgogne. — On mande de l'armée de monseigneur le duc de Bourgogne que le 26 on avoit fait un gros détachement de cavalerie et d'infanterie sous les ordres du chevalier du Rozel pour aller établir des contributions dans l'île de Cassan; et de l'armée du duc de Berwick qu'il avoit détaché le marquis de la Châtre avec trente escadrons pour aller à Arras. Les ennemis ont fait avancer un gros corps de cavalerie et d'infanterie à la Bassée, d'où ils ont envoyé des partis jusqu'aux portes de Dourlens. — M. de Savoie est à Saint-Jean de Maurienne. On ne sait point encore quel parti il prendra, mais il est malaisé qu'il n'en prenne pas quelqu'un qui nous embarrasse. Le maréchal de Villars est arrivé à Barraux, où il assemble ses troupes. Il a été joint par les détachements que commandoient MM. de Médavy et de Thouy.

Lundi 30, à Fontainebleau. — Le roi devoit prendre médecine, mais la grande chaleur qu'il fit l'en empêcha; il passa toute la matinée chez madame de Maintenon. L'après-dînée il alla courre le cerf seul dans sa calèche. Monseigneur revint le soir de Meudon, où il étoit allé dîner samedi. — Enfin toutes les dificultés sur le mariage du prince de Léon avec mademoiselle de Roquelaure sont surmontées, parce que le roi a voulu que l'affaire se terminât. M. le duc de Foix, oncle de la demoiselle, en apporte ici le contrat, que le roi signera dans deux jours. — On a nouvelle que le maréchal de Boufflers est arrivé à Lille; on ne dit plus que les ennemis songent à en faire le siége. On ne croit pas même qu'ils en fassent aucun autre, quoiqu'il leur soit arrivé de grands convois de

Bruxelles. Les trente-quatre escadrons détachés de l'armée de monseigneur le duc de Bourgogne, sous la conduite de Cheyladet, sont à portée de joindre le maréchal de Berwick quand on voudra; mais cette cavalerie est fort fatiguée par la grande diligence qu'elle a faite et a besoin de repos.

Mardi 31, à Fontainebleau. — Le roi tint le conseil de finances à son ordinaire, et puis travailla avec M. Desmaretz, à qui ensuite il donna congé pour aller à Paris, d'où il ne reviendra que vendredi au soir. Le roi, avant le conseil, donna audience à l'envoyé de Mantoue, qui vint donner part au roi de la mort du duc de Mantoue, dont le roi prendra le deuil incessamment pour le porter jusqu'à la fin du voyage; c'est la duchesse de Mantoue qui en donne part au roi. S. M. lui accorda ses jours passés 40,000 francs de pension; elle touchoit pareille somme durant la vie de son mari, qu'on diminuoit sur les 400,000 francs que le roi lui donnoit par an jusqu'à ce qu'il pût être rétabli dans ses États. L'après-dînée le roi travailla avec M. de Chamillart et puis alla tirer. Monseigneur joua l'après-dînée au papillon chez madame la Duchesse, comme il y joue presque tous les jours, et puis alla se promener autour du canal avec elle. Madame la duchesse de Bourgogne joua chez elle l'après-dînée et puis alla se promener autour du canal.

Mercredi 1er août, à Fontainebleau. — Le roi prit médecine, et l'après-dînée il tint le conseil d'État. — Il arriva un courrier de monseigneur le duc de Bourgogne, qui mande que le chevalier du Rozel, avec son détachement, est entré dans l'île de Cassan, où il a tout mis sous contribution. — Le marquis de Roquelaure, capitaine lieutenant de gendarmerie et [Marenbac], aide-major de ce corps, sont morts de leurs blessures, qu'ils avoient reçues au combat d'Oudenarde. — L'empereur a fait passer un décret à la diète de Ratisbonne dans lequel il déclare que le royaume de Naples ne relève point du Saint-Siége, et qu'on ne doit point par conséquent en demander l'investiture au pape. Il prétend de plus que le pape n'a aucun droit de nommer aux bénéfices de ce royaume-là. Il y a encore beaucoup d'autres choses dans ce décret, qui attaque directement l'autorité du Saint-Siége. Le pape continue à faire lever des troupes; il compte que les cantons catholiques lui laisseront lever quatre mille hommes. Il a demandé au roi pour un des principaux officiers de son armée, Jullien, qui est lieutenant général dans nos troupes, qui ne sert point cette année. Il est d'Avignon.

Jeudi 2, à Fontainebleau. — Le roi, après la messe, entra chez madame de Maintenon, où il donna une longue audience au maréchal de Catinat, qui avoit eu ordre de venir ici et qui y demeurera même quelques jours. Avant que d'aller à la messe, le roi avoit signé le contrat de mariage du prince de Léon avec mademoiselle de Roquelaure et fit une réprimande au prince de Léon sur la conduite qu'il avoit eue en enlevant la demoiselle de son couvent, mais la réprimande fut accompagnée de tant de bontés que le prince de Léon en fut charmé. Le roi courut le cerf l'après-dînée; madame la duchesse de Bourgogne étoit avec lui dans sa calèche. — M. le duc de Savoie continue sa marche par le grand chemin, mais le grand nombre de mulets qu'il a pour le service de son armée en retardent fort la marche. Par les dernières nouvelles qu'on en a, il n'étoit encore qu'à Saint-Jean de Maurienne, et on doute encore qu'il vienne à Chambéry. Il y a même des lettres de notre armée qui portent qu'on croit que M. de Savoie se portera du côté d'Exilles. Toutes les troupes que nous avions en Provence joindront M. de Villars avant la fin du mois.

Vendredi 3, à Fontainebleau. — Le roi alla tirer l'après-dînée. Monseigneur se promena autour du canal avec madame la princesse de Conty; madame la duchesse de Bourgogne s'y promena de son côté, et puis ils vinrent sur les terrasses du Tibre, où ils mirent pied à terre et se promenèrent assez longtemps. — Il vint un courrier de M. de Vendôme. Le chevalier du Rozel est revenu de l'île de Cassan, d'où il a ramené beaucoup de chevaux et a rapporté assez d'argent; outre cela, ils doivent fournir un assez grand nombre de sacs de blé à notre armée. Les ennemis qui ont envoyé un gros détachement en Artois avoient voulu surprendre Dourlens, et depuis ils avoient fait sommer cette place. Le commandant ne leur a répondu qu'à coups de canon, et ce jour-là même le régiment de dragons de Belle-Isle y est arrivé. Le duc de Berwick l'a envoyé dans cette place, et le détachement des trente-quatre escadrons de Cheyladet y devoit arriver le lendemain pour empêcher les courses que les ennemis veulent faire en ce pays-là. M. de Vendôme a dit publiquement dans l'armée que le roi avoit ordonné à monseigneur le duc de Bourgogne de secourir la première place qui seroit assiégée; nos princes sont charmés d'avoir reçu cet ordre.

Samedi 4, à Fontainebleau. — Le roi prit le deuil de M. de Mantoue et envoya un gentilhomme ordinaire à madame de Mantoue pour lui faire ses compliments. Le roi, après le conseil de finances, travailla à son ordinaire avec M. Desmaretz, qui revint hier au soir de Paris. L'après-dînée le roi travailla avec M. de Chamillart, et à six heures il monta en carrosse avec madame la duchesse de Bourgogne et s'alla promener autour du canal. Monseigneur courut le loup et fit une chasse fort longue et fort rude. — Le roi a donné la majorité de la gendarmerie à Dauger, exempt de ses gardes, et l'aide-majorité à celui qui étoit sous-aide-major de ce corps. Elle étoit vacante par la mort de Marenbac, mort de ses blessures à Gand. La compagnie que commandoit le marquis de Roquelaure a été donnée au marquis de Rians, le plus ancien sous-lieutenant de la gendarmerie. — On eut nouvelle que Muret, un de nos lieutenants généraux dans l'armée de M. de Villars, avoit battu auprès de Sestrières quelques troupes de M. de Savoie, et qu'ensuite il avoit attaqué et battu aussi un assez grand nombre de barbets; mais nous ne savons pas encore le détail de cela. On croit seulement que cela pourra retarder la marche de M. de Savoie.

Dimanche 5, à Fontainebleau. — Le roi tint le conseil d'État à son ordinaire; l'après-dînée il travailla avec M. Pelletier et puis alla tirer. — Le bruit court dans l'armée des ennemis et à Bruxelles qu'ils veulent faire le siége de Mons. Nous y avons fait entrer M. de Grimaldi, le lieutenant général, qui a beaucoup de réputation dans les troupes d'Espagne. Depuis que M. de Cheyladet est arrivé en Artois avec ses trente-quatre escadrons, les troupes que Marlborough avoit envoyées à Lens et à la Bassée sont venues à Armentières; c'étoit le comte de Tilly qui les commandoit, et ils prétendoient pouvoir établir des contributions jusqu'en Picardie. — M. le marquis de Ruffey, maréchal de camp dans notre armée de Flandre, qui a été pris au combat d'Oudenarde, est arrivé ici. Les ennemis lui ont donné congé, et il va, de leur consentement, travailler à l'échange de nos prisonniers avec les leurs. On se va assembler pour cela; les plus grandes difficultés sont levées; il en reste encore quelques-unes sur lesquelles il est venu ici recevoir les instructions et les ordres du roi. — Enfin le prince de Léon a épousé mademoiselle de Roquelaure à la paroisse de Saint-Paul à Paris; mais les familles n'en sont que plus aigries, et il n'y a point eu de noces, et les mariés ont été coucher à Courbevoie, qui est une maison de Thévenin, à une lieue de Paris.

Lundi 6, à Fontainebleau. — Le roi, après la messe, entra chez madame de Maintenon, où M. de Chamillart le vint trouver. L'après-dînée il courut le cerf; madame la duchesse de Bourgogne étoit avec lui dans sa calèche, et après la chasse il travailla chez madame de Maintenon

avec M. de Pontchartrain. — Il arriva un courrier de
M. le maréchal de Boufflers, qui mande au roi que le
prince Eugène marchoit sur l'Escaut avec un gros détachement de l'armée de Marlborough; qu'il avoit déjà fait
passer le pont de pierre à quelques troupes. Il va au-
devant du convoi qu'ils font venir de Bruxelles, où ils
comptent qu'ils auront plus de cinq mille chariots. Ils
y ont envoyé même tous les gros bagages de leur armée
à vide; ce convoi n'étoit pas encore parti de Bruxelles
le 4. On ne doute plus qu'ils ne veulent faire un grand
siége; le prince Eugène et Marlborough le veulent absolument. M. d'Owerkerke, qui commande les troupes de
Hollande, a beaucoup de peine à y consentir et trouve
que c'est trop se commettre.

Mardi 7, à Fontainebleau. — Le roi, après le conseil de
finances, travailla avec M. Desmaretz; l'après-dînée il
travailla avec M. de Chamillart. Il avoit commandé ses
carrosses pour la promenade; à six heures il les contremanda, parce qu'il se trouva un peu incommodé. Monseigneur courut le cerf avec les chiens de M. le comte de
Toulouse. Madame la duchesse de Bourgogne vint l'après-
dînée chez madame de Dangeau, où étoit madame de
Maintenon; elle vit le roi quand il sortit d'avec M. de
Chamillart et puis alla se promener autour du canal. —
M. de Savoie a fait marcher ses troupes par les derrières,
et marche du côté d'Exilles et de Briançon. Il n'a quasi
point de cavalerie avec lui, qui lui seroit fort utile au
chemin qu'il prend. M. de Villars, qui vouloit couvrir
Chambéry, voyant que ce prince prenoit une autre route,
s'est avancé à Saint-Jean de Maurienne et se prépare à
passer le Galibier pour suivre M. de Savoie et tâcher à
le combattre. M. de Villars a cinquante bataillons et sera
joint encore par dix autres bataillons que M. d'Artagnan
amène de ce côté-là.

Mercredi 8, à Fontainebleau. — Le roi tint conseil
d'État à son ordinaire, et comme sa petite incommodité

de hier n'a eu aucune suite, il courut le cerf l'après-dînée avec les chiens de M. du Maine. La chasse ne fut pas heureuse, et le roi dit à M. du Maine en quittant la chasse : « Je vous en fais mon compliment d'affliction ; » et puis se tournant à M. de la Rochefoucauld : « Je vous en fais mon compliment de joie. » Le roi connoît la jalousie qu'il y a depuis longtemps entre sa meute et celle de M. du Maine. — On eut des lettres de M. de Berwick du 6, qui mande que le grand convoi de Bruxelles n'en étoit pas encore parti, mais qu'on croyoit qu'il partiroit ce jour-là. — On mande de l'armée de monseigneur le duc de Bourgogne qu'il a détaché le chevalier du Rozel avec tous les dragons de l'armée, les carabiniers, quelques régiments de cavalerie et quelques brigades d'infanterie ; qu'il va camper de l'autre côté de l'Escaut, pour être plus à portée de tomber sur les troupes qui voudroient entrer ou sortir d'Oudenarde. On croit dans cette armée que les ennemis veulent faire le siége de Mons, mais on commence à croire ici qu'ils veulent faire celui de Lille, qui seroit une furieuse entreprise.

Jeudi 9, à Fontainebleau. — Le roi, après la messe, entra chez madame de Maintenon, où M. de Chamillart lui apporta des lettres de M. de Villars qui sont de Saint-Jean de Maurienne du 6. Il mande que M. de Savoie approche du mont Genèvre, qu'il veut se mettre entre Exilles et Briançon et que lui il marche ce jour-là de Saint-Jean de Maurienne ; qu'il va passer le Galibier et tâcher d'arriver avant lui au Monestier et qu'il espère le pouvoir combattre. — L'après-dînée le roi courut le cerf avec ses chiens, et après la chasse il alla se promener autour du canal avec madame la duchesse de Bourgogne. — Il arriva un courrier du duc de Berwick, qui mande que le grand convoi des ennemis étoit parti le 6 de Bruxelles ; que d'abord il avoit marché dans le grand chemin qui va à Mons, mais qu'ensuite il prenoit la route d'Ath. Le prince Eugène étoit campé à Ghilenguien qui en est fort proche. —

Le roi de Portugal a épousé depuis peu, par ambassadeur, une archiduchesse, qui est partie de Vienne pour venir en Hollande, où elle s'embarquera pour passer en Portugal. L'empereur, avant qu'elle partît de Vienne, lui a fait signer une renonciation à tous les biens et États de la maison d'Autriche. — Le traité que faisoit l'empire avec le roi Auguste pour les trois mille chevaux qu'ils vouloient avoir est entièrement rompu.

Vendredi 10, à Fontainebleau. — Le roi, après la messe, entra chez madame de Maintenon jusqu'à son dîner, et l'après-dînée il alla tirer. — Il arriva un courrier de monseigneur le duc de Bourgogne. On croit présentement dans son armée que les ennemis vont faire le siége de Tournay; mais on croit ici, par les lettres qu'on reçoit par M. le maréchal de Berwick et par M. le maréchal de Boufflers, qu'ils veulent faire le siége de Lille. Le convoi que le prince Eugène amène étoit arrivé sous Ath; la commune opinion c'est qu'il y a à ce convoi cinq mille cinq cents chariots. M. le maréchal de Boufflers a dans Lille vingt-un bataillons en comptant deux bataillons d'invalides. Il y a deux régiments de dragons et quelque cavalerie. Il y a trois officiers principaux de génie (qui est une façon de parler nouvelle); la Frézelière y commande l'artillerie, dont il est lieutenant général. Outre cela, le maréchal de Boufflers a enrégimenté deux mille hommes de la jeunesse de Lille, qui s'est enrôlée volontairement pour servir pendant le siége. M. de Surville, lieutenant général, y est avec M. le maréchal, et rien ne manque dans la place.

Samedi 11, à Fontainebleau. — Le roi, après le conseil de finances, travailla avec M. Desmaretz, et l'après-dînée il il travailla avec M. de Chamillart jusqu'à six heures et puis alla se promener autour du canal avec madame la duchesse de Bourgogne. Monseigneur courut le loup malgré la grande chaleur. — On ne doute plus ici du siége de Lille. Le convoi des ennemis a passé l'Escaut en trois endroits sur des ponts qu'ils y avoient fait faire et qu'ils ont rompus ensuite. — Par les dernières lettres de M. le duc d'Orléans, il faisoit marcher ses troupes dans la plaine d'Urgel, où elles se rafraîchiront jusqu'à ce que les grandes chaleurs soient passées. Le château d'Arès, dans le royaume de Valence, que le gouverneur de Tortose avoit promis de faire rendre, par la capitulation, s'est rendu, et quelques autres châteaux de ce royaume-là sont soumis aussi. — Les troupes que les Anglois assembloient dans l'île de Wight sont prêtes à s'embarquer, et le bruit est qu'ils veulent les faire passer à Ostende.

Dimanche 12, *à Fontainebleau.* — Le roi tint le conseil d'État à son ordinaire. Il travailla l'après-dînée avec M. Pelletier, et puis sur les cinq heures il alla tirer. Monseigneur se promena autour du canal avec madame la princesse de Conty; madame la duchesse de Bourgogne s'y promena aussi avec ses dames. — Messeigneurs les ducs de Bourgogne et de Berry ont été à Gand, où ils ont été reçus avec de grandes acclamations du peuple et régalés magnifiquement par les magistrats, qui leur donnèrent un grand dîner. — Les ennemis ont, présentement que leur convoi est arrivé, cent dix pièces de canon de batterie et cinquante mortiers. Ils n'ont tiré que vingt pièces de canon de Menin; les quatre-vingt-dix autres sont venues à Bruxelles de Maëstricht et du Sas de Gand. Ce sera M. le prince Eugène qui fera le siége de Lille, et Marlborough commandera l'armée d'observation. — L'électeur de Bavière est toujours à Langenkandel et a fait un pont sur le Rhin au bout duquel il a une bonne redoute, et M. d'Hanovre est toujours dans ses lignes d'Ettlingen et a fait un détachement de ses troupes, il y a assez longtemps, qui est commandé par Mercy et qui est derrière la forêt Noire.

Lundi 13, *à Fontainebleau.* — Le roi, après la messe, travailla chez lui avec M. de Pontchartrain et puis alla chez madame de Maintenon, d'où il ne sortit que pour aller dîner, et après dîner il alla courre le cerf seul dans sa petite calèche, et sur les sept heures il alla se promener autour du canal avec madame la duchesse de Bourgogne. Monseigneur courut le loup. — Hier le roi, en revenant de tirer, donna une assez longue audience dans son cabinet au maréchal de Tessé. — Le roi avoit dit à M. le comte de Toulouse qu'il iroit chez lui à Rambouillet le 10 de septembre; mais comme il fait des chaleurs excessives et qu'elles pourroient bien continuer jusqu'à ce temps-là, il lui a dit depuis qu'il remettoit ce voyage-là au mois d'octobre. — M. de Tréville est mort à Paris. C'étoit un homme de beaucoup d'esprit et de savoir, qui avoit été courtisan, mais qui étoit retiré depuis plus de trente ans. Son père avoit été fort bien avec le feu roi et commandoit ses mousquetaires. — Madame de Soubise, qui est malade depuis longtemps, a eu un nouvel accident dont on ne croit pas qu'elle puisse se tirer.

Mardi 14, à Fontainebleau. — Le roi tint le conseil de finances à son ordinaire; M. le chancelier n'y put pas venir parce qu'il avoit été incommodé la nuit. L'après-dînée le roi et toute la maison royale entendirent vêpres dans la tribune. Le roi travailla ensuite avec M. de Chamillart, et à sept heures il s'alla promener avec madame la duchesse de Bourgogne autour du canal. — Il arriva plusieurs courriers de Flandre. Les ennemis ont investi Lille, et M. de Marlborough, avec l'armée d'observation, est à Helchin sur l'Escaut. M. le maréchal de Berwick est revenu dans l'île Saint-Amand et est campé au Château-l'Abbaye, où il rassemble ses troupes et où il attendra les ordres de monseigneur le duc de Bourgogne. Le courrier arrivé de l'armée de monseigneur le duc de Bourgogne en partit hier matin; on croyoit dans cette armée que les ennemis vouloient faire le siège de Tournay. Monseigneur le duc de Bourgogne se préparoit à marcher et mande seulement à madame la duchesse de Bourgogne qu'il va tâcher d'exécuter les intentions et les ordres du roi.

Mercredi 15, *à Fontainebleau*. — Le roi fit ses dévotions et toucha ensuite quelques malades ; Monseigneur les fit aussi avant que le roi allât à la chapelle, et l'après-dînée le roi et toute la maison royale entendirent vêpres dans la chapelle en bas, et puis il y eut procession autour de la cour des Fontaines. Le roi devoit aller le soir à la promenade, mais il se trouva si fatigué qu'il contremanda les calèches et les carrosses. Madame la duchesse de Bourgogne communia à midi, dans la chapelle au bout de la salle des Suisses, et suivit le roi l'après-dînée à vêpres et à la procession. — Il arriva sur les sept heures un courrier de M. de Villars, qui mande qu'il avoit pris l'épée à la main les deux Cesanne, où M. de Savoie avoit mis des troupes, ces postes-là étant très-importants. On prétend même qu'il étoit à l'action. L'affaire n'a pas duré deux heures ; c'est M. de Torcy qui commandoit à cette attaque. Nous n'y avons pas eu cinquante hommes tués ou blessés. On ne sait pas bien ce que les ennemis y ont perdu ; on leur a pris trois capitaines de grenadiers. On entendoit tirer du canon du côté d'Exilles ; on croit que M. de Savoie en va faire le siége.

Jeudi 16, *à Fontainebleau*. — Le roi courut le cerf l'après-dînée seul dans sa calèche ; les grandes chaleurs empêchent madame la duchesse de Bourgogne de l'accompagner à ces chasses. Le soir le roi se promena autour du canal avec madame la duchesse de Bourgogne. Monseigneur étoit à la chasse avec le roi et se promena le soir avec madame la princesse de Conty. Au retour de la chasse M. de Pontchartrain amena au roi dans son cabinet un officier qui revient de Boulogne, qui dit que la flotte ennemie avoit mis quelques troupes à terre auprès d'Ambleteuse, mais que les milices du Boulonnois, qui sont presque aussi bonnes que des troupes réglées, avoient marché à eux et qu'ils s'étoient rembarqués tout au plus vite et leur ont crié que ce n'étoit pas à eux à qui ils en vouloient, et qu'ils s'en alloient sur les côtes de

Normandie, et ils font voile de ce côté-là, où apparemment ils ne feront pas grand mal, car il y a peu de troupes sur cette flotte. — Il n'est point venu ni hier ni aujourd'hui de nouvelles de Flandre. On compte que monseigneur le duc de Bourgogne marche.

Vendredi 17, *à Fontainebleau.* — Le roi, après la messe, entra chez madame de Maintenon, où il demeura jusqu'à son dîner; l'après-dînée il alla tirer. — Il arriva un courrier de M. de Villars, qui est à Oulx. Il mande que le gouverneur d'Exilles s'étoit rendu avant que sa place fût ouverte et sachant qu'on marchoit à son secours. Ce maréchal est fort animé contre ce commandant, qui s'appelle la Boulaye, qui avoit eu bonne réputation jusquelà. Le roi en recevant cette nouvelle n'a pas pu s'empêcher de dire qu'il voyoit depuis quelque temps des choses extraordinaires et qu'il avoit peine à comprendre des François. — Il y a des lettres d'Ypres du 15 au soir, qui portent que le maréchal de Boufflers avoit fait faire une grande sortie sur deux mille hommes qui soutenoient des travailleurs qui vouloient rompre une écluse, qu'on en avoit pris plus de trois cents, qu'on avoit emmenés dans la place, et qu'on avoit vu plusieurs chariots qui emmenoient des blessés à Menin. On compte que cette action coûte plus de sept cents hommes aux assiégeants, mais on n'en sait pas bien encore les détails.

Samedi 18, *à Fontainebleau.* — Le roi tint le conseil de finances et travailla ensuite avec M. Desmaretz, comme à son ordinaire. L'après-dînée il travailla avec M. de Chamillart et sur les six heures il alla se promener autour du canal avec madame la duchesse de Bourgogne. Il vint une grande pluie qui obligea le roi de quitter sa calèche pour monter en carrosse, où il fit monter avec lui les quatre dames qui étoient dans la calèche qui suivoit celle du roi. Monseigneur courut le loup. — On a reçu des lettres de M. le duc d'Orléans du 8. Il étoit campé à Agramunt et M. de Staremberg avec l'armée ennemie à Cervera, qui n'est qu'à quatre lieues d'Agramunt. M. de Staremberg, qui a reçu du secours qu'on lui a envoyé d'Italie, qui est d'environ cinq mille hommes, a promis à l'archiduc d'attaquer M. le duc d'Orléans, qui est un peu affoibli par les troupes qu'il a envoyées dans le royaume de Valence, mais dont l'armée est encore plus forte et meilleure que celle des ennemis. M. d'Orléans a tout son canon avec lui, mais il souffre un peu par le manque d'eau. — La ville de Paris vint haranguer le roi après son dîner. M. Bignon, nouveau prévôt des marchands, prêta son serment. Le second fils de M. Chauvelin harangua le roi, et le roi, après lui avoir répondu avec beaucoup de bonté pour la ville de Paris, employant même le mot de reconnoissance pour sa bonne ville, loua fort le discours de M. Chauvelin, qui fut fort beau.

Dimanche 19, à Fontainebleau. — Le roi tint le conseil d'État à son ordinaire. Il alla tirer l'après-dînée, et après être rentré chez lui il donna une assez longue audience au maréchal de Tessé, et le soir, chez madame de Maintenon, il travailla avec M. Pelletier. Monseigneur donna à dîner chez lui à madame la duchesse de Bourgogne et à madame la Duchesse, et ensuite il y eut appartement chez lui qui dura jusqu'au souper du roi. — On eut des lettres de M. le maréchal de Boufflers. Lille est entièrement investie, mais il ne parle point de la grande sortie qu'on nous avoit mandé d'Ypres; ainsi il est sûr qu'elle n'a point été faite. — Le roi envoie M. le maréchal de Tessé, avec la qualité de plénipotentiaire, au pape, aux républiques et aux princes d'Italie, et s'ils veulent se joindre ensemble pour empêcher que leur pays ne soit opprimé, il offre de faire passer en Italie vingt mille hommes de pied et quatre mille chevaux, dont ce maréchal aura le commandement. Il partira le 1er du mois de septembre et compte de s'embarquer le 8 ou le 10 à Antibes, où huit galères de France qui sont prêtes l'attendront pour le porter à Gênes.

Lundi 20, *à Fontainebleau.* — Le roi tint le conseil de dépêches, où le maréchal de Joyeuse avoit une grande affaire dans laquelle il prétend avoir sujet de se plaindre du procureur général. Le roi, avant que de rien décider là-dessus, a ordonné qu'on attendît la réponse que feroit le procureur général au mémoire que M. le maréchal de Joyeuse a présenté. Le roi courut le cerf l'après-dînée. — Monseigneur le duc de Bourgogne est toujours dans son camp, d'où l'on croit qu'il ne marchera point jusqu'à ce qu'il sache que les ennemis aient ouvert la tranchée devant Lille (1). — On mande de l'armée de M. le maré-

---

(1) Entre autres lettres qui vinrent de Flandre ce jour-là, la suivante mérite d'être reproduite ici :

Lettre de monseigneur le duc de Bourgogne à madame de Maintenon.

Au camp de Lowendeghem, le 17 août 1708.

Je ne saurois assez vous exprimer, Madame, combien je suis sensible à tout ce que le roi pense sur mon chapitre; il me fait peut-être plus d'honneur que je ne mérite, mais il est constant qu'il ne sauroit se servir de personne qui lui soit plus attaché par devoir et par le cœur en même temps.

Il n'est pas bien difficile de justifier près de moi madame la duchesse de Bourgogne sur des choses auxquelles je n'ajoute pas une foi entière, et je ne suis que trop porté à lui être favorable en tout; mais l'amitié dont elle m'a donné ici de sensibles marques m'avoit fait appréhender qu'elle n'eût été peut-être un peu trop loin dans quelques discours. Je lui ai bien dit déjà plusieurs fois que j'étois très-content de ce qu'elle m'avoit répondu là-dessus, et que ma crainte présente étoit de la voir un peu peinée par ce que je lui en avois écrit. Je vous prie de lui dire encore, Madame, et de lui marquer combien je suis charmé de son amitié et de sa confiance. Je me flatte que je les mérite, et je tâcherai de plus en plus de mériter son estime. Ce n'est pas d'aujourd'hui que je sais qu'il y a à la cour des gens qui ne l'aiment pas et qui voient avec peine l'amitié que le roi lui témoigne. Je crois même ne pas absolument ignorer leurs noms. Ce sera à vous, Madame, quand je vous verrai, de pouvoir m'en éclaircir plus particulièrement, pour prendre les précautions nécessaires afin que madame la duchesse de Bourgogne ne tombe point dans de certains panneaux infiniment dangereux et que je vous ai souvent vue appréhender. Pour la tracasserie, ce seroit bien injustement qu'on l'en accuseroit; elle la méprise souverainement, et son esprit est bien éloigné de ce qu'on appelle esprit de femme. Elle a assurément un esprit solide, beaucoup de bon sens, le cœur excellent et très-noble; mais vous la connoissez mieux que moi, et ce portrait est inutile; peut-être même que le plaisir que

chal de Villars que M. de Savoie, après avoir pris Exilles, avoit marché à Fenestrelles et qu'il avoit envoyé un détachement à la Pérouse, où nous avions cinq cents hommes qui se sont rendus prisonniers de guerre. Les généraux qui ont commandé en ce pays-là croient qu'il est presque impossible que M. de Villars secoure Fenestrelles. — La flotte ennemie qui avoit paru devant Ambleteuse a paru depuis sur les côtes de Picardie, où ils avoient débarqué quelques troupes. Ils se sont rembarqués sans avoir été attaqués. Ils étoient en deçà d'Étape, et on a eu nouvelle depuis qu'ils étoient retournés sur les côtes d'Angleterre quoique le vent ne les y poussât point.

Mardi 21, à Fontainebleau. — Le roi, après le conseil de finances, travailla avec M. Desmaretz à son ordinaire. Il a diminué, depuis six mois, plus de cinq millions de ce que les provinces lui payoient, et dans ce conseil-ci les généralités d'Orléans, d'Alençon et de Caen ont été fort soulagées. L'après-dînée le roi travailla avec M. de Chamillart. Monseigneur partit à dix heures et demie pour aller courre le loup. Madame la duchesse de Bourgogne et plusieurs dames étoient avec lui, qui souffrirent fort de la grande chaleur, et il y eut un grand retour de chasse chez madame la duchesse de Bourgogne qui les empêcha, Monseigneur et elle, d'être au souper du roi. — On eut des lettres de M. de Berwick du 19. Il mande que la tranchée n'étoit pas encore ouverte à Lille, que les ennemis avoient tout leur canon dans leur camp, que les lignes de circonvallation n'étoient pas encore achevées et que beaucoup de pionniers qu'ils y avoient fait venir des bailliages qui sont à nous se sauvoient la nuit pour retourner dans leurs maisons.

---

j'ai à parler d'elle m'empêche de m'apercevoir que je le fais trop souvent et trop longtemps.
Louis.

Lettres de Louis XIV, etc., à madame de Maintenon, imprimées pour MM. les bibliophiles français; Paris. Didot, 1822, 1 vol. in-8°.

AOUT 1708.

Mercredi 22, *à Fontainebleau.* — Le roi tint le conseil d'État à son ordinaire, et l'après-dînée alla courre le cerf avec les chiens de M. le comte de Toulouse. Madame la duchesse de Bourgogne étoit avec lui dans sa calèche; Monseigneur étoit à la chasse avec le roi. Madame suit toujours à toutes les chasses la calèche du roi, dans une calèche séparée. — M. le Blanc, intendant à Ypres, a envoyé un courrier pour apprendre que la tranchée étoit ouverte à Lille, et il écrit qu'il avoit envoyé des courriers à monseigneur le duc de Bourgogne et à M. de Berwick pour leur en donner avis, et sa lettre portoit que la tranchée étoit ouverte à la porte de Saint-André et qu'il y avoit deux boyaux qui se communiquoient, dont l'un alloit à la citadelle et l'autre à la ville. Le soir il arriva un courrier de M. de Berwick, parti le 21 au matin, qui mande au roi que la tranchée n'étoit point encore ouverte et que même elle ne se devoit ouvrir que le 24. — On eut des lettres de M. le duc d'Orléans du 12. Il est toujours au camp d'Agramunt, où il est dans l'abondance de fourrage et où il a enfin trouvé de l'eau. M. de Staremberg est encore à Cervera, où il ne fait aucun mouvement, et M. le duc d'Orléans mande qu'il croit la campagne finie de ce côté-là.

Jeudi 23, *à Fontainebleau.* — Le roi, après la messe, alla chez madame de Maintenon, où il demeura jusqu'à son dîner et où M. de Chamillart vint lui apporter des lettres de monseigneur le duc de Bourgogne qui sont du 22 au matin (1). Ce prince avoit reçu la lettre de M. le Blanc et

---

(1) L'une de ces lettres était adressée à madame de Maintenon; la voici :

Au camp de Lowendeghem, le 21 août 1708.

Il est certain, Madame, que l'état où l'on est présentement est un état violent, et qu'il n'y a que Dieu qui sache par où tout ceci finira; mais il faut tout espérer de sa protection. Je suis charmé de la manière dont madame la duchesse de Bourgogne a recours à lui, et j'espère que peu à peu elle deviendra comme nous le souhaitons bien ardemment.

Le courrier que j'envoie aujourd'hui au roi lui portera notre projet; il n'est

peu après celle du duc de Berwick, qui l'avoit désabusé de l'ouverture de la tranchée à Lille. Monseigneur le duc de Bourgogne compte de se mettre en marche samedi et de joindre le duc de Berwick le 28, qui sera mardi prochain. — Il arriva l'après-dînée un courrier de Normandie qui apporte la nouvelle que la flotte ennemie qui étoit rentrée aux Dunes pour y prendre encore quelques vaisseaux paroissoit à la vue de la Hougue. — Le marquis de Lyonne, autrefois maître de la garde-robe du roi et fils de M. de Lyonne, ministre des affaires étrangères, est mort à Paris. Il y a longtemps qu'il ne paroissoit plus. — On a la confirmation que la tranchée n'est point encore ouverte à Lille. Les ennemis travaillent à plusieurs épaulements en des endroits différents, et l'on ne sauroit juger encore par quel endroit ils attaqueront la place.

Vendredi 24, à Fontainebleau. — Le roi travailla le matin avec le P. de la Chaise et alla tirer l'après-dînée. Monseigneur courut le loup. — On a des lettres de Tournay qui portent que M. de Marlborough fait faire plusieurs ponts sur l'Escaut au-dessus et au-dessous de Helchin, et qu'on ne doute pas qu'il ne veuille passer cette rivière, et marcher du côté de la Dendre pour tâcher d'empêcher

---

pas tout à fait conforme à nos derniers entretiens, mais je le crois tel que le bien de son service peut le demander. Il est vrai, Madame, que tout le monde n'est pas dans une égale volonté; mais il ne faut pas croire aussi que tous manquent de courage, comme il y a apparence que l'on est à la cour. Le concert entre M. de Vendôme et moi me paroît établi. Nous prendrons toutes les mesures les plus convenables à la situation présente, et le roi sera exactement instruit de tout. Il est certain que, quelque envie que nous ayons de donner du secours à Lille, nous pourrions trouver les choses dans une telle situation que ce seroit tout perdre que de hasarder un combat que nous perdrions sans hésiter. En ce cas, je ne crois pas que ce soit l'intention du roi de tenter la bataille. Mais nous ne nous désisterons absolument qu'après l'avoir informé de tout ce que nous aurions trouvé, et reçu de nouveaux ordres. Ma lettre est bien courte, Madame, mais vous ne vous en formaliserez pas, et vous savez qu'il y a des temps où l'on n'est guère à soi.
Louis.

Lettres de Louis XIV, etc., à madame de Maintenon, imprimées pour MM. les bibliophiles français; Paris, Didot, 1822, 1 vol. in-8°.

la jonction de l'armée de monseigneur le duc de Bourgogne avec celle du duc de Berwick. Le roi Auguste, dont nous savons l'arrivée à la Haye, est venu à l'armée du duc de Marlborough. Il n'a point de troupes avec lui. Il vient y servir volontaire et s'y fait appeler le chevalier de Saint-Jean. — On a la confirmation d'une grande bataille gagnée par le roi de Suède contre les Moscovites dans laquelle il y a eu trois des généraux du czar tués, et depuis la bataille le roi de Suède a passé le Borysthène et dit qu'il veut aller droit à Moscou pour détrôner le czar, dont plusieurs des sujets sont révoltés, et le roi de Suède espère qu'ils se joindront à lui. — On n'a point eu aujourd'hui de courrier de Normandie; ainsi il est sûr que les ennemis n'y ont point débarqué.

Samedi 25, *à Fontainebleau.* — Le roi, après le conseil de finances, travailla avec M. Desmaretz, à son ordinaire. Il travailla l'après-dînée avec M. de Chamillart et sur les six heures il s'alla promener autour du canal avec madame la duchesse de Bourgogne après avoir entendu le salut, où il trouva cette princesse. — Il arriva le matin un courrier du duc de Berwick qui apporta une lettre du maréchal de Boufflers. Le maréchal de Berwick mande que Marlborough avoit passé l'Escaut le 23 au matin et marchoit en remontant la Ronne, dont il a donné avis à monseigneur le duc de Bourgogne. Sa lettre est d'hier au matin et celle que le courrier a apportée du maréchal de Boufflers est du 23 au matin. Il mande que la tranchée fut ouverte le soir du 22; que les ennemis avoient fait une grande parallèle à deux cent cinquante toises du chemin couvert et qu'ils canonnoient avec huit pièces une cassine qui est assez éloignée de la place et du côté de la porte de Saint-André; ce côté-là est un des endroits de la place le plus fort. Il arriva le soir un courrier de monseigneur le duc de Bourgogne, parti le 23 à minuit; ce prince avoit été averti par M. de Berwick du mouvement qu'avoient fait les ennemis.

Dimanche 26, *à Fontainebleau.* — Le roi tint conseil d'État à son ordinaire. Après dîner il alla tirer et le soir il travailla chez madame de Maintenon avec M. Pelletier. Madame la duchesse d'Orléans partit hier d'ici pour aller coucher à sa petite maison de l'Étoile dans le parc de Versailles. Madame la Duchesse partit aussi pour aller coucher à Saint-Maur, où M. le Duc est depuis quinze jours. — Le roi d'Espagne donne à madame la duchesse de Mantoue les 10,000 écus de pension qu'il donnoit au feu duc son mari. — On avoit cru qu'il pourroit y avoir un combat entre l'armée de M. le duc d'Orléans, qui est toujours au camp d'Agramunt, et celle du comte de Staremberg, qui est à Cervera; mais on apprend que ce comte s'y retranche, quoiqu'il eût assuré l'archiduc qu'il viendroit nous attaquer. L'archiduchesse est arrivée à Barcelone. Le chevalier d'Asfeld, que M. le duc d'Orléans a envoyé dans le royaume de Valence, a renforcé le blocus de Denia. Les Maures ont fait entrer un secours de vivres dans Alicante, dont la garnison ne laisse pas de déserter beaucoup.

Lundi 27, *à Petit-Bourg.* — Le roi partit de Fontainebleau entre onze heures et midi. Il avoit dans son carrosse madame la duchesse de Bourgogne, Madame, madame la duchesse de Brancas, dame d'honneur de Madame, et la comtesse de Mailly, dame d'atours de madame la duchesse de Bourgogne. Il arriva ici à trois heures et demie et alla d'abord dans la chambre de madame de Maintenon, qui étoit venue dîner ici avec mesdames d'Heudicourt et de Dangeau, qui sont venues avec elle. Le roi ne sortit que sur les six heures et alla se promener dans les jardins en calèche avec madame la duchesse de Bourgogne. Il y avoit plusieurs autres calèches pour les dames. — Le roi trouva en sortant de la forêt de Fontainebleau deux courriers, qu'il fit arrêter, l'un de monseigneur le duc de Bourgogne et l'autre de M. de Berwick. Il leur ordonna de porter les lettres à M. de Chamillart, qui étoit demeuré à Fontainebleau jusqu'au départ du roi et qui venoit en chaise de poste, et de dire à M. de Chamillart, dès qu'il auroit ouvert les lettres, de les lui apporter à son premier relai, qui étoit à Ponthierry et où apparemment il le pourroit joindre, et il l'y joignit effectivement, et il vint outre cela ici à Petit-Bourg pour recevoir les ordres du roi et faire partir un autre courrier. La lettre de monseigneur le duc de Bourgogne est du 25 au soir. Il mande qu'il marchera le 27 pour aller en deux jours à Ninove, où il passera la Dendre et où il compte d'être joint le mercredi matin par le duc de Berwick. La lettre du duc de Berwick porte qu'il a reçu ordre de monseigneur le duc de Bourgogne de le joindre le 29 au delà de la Dendre, et, comme il a plus de chemin à faire, il va marcher et campera à Saint-Ghislain. Marlborough est toujours avec son armée à Wadripont sur la Ronne, et ils font courre le bruit dans leur armée qu'il est là pour empêcher la jonction. Monseigneur le duc de Bourgogne mande au roi qu'il souhaite que les ennemis le viennent attaquer et que dans son armée on souhaite fort de voir une action. — Monseigneur courut le loup le matin à Fontainebleau. Il y vint dîner et puis en partit dans sa berline avec madame la princesse de Conty et alla coucher à Meudon, où il y demeurera huit jours. Le roi donna ordre à M. d'Antin de l'aller attendre au bout de l'avenue de cette maison pour lui dire les nouvelles que ces deux courriers avoient apportées. Le roi soupa à son heure ordinaire; il y avoit dix-huit dames qui eurent l'honneur de souper avec lui.

Mardi 28, à Versailles. — Le roi se promena tout le matin à Petit-Bourg malgré la pluie, et après dîner il en partit pour venir ici, où il arriva de fort bonne heure. — On eut des lettres du duc de Berwick du 27 au matin; il étoit campé à Carignon près de Mons. Il mande qu'il remarchera le lendemain avec toutes ses troupes pour aller par Enghien joindre monseigneur le duc de Bourgogne à

Ninove. Il mande aussi que l'armée de Marlborough n'a fait aucun mouvement et que les batteries des ennemis devant Lille tirent en salve. — Le maréchal de Matignon est depuis quelques jours à Tournay, où il est venu avec passe-port des ennemis, et est très-dangereusement malade. — L'électeur de Bavière, qui a consommé les fourrages autour de Landau et plus avant encore, sera obligé de revenir derrière nos lignes, et cela lui fait prendre la résolution d'aller bientôt aux eaux de Plombières, dont il a besoin pour sa santé. — Il y a un bref du pape très-fort et qui menace d'excommunication tous ceux qui liront les livres du P. Quesnel et ordonne à tous ceux qui en ont de les brûler.

Mercredi 29, à Versailles. — Le roi tint conseil d'État à son ordinaire et alla l'après-dînée à Marly, d'où il ne revint qu'à la nuit. Madame la duchesse de Bourgogne a une assez grande fluxion à la tête et ne put souper avec lui. — Il arriva un courrier de monseigneur le duc de Bourgogne, qui étoit déjà à Melle le 27 à midi. Il laissoit un peu reposer ses troupes et alloit remarcher pour arriver le lendemain de bonne heure à Ninove. L'armée de Marlborough étoit encore à Wadripont, et il n'y avoit nulle apparence qu'elle songeât à marcher; ainsi on ne doute pas que la jonction avec le duc de Berwick ne se fasse sans embarras. — Madame la duchesse d'Elbeuf remercia le roi de la pension de 10,000 écus que le roi d'Espagne a donnée à madame de Mantoue, sa fille, et le roi lui répondit : « Il est vrai, Madame, que j'y avois fort exhorté le roi mon petit-fils ; mais il y étoit si porté de lui-même et l'a accordé de si bonne grâce que c'est lui seul que vous en devez remercier, et je m'en réjouis avec vous de fort bon cœur. »

Jeudi 30, à Versailles. — Le roi apprit par un courrier de monseigneur le duc de Bourgogne que son armée est arrivée à Ninove le mardi à minuit et que l'armée de M. de Berwick étoit à Gamarache, qui n'en est qu'à deux lieues ; que le 29 au matin le duc de Berwick étoit venu trouver monseigneur le duc de Bourgogne à Ninove, et son armée, qu'il a laissée à Gamarache, joindra dans la marche qu'on fera aujourd'hui pour aller camper à Lessinnes. Marlborough n'a fait aucun mouvement et n'en fera point d'autres apparemment que d'aller repasser l'Escaut, voyant la jonction de nos armées. Monseigneur le duc de Bourgogne compte d'arriver à Tournay samedi ou dimanche au plus tard. M. le maréchal de Boufflers a fait des sorties qui ont très-bien réussi. Les assiégeants avoient pris un moulin à la tête de l'attaque de la porte de la Madelaine ; nous les avons rechassés. Ils ont repris ce moulin jusqu'à trois fois, le faisant toujours attaquer par des Anglois, et nous les en avons rechassés toutes les trois fois avec grande perte de leur côté; et la dernière fois, après l'avoir repris, nous l'avons brûlé. Les ennemis ont soixante-dix pièces de canon en batterie qui tirent toujours en salve.

Vendredi 31, à Versailles. — Le roi dîna de bonne heure et alla se promener à Marly. Monseigneur est encore à Meudon, d'où madame la princesse de Conty revint hier avec toutes les dames qui y étoient avec elle. — On a tous les jours des courriers de monseigneur le duc de Bourgogne. Il continue sa marche avec les deux armées qui se joignirent jeudi. Les assiégeants à Lille sont au pied du glacis de l'ouvrage à corne de la Madelaine. Le prince Eugène presse fort le siége ; ses batteries sont bien servies, mais il ne les a point encore avancées ; ainsi rien ne presse à Lille, et monseigneur le duc de Bourgogne aura tout le loisir d'y arriver. Marlborough se retire vers l'Escaut, qu'il repassera diligemment de peur que ses ponts ne soient emportés, parce qu'on a lâché les eaux à Tournay. — La flotte ennemie qui avoit paru devant la Hougue et devant Cherbourg est retournée sur les côtes d'Angleterre sans avoir rien entrepris, et on ne doute pas présentement qu'elle n'aille en Portugal pour y porter les troupes qui y sont embarquées, et on croit qu'elle prendra en Angleterre la reine de Portugal, qui y doit être arrivée présentement. — M. le maréchal de Tessé reçut hier les derniers ordres du roi et prit congé de lui; il part demain de Paris.

Samedi 1ᵉʳ septembre, à Versailles. — Le roi apprit à son lever, par un officier de la marine que M. de Pontchartrain lui amena, que M. Ducasse étoit lundi dernier au port du Passage avec la flotte du Mexique, riche de quarante à cinquante millions en argent sans compter pour environ dix millions de ce que les Espagnols appellent *los frutos*, qui sont toutes choses dont le débit est facile. Cet officier de marine est lieutenant de M. Ducasse. Le roi tint conseil de finances à son ordinaire et puis travailla avec M. Desmaretz, qui lui proposa, sur l'arrivée de cette flotte, d'envoyer ordre à toutes les Monnoies du royaume d'y recevoir tout l'argent qu'on y apporteroit, et de l'y faire monnoyer sans qu'il en coûtât rien à tous ceux qui auroient apporté ces matières, soit françoises, soit étrangères. Il en coûtera peut-être au roi 100,000 écus, mais par là il mettra beaucoup d'argent dans son royaume. Le roi approuva fort l'avis de M. Desmaretz, et on a déjà envoyé l'ordre. — Le roi alla tirer l'après-dînée, et sur les sept heures la reine d'Angleterre arriva. Madame la duchesse de Bourgogne est toujours fort incommodée de sa fluxion; elle n'a point encore soupé avec le roi depuis le retour de Fontainebleau.

Dimanche 2, à Versailles. — Le roi tint le conseil d'État à son ordinaire. Il travailla l'après-dînée avec M. Pelletier et puis s'alla promener à Trianon. Madame la duchesse de Bourgogne alla au salut à la paroisse, où le Saint Sacrement sera exposé trois jours. Monseigneur vint de Meudon au conseil; il rendit ensuite une petite visite à madame la duchesse de Bourgogne et retourna dîner à Meudon, d'où il reviendra mardi. — Sur les trois heures il arriva un courrier de monseigneur le duc de

Bourgogne, qui arriva hier à midi à Tournay avec toute son armée. Il mande qu'il n'y a rien d'égal à la bonne volonté des troupes et qu'il n'est pas demeuré un traîneur dans toute sa marche depuis Gand. Ce prince mande : « Cette nuit ou demain matin je ferai passer l'Escaut à toute l'armée. » Les bagages vont à Valenciennes. Marlborough a repassé l'Escaut, comme on l'avoit bien cru, et on ne doute pas même qu'il ne repasse la Marcq incessamment. Monseigneur le duc de Bourgogne compte de camper demain sur cette rivière, du côté de Cisoing, en le laissant à la droite. — Le roi apprit le matin que le duc d'Aumale, troisième fils de M. du Maine, étoit mort à Sceaux. Il n'avoit que quatre ans et demi.

Lundi 3, à Versailles. — Le roi alla l'après-dînée se promener à Marly. Madame la duchesse de Bourgogne devoit aller dîner à Meudon avec Monseigneur, mais comme sa fluxion dure, elle ne sortit que pour aller entendre le salut à la paroisse. Le roi a envoyé à M. le Prince et à madame la Princesse, qui sont à Écouen, M. de Souvré, maître de la garde-robe, pour leur faire compliment sur la mort du duc d'Aumale, leur petit-fils. — Il arriva un courrier de monseigneur le duc de Bourgogne parti de Tournay hier au soir. Notre armée passa ce jour-là l'Escaut et vint camper la droite auprès de Blandain et la gauche à Ere; celle des ennemis est en dedans de la Marcq, la droite à Pont-à-Marcq et la gauche au Pont-Tressin. Demain nous marcherons par notre gauche en remontant la Marcq pour nous approcher du grand chemin de Douai à Lille. Le canon que nous faisons venir de Douai nous joindra auprès d'Orchies, et quand il nous aura joint nous aurons cent soixante et dix pièces de canon, dont il y en a beaucoup de vingt-quatre.

Mardi 4, à Versailles. — Le roi tint le conseil de finances à son ordinaire, et l'après-dînée il travailla avec M. de Chamillart et puis alla tirer. Monseigneur revint le soir de Meudon. Madame la duchesse de Bourgogne alla entendre le salut à la paroisse, où le Saint Sacrement a été exposé ces trois jours-ci. — Il n'arriva point de courrier de monseigneur le duc de Bourgogne; le roi reçut seulement par l'ordinaire l'ordre de bataille fait depuis la jonction de M. de Berwick. Nous avons cent trente et un bataillons et deux cent trente-huit escadrons, et tout cela presque complet parce qu'on a doublé les escadrons et les bataillons qui avoient souffert à l'affaire d'Oudenarde. — La cour prendra le deuil vendredi pour la mort du duc d'Aumale; le roi en a donné l'ordre à M. de la Trémoille, premier gentilhomme de la chambre en année. Monseigneur sera le chef du deuil; le roi ne le portera point comme grand-père. On ne le portera que huit ou dix jours. — On croit ici que le combat en Flandre se donnera demain ou après-demain.

Mercredi 5, à Versailles. — Le roi tint le conseil d'État à l'ordinaire et alla à Marly l'après-dînée, d'où il ne revint qu'à la nuit. Il croyoit recevoir des lettres de monseigneur le duc de Bourgogne, mais il n'en est point encore venu aujourd'hui. — Monseigneur à son lever reçut des députés de Languedoc. M. l'archevêque d'Alby le harangua; il avoit harangué hier le roi après son lever. Le marquis d'Alègre prétendoit comme lieutenant de roi de Languedoc qu'il devoit présenter les députés en l'absence de M. du Maine, qui en est gouverneur et qui est demeuré à Sceaux depuis la mort de M. son fils, et le roi décida hier que le marquis d'Alègre étant prisonnier, il ne devoit faire aucune fonction de ses charges : ainsi M. de la Vrillière, secrétaire d'État qui a la province de Languedoc dans son département, présenta les députés au roi. — La flotte qui avoit paru il y a quelques jours devant la Hougue y est revenue encore. Ils ont débarqué environ deux cents hommes, qui ont pris quelques moutons sur la côte, et dès qu'ils ont vu qu'on marchoit à eux ils se sont rembarqués.

Jeudi 6, à Versailles. — Le roi ne sortit point de tout

le jour; il demeura l'après-dînée chez madame de Maintenon jusqu'à l'heure du salut, où il alla. Après le salut il se promena dans les jardins et puis il revint chez madame de Maintenon. Voici trois jours qu'on n'a point eu de courriers de monseigneur le duc de Bourgogne, et le roi en attend avec impatience. — Par les dernières lettres de Catalogne, les armées sont toujours dans leurs mêmes camps, et comme on voit qu'il n'y aura plus rien à faire cette campagne, beaucoup de gens croient que M. le duc d'Orléans aimera mieux venir ici que de retourner à Madrid. — Le roi donna ces jours passés une pension de 2,000 francs au comte Truzzi, qui étoit envoyé ici de M. de Mantoue et qui est naturalisé François. — M. Ducasse, après avoir amené au Passage la flotte qui vient du Mexique et qui est plus riche qu'on ne l'avoit dit d'abord, en est reparti avec les vaisseaux françois qui l'ont escorté et revient à Brest pour y désarmer.

Vendredi 7, à Versailles. — Le roi travailla le matin avec le P. de la Chaise et alla l'après-dînée se promener à Marly. — Il arriva le matin un courrier de M. de Vendôme par lequel monseigneur le duc de Bourgogne mande que les avis des généraux ont été partagés sur la manière de marcher aux ennemis et qu'on attendra les ordres du roi pour décider là-dessus, et que ce retardement ne peut nuire à l'affaire, parce que Lille n'est point pressé, M. de Boufflers ayant écrit du 5 au soir que les assiégeants étoient encore à trente pas de la palissade et qu'ils ne travailloient qu'à la sape. A quatre heures il arriva un courrier qu'on dit qui venoit de Lille et qui apportoit effectivement un billet de M. de Boufflers en chiffre; ce courrier n'a point voulu dire qui il étoit. On apprend par lui que nous n'avons point encore perdu d'officiers considérables dans la place et que nous n'avions que quatre cent cinquante soldats blessés à l'hôpital. A huit heures et demie M. de Chamillart partit. On dit d'abord qu'il alloit à l'Étang, mais on sut bientôt après que le roi l'envoyoit à l'armée de monseigneur le duc de Bourgogne, et à deux heures il avoit fait partir Pleneuf. Dès que le courrier de monseigneur le duc de Bourgogne fut arrivé le matin, le roi en fit repartir un qui fera venir au-devant de M. de Chamillart l'escorte dont il aura besoin.

Samedi 8, à Versailles. — Le roi tint le conseil de finances à l'ordinaire et alla l'après-dînée à vêpres et au salut. Monseigneur y suivit le roi. Madame la duchesse de Bourgogne devoit aller faire ses dévotions à Saint-Cyr, mais elle se trouva si incommodée la nuit qu'à peine put-elle se lever à midi pour aller à la messe et se remit au lit en revenant. Elle se releva pourtant le soir pour aller au salut, quoique très-incommodée toujours. — Il arriva un courrier de Flandre, au soir, par lequel on apprend que les assiégeants avoient attaqué le chemin couvert, que l'affaire avoit duré depuis neuf heures du soir jusqu'à trois heures du matin, qu'ils attaquoient par trois endroits : du côté de l'ouvrage à corne de la Madelaine, du tenaillon et de l'ouvrage à corne de Saint-André. Ils ont été repoussés de tous les trois côtés et y ont perdu beaucoup de monde. Ils attaquoient avec dix mille hommes de troupes choisies. — La flotte de Leak qui étoit partie de Barcelone a fait voile en Sardaigne, et on dit que Cagliari, qui en est la capitale, s'est rendue.

Dimanche 9, à Versailles. — Le roi tint le conseil d'État à son ordinaire et travailla l'après-dînée avec M. Pelletier et puis s'alla promener à Trianon. Madame la duchesse de Bourgogne alla au salut aux Récollets, où le Saint Sacrement est exposé depuis hier. — Il arriva de Flandre un courrier du cabinet. M. de Chamillart y arriva hier à six heures. Il paroît présentement que tous les généraux sont du même avis et qu'on marchera demain en descendant la Marcq en la laissant sur la gauche pour la passer après-demain à la hauteur du Fretain, en cas que les ennemis ne l'occupent pas, ce qu'on ne sait pas encore bien sûrement. M. de Boufflers mande que la perte des ennemis à l'attaque de la contrescarpe a été plus grande encore qu'on ne le croyoit d'abord et qu'il a fait compter plus de deux mille corps morts sur le glacis. — On a nouvelle que Fenestrelles s'est rendue à M. de Savoie. La garnison a forcé le commandant et le major et a capitulé sans ceux qui n'ont point voulu signer la capitulation. Cette capitulation porte que la garnison ne pourra servir d'un an.

Lundi 10, *à Versailles.* — Le roi prit médecine à l'heure ordinaire, quoiqu'il se fût couché hier plus tard qu'il n'a accoutumé, parce qu'il avoit beaucoup écrit; l'après-dînée il travailla avec M. de Pontchartrain. Madame la duchesse de Bourgogne entra chez le roi avant que d'aller à la messe et revint encore le voir dîner, et à six heures elle alla aux Récollets entendre le salut. — Il arriva un courrier de Flandre. Monseigneur le duc de Bourgogne a marché en descendant la Marcq, qu'il passera à Ennevelin en deçà de Fretain, que les ennemis occupent. Ils y ont leur gauche, et leur droite vers Noyelles; ils ont mis des troupes dans Ennetières, qui est à la tête de leur camp. Ils font venir un convoi de Bruxelles, où il y a cinq ou six cents chariots; c'est le général Fagel qui le conduit, et on prétend qu'il a six ou sept mille hommes avec lui. Nous devons demain passer la Marcq, et on ne croit pas que les ennemis nous en disputent le passage. On assure présentement qu'ils sont bien retranchés dans leur camp. On n'a rien appris de Lille aujourd'hui.

Mardi 11, *à Versailles.* — Le roi tint le conseil de finances, après lequel il travaille toujours avec M. Desmaretz. L'après-dînée il alla tirer et puis travailla avec M. de Cagny chez madame de Maintenon. Monseigneur alla se promener à Meudon. Madame la duchesse de Bourgogne alla au salut à la paroisse, où les prières des quarante heures ont recommencé. — Il arriva le soir un courrier du cabinet. M. de Chamillart mande au roi que l'armée de monseigneur le duc de Bourgogne passoit la

Marcq en plusieurs endroits et qu'il ne paroissoit pas que les ennemis fissent aucun mouvement pour les en empêcher. On a détaché le comte d'Estrades avec deux mille chevaux pour aller au-devant du convoi que les ennemis font venir à Bruxelles et tâcher d'empêcher qu'il arrive à Oudenarde. Le siége de Lille va toujours fort lentement. Les assiégeants tirent moins; on croit qu'ils veulent ménager leur poudre, qui manqueroit bientôt s'il ne leur arrive point de convoi. — La flotte des ennemis qui étoit devant la Hougue et qui avoit fait voile depuis quelques jours est, dit-on, arrivée près d'Anvers et y a débarqué quatre ou cinq mille hommes qui composoient les troupes qu'ils avoient assemblées dans l'île de Wight.

Mercredi 12, *à Versailles*. — Le roi tint conseil d'État à l'ordinaire et alla l'après-dînée se promener à Marly, d'où il ne revint qu'à la nuit. Madame la duchesse de Bourgogne alla entendre le salut à la paroisse. Monseigneur, après le conseil, alla courre le cerf avec les chiens du roi. — Il arriva sur les sept heures un courrier de monseigneur le duc de Bourgogne par lequel on apprend que notre armée passa hier la Marcq, comme on l'avoit résolu. Les ennemis ne se sont point opposés à notre passage; il auroit fallu pour cela qu'ils se dépostassent. Leur droite est à Noyelles et leur gauche à Fretain. Notre droite est à Ennevelin et notre gauche à l'hôpital près de Houpplines. Il sera difficile qu'il y ait une grande action de ce côté-là, car les ennemis occupent la crête de la plaine et sont fort bien retranchés. Nous canonnons le village d'Ennetières, qui est à la tête de leur camp et auquel leurs retranchements sont attachés, et ils canonnent aussi notre camp, surtout celui que nous avons auprès de Pont-à-Marcq, qui est le plus vis-à-vis d'Ennetières. Le général Fagel, qui leur amenoit sept ou huit bataillons et autant d'escadrons, les a joints.

Jeudi 13, *à Versailles*. — Le roi alla tirer l'après-dînée et puis revint se promener à Trianon. Monseigneur courut le loup. Madame la duchesse de Bourgogne alla au salut à la paroisse. — Il arriva un courrier de monseigneur le duc de Bourgogne. Nous canonnons le village d'Ennetières. Les ennemis avoient quatre brigades d'infanterie et quelques dragons dans Seclin, qu'ils ont retirés la nuit. On a reconnu leur camp de plus près, et tous les généraux disent qu'il n'est pas attaquable ; ainsi monseigneur le duc de Bourgogne repassera la Marcq incessamment. — Mademoiselle d'Elbeuf, sœur cadette de la duchesse de Mantoue, prit l'habit à l'abbaye de Saint-Antoine, dont madame de Montchevreuil est abbesse. M. le cardinal de Noailles en fit la cérémonie, et le P. Gaillard fit un très-beau sermon. — M. le comte de Marsan, dont les paupières sont presque entièrement fermées depuis quelques jours, se trouva beaucoup plus mal; sa langue est fort embarrassée et on ne peut plus douter que son mal ne soit une paralysie.

Vendredi 14, à Versailles. — Le roi dîna de bonne heure et alla se promener à Marly. Madame la duchesse de Bourgogne alla au salut à la chapelle, où les prières de quarante heures ont recommencé. — Il arriva un courrier de monseigneur le duc de Bourgogne, qui repassera la Marcq demain. On croit qu'il se rapprochera de Tournay et qu'il ira camper à Templeuve. On a des lettres de M. de Boufflers du 12. Il a fait une grande sortie qui a très-bien réussi. On a repris la seule traverse du chemin couvert dont les ennemis étoient les maîtres, et les assiégés se défendent avec tant de valeur qu'en cinq jours les ennemis n'ont fait aucun progrès. Il est vrai que notre armée si proche de la leur les a obligés de retirer beaucoup de troupes du siége. Ils commençoient à ne plus guère tirer de canon, mais depuis deux jours on entend de notre camp que leur feu redouble ; c'est qu'il leur est venu un convoi qui leur a apporté de la poudre et des boulets. Le marquis de Coëtquen, colonel qui est dans la place, a été blessé à la cuisse d'un éclat de bombe, mais la blessure est légère.

Samedi 15, *à Versailles.* — Le roi tint conseil de finances à son ordinaire, et l'après-dînée il travailla avec M. de Cagny en l'absence de M. son père, qui travaille avec le roi les samedis et les mardis. Monseigneur alla dîner à Meudon, d'où il ne reviendra que jeudi. Madame la duchesse de Bourgogne alla au salut à la chapelle. — Il arriva un courrier de monseigneur le duc de Bourgogne, dont l'armée est campée à Bersée. Les ennemis n'ont fait aucun mouvement pour attaquer son arrière-garde quand il a repassé la Marcq. Tous nos généraux ont été de même avis sur l'impossibilité qu'il y avoit à attaquer les retranchements des ennemis et sur la marche que nous faisons qui empêchera tous leurs convois, sans lesquels ils ne sauroient prendre Lille. Les Hollandois se sont toujours opposés à ce siége, mais la reine Anne d'Angleterre l'a voulu absolument. — M. le marquis de Jarzé, qui avoit été nommé pour l'ambssade de Suisse en la place du marquis de Puysieux, qui en est revenu durant le voyage de Fontainebleau, fit une chute étant chez lui en Anjou, et cette chute s'est trouvée suivie de beaucoup d'incommodités qui le mettent hors d'état de se pouvoir acquitter de cet emploi ; ainsi on en va choisir un autre.

Dimanche 16, *à Versailles.* — Le roi tint le conseil d'État à son ordinaire ; Monseigneur, qui a accoutumé d'y venir toujours quand même il est à Meudon, n'y vint point, parce qu'il s'est fait saigner. L'après-dînée le roi travailla avec M. Pelletier et puis alla au salut ; madame la duchesse de Bourgogne y alla avec lui. — Monseigneur le duc de Bourgogne a marché de Bersée à Templeuve, où on croyoit qu'il pourroit demeurer quelques jours ; mais on n'y trouve pas la subsistance qui seroit nécessaire, et apparemment nous allons repasser l'Escaut, où nous serons dans l'abondance des fourrages et d'où nous empêcherons sûrement les convois qui voudroient venir de Bruxelles et dont les ennemis ont encore besoin. Le siége de Lille n'avance point. M. de Chamillart doit coucher ce soir à Douai, et on l'attend ici demain au soir ou mardi matin au plus tard. Il a mandé au roi qu'il avoit vu toutes les troupes en plusieurs jours différents, que jamais la cavalerie n'avoit été plus belle et que l'infanterie étoit plus complète qu'on n'auroit osé l'espérer.

Lundi 17, à Versailles. — Le roi travailla l'après-dînée avec M. de Pontchartrain et puis alla tirer, d'où il revint à la nuit. Madame la duchesse de Bourgogne alla au salut aux Récollets, où les prières de quarante heures ont recommencé. M. de Chamillart arriva durant le souper du roi et envoya M. de Cagny porter à S. M. les lettres de monseigneur le duc de Bourgogne, et après le souper, quand le roi fut dans son cabinet, il envoya querir M. de Chamillart, avec qui il demeura assez longtemps. Le roi à son coucher parut fort content de tout ce qu'il venoit d'apprendre, et les dispositions de notre armée pour empêcher les convois des ennemis sont très-bonnes. M. de Boufflers mande du 15 qu'il a fait une sortie qui a fort bien réussi et a rechassé les assiégeants des angles saillants de la contrescarpe dont ils étoient les maîtres depuis huit jours. On mande de Courtray et d'Oudenarde qu'il y a plus de neuf mille blessés dans ces deux villes. Les ennemis n'en envoient point à Menin, parce qu'il y règne une maladie contagieuse. — Le roi, au retour de la chasse, où il avoit tué beaucoup de faisans, et faisant réflexion que dans la semaine il y auroit quatre jours maigres, distribua toute sa chasse aux courtisans que les infirmités empêchent de manger maigre.

Mardi 18, à Versailles. — Le roi tint conseil de finances à son ordinaire; l'après-dînée il travailla avec M. de Chamillart et ensuite il s'alla promener dans ses jardins. Madame la duchesse de Bourgogne alla entendre vêpres aux Récollets et puis alla à Meudon voir Monseigneur, qui avoit pris médecine; elle y joua avec lui au papillon et puis monta dans son entresol, où ils demeurèrent une grosse heure. Elle repartit de Meudon à neuf heures et revint souper avec le roi. — Il arriva un courrier de monseigneur le duc de Bourgogne, qui a repassé l'Escaut. Il est campé sa droite à Herinnes et sa gauche à Saulchoy, près de Tournay. Il a un détachement de ses troupes à Pottes et Escanaffle prêt à le rejoindre quand il voudra. Il a envoyé Chemerault avec un autre détachement pour masquer Oudenarde; ainsi rien n'y pourra entrer. Il a envoyé quelque cavalerie à Douai et à Béthune pour incommoder les ennemis dans leurs derrières. — Le roi a donné au chevalier de Nangis, capitaine de vaisseau qui fut pris à l'entreprise d'Écosse et qui est échangé, une gratification de 2,000 francs qu'on espère qui sera convertie en pension.

Mercredi 19, *à Versailles*. — Le roi tint le conseil d'État à son ordinaire et alla l'après-dînée chasser dans le parc de Meudon, et voir les bâtiments de Monseigneur. — Voici plus exactement la disposition de notre armée de Flandre : Monseigneur le duc de Bourgogne a envoyé Chemerault avec vingt-quatre bataillons et trente escadrons sur les hauteurs d'Oudenarde, avec ordre de se retrancher pour contenir cette place. Le comte de Coigny l'a joint depuis avec vingt-quatre escadrons de dragons, et ce corps doit veiller jusqu'à Gand. Sousternon est à Berchem avec dix bataillons et dix escadrons et se communique avec Chemerault. La Châtre est à Escanaffle avec dix bataillons et dix escadrons et se communique avec Sousternon. Le chevalier de Croissy est à Pottes avec huit bataillons et huit escadrons et se communique avec la Châtre. La droite de notre armée est vis-à-vis Herinnes en remontant l'Escaut, laissant le mont de la Trinité derrière, et la gauche est à un quart de lieue de Tournay. Le quartier de monseigneur le duc de Bourgogne est à l'abbaye de Saulchoy;

ainsi depuis Tournay jusqu'à Oudenarde nous avons des troupes qui font face à l'Escaut. Chemerault doit veiller depuis Oudenarde jusqu'à Gand, et par le moyen des écluses de Gand l'Escaut remonte entre Gavre et Oudenarde.

Jeudi 20, *à Versailles.* — Le roi alla l'après-dînée se promener à Marly. Monseigneur revint ici le soir de Meudon. Madame la duchesse de Bourgogne dîna à la Ménagerie avec madame de Maintenon et quelques dames du palais, et à cinq heures elles vinrent aux Récollets entendre le salut. — Il arriva un courrier de monseigneur le duc de Bourgogne par lequel on eut une lettre de M. de Boufflers du 18. Il mande que le 17 les ennemis avoient attaqué le tenaillon, qu'ils avoient été repoussés six fois et avoient perdu beaucoup de monde; que les troupes du prince Eugène étoient fort rebutées. Un officier de notre armée qui a trouvé moyen d'entrer dans celle des ennemis devant Lille assure qu'il a été dans le parc de leur artillerie, où il leur reste fort peu de poudre. On mande la même chose à monseigneur le duc de Bourgogne de plusieurs endroits. Ce prince a détaché M. de Puiguyon, lieutenant général, qui avec M. le baron de Bergeyck et les troupes d'Espagne s'approcheront de Bruxelles. Ils seront joints par MM. de Senneterre et d'Ourches, qui y mènent quelques brigades d'infanterie et de cavalerie. Tous ces corps ensemble feront vingt-quatre bataillons et plus de trois mille chevaux.

Vendredi 21, *à Versailles.* — Le roi travailla le matin avec le P. de la Chaise et alla tirer l'après-dînée. Monseigneur courut le loup. Madame la duchesse de Bourgogne alla au salut à la paroisse. — Il n'arriva point de courrier de l'armée de monseigneur le duc de Bourgogne. On sait seulement qu'il a détaché vingt-deux bataillons et deux brigades de cavalerie qui sont commandés par M. de Puiguyon. Ce corps-là marche vers Bruxelles, dont les habitants sont aussi disposés à nous recevoir que ceux de Gand et de Bruges l'étoient. — M. le duc de Savoie, après avoir pris Fenestrelles, est retourné à Turin ; voilà la campagne finie de ce côté-là, où les neiges sont déjà fort hautes dans les montagnes. — Le roi fit ces jours passés M. de Maillebois brigadier. Il est fils aîné de M. Desmaretz, et M. le maréchal de Boufflers en a mandé tant de bien et qu'il s'étoit si fort distingué à toutes les actions qui se sont passées au siége de Lille qu'il méritoit que le roi lui fît cette grâce. Il est colonel du régiment de Touraine. — On assure que le roi Auguste a quitté le siége de Lille et qu'il s'en retourne en Hollande. — Madame la duchesse de Bourgogne fit ses dévotions à la paroisse.

Samedi 22, *à Versailles.* — Le roi tint le conseil de finances à son ordinaire, après quoi il travaille toujours avec M. Desmaretz, et l'après-dînée il travailla avec M. de Chamillart et puis il alla se promener à Trianon. — M. le maréchal de Boufflers a écrit du 19 à monseigneur le duc de Bourgogne qu'il étoit toujours maître du chemin couvert ; ainsi on espère que la ville de Lille tiendra au moins jusqu'à la fin du mois. On a donné ordre à la Connelaye, qui commande à Nieuport, d'en lâcher les écluses, qu'on espère qui mettront assez d'eau dans le pays pour empêcher les convois que les ennemis pourroient faire venir d'Ostende à leur armée, du moins que cela les obligera à prendre une marche plus longue qui donnera le temps d'arriver aux troupes qu'on va envoyer au comte de la Mothe. Ostende est le seul endroit par où il puisse venir présentement des convois aux ennemis, et sans les convois ils ne sauroient continuer le siége, car la poudre commence à leur manquer. Ces avis-là viennent à monseigneur le duc de Bourgogne par plusieurs endroits.

Dimanche 23, *à Versailles.* — Le roi tint le conseil d'État à son ordinaire et travailla l'après-dînée avec M. Pelletier et alla au salut à la chapelle. Madame la duchesse de Bourgogne, qui avoit dîné à la Ménagerie, en revint tout droit à la chapelle. — M. le comte du Luc est nommé à l'ambassade de Suisse en la place du marquis de Jarzé, dont la santé n'a pas pu lui permettre d'aller à cette ambassade. — Le chapitre des chevaliers de l'Ordre est convoqué à demain. On croyoit que ce n'étoit que pour admettre les preuves du cardinal de la Trémoille, mais le roi dit le soir à M. le Duc qu'il vouloit faire M. le duc d'Enghien, son fils, chevalier, et qu'il le proposeroit au chapitre. M. le Duc n'en avoit point parlé au roi. M. le duc d'Enghien a seize ans. — On ne songe plus à l'entreprise de Bruxelles, où il n'y avoit plus que trois bataillons. Les ennemis y en ont fait entrer six autres et un régiment de houssards; ces troupes étoient dans Hulst et dans Axel. M. de Puiguyon marche en diligence pour joindre le comte de la Mothe, et on espère qu'il arrivera assez tôt pour empêcher le convoi des ennemis de passer à l'armée qui est devant Lille.

Lundi 24, à Versailles. — Le roi après son lever fit entrer le comte du Luc dans son cabinet. Ensuite le roi fit appeler les chevaliers de l'Ordre; les preuves du cardinal de la Trémoille furent admises, et le roi commanda à M. de la Vrillière de lui envoyer la permission de porter l'Ordre. M. le duc d'Enghien sera reçu à la première fête du Saint-Esprit. — Il arriva un courrier de monseigneur le duc de Bourgogne qui apporte des lettres du maréchal de Boufflers du 22 au soir. Il mande que les ennemis ont attaqué le chemin couvert et le tenaillon avec sept mille hommes. Ils ont été repoussés deux fois, et la troisième fois ils l'ont rattaqué. Le prince Eugène étoit à l'action et y a été blessé d'un coup de fusil au-dessus de l'œil. Ils se sont logés sur l'angle gauche du tenaillon, où nous avons un retranchement dont nous sommes demeurés les maîtres. Ils n'ont pu prendre aucunes traverses de notre chemin couvert; ils ont eu à cette action plus de deux mille hommes tués sur la place. Les assiégés y ont eu quatre cents hommes tués ou blessés. Soury, colonel suisse, est blessé au ventre; le marquis d'Angennes et Ravignan, colonels, ont été blessés, l'un au bras et l'autre à la cuisse. Les blessures de ces trois colonels sont légères; on croit celle du prince Eugène assez considérable. M. de Chamillart apporta ces nouvelles au roi comme il venoit de tirer, et le roi les lui fit dire tout haut devant nous, et quand le roi fut rhabillé il entra chez madame de Maintenon et dit en y entrant : « Je ne souhaite point la mort du prince Eugène, mais je ne serois pas fâché que sa blessure l'empêche de servir le reste de la campagne. » Marlborough avoit détaché douze hommes par compagnie de son armée pour cette attaque.

Mardi 25, à Versailles. — Le roi tint le conseil de finances; il travailla l'après-dînée avec M. de Chamillart et puis s'alla promener à Trianon. Monseigneur s'en alla hier coucher à Petit-Bourg; il doit courre le loup aujourd'hui dans la forêt de Sénart et reviendra demain. Madame la duchesse de Bourgogne alla au salut; elle y va tous les jours et souvent même le soir. Après le coucher du roi elle va prier Dieu à la chapelle, où elle demeure assez longtemps. Monseigneur le duc de Bretagne fut sevré dimanche, et on n'a eu nulle peine à le sevrer. — Il n'arriva point de courrier de monseigneur le duc de Bourgogne. — Le prince de Léon et le comte de Fiesque sont à l'extrémité à Paris. — Le roi donna à M. de Torcy (1)...

Mercredi 26, à Versailles. — Le roi tint le conseil d'État à son ordinaire et alla l'après-dînée se promener à Marly. Monseigneur revint l'après-dînée de Petit-Bourg, où il étoit allé lundi. — Il arriva le soir un courrier de monseigneur le duc de Bourgogne, qui a envoyé M. le duc de Berwick à Bruges. Le comte de Coigny, avec tout le corps des dragons, doit l'aller joindre. Il aura dans son

---

(1) Cette phrase est restée inachevée.

armée les quarante bataillons qui marchent sous les ordres de Puiguyon, et il aura cinquante escadrons de dragons ou de cavalerie. On compte que c'est plus qu'il n'en faut pour empêcher le convoi que les ennemis veulent faire venir d'Ostende. Le maréchal de Boufflers mande du 24 que les assiégeants attaquèrent encore le 23 le chemin couvert des ouvrages à cornes et le tenaillon. Ils ont été repoussés à leur attaque du chemin couvert et se sont logés à l'attaque du tenaillon sur l'angle droit, comme par l'autre attaque ils s'étoient logés sur l'angle gauche. Ils y ont perdu beaucoup de monde et nous y avons eu plus de cent hommes tués ou blessés. Ce maréchal mande que la garnison s'affoiblit fort, mais que les ennemis n'ont pas pris un pouce de terrain qui ne leur ait été fort disputé.

Jeudi 27, *à Versailles.* — Le roi alla se promener l'après-dînée à Trianon. Monseigneur alla dîner seul à Meudon et revint pour le souper du roi. Madame la duchesse de Bourgogne continue à prendre les eaux de Plombières, et tous les jours elle va au salut à l'église, où le Saint Sacrement est exposé. — Il arriva un courrier de monseigneur le duc de Bourgogne. Le maréchal de Boufflers mande du 25 au soir que les assiégeants n'ont rien entrepris les deux derniers jours. Les chariots que les ennemis envoyoient à Ostende pour y charger leur convoi n'ont pu passer à cause de l'inondation; on a été obligé de les laisser à Thorout. Les troupes qui les escortoient marchent à Plassendal, qu'ils veulent attaquer pour ouvrir un chemin à leur convoi. Le comte de la Mothe, qui est dans Plassendal avec quelques bataillons, mande du 25 qu'ils n'ont encore rien tenté; Puiguyon, avec les quarante bataillons qu'il mène, devoit le joindre le 26 au matin. Une demi-heure après l'arrivée du courrier de monseigneur le duc de Bourgogne il en arriva un sorti de Lille le 25 au soir. Les ennemis l'ont arrêté dans leur camp, où il a été dépouillé. Ils ne lui ont point trouvé de lettres ; il a pourtant un billet du maréchal de Boufflers, mais il n'est pas encore déchiffré.

Vendredi 28, *à Versailles.* — Le roi travailla le matin avec le P. de la Chaise et alla l'après-dînée se promener à Marly. Monseigneur courut le cerf ; le roi eut le plaisir, en se promenant dans les jardins de Marly, d'entendre une partie de la chasse. Madame la duchesse de Bourgogne continue tous les jours d'aller au salut. — Le comte de Fiesque * est mort à Paris. Voilà la maison des comtes de Fiesque de Lavagne finie en France et en Italie. Il n'avoit jamais été marié. Il a fait le duc de Noirmoustier son légataire universel ; ses héritiers devoient être Breauté du côté de son père, et Guerchy du côté de sa mère. — Il n'est point arrivé de courrier de monseigneur le duc de Bourgogne. On sait seulement par les lettres de l'ordinaire que les chariots des ennemis qu'on croyoit arrêtés à Thorout par l'inondation avoient marché et passé le canal qui va de Nieuport à Plassendal. Les troupes qui les escortent ont raccommodé le pont de Leffinghe, qui est sur ce canal ; ainsi on les compte arrivés à Ostende, où ces cinq cents chariots seront joints encore par deux cents autres que les ennemis ont tiré du Franc de Bruges, ce qui redouble notre inquiétude sur ce convoi, d'autant plus que peut-être toutes les troupes que nous envoyons de ce côté-là ne seront pas arrivées.

* Le comte de Fiesque ne s'étoit point marié, avoit peu servi, et fait quelques campagnes aide de camp du roi. C'étoit un homme singulier, et qui ne laissoit pas d'avoir de la considération et des amis. Il avoit de l'esprit, faisoit rarement des vers, mais aisément et joliment. Il fit une chanson sur Béchameil et son entrée dans sa terre de Nointel, si plaisante, si ridicule et si fort dans le caractère de Béchameil qu'on s'en est toujours souvenu. Le roi, qui la lui fit chanter, et il chantoit bien, en pensa mourir de rire. Il fut toute sa vie intime de M. de Noirmoustier, comme on le voit par son testament. Il alloit peu à la cour depuis douze ou quinze ans.

Samedi 29, *à Versailles.* — Le roi tint le conseil de finances à son ordinaire, alla tirer l'après-dînée et travailla le soir chez madame de Maintenon avec M. de Chamillart. Monseigneur et madame la duchesse de Bourgogne, après avoir entendu la messe dans la tribune, descendirent dans la chapelle en bas, où ils tinrent sur les fonts un fils du comte Gentile, envoyé de Gênes. — On reçut par l'ordinaire des lettres de monseigneur le duc de Bourgogne du 27. Il mande que le maréchal de Boufflers lui écrit du 26 que les assiégeants n'ont rien entrepris depuis le 23, mais qu'il voit des mouvements dans leur armée qui lui font croire que cette nuit-là ils attaqueront encore le chemin couvert des ouvrages à cornes et le tenaillon. Monseigneur le duc de Bourgogne a détaché encore deux brigades d'infanterie de son armée qui ont marché hier ou avant-hier pour aller joindre les troupes du comte de la Mothe. M. le chevalier de Luxembourg, qui est à Douai, doit avoir marché avec plus de deux mille chevaux pour entrer, s'il est possible, dans Lille; chaque cavalier doit porter en croupe de la poudre et chacun un fusil en guise de mousqueton. On attend avec grande impatience le succès de cette entreprise, qui doit s'être exécutée la nuit passée.

Dimanche 30, *à Versailles.* — Le roi tint le conseil d'État; l'après-dînée il travailla avec M. Pelletier, et à six heures il alla au salut à la paroisse. Madame la duchesse de Bourgogne y étoit allée un peu avant lui, et il la ramena dans sa calèche. Monseigneur, après le conseil, s'en alla dîner à Meudon, où il emmena madame la Duchesse; il y coucha et va demain à Livry, d'où il reviendra mercredi tout droit à Marly. — M. le duc de Luxembourg entra dans le cabinet du roi avec M. de Chamillart sur les quatre heures. Il avoit reçu un courrier que lui envoyoit le secrétaire du chevalier de Luxembourg, son frère, qui lui mande que le chevalier étoit entré dans Lille, avec près de deux mille hommes, chaque cavalier portant soixante livres de poudre et un fusil en la place du mousqueton; ainsi on compte qu'ils ont porté plus de cent mille livres de poudre et près de deux mille fusils. Outre ces troupes qui sont entrées dans la ville, le chevalier de Luxembourg avoit avec lui les régiments de Tourotte et de Tarneau, qui n'ont pas pu y entrer. On ne sait pas même ce que Tourotte et trois capitaines de son régiment sont devenus. Le reste est arrivé à Douai sans avoir été poursuivi. Tournefort, enseigne des gardes du corps et qui étoit de cette entreprise, en est allé porter la nouvelle à monseigneur le duc de Bourgogne, qui lui avoit donné ordre de revenir dès qu'il auroit vu passer la barrière de la circonvallation aux troupes du chevalier de Luxembourg. Cette affaire s'est passée la nuit du 28 au 29. On croyoit que dès ce soir on auroit un courrier de monseigneur le duc de Bourgogne, qui manderoit la même nouvelle, mais il n'en est point arrivé. Monseigneur le duc de Bourgogne a reçu des lettres du comte de la Mothe, à ce qu'on apprend par les lettres de ce prince qui sont venues par l'ordinaire. Ce comte lui mande que la plus grande partie des troupes qu'il attendoit ne sont pas arrivées, et qu'ainsi il espère pouvoir empêcher le convoi qui est à Ostende de passer à l'armée des ennemis; si cela étoit, on ne douteroit presque plus de la levée du siége de Lille.

Lundi 1ᵉʳ octobre, à Versailles. — Le roi travailla l'après-dînée avec M. de Pontchartrain et puis alla tirer. Monseigneur partit l'après-dînée de Meudon et alla coucher à Livry. Madame la duchesse de Bourgogne alla au salut à la paroisse, où les prières de quarante heures finissent, et après en être revenue elle monta chez le maréchal de Noailles, qui avoit perdu presque toute connoissance. Il la reconnut pourtant et madame de Maintenon aussi. On lui a donné plusieurs fois de l'émétique; il étoit un peu mieux ce soir, mais les médecins ont bien mauvaise opinion de son mal. — Il arriva le matin un courrier de monseigneur le duc de Bourgogne par lequel on eut la confirmation de la nouvelle du chevalier de Luxembourg, que le roi a fait lieutenant général ; mais on apprit une méchante nouvelle par le même courrier. Le comte de la Mothe a attaqué près de Wynendale les troupes qui escortoient le convoi des ennemis, et pendant le combat une partie du convoi a passé. L'action a duré trois grosses heures. Les troupes d'Espagne ont fort souffert. Nous avions deux brigades d'infanterie qui n'étoient pas encore arrivées. On ne sait pas bien encore le détail de cette affaire, qui paroît très-malheureuse.

Mardi 2, à Versailles. — Le roi tint le conseil de finances à l'ordinaire ; il travailla l'après-dînée avec M. de Chamillart et puis alla se promener à Trianon. Le maréchal de Noailles mourut sur les cinq heures*. Madame la duchesse de Bourgogne fut dans sa chambre jusqu'à sa mort et y demeura encore longtemps après pour consoler la famille, qui est fort désolée et qu'on a emmenée à Paris. — Il arriva un courrier de monseigneur le duc de Bourgogne par lequel on apprit que l'affaire du combat du comte de la Mothe n'est pas si fâcheuse qu'on l'avoit dit d'abord. Nous y avons perdu fort peu de monde, et on assure qu'il n'a passé que trois cents chariots du convoi des ennemis, dont il y en a même cinquante pleins de blessés qu'ils ont eus à cette affaire ; c'est M. d'Albemarle qui commandoit les troupes des ennemis. M. de la Mothe remarche à Oudenburgh et veut se rendre maître de tous les postes qui sont sur le canal de Bruges à Ostende. — L'électeur de Bavière vient à Compiègne. Le roi lui fait meubler le château, et le duc d'Humières, qui en est gouverneur, s'en va lui en faire les honneurs, et le roi lui a fait donner les instructions sur la manière dont on le doit traiter ; cet électeur y doit arriver dimanche.

* Le maréchal de Noailles mourut sans fièvre, en deux jours, précisément de gras fondu comme les chevaux, et sa mort fut semblable à sa vie. Il l'avoit toute passée en bas courtisan, portant la queue de madame de Montespan, tandis que celle de la reine ne l'est que par un page, un porte-manteau ou un exempt des gardes du corps, suivant les lieux ; faisant sa cour à tous les commis des ministres, et d'ailleurs l'homme du monde le plus haut, le plus glorieux et le plus brutal ; fort particulier, et sa chambre ouverte seulement à l'exquis de la cour. C'étoit un homme qui faisoit ses dévotions sans cesse et de tout temps, et qui étoit fort accusé d'aimer les filles. On prétend que ce goût avança fort Rouillé du Coudray, son ami de plaisir. Il y a un conte qui a passé pour vrai, mais qu'on ne garantit pas et qui toutefois doit trouver place ici. Vers les derniers temps qu'il fut capitaine des gardes, et étant dans l'appartement de quartier, son frère le cardinal de Noailles arriva dans sa chambre plus matin qu'on ne l'attendoit. Le maréchal étoit au lit, qui lui cria languissamment de s'en aller, qu'il se mouroit d'une migraine, qu'il ne pouvoit voir le jour ni entendre remuer. Le cardinal, qui étoit entré tout à coup et à qui l'on n'avoit point parlé que le maréchal se trouvât mal, fut surpris et voulut lui faire des questions, et l'autre de couper court et de s'en défaire ; à la fin il l'éconduisit et en demeura en sueur froide ; c'est que la petite Chappe, de la musique du roi, étoit entre deux draps avec lui, qui, transie à la voix du cardinal, s'étoit tapie sous la couverture vers le pied du lit, où elle étouffoit et n'osoit remuer, et le maréchal étoit ni non plus dans les horreurs [sic] que le cardinal ne demeurât là ou ne vînt à s'apercevoir de quelque chose. Il ne se consola point d'avoir donné sa charge à son fils ; ce lui fut un ver rongeur qui dura le reste de sa vie ; il croyoit n'être plus rien et se trouvoit tout désœuvré. Il ne put recevoir les sacrements qu'on lui avoit portés, et il fut toujours au milieu de toute la cour, qui remplit sa chambre sans cesse, et mourut ainsi au milieu de la cour. Le roi et madame de Maintenon l'aimoient par une grande habitude, parce qu'ils n'avoient rien à soupçonner sur son esprit court et lourd, ni sur ses vues ; sa bassesse et infatigable servitude les flattoit et les rassuroit, outre son orgueil qui rampoit à leurs pieds et trembloit sous leurs moindres regards. La magnificence qu'il aimoit leur étoit encore fort agréable, et à la cour et dans les emplois qu'il avoit eus ; mais ils n'aimoient point sa femme, dont ils craignoient l'esprit, les vues et les manéges. C'étoit une des plus habiles femmes de la cour en tous genres, qui fut l'âme et tout l'emploi de la fortune de son mari ; bonne mère, bonne amie, et qui faisoit les plus grandes choses pour sa famille, au milieu du monde, en se jouant toujours, riant comme si elle n'avoit eu rien à faire, avec tant d'art et d'aisance, de discernement et de grand sens qu'il n'y avoit pas moyen de se dépêtrer d'elle ni de résister à ce qu'elle vouloit, et c'est ce qui la fit éloigner du roi et de madame de Maintenon tant qu'ils purent. C'est à elle à qui tous les grands et nombreux établissements de sa famille sont dus, qui, non contente de tant de filles, en a encore adopté et marié de ses plus proches ; avec une étendue de cœur, une gaieté et une égalité d'esprit, une application sans relâche nuagée de bagatelles et de riens, qui en ont fait un personnage unique. Elle a vécu loin de la cour et du monde depuis la mort de son mari, et en vraie patriarche de sa nombreuse famille, avec une considération solide au dehors.

Mercredi 3, à Marly. — Le roi tint à Versailles le conseil d'État et l'après-dînée il vint ici, où il se promena dans ses jardins jusqu'à la nuit; il y fait toujours de nouveaux embellissements. Monseigneur revint ici de Livry, où il avoit couru le loup hier. Madame la duchesse de Bourgogne alla à Saint-Germain voir la reine d'Angleterre, avec qui elle fut enfermée assez longtemps, et puis vint ici. — On a appris par l'ordinaire de Catalogne que le comte d'Estaing avoit forcé un passage que les ennemis gardoient avec quelques troupes réglées et beaucoup de miquelets. Après les en avoir chassés, il les a poursuivis encore dans les montagnes où ils se retiroient; il en a tué beaucoup et en a pris trois cents, parmi lesquels il y a un colonel, quelques capitaines et plusieurs subalternes, et n'a perdu que fort peu de gens. Cette action est très-importante. M. le duc d'Orléans la loue fort, et cela nous rend maîtres d'une petite province fort abondante et dans laquelle nous pourrons faire hiverner beaucoup de troupes. — Il n'arriva point de courrier de monseigneur le duc de Bourgogne, mais on eut par l'ordinaire une lettre du comte de la Mothe, datée du camp d'Oudenburgh le 1ᵉʳ de ce mois. Il mande que les ennemis ont perdu beaucoup plus de monde que lui dans le combat; qu'ils avoient laissé quatre cents blessés à Wynendale, et que de leur convoi il n'avoit passé que deux cent quarante charrettes, dont il y en avoit peu chargées de poudre.

Jeudi 4, à Marly. — Le roi, après la messe, alla courre le cerf; il en prit deux, et fut de retour ici à une heure. Monseigneur étoit à la chasse avec lui. Madame la duchesse de Bourgogne ne se porte pas trop bien, dont elle ne sortit point de tout le jour. — Il n'arriva point de courrier de monseigneur le duc de Bourgogne. On sait seulement que M. de Vendôme va à Bruges et qu'il commandera des troupes qui étoient aux ordres de M. de la Mothe, qui sont toutes arrivées présentement. Il y a quarante bataillons et soixante escadrons. Monseigneur le duc de Bourgogne a envoyé trois régiments de cavalerie, qui sont ceux de Melun, de Desmaretz et de la Mothe, qui sont aux ordres de M. de Lille, maréchal de camp, et vont en Artois pour remplacer ceux que le chevalier de Luxembourg a fait entrer dans Lille. — Le roi a amené ici les marquis de Béthune et de Coëtenfao, qui n'y étoient jamais venus; M. de Pompadour, nouveau menin, y est aussi. — M. de Marsan s'est trouvé plus mal à Paris, et on a envoyé querir M. le Grand, son frère, qui y est allé en diligence. — Il y a déjà eu quelques hostilités entre les troupes du pape et celles de l'empereur. Les troupes du pape ont même eu l'avantage en plusieurs petites occasions; mais on croit que cela ne durera pas longtemps, car M. de Savoie, dont la campagne est finie, fait marcher vers Ferrare les troupes de l'empereur qui étoient dans son armée.

Vendredi 5, *à Marly*. — Le roi se promena tout le matin et toute l'après-dînée dans ses jardins. — Il arriva un courrier de monseigneur le duc de Bourgogne. Ce prince envoie une lettre de M. de Boufflers du 2 de ce mois qui est en chiffres; ce que nous en savons est que la nuit du 1er au 2 les assiégeants attaquèrent une place d'armes du chemin couvert dont ils furent rudement repoussés. Ils avoient fait mettre pied à terre à quelques cavaliers, qui ne réussirent pas mieux que l'infanterie. On dit que leur perte a été trés-considérable. Le prince Eugène, à ce que disent plusieurs lettres qu'ont reçues les particuliers, a été trépané et même trop tard à ce qu'on mande. Ce qu'il y a de certain, c'est qu'il n'a pas paru depuis sa blessure, et que Marlborough est toute la journée au siége et ne s'en retourne à son camp que le soir.

Ce dernier général a fait demander à monseigneur le duc de Bourgogne un passe-port pour ses bagages, ce qui fait faire ici beaucoup de raisonnements ; monseigneur le duc de Bourgogne lui en a envoyé un, mais pour ses bagages à lui seul. On prétend qu'il veut mettre à couvert beaucoup d'argent qu'il a tiré cette année des contributions et des sauvegardes. Monseigneur le duc de Bourgogne envoie aussi au roi une lettre du comte de la Mothe du 3, dans laquelle il mande qu'il est maître du château de Ghistel et de l'abbaye d'Oudenburgh, et qu'il envoie M. de Puiguyon à Nieuport pour attaquer Leffinghe d'un côté, et qu'il marche avec le reste des troupes pour l'attaquer de l'autre, ce qui ne laissera pas d'être difficile, parce que les ennemis y ont des troupes qui y sont très-bien retranchées. Il court un bruit ici qu'on ne veut point croire, qui est que les troupes de Brandebourg qui sont dans l'armée des ennemis ne veulent plus servir le reste de la campagne, disant qu'elles ne sont engagées que jusqu'au mois d'octobre.

Samedi 6, *à Marly.* — Le roi, après la messe, alla courre le cerf ; il n'en revint qu'à deux heures et ne fut pas si content de sa chasse que de celle de jeudi. L'après-dînée il se promena dans ses jardins, et le soir, chez madame de Maintenon, il travailla avec M. de Chamillart. Monseigneur courut le cerf avec le roi. Madame la duchesse de Bourgogne ne sortit point de tout le jour. — Il n'arriva point de courrier de monseigneur le duc de Bourgogne. — M. le maréchal de Tessé doit être arrivé présentement à Rome, car on mande d'Italie qu'il étoit arrivé à Civita-Vecchia. — On a reçu des nouvelles de Hongrie qui portent que le prince Ragotzki avoit battu un assez gros corps de troupes de l'empereur, et que les mécontents paroissent toujours fort animés contre la cour de Vienne, quoique quelques-uns de leurs généraux aient fait leur accommodement. — Le roi de Suède a été joint par le général Lewenhaupt et a passé le Borysthène.

Il marche en Moscovie, et le czar se retire toujours devant lui.

Dimanche 7, à Marly. — Le roi tint le conseil d'État à son ordinaire. Il alla tirer l'après-dînée, et le soir il travailla avec M. Pelletier chez madame de Maintenon. Monseigneur alla l'après-dînée voir la reine d'Angleterre à Saint-Germain, et y mena madame la Duchesse et madame la princesse de Conty. Madame la duchesse de Bourgogne alla à la paroisse, où le Saint Sacrement sera exposé durant trois jours. — Il n'arriva point de courrier de monseigneur le duc de Bourgogne. On sait seulement, par les lettres que l'ordinaire a apportées, qu'il s'est passé une grande action à Lille le 3, et on ne doute quasi pas que les assiégeants ne se soient rendus maîtres de ce que nous tenions encore dans le tenaillon. — M. de Vendôme, qui commande présentement les troupes qui étoient aux ordres du comte de la Mothe, mande qu'on ne pourra pas attaquer Leffinghe, qui est sur le canal de Bruges à Ostende, parce que les ennemis y ont beaucoup de troupes et qu'ils y ont fait de grands retranchements, mais qu'il les empêchera bien d'y pouvoir faire passer leurs convois. — Saint-Mars, gouverneur de la Bastille, qui avoit près de quatre-vingt-dix ans, est mort depuis quelques jours ; ce gouvernement est d'un très-gros revenu, mais les fonctions du gouverneur sont tristes. Il a fait son légataire universel des Granges, premier commis de M. de Pontchartrain, dont la fille avoit épousé son fils, mort sans enfants.

Lundi 8, à Marly. — Le roi, après la messe, alla courre le cerf, et l'après-dînée il travailla avec M. de Chamillart. Monseigneur courut le loup. Madame la duchesse de Bourgogne alla au salut à la paroisse. La reine d'Angleterre et la princesse sa fille vinrent ici souper avec le roi et s'en retournèrent à Saint-Germain en sortant de table, à leur ordinaire. — Il arriva le soir un courrier de monseigneur le duc de Bourgogne par lequel on eut des lettres de M. de Boufflers, du 6. Ce maréchal mande que les assiégeants avoient fait une furieuse attaque le 5, dans laquelle, après avoir été repoussés plusieurs fois, ils s'étoient enfin rendus maîtres de la demi-lune qui est derrière le tenaillon. On ne sait pas bien comment ils se sont rendus maîtres de cette demi-lune, car nous n'étions pas seulement assurés qu'ils fussent maîtres de tout le tenaillon. Ils n'ont pu emporter le chemin couvert dans les endroits que nous gardons encore; ils ont fait ces différentes attaques avez quinze ou seize mille hommes et y ont perdu beaucoup de monde. Monseigneur le duc de Bourgogne mande dans sa lettre, qui est de hier, que Marlborough marche avec un gros corps du côté de Rousselaer, et à la fin de sa lettre il écrit qu'il espère, dans peu de jours, avoir de bonnes nouvelles à mander.

Mardi 9, à Marly. — Le roi tint le conseil de finances à son ordinaire, alla tirer l'après-dînée et travailla le soir chez madame de Maintenon avec M. de Chamillart. Madame la duchesse de Bourgogne alla au salut à la paroisse. — Il n'arriva point de courrier de monseigneur le duc de Bourgogne, mais on apprit, par les lettres que l'ordinaire a apportées, qu'il envoie deux brigades d'infanterie à M. de Vendôme, qui est campé avec quarante-trois bataillons et soixante-trois escadrons, sa droite au Moerdyck et sa gauche au canal qui va de Bruges à Plassendal. Les ennemis songent présentement à faire venir leurs convois de l'Écluse, et la situation de M. de Vendôme les empêchera de venir ici de l'Écluse ni d'Ostende. — Madame s'en est allée à Versailles, d'où elle ne reviendra point le reste du voyage, parce qu'elle est dans une très-violente affliction de la comtesse de Beuvron, qui est à la dernière extrémité. Elle l'a toujours fort aimée ; elle lui faisoit beaucoup de bien et lui écrivoit tous les jours de sa vie depuis fort longtemps, quand elle n'étoit point à la cour.

Mercredi 10, à Marly. — Le roi tint le conseil d'État à

son ordinaire et travailla l'après-dînée avec M. Desmaretz, qui a présentement un logement fixe ici, qui est le quatrième pavillon du côté des dames. — Les lettres qu'on reçoit de Flandre par l'ordinaire portent que M. de Marlborough est en personne à Rousselaer avec un gros corps de troupes pour aller attaquer M. de Vendôme et faire passer leurs convois, sans lesquels il est malaisé qu'ils puissent achever le siége de Lille; et si M. de Marlborough s'éloigne davantage de l'armée du siége, monseigneur le duc de Bourgogne pourroit bien, à ce qu'on croit, marcher droit à Lille; mais tous ces mouvements sont encore fort incertains et demandent une grande justesse. — La flotte de l'amiral Leak, après avoir réduit la Sardaigne, devoit aller en Sicile; mais ils ont changé d'avis, et elle fait voile vers l'île de Minorque, et prétendent pouvoir attaquer Port-Mahon. L'archiduc leur envoie de Catalogne deux ou trois mille hommes pour cette expédition. Nous avons dans Port-Mahon quelques bataillons françois commandés par un galant homme, et nous espérons que cette entreprise échouera; elle est de très-grande mportance.

Jeudi 11, *à Marly*. — Le roi, après la messe, alla courre le cerf, et toute l'après-dînée il se promena dans ses jardins. — Il arriva un courrier de monseigneur le duc de Bourgogne; ses lettres sont de hier. Il en envoie une de M. de Boufflers, du 8, qui mande que les ennemis n'ont rien entrepris depuis le 5. La prise de la demi-lune, qui est le seul malheur qui soit arrivé dans la défense de la place, a été par la faute d'un lieutenant-colonel qui s'étoit endormi dans la demi-lune, et M. de Boufflers ne l'a pas voulu nommer dans sa lettre. Ce maréchal mande qu'il espère que les ennemis auront encore à compter avec lui avant que de prendre la ville. Monseigneur le duc de Bourgogne envoie aussi une lettre de M. de Vendôme qui est du 9 après midi. Il mande que les inondations qui sont achevées par les coupures qu'il a faites au canal empêchent que les ennemis puissent rien tirer d'Ostende, et il s'est posté derrière le canal de Bruges à Plassendal, de manière qu'il répond qu'il ne viendra aucun convoi des ennemis par l'Ecluse. Il croit que Marlborough et le prince de Hesse, qui s'étoient avancés jusqu'à Rousselaer, seront obligés de retourner à l'armée du siége. Monseigneur le duc de Bourgogne mande qu'il y a tout sujet de bien espérer; cependant nous craignons ici que le maréchal de Boufflers ne manque de tout.

Vendredi 12, *à Marly*. — Le roi alla l'après-dînée voir pêcher la grande pièce d'eau qui est en haut dans son parc et ne fut pas trop content de sa pêche. Il y a eu durant ce voyage-ci de Marly musique tous les deux jours, où Monseigneur a toujours été, et madame la duchesse de Bourgogne jouoit dans le salon durant la musique. — Il n'arriva point de courrier de monseigneur le duc de Bourgogne, et on en attend avec impatience, parce que la nuit du 9 au 10 on a entendu beaucoup tirer de Lille, et on mande de Tournay et des lieux circonvoisins que les assiégeants ont fait une furieuse attaque au chemin couvert, dont ils ont encore été repoussés avec grande perte. Comme on n'a pas de lettres du maréchal de Boufflers, on est en peine du succès de cette affaire. — M. de Marsan est encore beaucoup plus mal qu'il n'étoit; on commence à n'en plus rien espérer. — Toutes les lettres de Hollande se servent du terme de la fatale entreprise de Lille, et le roi dit à sa promenade qu'il falloit attendre avant que de se réjouir de cette expression, et quelque belle défense que fasse le maréchal de Boufflers, on n'est pas ici sans inquiétude, d'autant plus que ce maréchal est fort incommodé et qu'on mande qu'il s'expose trop.

Samedi 13 *à Versailles*. — Le roi se promena le matin et l'après-dînée dans ses jardins de Marly, où il s'amusa à faire pêcher, et le soir il revint ici. Il ne retournera plus à Marly qu'après la Toussaint. Monseigneur alla de Marly dîner à Meudon et revint ici souper avec le roi. Madame la duchesse de Bourgogne ne partit de Marly qu'après le roi. — Il arriva un courrier de monseigneur le duc de Bourgogne qui partit hier et qui apporte des lettres de M. de Boufflers et de M. de Vendôme. Celles de M. de Boufflers sont du 10 au soir. Il mande que les ennemis avoient attaqué le chemin couvert la nuit du 9 au 10, qu'ils en avoient été repoussés trois fois et que la quatrième ils s'en étoient rendus maîtres, avoient arraché les palissades de nos traverses et avoient posé beaucoup de gabions dans le chemin couvert; mais M. de Boufflers fit faire une sortie de quatre cents dragons, qui les rechassèrent après un long combat. Ils ôtèrent tous les gabions, rétablirent les palissades, si bien que les ennemis ne sont pas plus avancés qu'ils l'étoient le 5. Ils ont perdu beaucoup de monde. On croit qu'il n'y a point eu d'affaire si vive depuis le siége. Ce maréchal mande que voilà le quinzième grand combat qu'il y a eu depuis le commencement du siége. M. de Vendôme écrit du 9, à deux heures après midi, que l'inondation est fort haute, que rien ne sauroit sortir d'Ostende et qu'il est derrière le canal de Bruges à Plassendal, et que rien ne sauroit venir ni de l'Écluse ni du Sas de Gand. Il renvoie même à monseigneur le duc de Bourgogne huit bataillons dont il n'a pas besoin. — M. de Saillant, qui commande dans Namur, mande que madame la comtesse de Soissons la mère est morte à Bruxelles.

Dimanche 14, à Versailles. — Le roi tint le conseil d'État et l'après-dînée il s'alla promener à Trianon, et le soir il travailla avec M. Pelletier. Madame la duchesse de Bourgogne alla au salut à la chapelle. — Il n'y eut point de courrier de monseigneur le duc de Bourgogne; mais on sait, par les lettres de l'ordinaire, qu'il a fait venir de Nieuport les galères qui étoient à Dunkerque, que commande le chevalier de Langeron. Les troupes qui sont sur ces galères pourront nous être de quelque usage. M. de Puiguyon est dans un polder, auprès de Nieuport, avec quelques troupes. — M. le maréchal de Tessé n'est point arrivé à Rome comme on l'avoit dit; il s'est embarqué à Gênes sur deux galères de Malte et s'en va à Livourne. Il verra M. le grand-duc avant que d'aller à Rome. En arrivant à Gênes il renvoya les huit galères de France qui l'y avoient amené. — M. le comte de Marsan, qui est depuis longtemps malade à Paris, a été confessé, a fait son testament et a reçu le viatique; on l'a saigné à la jugulaire. — Le duc de Gramont a son congé pour venir ici et est déjà parti de Bayonne; il amène sa femme avec lui.

Lundi 15, *à Versailles.* — Le roi prit médecine comme il la prend tous les mois par précaution, et l'après-dînée il travailla avec M. de Pontchartrain. Monseigneur alla pour courre le loup, mais il n'en trouva point. Madame la duchesse de Bourgogne passa chez le roi avant que d'aller à la messe et y revint sur les trois heures, et se tint auprès de lui durant tout son dîner. — Il n'arriva point de courrier de monseigneur le duc de Bourgogne. On a entendu beaucoup tirer à Lille le 13; on ne doute pas qu'il n'y ait eu une grande attaque, mais on n'en sait point encore le succès. — M. le duc d'Orléans doit partir bientôt de Catalogne et compte de passer l'hiver ici. Le duc de Noailles doit partir de Perpignan le 25 pour arriver ici les premiers jours de novembre. — Le roi envoie à l'électeur de Bavière à Compiègne l'équipage pour le sanglier et des chevaux; il lui envoie aussi des chiens pour tirer en volant. On lui a fait venir une meute d'un particulier qui est dans le voisinage de Compiègne, et le roi cherche à lui donner tous les divertissements qu'il peut, pour l'amuser pendant le séjour qu'il y fera.

Mardi 16, *à Versailles.* — Le roi tint le conseil de finances à son ordinaire, alla l'après-dînée se promener à Trianon et travailla le soir chez madame de Maintenon avec M. de Chamillart. Monseigneur courut le loup. — Le soir, un peu avant l'heure du souper, M. de Chamillart porta au roi chez madame de Maintenon des lettres de monseigneur le duc de Bourgogne venues par un courrier qui partit hier. Il y a une lettre de M. de Boufflers du 13 à dix heures du soir. Ce maréchal mande que ce jour-là les ennemis avoient attaqué trois fois le chemin couvert à heures différentes, mais toujours en plein jour, et que toutes les trois fois ils avoient été repoussés et qu'ils y étoient revenus la quatrième avec encore plus de troupes, et s'étoient rendus maîtres d'une traverse du chemin couvert où nous n'avions que vingt hommes. M. de Boufflers croit qu'ils font des mines sous la place d'armes. Monseigneur le duc de Bourgogne envoie aussi une lettre de M. de Vendôme du 14 au soir. Un officier de nos galères qui sont à Nieuport assure que les ennemis ont fait partir un convoi d'Ostende qui est venu jusqu'à Leffinghe sur des charrettes, et que ces charrettes passoient sur les digues où l'inondation n'a pas pu mettre beaucoup d'eau, et que là on les a déchargées et on a mis tout ce qu'il y avoit dedans dans des bateaux pour passer l'inondation, au bout de laquelle ils trouveront des chariots pour mener ces munitions-là au siége. Monseigneur le duc de Bourgogne a eu des avis par plusieurs endroits qu'une partie de ces barques avoient déjà passé l'inondation ; cependant Puységur, qui étoit avec M. de Vendôme et qui est arrivé le 14 à l'armée de monseigneur le duc de Bourgogne, ne croit pas que cela puisse être vrai. M. de Vendôme fait faire à Bruges des barques pour mettre sur cette inondation et pour empêcher les barques ennemies de passer, et elles seront prêtes le 17 ; mais on craint qu'il n'y en ait déjà quelques-unes des ennemis qui auront passé.

Mercredi 17, à Versailles. — Le roi tint le conseil d'État à son ordinaire et alla tirer l'après-dînée. Monseigneur après le conseil monta en carrosse avec madame la duchesse de Bourgogne, qu'il mena dîner à Meudon à un dîner particulier. Il lui fit voir tout son nouveau bâtiment ; au retour ils jouèrent au papillon. Elle revint ici à neuf heures. Monseigneur est demeuré à Meudon, d'où il ne reviendra que samedi. — Par le courrier de monseigneur le duc de Bourgogne qui arriva hier on sut que le maréchal de Boufflers mandoit que les assiégeants avoient fait passer à la nage le fossé à deux hommes pour reconnoître la brèche qui est à la face gauche du bastion, qui est, à ce qu'il dit, de cinquante toises, mais fort bien raccommodée. Il y a mis de gros arbres, des grilles de fer qui étoient dans des maisons de la ville. Il l'a fait fort escarper et n'a rien oublié de tout ce qui la peut mettre en état d'être bien défendue. On mande d'Ypres qu'il y a quelques-unes des barques des ennemis qui ont passé l'inondation.

Jeudi 18, *à Versailles.* — Le roi dîna en sortant de la messe et partit avant midi pour aller à Marly, où il fit pêcher et où il travaille à une allée neuve d'où on aura une parfaitement belle vue. Il revint ici à la nuit. Madame la duchesse de Bourgogne alla se promener en carrosse autour de la pièce des Suisses et puis revint dans les jardins, où elle se promena à pied. — Il arriva le soir deux courriers, l'un de monseigneur le duc de Bourgogne et l'autre de M. de Vendôme, mais ils arrivèrent si tard que le roi étoit déjà couché. — Un frère du P. de la Chaise est mort depuis un mois ou six semaines. Il avoit une petite abbaye, mais il avoit un prieuré qui vaut 8 ou 10,000 livres de rente et qui est à la nomination de l'abbé de Cluny. Le cardinal de Bouillon a donné ce prieuré à M. l'abbé d'Auvergne, son neveu. — Les lettres de Flandre que plusieurs particuliers ont reçues par l'ordinaire nous apprennent que M. d'Albergotti et le chevalier de Croissy avoient été détachés de l'armée de monseigneur le duc de Bourgogne avec quinze cents grenadiers et quinze cents fusiliers pour une entreprise qu'on ne sait point et que l'on avoit entendu beaucoup tirer à Lille le 16.

Vendredi 19, *à Versailles.* — Le roi travailla le matin avec le P. de la Chaise, dîna de bonne heure et alla à Marly, d'où il ne revint qu'à sept heures. — On sut le matin que les courriers de hier au soir étoient venus plus pour recevoir des ordres que pour apporter des nouvelles. On n'a point eu de lettres de M. de Boufflers depuis celle du 13. On compte qu'il a passé sur l'inondation la charge de quarante ou cinquante chariots, dont on prétend qu'il n'y en a que dix chargés de poudre. M. de Vendôme, pour empêcher qu'il n'en passe à l'avenir, veut attaquer Leffinghe. On dit qu'il y a trois mille hommes dedans, et l'inondation rendra peut-être l'entreprise plus difficile. M. de Forbin et le chevalier de Langeron attaqueront d'un côté avec les troupes de la marine et quelques nouveaux régiments qu'ils ont tirés des garnisons de nos places de la mer, pendant que M. de Vendôme fera attaquer de l'autre côté. — Madame la maréchale de Villeroy*, qui étoit malade depuis quelques jours à Paris, mais d'une maladie qu'on ne croyoit point dangereuse, s'est sentie accablée tout d'un coup; elle a perdu toute connoissance, et les médecins n'en espèrent plus rien.

---

* La maréchale de Villeroy étoit Cossé, et très-riche par l'extrême prédilection de la duchesse de Brissac, sa mère, qui étoit Gondi, qui, toutes deux par l'événement, sont devenues héritières de leurs maisons. La mère du maréchal de Villeroy étoit Créquy-Lesdiguières, dont tous les biens sont à la fin fondus aux Villeroy, et c'est toutes ces successions qui les a rendus si riches. Toutes les deux en leur jeunesse avoient été un peu galantes; le dernier maréchal en voulut faire un éclat; le maréchal son père, qui en savoit plus que lui, le retint par son propre exemple. Cette raison, la disproportion de leurs esprits et de leurs manières, peut-être celle de la naissance ne mirent entre eux qu'une union de bienséance, et il est vrai qu'il en échappoit quelquefois d'étranges sorties à la maréchale. Un jour, entre autres, étant à table à Versailles avec beaucoup de monde, il arriva au duc de Ville-

roy d'offrir d'un plat à Cossé, qui par la suite devint duc de Brissac, et de lui dire, « Cossé, en voulez-vous? — Comment, Cossé! reprit la maréchale furieuse, il est bien Monsieur pour un petit compagnon comme vous. » Peu à peu la raison la corrigea et la piété la tua. Elle étoit devenue horriblement grosse, étoit fort courte, ne pouvoit presque se remuer, et sembloit un gros perroquet qui marchoit, dont elle avoit le visage, et deux gros yeux dont elle ne voyoit presque plus. C'étoit une des femmes de France qui avec le plus de hauteur avoit le plus de politesse, et de cette politesse noble et discernée qui est devenue si rare. Personne n'avoit ni plus d'esprit, ni plus de sens, ni un tour plus agréable, plus naturel avec plus de justesse; plaisante et unique quand il lui plaisoit, et toujours avec dignité. Tout le monde ne lui convenoit[1] pas, mais la compagnie la plus triée, la plus distinguée étoit chez elle. La meilleure et la plus sûre amie du monde, et du meilleur conseil, et avec toute sa gloire la société du monde la plus aisée et la plus délicieuse, et depuis un grand nombre d'années la femme de France qui se respectoit le plus, et se faisoit le plus naturellement respecter aux autres. Les grands airs de son mari la désoloient par leur ridicule, et le plaisant étoit qu'il la mettoit au désespoir d'être sans perruque chez elle, ce qui lui arrivoit souvent; elle n'osoit se l'avouer, mais dans le vrai elle se sentoit blessée de ce manque de respect. Elle étoit depuis longtemps dans une piété solide. Lorsque son mari fut en Italie, elle eut le bon sens d'en sentir tout le poids, et de n'être point éblouie ni de l'éclat de son envoi, ni de la faveur brillante qui suivit son retour. Elle fut outrée de sa prison, et ne le fut pas moins à son retour de ce qu'il ne voulût jamais croire le chevalier de Lorraine et entrer dans le conseil, comme il a été dit ailleurs, et quitter le commandement des armées, où avec trop de raison, mais de silence, elle le croyoit si peu[1] propre. Sa catastrophe de Ramillies et surtout son opiniâtreté à se roidir contre les bontés du roi, à ne vouloir pas demander son retour lui causèrent une douleur dont elle n'a pu se consoler, et la disgrâce de son mari lui fut d'autant plus pesante qu'à lui-même qu'elle sentoit bien qu'il la méritoit en entier. Sa piété étoit déjà fort augmentée; elle lui imposa un silence entier sur ces malheurs et sur Chamillart, qu'elle accusoit de les avoir fort aggravés. Elle porta cette vertu jusque-là que, si un ami intime, et tête à tête, se licencioit contre lui, tout aussitôt elle changeoit de discours, et si l'ami continuoit, elle le faisoit agréablement taire. Quelquefois il lui arriva de dire à de tels amis que les Villeroy n'étoient pas si mauvais qu'on le croyoit, et on la voyoit occupée en des réparations continuelles. Elle tomba entre des mains saintes, mais brutales, qui abusèrent de la direction et la mirent au tombeau; peu à peu elle se retira de tout, et en vint à passer les étés entiers seule à Villeroy, et les hivers à Paris, et à défendre sa porte.

Ses plus intimes n'y alloient qu'invités ou avec permission de loin à loin. Cette femme de conversation si charmante et si abondante étoit devenue si pesante à parler et à entretenir, par tous les retranchements qu'elle s'imposoit et qu'elle exigeoit des autres, qu'on en étoit à ne savoir que lui dire. Ce silence, qui n'étoit coupé que par la prière et des lectures de piété qu'on lui faisoit, attaqua si fort sa santé que deux ou trois ans de cette vie la tuèrent, et sans que ce beau confesseur si indiscret voulût jamais prendre la peine de la venir voir en quatre ou cinq jours de maladie qui l'expédièrent, et où sans ce barbare elle reçut ses sacrements, et fit une fin digne d'une telle vie et dont son mari n'eut aucune peine à se consoler.

Samedi 20, *à Versailles.* — Le roi tint le conseil de finances à son ordinaire et travailla l'après-dînée avec M. de Chamillart. Il avoit résolu de s'aller promener à Trianon, mais il fit une violente pluie qui l'en empêcha. Monseigneur revint de Meudon. — Il arriva un courrier de monseigneur le duc de Bourgogne qui apporte des lettres de M. de Boufflers du 16. Il mande que le chevalier de Luxembourg a fait une grande sortie qui a été très-vigoureuse. Il a renversé quelques travaux des ennemis et leur a tué assez de monde, mais il ne les a pas pu chasser du chemin couvert. Ils s'attachent présentement à saigner le fossé, mais ils n'ont pas pu encore en venir à bout. Le détachement de trois mille hommes qu'avoit fait monseigneur le duc de Bourgogne étoit pour se rendre maître d'Ath, où nous avions une intelligence, et nous avons été maîtres d'une des portes durant quatre heures; mais M. d'Albergotti n'a pu arriver assez tôt pour achever cette affaire. Les gens qui y étoient entrés ont été obligés d'en ressortir. — La maréchale de Villeroy mourut à Paris et est fort regrettée dans sa famille et de beaucoup d'amis qu'elle avoit.

Dimanche 21, *à Versailles.* — Le roi tint le conseil d'État, alla tirer l'après-dînée et travailla le soir avec M. Pelletier. Madame la duchesse de Bourgogne alla au salut. — Il n'arriva point de courrier de monseigneur le duc de Bourgogne ni de M. de Vendôme, dont on en attend un, parce qu'on compte toujours qu'il attaque Leffinghe ; cependant il y a quelques barques des ennemis qui ont passé l'inondation et d'autres qui la passeront encore. — On mande de Rome que le pape avoit fait un décret, qui a été signé des cardinaux, dans lequel il a été résolu de prendre 500,000 écus d'or que Sixte V avoit fait mettre dans le château Saint-Ange pour s'en servir dans les besoins pressants ecclésiastiques. Le pape paroît fort résolu à la guerre contre l'empereur et menace le cardinal Grimani de lui ôter le chapeau. — Le marquis de Tilladet-Fimarcon, colonel d'un beau régiment de dragons, est mort de maladie. Il a un frère officier dans ce régiment, à qui la famille espère que le roi voudra bien le donner.

Lundi 22, à Versailles. — Le roi dîna en revenant de la messe et puis alla se promener à Marly, d'où il ne revint qu'à la nuit. Monseigneur partit dès le matin pour aller à Rambouillet et chassa en chemin. Madame la princesse de Conty et les dames qui sont de ce voyage ne partirent que l'après-dînée ; on en reviendra à la fin de la semaine. — M. le duc de Saint-Aignan, frère de M. de Beauvilliers et mestre de camp de cavalerie, a été échangé contre un colonel qu'on avoit pris sortant de Menin. On dit aussi que le chevalier de Rohan, colonel de dragons, a été échangé. — L'électeur de Brandebourg a depuis peu épousé en troisièmes noces une princesse de Mecklenbourg-Schwerin, qu'on dit qui est très-jolie. Sa première femme étoit Hesse-Cassel et sa cousine germaine ; la seconde étoit sœur du duc d'Hanovre d'aujourd'hui et fille de la princesse Sophie, palatine, tante de Madame. — Le nonce ordinaire fit hier son entrée à Paris, qui fut magnifique. Il viendra ici demain, où il aura sa première audience en cérémonie. Il fera au roi et aux princesses des présents qu'on dit qui sont fort magnifiques (1). Ce nonce

---

(1) « Quelques jours après cette audience M. le nonce remit au roi les pré-

nonce s'appelle Cusani et passe pour fort riche en Italie.

Mardi 23, à Versailles. — Le roi donna le matin au nonce ordinaire sa première audience publique. Il tint le conseil de finances à son ordinaire, travailla l'après-dînée avec M. de Chamillart et alla ensuite se promener à Trianon. — Il arriva un courrier de monseigneur le duc de Bourgogne par lequel on eut des lettres de M. de Boufflers du 19. Il mande que les ennemis saignoient le fossé et faisoient un grand amas de fascines; qu'ils tiroient pour faire de nouvelles brèches. Il arrive toujours aux ennemis quelques chariots qui apportent des munitions d'Ostende, qu'on espère pouvoir empêcher à l'avenir en prenant Leffinghe. M. d'Owerkerke, général des troupes de Hollande, est mort au siége, de maladie, après avoir été fort longtemps sans pouvoir monter à cheval. — Madame la comtesse de Beuvron mourut à Paris. Elle laisse au maréchal d'Harcourt, neveu de son mari, mort il y a longtemps, deux assez belles tentures de tapisserie. Elle laisse son bien, qui est assez considérable, à deux nièces qu'elle a. Elle avoit 12,000 francs de pension du roi. Elle avoit ici dans le château un fort joli petit appartement, que le roi donne à madame de Caylus. Madame, qui est fort affligée de sa mort, envoya faire des excuses au roi de ce qu'elle n'auroit point l'honneur de souper avec lui.

---

sents de Sa Sainteté, qui consistent en un grand tableau du Guide qui représente la Sibylle; un grand crucifix de bronze qui représente un Christ mourant. Cet ouvrage est de l'ancien Bernin; le pied de ce crucifix est fort riche et garni, ainsi que la croix, de différentes pierres précieuses; et un bassin de moyenne grandeur avec une espèce de coupe d'une matière précieuse dans laquelle il y avoit deux chapelets d'une matière encore plus rare, avec de très-belles médailles; le tout garni d'or.

« M. le nonce donna aussi à monseigneur le Dauphin de la part de Sa Sainteté un grand tableau de Guerchin, d'architecture et de perspective; un bassin et une tasse de pierres aussi précieuses que rares, garnis d'or; trois beaux dixains garnis de médailles d'or et trois tabatières parfaitement belles. » (*Mercure* d'octobre, pages 300 à 302.)

Mercredi 24, à Versailles. — Le roi tint le conseil d'État à son ordinaire et alla se promener l'après-dînée à Trianon. — Il arriva à midi un courrier de monseigneur le duc de Bourgogne, qui mande dans la fin de sa lettre : « J'apprends dans ce moment que Lille capitule, mais je ne sais cela que des gens du pays. » Le soir il arriva un autre courrier de ce prince, et l'on apprend par ses lettres que le bruit de la capitulation lui est venu par plusieurs endroits ; que le maréchal de Boufflers avoit battu la chamade le 22 après midi ; que les ennemis l'avoient mandé au prince Eugène, qui étoit à Menin. On n'en sait aucun détail, car on n'a nulle nouvelle de la ville. On apprend par ce même courrier que nous continuions le siége de Leffinghe, dont on comptoit d'être maître le 25, et que le chevalier de Croissy, maréchal de camp, qui devoit être de jour quand on relèveroit la tranchée, étant allé le matin visiter les postes, avoit été pris dans une sortie qu'avoient faite les assiégés. Voilà la troisième fois qu'il a été pris de cette guerre. — Madame la duchesse de Bourgogne quitta le deuil de la comtesse de Soissons, qu'elle avoit pris jeudi.

Jeudi 25, à Versailles. — Le roi dîna au sortir de la messe et puis alla se promener à Marly, où il fut toujours dehors malgré le vilain temps. Madame la duchesse de Bourgogne continue à prendre les eaux de Plombières ; il y a déjà six semaines qu'elle en prend. — Il n'arriva point de courrier de monseigneur le duc de Bourgogne, mais toutes les lettres qu'on reçoit par l'ordinaire disent toutes que Lille capitule, et quoiqu'on n'ait point encore de nouvelles du maréchal de Boufflers, personne n'en doute. — M. le duc d'Orléans a envoyé ici Vignau, mestre de camp de cavalerie, pour rendre compte de la situation des affaires de Catalogne. Ce prince a envoyé huit bataillons au chevalier d'Asfeld pour lui aider à faire le siége de Denia dans le royaume de Valence, et est campé lui avec le reste de ses troupes derrière la

Noguera-Ribagorçana. Il n'a pas pu se mettre derrière l'autre Noguera; ses troupes auroient été trop séparées. Les ennemis sont aussi forts que lui présentement depuis le détachement qu'il a fait. Le roi a envoyé le congé à S. A. R., et on l'attend ici avant la Saint-Martin.

Vendredi 26, *à Versailles.* — Le roi dîna au sortir de la messe et alla se promener à Marly, d'où il ne revint qu'à la nuit. Madame la duchesse de Bourgogne continue à prendre des eaux; elle ne soupe point avec le roi les jours maigres, mais elle va toujours dans son cabinet après souper. — Il arriva un courrier de monseigneur le duc de Bourgogne qui apporta une lettre de M. de Boufflers avec la capitulation de Lille, qui fut signée le 23. Les principaux articles sont que les malades et blessés que nous avons dans la ville pourront être transportés dans nos places. Les dix-huit cents chevaux que le chevalier de Luxembourg avoit fait entrer dans la ville en pourront sortir pour aller à Douai, où ils seront escortés, par le plus court chemin. Les priviléges des habitants seront conservés, et M. de Boufflers aura jusqu'au 26 pour se retirer dans la citadelle, où nous comptons qu'il fera entrer près de six mille hommes. Il a envoyé M. de Coëtquen porter cette capitulation à monseigneur le duc de Bourgogne, et M. de Coëtquen doit être reparti pour aller se renfermer dans la citadelle avec son régiment. M. de Boufflers envoie au roi Tournefort, qui viendra ici après avoir mené à Douai la cavalerie qui étoit à Lille. Tournefort étoit demeuré dans la place quand le chevalier de Luxembourg y entra et n'avoit pas pu porter à monseigneur le duc de Bourgogne la nouvelle que le chevalier de Luxembourg fût entré dans Lille.

Samedi 27, *à Versailles.* — Le roi alla tirer l'aprèsdînée; il avoit tenu le conseil de finances le matin à son ordinaire, et le soir il travailla avec M. de Chamillart chez madame de Maintenon. Monseigneur revint de Rambouillet et fut assez longtemps avec le roi dans son ca-

binet avant que S. M. passât chez madame de Maintenon.
— Dans la lettre que le roi reçut hier de M. de Boufflers
et qui est une lettre très-touchante, ce maréchal mande
que les ennemis, dans le 20 et le 21, avoient fait trois brèches nouvelles, que le fossé étoit saigné et qu'ils avoient
une galerie qui alloit jusqu'au pied d'une des brèches.
Il recommande deux choses au roi très-instamment dans
sa lettre, qui est de vouloir bien donner des récompenses
aux officiers qui se sont distingués dans la place et de
vouloir bien ordonner à M. le contrôleur général de faire
payer, le plus tôt qu'il se pourra, l'argent qu'il a été obligé
d'emprunter des bourgeois pour faire subsister la garnison et pour les travaux. Il se loue fort de la garnison et
des habitants. — On a nouvelle par plusieurs endroits
que la flotte ennemie qui est dans la Méditerranée, après
s'être rendue maîtresse de l'île de Minorque, avoit, en fort
peu de jours et après une médiocre résistance, pris le Port-
Mahon, qui est le plus considérable port de cette mer-là.

Dimanche 28, *à Versailles*. — Le roi tint le conseil d'État
à l'ordinaire, alla se promener à Trianon l'après-dînée et
travailla le soir chez madame de Maintenon avec M. Pelletier. — Le chevalier de Roye, aide de camp de M. de
Vendôme, apporta hier la nouvelle que jeudi au matin
nous avions pris Leffinghe l'épée à la main, où il y avoit
quinze cents hommes, presque tous Anglois. Il y en a eu
environ cent tués; tous les autres sont prisonniers de
guerre. Ils n'étoient commandés que par un colonel. Le
chevalier de Croissy, qu'ils avoient pris quelques jours
auparavant, est à Ostende. Cette petite affaire ne nous a
coûté que cinq ou six hommes et ne laisse pas d'être considérable, parce qu'elle ôte aux ennemis toute communication avec Ostende et qu'elle nous assure et nous ac-
courcit celle de Bruges à Nieuport. M. le comte de la
Mothe étoit venu ce jour-là au camp que commandoit
Puiguyon, et s'est trouvé à l'action. Il y avoit quatorze
bataillons des ennemis nouvellement débarqués sur les

dunes près de Leffinghe; mais ils n'ont pu le secourir, parce que Forbin et le chevalier de Langeron avoient fait mettre à terre ce qu'ils ont de troupes sur les vaisseaux et les galères qui sont à Nieuport, et qui s'étoient postés entre ces quatorze bataillons et Leffinghe.

Lundi 29, *à Versailles.* — Le roi dîna de bonne heure et alla à Marly, d'où il ne revint qu'à la nuit, et travailla ensuite avec M. de Chamillart chez madame de Maintenon. Le bruit se répandit que ce ministre devoit partir la nuit pour aller en Flandre. — Tournefort arriva le matin, et le roi fut enfermé assez longtemps avec lui et M. de Chamillart; il parle de M. de Boufflers d'une manière qui augmenteroit encore, s'il étoit possible, la vénération qu'on a pour ce maréchal. Il a offert à tous les soldats qui ne voudroient point s'enfermer dans la citadelle de leur donner leur congé, mais pas un n'a voulu profiter de ses offres et l'ont assuré qu'ils tâcheroient à faire encore mieux dans la citadelle que dans la ville. Il y a six mille hommes tant d'infanterie que de dragons. Le roi a donné un brevet de colonel au chevalier de Roye, qui lui a apporté la nouvelle de la prise de Leffinghe. — Le frère de Tilladet, colonel de dragons, vint ces jours passés demander au roi le régiment de Tilladet, qui vient de mourir. Le roi lui dit : « Je vous le donne, mais je vous l'aurois encore donné de meilleur cœur si vous ne me l'aviez point demandé, car je vous l'avois destiné. »

Mardi 30, *à Versailles.* — Le roi tint le conseil de finances à l'ordinaire et l'après-dînée il alla tirer, et le soir il travailla chez madame de Maintenon avec M. de Pontchartrain. — M. de Chamillart partit à quatre heures du matin pour la Flandre; il va coucher à Cambray. M. de Chamlay partit à midi pour y aller aussi; on raisonne différemment sur le sujet de ce voyage. — Les ennemis marchent à la Bassée avec un corps de douze mille hommes, et on prétend qu'ils veulent s'y établir. — Il arriva hier deux courriers de monseigneur le duc de

Bourgogne, un le matin et l'autre le soir, mais on ne dit point les nouvelles qu'ils ont apportées. — M. de Sassenage, premier gentilhomme de la chambre de M. le duc d'Orléans, est revenu depuis quelque temps d'Espagne en fort mauvaise santé. M. le duc d'Orléans lui a permis de se défaire de sa charge. MM. de Rosmadec et de Pluveau, tous deux maîtres de la garde-robe de ce prince, et qui même durant la vie de Monsieur avoient eu des survivances des deux charges de gentilshommes de la chambre, ont l'agrément de traiter de celle de M. de Sassenage, mais il n'y a encore rien de conclu ni avec l'un ni avec l'autre.

Mercredi 31, *à Versailles*. — Le roi tint le conseil d'État à l'ordinaire. L'après-dînée il alla à vêpres, où l'évêque de Marseille officia, et ensuite il s'enferma avec le P. de la Chaise, comme il fait toujours la veille des jours qu'il doit communier. Le soir il travailla chez madame de Maintenon avec M. de Cagny. Monseigneur étoit à vêpres avec le roi, et madame la duchesse de Bourgogne n'y étoit point; elle avoit pris médecine pour quitter ses eaux. — Le cardinal Moriggia, évêque de Pavie, est mort. Il vaque présentement huit places dans le sacré collége; c'est bien plus qu'il n'en faut pour la nomination des couronnes, mais il paroît qu'elle n'est pas prête de se faire, et l'empereur, qui a donné sa nomination au duc Molès, retardera encore cette promotion, car la France ne consentira point à ce choix-là. — Les dernières lettres qu'on a du roi de Suède apprennent qu'il a gagné trois petits combats contre les Moscovites et qu'il avance toujours dans leur pays, quoiqu'ils fassent de grands dégâts par tous les lieux où il doit passer. — L'électeur de Bavière se dispose à retourner dans peu de jours à Mons, où, comme vicaire du roi d'Espagne en Flandre, il ne fera aucunes difficultés de recevoir les ordres de monseigneur le duc de Bourgogne pour le bien de l'affaire générale. Il s'étoit même offert d'aller faire le siége de Bruxelles dans le temps qu'on croyoit que nous voulions attaquer cette place et de renvoyer les troupes de monseigneur le duc de Bourgogne dès que cette expédition seroit finie. Il ne se peut rien ajouter à la fidélité de ce prince et à son attachement pour le roi.

Jeudi 1ᵉʳ novembre, jour de la Toussaint, à Versailles. — Le roi fit ses dévotions, toucha beaucoup de malades, entendit ensuite la grande messe dans la chapelle en bas. En y allant, il trouva Tournefort, à qui il dit : « Je vous ai compris dans les grâces que je fais à ceux qui ont défendu la ville de Lille; je vous ai fait maréchal de camp. » Le roi entendit le sermon du P. Quinquet, théatin, et ensuite vêpres, et vêpres des morts. Après avoir été quelque temps chez lui, il revint encore au salut. Monseigneur et madame la duchesse de Bourgogne suivirent le roi à toutes les dévotions de la journée; Monseigneur avoit communié dès le matin avant le roi. Entre vêpres et le salut le roi fit la distribution des bénéfices vacants : Il donna l'évêché de Saint-Omer à l'abbé de Valbelle, un de ses aumôniers, qui sert présentement auprès de monseigneur le duc de Bourgogne, neveu à la mode de Bretagne de l'évêque de Saint-Omer, qui mourut le 29 du mois passé dans son diocèse et dont on n'a appris la mort que ce matin; il a donné l'évêché d'Alet à l'abbé Maboul, grand vicaire de Poitiers; l'abbaye de Manlieu à l'abbé de Montgon; l'abbaye de la Bussière à l'abbé Guyet; l'abbaye du Gué de Launé à l'abbé de Fontaine-Péan; quelques autres petits bénéfices donnés à des moines ou à des religieuses. Sur l'évêché de Saint-Omer le roi donne 1,500 livres de pension à l'abbé d'Auvergne et 500 à l'aumônier des mousquetaires de la première compagnie.

Vendredi 2, à Marly. — Le roi partit de Versailles aussitôt après son dîner pour venir ici, où il demeurera jusqu'à la fin de la semaine qui vient. Monseigneur partit de Versailles à neuf heures, alla courre le loup fort loin et arriva ici à sept heures. Madame la duchesse de

Bourgogne fit ses dévotions aux Récollets, entendit vêpres l'après-dînée à la chapelle, et puis partit de Versailles pour venir ici. — M. Lée, lieutenant général, qui étoit dans la ville de Lille, y a été blessé d'un éclat de grenade à la tête. Il a négligé sa blessure; on l'a porté à Douai, où il a fallu le trépaner; mais on a peur que ce ne soit trop tard, car il est en très-grand danger. On mande de Flandre qu'on a entendu tirer du canon à Lille et que le bruit du pays est que les ennemis ont ouvert la tranchée devant la citadelle la nuit du 29 au 30. — On mande d'Allemagne que le général Heister, qui assiégeoit Neuhausel, apprenant que les Hongrois marchoient à lui pour secourir la place, et la saison étant déjà fort avancée, avoit levé le siége.

Samedi 3, à Marly. — Le roi monta dans sa petite calèche à onze heures avec madame la duchesse de Bourgogne et alla courre le cerf; il en prit deux pour faire honneur à la Saint-Hubert et revint dîner ici avant deux heures. Monseigneur étoit à la chasse. Le roi a donné ici des logements à M. Ducasse et au comte de Vertus, qui n'y étoient jamais venus. — Il arriva un courrier de monseigneur le duc de Bourgogne. On ne dit point encore quel parti nous prenons en Flandre, mais selon les apparences, c'est de nous tenir derrière l'Escaut et derrière le canal de Bruges pour empêcher qu'il ne vienne aucun convoi aux ennemis; et ce qui persuade encore davantage qu'on prend ce parti-là, c'est que M. de Vendôme, qui étoit venu à Tournay pour conférer avec monseigneur le duc de Bourgogne et M. de Chamillart, s'en retourne à Bruges. M. de Chamillart mande au roi que notre cavalerie est en fort bon état; il n'y a que la maison du roi et la gendarmerie surtout qui est dépérie.

Dimanche 4, à Marly. — Le roi tint le conseil d'État à son ordinaire et se promena l'après-dînée dans ses jardins. Madame la duchesse de Bourgogne alla au salut à la paroisse. Le roi travailla le soir avec M. Pelletier chez madame de Maintenon. — Le duc de Noailles est arrivé de Perpignan ; il est venu ici saluer le roi et est retourné à Paris, où la mort de son père lui donne beaucoup d'affaires. — Il n'arriva point de courrier de monseigneur le duc de Bourgogne. On compte que M. de Chamillart sera ici de retour à la fin de la semaine. — M. le duc d'Orléans, qui devoit revenir ici à la Saint-Martin, n'arrivera pas sitôt qu'il l'avoit cru. Il mande par ses dernières lettres, qui sont du 24, qu'il a encore des affaires en Catalogne ; il croit même qu'il sera obligé de passer à Madrid avant que de revenir ici. Depuis l'arrivée de la flotte que Ducasse a amenée au Passage, le roi d'Espagne a envoyé de l'argent en Catalogne et en Estramadure pour payer tout ce qui est dû à ses troupes. — Le roi a envoyé au maréchal de Villars son congé, et il sera de retour ici à la fin de la semaine au plus tard.

Lundi 5, à Marly. — Le roi, après la messe, monta en calèche pour aller courre le cerf et revint ici avant une heure ; il fit même un tour dans son jardin avant que de se mettre à table. Monseigneur étoit à la chasse avec lui. Le roi, en sortant de la table, se promena jusqu'à la nuit et fit beaucoup planter. — La Vallière, qui a servi cette campagne en Allemagne, en revint vendredi à Versailles avant que le roi en partît, et il est ici aujourd'hui, où le roi lui a donné un logement. — Il n'arriva point encore de courrier de monseigneur le duc de Bourgogne, mais on apprend par les lettres de l'ordinaire que les batteries que les ennemis ont faites devant la citadelle de Lille n'ont pas encore commencé à tirer, ce qui fait croire qu'ils n'ont pas toute la poudre qui leur seroit nécessaire pour ce siége. Ils ont des troupes à la Bassée, à Armentières et à Dixmude, et font fortifier ces postes et envoient dans l'Artois de gros partis de cavalerie. Ils ont même fait piller l'abbaye de Saint-Éloi, près Arras.

Mardi 6, à Marly. — Le roi tint le conseil de finances à son ordinaire ; après ce conseil il travailla toujours avec M. Desmaretz. Il se promena toute l'après-dînée dans ses jardins. — Il arriva le soir un courrier de monseigneur le duc de Bourgogne, par lequel on apprit que M. de Surville, en allant visiter les postes qui étoient devant l'avant-chemin couvert, avoit été blessé d'un coup de fusil au-dessus de la hanche et qui lui perce le corps. Le prince Eugène a permis qu'il sortît de la citadelle pour être transporté à Douai; il a donné la même permission à Ravignan, brigadier d'infanterie, qui avoit été blessé devant le siége de la ville et qui malgré ses blessures s'étoit enfermé dans la citadelle, où une fièvre violente l'a pris. Monseigneur le duc de Bourgogne a détaché Cheyladet, lieutenant général, avec onze escadrons du corps qui est avec ce prince au Saulchoy. Il prendra encore les douze escadrons qui sont à Douai pour aller en Artois s'opposer aux troupes que les ennemis ont de ce côté-là.

Mercredi 7, à Marly. — Le roi tint le conseil d'État à son ordinaire et se promena toute l'après-dînée; Monseigneur et madame la duchesse de Bourgogne étoient à la promenade avec lui. — On sut que M. de Chamillart, en partant pour la Flandre, avoit ordre du roi de faire dire à M. de Surville, quand il le pourroit, que le roi lui donnoit 10,000 francs de pension, et à Ravignan qu'il le faisoit maréchal de camp. On ne sait pas encore les autres grâces que le roi a faites aux officiers qui sont dans Lille. M. Lée, lieutenant général, qui est à Douai avec les autres blessés de la garnison qui étoient dans la ville de Lille, a fait écrire à sa femme, qui est à Saint-Germain auprès de la reine d'Angleterre, et à M. de Cagny que sa blessure qu'on avoit crue mortelle alloit beaucoup mieux et qu'il étoit hors de danger.

Jeudi 8, à Marly. — Le roi monta à onze heures dans sa petite calèche et alla courre le cerf; Monseigneur étoit à la chasse. Madame y va toujours dans une calèche qui suit toujours celle du roi; ils revinrent dîner ici à l'ordinaire. L'après-dînée le roi alla se promener dans les jardins, et à six heures la reine d'Angleterre et la princesse sa fille arrivèrent. Le roi fut quelque temps avec elles dans le salon et puis il les mena chez madame de Maintenon. A huit heures le roi repassa chez lui et travailla avec M. de Cagny. La reine d'Angleterre demeura chez madame de Maintenon, et la princesse d'Angleterre passa dans le salon avec madame la duchesse de Bourgogne et la vit jouer. Ils se mirent tous à table avant six heures, et après souper la cour d'Angleterre retourna à Saint-Germain. — L'électeur de Bavière partit le matin de Compiègne pour aller à Mons, où il arrivera demain; il trouvera en chemin M. de Chamillart. — Le roi a fait MM. de Rannes, de Coëtquen et de Ravignan maréchaux de camp; il a encore accordé d'autres grâces aux officiers qui étoient dans Lille, mais nous ne les savons pas encore. — On a su que la ville de Varsovie avoit été entièrement brûlée, et avant cet incendie la peste y avoit déjà fait mourir plus de quinze mille personnes.

Vendredi 9, à Marly. — Le roi se promena le matin et l'après-dînée dans ses jardins, où il fait beaucoup planter. Monseigneur alla courre le loup dans le bois de Boulogne, où il vint beaucoup de dames de Paris pour voir la chasse, qui fut très-belle. — On eut des lettres de Flandre par l'ordinaire; elles sont du 7. Les ennemis n'avoient point encore tiré de canon contre la citadelle, mais ils en continuent le siége lentement, parce qu'ils ne travaillent qu'à la sape. M. de Surville a écrit de Douai et mande que sa blessure n'est que dans les chairs et qu'ainsi il en sera quitte dans peu de jours. Le chirurgien du prince Eugène, qui l'avoit pansé à Lille, l'a accompagné à Douai. M. Permangle, qui étoit brigadier dans Lille, a été fait maréchal de camp avec les trois que j'ai déjà nommés. — M. le maréchal de Tessé est arrivé à Rome et y a pris la qualité d'ambassadeur extraordinaire. Le pape l'a souhaité ainsi pour éviter un embarras, c'est qu'étant grand d'Espagne il auroit prétendu être assis devant le pape, qui ne veut point faire cet honneur-là aux grands. Il y a eu même encore une autre raison pour le cérémonial, et comme M. de Tessé avoit le pouvoir de prendre cette qualité, il l'a prise pour le bien de l'affaire.

Samedi 10, *à Versailles.* — Le roi, après la messe, alla courre le cerf. La chasse fut fort courte, et il se promena encore longtemps dans ses jardins avant dîner; et après qu'il fut revenu de la promenade M. de Chamillart arriva, avec qui il fut un quart d'heure. L'après-dînée le roi se promena dans ses jardins et ne partit de Marly qu'à la nuit pour revenir ici, et à sept heures M. de Chamillart alla travailler avec lui chez madame de Maintenon. Monseigneur partit le matin de Marly pour aller à Meudon, où il demeurera jusqu'à vendredi. Madame la duchesse de Bourgogne joua à Marly l'après-dînée et puis se promena avec le roi jusqu'à cinq heures et revint ici avant le roi.
— On a appris beaucoup de détails par M. de Chamillart. M. de Vendôme n'étoit point retourné à Bruges, parce qu'il a la goutte; il a été obligé de demeurer au camp de monseigneur le duc de Bourgogne. Toutes nos troupes sont dans leur même camp et barraquées. La cavalerie ne fera plus qu'un fourrage, après quoi on leur apportera dans le camp tout ce qui est nécessaire pour leur subsistance. Les ennemis attaquèrent le 7 l'avant-chemin couvert de la citadelle, dont ils furent repoussés avec une assez grande perte; leur canon n'a point encore tiré.

Dimanche 11, *à Versailles.* — Le roi tint le conseil d'État à son ordinaire. Il alla tirer l'après-dînée et le soir il travailla avec M. Pelletier chez madame de Maintenon. Monseigneur revint ici de Meudon pour le conseil et y retourna dîner. Madame la duchesse de Bourgogne alla au salut, qui commence à cinq heures depuis la Toussaint.
— Par le retour de M. de Chamillart on a appris des grâces que le roi a faites aux officiers qui étoient dans Lille et que nous ne savions pas encore. M. de Lée sera

grand-croix de Saint-Louis quand il y aura une place vacante et [a] en attendant la permission d'en porter les marques. Permangle a été fait maréchal de camp. On a fait quatre brigadiers, qui sont : MM. de Belle-Isle, de Tourotte, de Martinville et Souris. — M. de Marlborough a détaché dix bataillons de son camp de Rousselaer pour renforcer les troupes qui font le siége de la citadelle de Lille, qui n'étoient que de vingt bataillons, et il a envoyé beaucoup de cavalerie et quelque infanterie dans le Furnembach, qui est un pays fort abondant et qui n'a point encore été fourragé. — M. le comte de Marsan est plus mal que jamais.

Lundi 12, *à Versailles.* — Le roi, après la messe, dîna et puis alla à Marly, d'où il ne revint qu'à la nuit. Il travailla le soir chez madame de Maintenon avec M. de Pontchartrain ; le matin avant la messe il avoit travaillé assez longtemps avec M. de Chamillart. Monseigneur, qui est à Meudon, alla courre le matin un loup qui étoit demeuré dans le parc de Boulogne ; il vint une grande quantité de dames de Paris en carrosse pour voir la chasse. — On apprend de Flandre que le 9 les ennemis s'établirent dans l'avant-chemin couvert de la citadelle de Lille. — Beaucoup d'officiers de l'armée de Dauphiné sont arrivés. On laisse quelques officiers généraux en ce pays-là et en Savoie : M. de Thouy dans la Tarentaise, M. Dillon à Briançon et M. de Toralva par delà Saint-Jean de Maurienne, du côté de Modane. — M. de Villars est attendu ici tous les jours ; il y a déjà quelque temps qu'il a eu son congé. — Les ennemis ont donné le gouvernement de Lille au prince de Hosltein-Beck, qui a été obligé par sa mauvaise santé d'aller prendre les eaux d'Aix-la-Chapelle. Il a passé par Tournay. Nous lui avons donné des passe-ports pour faire son voyage. — Madame la duchesse de Bourgogne alla dîner à la Ménagerie, d'où elle ne revint qu'à la nuit.

Mardi 13, *à Versailles.* — Le roi tint le conseil de finances à son ordinaire. Il alla l'après-dînée à Trianon

et travailla le soir avec M. de Chamillart chez madame
de Maintenon. Madame la princesse de Conty alla dîner
avec Monseigneur à Meudon et y mena quelques dames.
— Il arriva un courrier de monseigneur le duc de Bourgogne. Notre armée fourragea hier pour la dernière fois. On
ne dit point quelles nouvelles apporte ce courrier; mais
on croit qu'il y a quelques mouvements, parce qu'on a
impatience de voir un autre courrier qui doit arriver demain ou après-demain au plus tard. — M. le comte de Marsan* mourut le matin à Paris. Il est mort de faim et de
soif, ne pouvant rien avaler; il a conservé sa raison jusqu'au dernier moment. Il étoit chevalier de l'Ordre et
avoit 20,000 francs de pension du roi et 10,000 francs
de pension sur l'évêché de Cahors. Il a laissé deux enfants; l'aîné s'appelle le prince de Pons et le cadet le
chevalier de Lorraine. Le roi donne à l'aîné 8,000 francs
de pension et 4,000 francs au cadet. Il les avoit eus tous
deux de son second mariage.

* M. de Marsan étoit l'homme de la cour le plus bassement prostitué
à la faveur, ministres, maîtresses, valets, et le plus lâchement abandonné à tirer de l'argent, c'est-à-dire à faire des affaires à toutes
mains. La valeur et un jargon de femme étoient ses uniques qualités
avec beaucoup de politesse. Ses frères n'en faisoient aucun cas, ni personne que ceux dont il avoit besoin à force de manéges, de bassesses
et de persévérance. Il est incroyable ce qu'il tira des contrôleurs généraux, et par eux des gens d'affaires. Il servit Thévenin, un d'entre eux,
célèbre pour ses richesses, comme eût fait un valet dans sa maladie,
et il en fut la dupe; car il donna tout au chancelier, qui le rendit à sa
famille. Il disoit de Bourvalais, célèbre en ce genre, que c'étoit l'appui
de l'État. Il cajoloit toutes les dames avec la fadeur d'un vieux galant,
sans esprit et sans discernement, jusqu'à appeler madame de la Feuillade : « Ma grosse toute belle; » c'étoit une des filles de Chamillart et
l'image la plus naïve de la Maritorne de Don Quichotte. L'abbé de la
Proustière, parent de Chamillart, gouvernoit tout dans sa maison.
M. le Grand appeloit son frère le chevalier de la Proustière, et disoit
que pour faire sa cour jusqu'au perruquier de l'abbé, il prenoit de lui
ses perruques. Ce pauvre homme qui vécut de l'Église, deux fois bi-
game, sans l'avoir jamais servie, et qui dépouilla peut-être la veuve
et l'orphelin par les affaires sans nombre qu'il fit pour lui pendant

tant d'années, mourut enragé de faim et de soif, comme le disent les Mémoires, jusque-là qu'il faisoit manger ses gens devant lui, sentoit leurs plats et ne pouvoit rien avaler; genre de mort bien terrible et qui dura longtemps.

Mercredi 14, à Versailles. — Le roi tint le conseil d'État à son ordinaire; l'après-dînée il alla tirer. Madame la duchesse de Bourgogne alla dîner à Meudon; Monseigneur, qui étoit venu ici au conseil, l'emmena dans sa berline. Elle revint ici le soir pour le souper du roi. — M. de Marsan a fait un testament par lequel il substitue la terre de Pons et la principauté de Mortagne à son fils aîné et aux enfants mâles qui en viendront. Il donne au chevalier de Lorraine, son cadet, la terre d'Ambleville quitte de toutes dettes et 500 écus de pension sur les biens de son aîné; et en cas qu'il ne s'en tienne pas à ce testament, il l'exclut de la succession aux biens de son frère, s'il mouroit sans enfants mâles, et appelle à la substitution en sa place l'aîné des enfants de M. le Grand. Il a nommé quatre exécuteurs testamentaires, qui sont: M. le Grand, le maréchal de Villeroy, Matignon et le président de Maisons. Il laisse au maréchal de Villeroy 20,000 francs pour en disposer selon l'usage qu'il l'a prié d'en faire. Il donne aux pauvres de l'évêché de Cahors 2,000 écus et récompense tous ses domestiques. Par la mort de M. de Marsan il revient 20,000 livres de rente à MM. de Seignelay, enfants du premier lit de feu madame la comtesse de Marsan.

Jeudi 15, à Versailles. — Le roi dîna en sortant de la messe et puis alla se promener à Marly, d'où il ne revint qu'à la nuit. Madame la Duchesse alla dîner avec Monseigneur à Meudon, où il y eut grand jeu. Madame la duchesse de Bourgogne alla dîner à la Ménagerie. — On n'eut des lettres de monseigneur le duc de Bourgogne que par l'ordinaire. Le siége de la citadelle de Lille va toujours fort lentement. On avoit fait courir le bruit que M. de Coëtquen y avoit été tué, mais le roi dit le soir dans son cabinet que cette nouvelle étoit fausse, quoique plusieurs lettres de l'armée en assurassent. Milord Marlborough a envoyé un assez gros corps de troupes dans le Furnembach pour en apporter des grains. Le comte de la Mothe, qui commande à Bruges, où M. de Vendôme n'est pas encore revenu, a envoyé quelques troupes de ce côté-là pour s'opposer au dessein des ennemis, qui sont obligés de chercher des subsistances fort loin. — Le ministre du czar auprès de l'électeur de Brandebourg lui a donné part et a fait de grandes réjouissances d'un grand combat que son maître en personne a gagné contre le général Lewenhaupt, qui alloit joindre le roi de Suède, et il prétend que toute cette armée des Suédois a été défaite.

Vendredi 16, *à Versailles*. — Le roi travailla le matin avec le P. de la Chaise et alla tirer l'après-dînée. M. de Chamillart apporta au roi chez madame de Maintenon des lettres de monseigneur le duc de Bourgogne venues par l'ordinaire. Monseigneur revint de Meudon pour le souper du roi. Après que S. M. fut sortie de table, M. de Chamillart vint lui dire qu'il étoit arrivé un courrier de monseigneur le duc de Bourgogne. Le roi fit entrer ce ministre dans son cabinet, et nous apprîmes après qu'il en fut sorti que le siége de la citadelle alloit toujours fort lentement; que les ennemis n'avoient pas encore tiré de canon; que le bruit qu'on faisoit courir qu'il leur étoit arrivé un convoi du côté de la mer étoit entièrement faux; que le prince d'Auvergne, qui est à la Bassée avec un gros corps de cavalerie et quelque infanterie, avoit voulu s'avancer plus avant dans l'Artois avec une partie de sa cavalerie pour chercher des subsistances, mais que Cheyladet étoit venu au-devant de lui avec trois mille chevaux qu'il commande en ce pays-là; qu'ils avoient été quelque temps en présence et que le prince d'Auvergne avoit pris le parti de se retirer sans attaquer Cheyladet. On apprit aussi que M. de Vendôme demeuroit avec monseigneur le duc de Bourgogne et que l'on envoyoit le maréchal de Berwick commander son armée d'Allemagne, qui n'étoit pas encore séparée, et que les ennemis envoient le prince de Hesse pour commander la leur en ce pays-là, M. de Hanovre s'étant retiré dans ses États.

Samedi 17, *à Versailles.* — Le roi tint le conseil de finances à son ordinaire et travailla ensuite avec M. Desmaretz, comme il fait toujours. Il en est fort content, et on croit qu'il sera ministre au premier jour. Monseigneur courut le loup. — Le roi donna ces jours passés le gouvernement de la Bastille à Bernaville, qui en étoit lieutenant de roi ; ce gouvernement vaut, à ce qu'on dit, 40,000 livres de rente. — On a des avis d'Angleterre qui portent que le prince Georges de Danemark, mari de la reine Anne, mourut à Londres le 8 de ce mois ; mais cette nouvelle n'est pas encore sûre, et quand elle le seroit elle ne feroit apparemment aucun changement en ce pays-là. — Monseigneur le duc de Bourgogne a fait encore un détachement de dix ou douze escadrons de son armée, qu'il envoie pour fortifier le corps que nous avons sous Cheyladet en Artois. M. de Berwick est parti du camp du Saulchoy pour aller en Allemagne. — Par les dernières lettres qu'on a reçues de Dantzick, on apprend que la défaite du général Lewenhaupt est bien moindre que les ministres du czar ne le publioient ; il n'a perdu que quatre mille hommes, et avec les onze autres il a rejoint le roi de Suède. — M. de Chamillart travailla le soir avec le roi chez madame de Maintenon.

Dimanche 18, *à Versailles.* — Le roi tint le conseil d'État à son ordinaire ; il alla l'après-dînée se promener à Trianon, et le soir il travailla avec M. Pelletier chez madame de Maintenon. Madame la duchesse de Bourgogne joua chez elle jusqu'à l'heure du salut, et après le salut alla chez madame de Maintenon. — M. le marquis d'Houdancourt, fils aîné du comte de la Mothe, arriva sur les cinq heures, qui apporta la nouvelle que M. son père ayant appris que deux bataillons et deux escadrons des ennemis qui font partie des troupes qu'ils ont dans le Furnembach s'étoient avancés à Hondschoote, il y avoit envoyé deux brigades d'infanterie et une de dragons, commandées par Monroux, maréchal de camp, qui avoit trouvé les ennemis en marche et les avoit attaqués, et qu'eux, se sentant trop foibles, s'étoient retirés précipitamment dans une abbaye, où ils avoient amassé beaucoup de grains pour les envoyer à leur grande armée ; qu'il les avoit investis dans cette abbaye, où ils n'avoient fait presque aucune résistance et s'étoient rendus prisonniers de guerre. M. d'Houdancourt dit que M. de la Mothe venoit lui-même joindre M. de Monroux pour attaquer cinq mille hommes qui sont dans l'abbaye de Loo, près de Dixmude ; mais les lettres de monseigneur le duc de Bourgogne et de M. de Vendôme ne disent point que M. de la Mothe doive marcher à Loo.

Lundi 19, à Versailles. — Le roi prit médecine comme il la prend tous les mois et travailla l'après-dînée avec M. de Pontchartrain. Madame la duchesse de Bourgogne passa chez le roi avant que d'aller à la messe, et après la messe alla dîner à la Ménagerie. — M. de Kercado, lieutenant général, arriva de Pampelune, d'où M. le duc d'Orléans est parti pour aller à Madrid à la prière du roi d'Espagne. Il y avoit déjà envoyé le comte de Bezons pour rendre compte à Sa Majesté Catholique de la disposition des affaires en Catalogne ; mais on a souhaité à la cour de Madrid que S. A. R. y vînt lui-même pour prendre des mesures avec lui. Le siége de Denia doit être commencé ; car M. d'Asfeld, qui commande nos troupes dans le royaume de Valence, mandoit par ses dernières lettres à S. A. R. qu'il avoit tout ce qu'il lui falloit de munitions de guerre et de bouche pour faire ce siége. Nos troupes en Catalogne et en Valence sont en assez bon état. — Le maréchal de Villars, qui a commandé cette année notre armée en Savoie, est de retour ici. Le duc de Gramont est arrivé aussi de Bayonne avec la duchesse sa femme. — Monseigneur prit médecine, comme le roi, par pure précaution.

Mardi 20, *à Versailles.* — Le roi tint conseil de finance et après le conseil il dit à M. Desmaretz qu'il le faisoit ministre; ainsi nous en avons cinq présentement qui sont : M. le chancelier, M. de Beauvilliers, M. de Torcy, M. de Chamillart et M. Desmaretz. Le roi travailla le soir chez madame de Maintenon avec M. de Chamillart. — Il est arrivé à la cour un aga envoyé par le capitan-bacha. Le dessus des lettres qu'il apporte est : « Pour le vizir de la mer de l'empereur des François. » On prétend qu'il vient pour se plaindre de M. Feriol, notre ambassadeur à la Porte, qui a retiré chez lui le ministre de Hollande, qui ne se croyoit pas en sûreté chez lui à cause de quelques démêlés qu'il avoit eus avec le grand vizir, qui avoit même déjà fait maltraiter quelques-uns de ses domestiques. Ce ministre de Hollande avoit demandé à l'ambassadeur d'Angleterre de se pouvoir retirer chez lui, et l'ambassadeur le lui avoit refusé; et M. de Feriol, malgré la guerre entre la France et la Hollande, lui a généreusement accordé une retraite chez lui et sa protection. C'est de quoi on prétend que l'aga vient se plaindre.

Mercredi 21, *à Marly.* — Le roi tint le matin à Versailles conseil d'État à son ordinaire, auquel conseil M. Desmaretz prit sa place de ministre, et aussitôt après son dîner le roi vint ici, où nous demeurerons jusqu'à la fin de la semaine qui vient. Madame la duchesse de Bourgogne alla au salut à Versailles avant que de venir ici. — Le bruit se répand que l'électeur de Bavière doit marcher incessamment à Bruxelles, dont les habitants sont fort mécontents du gouvernement présent. Ils ont fait assurer S. A. E. qu'ils le recevront avec grande joie et qu'il n'a qu'à paroître. — Par les lettres qui sont venues de Flandre par l'ordinaire, on mande que les ennemis commencèrent à tirer du canon le 18, et qu'ils travaillent toujours à la sape pour s'approcher du chemin couvert.

La garnison de la citadelle fait souvent des sorties qui ont réussi, sans que nous y ayons perdu personne de considération. Outre les brigadiers que j'ai écrit que le roi avoit fait dans Lille, j'ai appris qu'il fait la même grâce à M. du Thil. — Le roi prend à son service un régiment d'infanterie que l'électeur de Bavière a formé de déserteurs et dont il a fait colonel le chevalier de Bavière, son fils, qu'il a eu de la comtesse d'Arque. Ce régiment est de deux bataillons ; il aura la paye étrangère et s'appellera le Royal-Bavarois.

Jeudi 22, *à Marly.* — Le roi, après la messe, alla courre le cerf. Monseigneur voulut courre le loup, mais il n'en trouva point et revint ici avant midi. — Il n'arriva point de courrier de monseigneur le duc de Bourgogne, mais le bruit de la marche de l'électeur pour aller à Bruxelles se confirme et que S. A. E. devoit arriver avec les troupes qu'il mène le 21, qui étoit hier, à Hall, où il sera joint par des troupes qu'on tire des garnisons de Charleroy et de Namur. Il aura quelque artillerie avec lui, qui sera commandée par le fils de Malezieux. — Le capitaine de vaisseau qui commandoit les François qui étoient à Port-Mahon et qui est accusé de n'avoir pas fait son devoir sera mis dans la grosse tour de Toulon, où on lui fera son procès s'il n'est pas assez heureux pour se justifier. — Les lettres venues de Dantzick portent que le roi de Suède a gagné un grand combat contre les Moscovites, qu'il les a forcés dans leurs retranchements, où il est entré avec six cents dragons et où il fut blessé à l'épaule avant que son infanterie pût y entrer. Il a tué ou pris tous ceux qui défendoient ces retranchements. On mande qu'il a plus de vingt mille prisonniers, et que le prince Menzikoff et les principaux officiers du czar y ont été tués.

Vendredi 23, *à Marly.* — Le roi se promena tout le matin et l'après-dînée dans ses jardins. Le soir chez madame de Maintenon il fit une petite loterie pour six dames, où madame de Dangeau gagna deux forts jolis lots.

— Il arriva un courrier de monseigneur le duc de Bourgogne par lequel on sut tout le détail de l'entreprise sur Bruxelles. L'épouvante est fort grande dans cette ville-là. M. de Quiros, les députés des États-Généraux et tous les principaux seigneurs du pays attachés à la maison d'Autriche sortent de Bruxelles et se réfugient à Anvers ; cependant, comme il y a assez de troupes dans la ville, l'événement est encore incertain. Monseigneur le duc de Bourgogne mande qu'il n'est point vrai que les ennemis aient encore tiré de canon contre la citadelle de Lille, et que ce siége va toujours fort lentement ; ce qui confirme dans l'opinion qu'on a qu'ils ont très-peu de poudre ; et on croit que M. de Marlborough veut faire un effort pour faire passer un convoi d'Ostende qu'on croit qui leur est nécessaire pour achever le siége.

Samedi 24, à Marly. — Le roi, après la messe, alla courre le cerf ; Monseigneur étoit à la chasse avec le roi. L'après-dînée le roi se promena et travailla le soir chez madame de Maintenon avec M. de Chamillart. — M. l'abbé de Polignac, qui a la nomination du roi d'Angleterre et de très-fortes recommandations de la reine sa mère pour le cardinalat, a présenté au pape les lettres de LL. MM. BB., qui ont été très-bien reçues. Le pape ne lui a rien promis positivement, mais il y a beaucoup de sujet d'espérer. — Le roi de Danemark, mécontent de la reine sa femme, de la reine sa mère et de tous les ministres luthériens, qui le contraignent sur ses plaisirs et qui ne veulent pas même qu'il ait ni comédie ni opéra dans ses États, a pris le parti de s'en aller voyager, et est parti de Copenhague. On l'attend en Saxe, d'où il doit aller à Venise ; il dit même qu'il viendra ensuite en France. Il est extraordinaire à un roi à son âge de quitter ses États ; il n'a qu'un fils, qui même est d'une santé fort délicate. — On fait un travail à Tournay pour retenir encore davantage les eaux et rendre l'inondation entre cette ville et Oudenarde encore plus grande qu'elle n'est, et on fait encore d'autres ouvrages dans l'Escaut pour empêcher que les ennemis n'y puissent jeter des ponts.

Dimanche 25, à Marly. — Le roi tint le conseil d'État à son ordinaire, se promena l'après-dînée et travailla le soir avec M. Pelletier chez madame de Maintenon. Il fit aussi le soir une petite loterie chez elle pour madame la duchesse de Bourgogne et quatre ou cinq de ses dames. — L'électeur de Bavière a fait sommer Pascal, qui commande dans la ville de Bruxelles et qui a répondu qu'il avoit une bonne garnison, qu'il songeroit à se bien défendre et à mériter l'estime de S. A. E. Ainsi l'électeur est obligé d'ouvrir la tranchée, ce qui doit avoir été fait la nuit du 23 au 24. Les ennemis ont retiré toutes les troupes qu'ils avoient dans le Furnembach, et ils font de grands mouvements dans leur camp. Ils ont un grand convoi au Sas-de-Gand, qu'ils voudroient bien faire passer, et on croit qu'ils s'approcheront pour cela du canal de Bruges. — Le pape fit demander au roi, il y a quelques jours, de vouloir bien permettre au marquis de Feuquières, qui n'est plus dans le service, d'aller commander les troupes de S. S. en Italie contre l'empereur, et le roi le lui a accordé; mais il y a grande apparence que cette guerre sera terminée avant que ce nouveau général arrive en Italie, les troupes du pape ayant déjà été battues en deux ou trois occasions, dans une desquelles Bonneval, François, qui s'étoit mis dans le service de l'empereur, a été tué.

Lundi 26, à Marly. — Le roi, après la messe, alla courre le cerf, et toute l'après-dînée il se promena dans ses jardins; Monseigneur étoit avec lui à la promenade. — Il arriva un courrier de monseigneur le duc de Bourgogne, qui mande que Malborough quitta le 23 son camp de Rousselaer et vint camper à Thielt. On ne sauroit juger encore s'ils veulent attaquer du côté de l'Escaut ou du côté du canal de Bruges. On a une lettre du maréchal de Boufflers du 21, qui mande que les assiégeants travaillent toujours à la sape. Ils ont voulu faire quelque tentative pour se loger sur le chemin couvert, ce qui ne leur a pas réussi. Ils n'ont point encore tiré de canon ni de bombes. Ce maréchal mande que pour lui il tire beaucoup de canon à cartouches et qu'assurément il leur a déjà tué beaucoup de monde au siège de la citadelle. Marlborough a retiré les troupes qu'il avoit dans Dixmude et a fait jeter dans la rivière une partie du canon de fer qu'il n'en avoit pas pu retirer. M. le prince Eugène a retiré aussi les troupes qu'il avoit mises dans Saint-Venant. — Le roi travailla le soir chez madame de Maintenon avec M. de Pontchartrain.

Mardi 27, *à Marly*. — Le roi tint le conseil de finances à son ordinaire et se promena toute l'après-dînée, et travailla le soir chez madame de Maintenon avec M. de Chamillart. — Il arriva un courrier de monseigneur le duc de Bourgogne, qui mande que Marlborough est venu sur la Lys, qu'il a déjà fait passer cette rivière à quelques-unes de ses troupes et qu'il étoit campé sa droite à Harlebeck et sa gauche à Saint-Éloi-Vive. On ne doute plus qu'il n'en veuille à l'Escaut. Le prince Eugène a marché aussi et est venu camper à Robecq et a laissé pour continuer le siége de la citadelle vingt-quatre bataillons; il en a outre cela quatre dans Armentières. On croit qu'ils veulent abandonner la Bassée, afin d'être fortifiés par les troupes que le prince d'Auvergne y a avec lui. Monseigneur le duc de Bourgogne doit marcher aujourd'hui pour s'approcher des troupes qu'il a devant Oudenarde et compte d'aller camper à Berchem. C'est le comte de Hautefort qui commande les troupes que nous avons dans les retranchements près d'Oudenarde. On n'a point de nouvelles de l'électeur de Bavière, et l'on croit son entreprise sur Bruxelles manquée.

Mercredi 28, *à Marly*. — Le roi tint le conseil d'État à son ordinaire et se promena toute l'après-dînée dans ses jardins. La cour d'Angleterre arriva ici avant sept heures. La reine demeura longtemps avec le roi, et madame de Maintenon et la princesse sa fille vinrent dans le salon voir jouer Monseigneur et madame la duchesse de Bourgogne ; elles soupèrent ici et avant onze heures retournèrent à Saint-Germain. — Cheyladet, qui commande nos troupes en Artois, mande au roi que le prince d'Auvergne a abandonné la Bassée, qu'ils faisoient fortifier; ils y faisoient neuf bastions. Cheyladet y est entré et y a mis quatre bataillons du régiment d'Alsace, qui sont plus que complets. — On eut par l'ordinaire des lettres du 12, du chevalier d'Asfeld, qui attaque Denia dans le royaume de Valence. Il mande que ce jour-là il avoit pris la ville basse l'épée à la main ; le soir même il devoit ouvrir la tranchée à la ville haute. On ne sait pas s'il pourra faire le siége du château, qui est très-bon.

Jeudi 29, *à Marly.* — Le roi, après la messe, alla courre le cerf ; Monseigneur étoit à la chasse. — Il arriva le matin un courrier de M. le duc d'Orléans, qui est à Madrid et qui doit en partir incessamment pour venir ici. Il mande que le 17 de ce mois la ville haute et le château de Denia s'étoient rendus; que la garnison, qui étoit de neuf cent cinquante hommes portugais, anglois et quelques déserteurs, a été faite prisonnière de guerre. — Pendant que le roi étoit à table à dîner il arriva deux courriers, un de monseigneur le duc de Bourgogne et un de M. de Vendôme, par lesquels on apprit que la nuit du 26 au 27 Marlborough avoit passé l'Escaut à Gavre et à Berchem, au-dessus et au-dessous d'Oudenarde, qu'ils y avoient fait quatre ponts sans trouver aucune opposition à leur passage, les troupes qui devoient venir défendre ces postes n'étant pas encore arrivées. M. de Hautefort, qui commandoit dans nos retranchements sous Oudenarde, se voyant pris par la droite et par la gauche, s'étoit retiré avec sa cavalerie et son infanterie à Grammont sur la Dendre sans que les ennemis aient pu l'entamer. M. de Vendôme, qui avec la colique néphrétique venoit en chaise de poste pour s'approcher d'Oudenarde, manda à monseigneur le duc de Bourgogne, qui marchoit à Berchem, que les ennemis étoient déjà passés en deux endroits. Monseigneur le duc Bourgogne ne put faire autre chose que de retourner à son camp. Nangis, qui avoit été détaché avec neuf bataillons pour joindre M. de Hautefort, avoit été coupé par quelques troupes des ennemis; qu'il s'étoit retiré en combattant toujours et qu'enfin il avoit gagné un bois d'où il avoit fait un si grand feu sur les troupes qui le suivoient qu'ils les avoient obligés à se retirer eux-mêmes. On croit qu'il aura rejoint M. de Hautefort. Sitôt que Marlborough eut passé l'Escaut, le prince Eugène, qui y avoit marché vis-à-vis de Pottes pour faire diversion, remarcha à Lille. Nous ne savons point encore ce qu'a fait Marlborough depuis avoir passé la rivière. — Le roi avoit déjà su que l'électeur de Bavière, après s'être logé sur les angles du chemin couvert de Bruxelles, en avoit été rechassé par la garnison, et que, les bourgeois n'ayant fait aucun mouvement pour le favoriser, il étoit revenu à Mons. Il avoit été obligé de tirer la garnison pour l'entreprise de Bruxelles; il y a ramené toutes les troupes qu'il avoit, mais il n'a pas pu ramener le peu de canon qu'il avoit.

Vendredi 30, *à Marly.* — Le roi alla tirer l'après-dînée, et, comme il aime fort à voir travailler, les jours de fêtes il aime mieux aller tirer que de se promener dans les jardins quand on n'y travaille pas. Il y a eu ce voyage-ci musique tous les deux jours, comme on a accoutumé d'en avoir. — Il arriva un courrier de Mons. On mande que M. d'Albergotti étoit arrivé devant Saint-Ghislain, que la garnison d'Ath avoit surpris pendant qu'un bataillon que nous y avions étoit allé escorter quelques chariots de fourrage pour notre armée. On veut reprendre ce poste, et M. de Hautefort y étoit arrivé aussi avec ses troupes. On ne peut l'attaquer que par une chaussée sur laquelle ils ont fait beaucoup de coupures qui n'empêcheront pas pourtant que cela ne soit bientôt repris. — Le roi a fait dire par M. de Torcy au duc de Gramont qu'il avoit appris que sa femme étoit venue deux fois à Versailles avec lui, qu'elle y avoit même reçu des visites dans son appartement, qu'il lui défendoit de la mener à Versailles et qu'elle ne portât plus de housse ni de manteau ducal à son carrosse, qu'il n'étoit plus duc, ayant cédé sa duché à son fils, qu'il lui avoit donné des lettres pour en conserver les honneurs personnellement, mais que cela ne s'étendoit point jusqu'aux femmes, à moins que cela ne fût énoncé dans les lettres, ce qui n'étoit point dans les siennes*.

* Dangeau ici n'est ni instruit ni correct. Lorsqu'un duc, pair ou héréditaire, c'est-à-dire vérifié non pair, se démet à son fils, il se dépouille en sa faveur de la propriété de son duché, qui emporte la dignité, et on lui expédie des lettres de conservation de rang et d'honneurs dont il jouit, excepté au parlement s'il est pair, et aux cérémonies d'État; mais dans le courant ordinaire et dans les cérémonies de cour, tout va comme s'il ne s'étoit pas démis, et précède son fils et tous les ducs moins anciens que lui partout. Jamais ces lettres ne font mention de sa femme, qui ne laisse pas de conserver son rang et ses honneurs partout, comme si son mari ne se fût point démis, parce que la femme jouit du rang et des honneurs de son mari de droit. Par la même raison un duc démis et veuf, qui se remarie, communique de droit son rang et ses honneurs à la femme qu'il épouse, et qui pour en jouir n'a besoin d'aucun autre titre que de celui de son mariage et d'être reconnue pour la femme légitime d'un tel duc. C'est aussi ce qui arriva à la seconde femme du duc de Saint-Aignan, qui a porté la housse et le manteau et joui du rang et des honneurs de son mari tant qu'elle a vécu, et qui en eût joui à la cour si sa modestie lui eût permis de céder à l'instance que le roi en fit à son mari à plusieurs reprises. C'étoit le même cas, à la vertu près, que cette duchesse de Gramont. Elle avoit été femme de garde-robe, puis femme de chambre de la première duchesse de Saint-Aignan, et lorsque le duc de Saint-Aignan devenu veuf la voulut épouser, il avoit cédé son duché au duc de Beauvilliers, son fils, comme le duc de Gramont avoit cédé le sien au duc de Guiche, son fils, lorsqu'il fit cet infâme mariage. La différence fut donc que le roi voulut bien reconnoître le mariage du duc de Saint-Aignan, ce qui seul emportoit le rang et les honneurs pour sa femme à la cour et partout, et que le roi ne voulut jamais reconnoître le mariage du duc de Gramont, ce qui excluoit de tout rang et honneur une femme non reconnue. C'est à la vérité un exemple unique, mais ce mariage le fut aussi encore plus; cette folle politique de croire en faire sa cour au roi et à madame de Maintenon fut ce qui, plus que l'infamie de ce mariage, valut ce juste affront au

duc de Gramont. La curiosité fait ajouter que la première cession ou démission de duché de père à fils que l'on connoisse, n'en ayant qu'un, est celle du connétable de Montmorency à son fils, qui eut le cou coupé à Toulouse, après le combat de Castelnaudary, en 1633.

Samedi 1ᵉʳ décembre, à Versailles. — Le roi, après la messe, alla courre le cerf, retourna dîner à Marly, où il avoit encore couché, se promena l'après-dînée dans les jardins et en partit à cinq heures pour revenir ici. Monseigneur entendit la messe avec le roi à Marly, alla dîner à Meudon, où il demeurera jusqu'à vendredi. Madame la duchesse de Bourgogne joua dans le salon de Marly jusqu'à quatre heures et puis revint ici. — Le marquis de Bréauté*, qui s'étoit mis depuis longtemps dans une grande dévotion et qu'on ne voyoit plus ici, est mort à Paris d'un remède extraordinaire qu'il a fait et qu'il a fait mal. — Le siége de la citadelle de Lille va toujours fort lentement. Les assiégeants ne tirent que de trois pièces de canon et ne tirent point encore contre les ouvrages; ils ne tirent qu'aux palissades du chemin couvert. — Nous avons eu un colonel d'infanterie tué à l'entreprise sur Bruxelles; il s'appeloit Boisfermé, et le roi a donné son régiment au lieutenant-colonel, qui est un officier de réputation. — On a vu ici des lettres des ennemis, qui louent fort la retraite de M. de Hautefort, qui étoit dans les retranchements d'Oudenarde et qui disent qu'il s'est conduit en cette affaire en vieux capitaine et en jeune soldat.

* Bréauté étoit un homme de qualité de Normandie, veuf et sans enfants, qui avoit peu servi et qui avec très-peu d'esprit n'avoit pas laissé d'être mêlé parmi la cour autrefois; il étoit tombé dans une grande misère; lui et le comte de Fiesque étoient enfants du frère et de la sœur. La dévotion suivit la misère; il se retira à l'institution de l'Oratoire, et n'ayant plus de quoi y vivre, le duc de Foix, dont il étoit parent, le prit généreusement chez lui, où il avoit son logement, son feu, sa lumière et sa nourriture. M. de Foix et sa femme étoient fort répandus dans le monde, dînoient peu chez eux et n'y soupoient jamais; Bréauté, gourmand et ennuyé, alloit chercher à vivre aux tables du voisinage et y ennuyoit aussi par ses sermons. Il étoit fort occupé

de bonnes œuvres, et ce fut lui qui entreprit la fameuse affaire de Langlade, condamné et mort aux galères pour un vol à Montgommery. Il la fit revoir. Langlade fut déclaré innocent, et sa fille eut de quoi vivre des dommages et intérêts.

Dimanche 2, à Versailles. — Le roi tint le conseil d'État à son ordinaire; Monseigneur y vint de Meudon et y retourna dîner. Le roi entendit l'après-dînée le sermon du P. Quinquet, théatin, et puis alla se promener dans les jardins. Madame la duchesse de Bourgogne entendit le sermon et le salut. — Il arriva un courrier de monseigneur le duc de Bourgogne. Nous avons repris Saint-Ghislain. Il y avoit cinq ou six cents hommes dedans, qui sont prisonniers de guerre, et ce qu'il y a de singulier dans cette affaire, c'est que trois cents hommes que nous avions dans ce réduit-là quelques jours auparavant et que les ennemis avoient surpris demeurent prisonniers de guerre, quoique nous ayons repris la place. Les magasins de fourrages que nous avions dans Saint-Ghislain n'ont point été brûlés, qui est ce qui nous auroit le plus fâché. — Mademoiselle de Jussac épouse le marquis d'Armentières, chambellan de M. le duc d'Orléans et qui achète la charge de son premier gentilhomme de la chambre, que vend M. de Sassenage, à qui il en donne 135,000 francs. Pluvau et Rosmadec avoient eu tous deux aussi l'agrément de cette charge, mais Pluvau n'en vouloit donner que 120,000 francs et Rosmadec 130,000.

Lundi 3, à Versailles. — Le roi tint le conseil de dépêches qu'il ne tient tout au plus qu'une fois en quinze jours. Il alla tirer l'après-dînée, et le soir travailla chez madame de Maintenon avec M. de Pontchartrain. Madame la duchesse de Bourgogne alla dîner à la Ménagerie, d'où elle ne revint qu'à la nuit. — Il y eut à Notre-Dame à Paris un service magnifique pour le maréchal de Noailles, où étoient presque tous les courtisans et toutes les dames de la cour. — Par les lettres de Flandre, on apprend que monseigneur le duc de Bourgogne étoit campé auprès de

Douai, et que les princes devoient revenir ici dans la semaine qui vient. On a envoyé les quartiers pour toutes les troupes de cette armée-là, qui hiverneront presque toutes dans les grandes villes de Flandre et de l'Artois. Le bruit avoit couru que le maréchal de Villars iroit en ce pays après le retour de monseigneur le duc de Bourgogne et de M. de Vendôme, mais cela ne s'est pas trouvé vrai. Milord Marlborough a passé la Dendre avec ses troupes et campé à Veter, qui est entre Gand et Dendermonde. Le comte de la Mothe est toujours derrière le canal de Bruges avec les troupes qui sont sous ses ordres.

Mardi 4, à Versailles. — Le roi tint conseil de finances à son ordinaire; il alla se promener l'après-dînée à Trianon et le soir il travailla avec M. de Chamillart chez madame de Maintenon. — On apprend par les nouvelles d'Italie que les Impériaux se sont rendus maîtres de Bologne. — Madame de Jussac donne en mariage à sa fille 20,000 écus et quelques années de nourriture, et M. le duc du Maine, qui donne à madame de Jussac une pension de 500 écus, a bien voulu, en faveur du mariage, que la pension fût sur la tête de la fille. — On a des lettres du maréchal de Boufflers, qui mande que les ennemis ne sont point encore maîtres du chemin couvert et qu'ils tirent toujours fort peu; ils attendent un grand convoi de Bruxelles. Ce maréchal ne se sent plus de sa blessure qu'il reçut le 21 en visitant le chemin couvert, qui n'étoit qu'un éclat de grenade qui lui avoit fait une contusion à la tête. Monseigneur le duc de Bourgogne doit coucher demain à la Bassée, que nous achevons de fortifier, et le 6 il ira coucher à Béthune.

Mercredi 5, à Versailles. — Le roi tint le conseil d'État à son ordinaire. Monseigneur n'y vint point; madame la duchesse de Bourgogne alla à Meudon dîner avec lui et n'en revint que pour le souper du roi. — J'appris qu'avant la mort de la maréchale de Villeroy madame de Lesdiguières lui avoit cédé toutes ses prétentions sur la succession de madame de Nemours et que les Villeroy en avoient traité avec M. de Matignon pour éviter tous les procès qui étoient entre eux sur cet héritage. Matignon leur en donne 100,000 écus payables en trois termes égaux, d'année en année, qui seront pour le duc de Villeroy sans que le maréchal son père y ait aucune part. — On attend ici lundi messeigneurs les ducs de Bourgogne et de Berry. M. de Vendôme y arrivera quelques jours après eux. — Le roi ne sortit point de tout le jour et aussitôt après son dîner il entra chez madame de Maintenon. — Les états de Languedoc, qui sont assemblés à Montpellier, ont accordé au roi, dès la première séance, un don gratuit de trois millions et deux millions pour la capitation. M. de Roquelaure, qui avoit été assez mal, n'a pas laissé d'assister à l'ouverture des états.

Jeudi 6, à Versailles. — Le roi, après la messe, se mit à table, et aussitôt après son dîner alla à Marly, d'où il ne revint qu'à la nuit. — M. le duc d'Orléans revint ici de Madrid, où on lui a fait tous les honneurs dus à sa naissance et aux grands services qu'il a rendus à l'Espagne. Il n'a pas été moins bien reçu ici. — Monseigneur le duc de Bourgogne doit être demain à Arras, où il attendra le retour d'un courrier qu'il a envoyé au roi. On fera repartir demain ce courrier, qui y arrivera samedi; ainsi on compte toujours que nos princes arriveront ici lundi. — Bourdelot, premier médecin de madame la duchesse de Bourgogne, est très-dangereusement malade; cette princesse, qui a beaucoup d'amitié pour lui, a demandé au roi un brevet de retenue sur une charge qu'il a conservée de médecin ordinaire du roi, qui lui avoit coûté 20,000 écus. Il avoit déjà 10,000 écus de brevet de retenue dessus; le roi a accordé à madame la duchesse de Bourgogne les 10,000 autres. Cette princesse a fait une chose extraordinaire pour lui, car elle s'est fait une loi de ne point demander de grâces au roi, qui seroit très-disposé à lui en accorder.

Vendredi 7, à Versailles. — Le roi travailla le matin avec le P. de la Chaise, et l'après-dînée il alla à Meudon voir Monseigneur, qui en revint le soir. — On croit que le roi a envoyé ordre au maréchal de Boufflers de rendre la citadelle de Lille si le prince Eugène lui accorde une capitulation honorable. On veut conserver les troupes qui ont servi si dignement dans cette place. — On fit à Paris un service magnifique pour la maréchale de Villeroy dans l'église du Calvaire de la rue Saint-Louis, où étoient presque tous les courtisans et toutes les dames de la cour. — M. le prince de Conty, qui étoit au lait depuis longtemps, a été obligé de le quitter depuis quelques jours, et on le saigna le soir parce qu'il a la fièvre, une grande oppression dans l'estomac et un point dans le côté. Les médecins disent cependant qu'il n'y a point encore de danger. — Mademoiselle de Blanzac, qui est très-jolie et très-bien faite, épouse le comte de Clermont, fils du feu comte de Tonnerre, et le roi a permis qu'il sortît de la Bastille, où il devoit encore être quelques mois. Madame de Laval, bisaïeule de la demoiselle, lui donne 20,000 écus. La maréchale de Rochefort, grand'mère de la demoiselle, logera et nourrira les mariés à la cour, et madame de Mennevillette, grand'mère du comte de Clermont, assure à son petit-fils 800,000 francs.

Samedi 8, à Versailles. — Le roi tint le conseil de finances à son ordinaire; l'après-dînée il entendit le sermon et vêpres. Monseigneur et madame la duchesse de Bourgogne y étoient avec lui. Le soir il travailla chez madame de Maintenon avec M. de Chamillart. — On mande d'Italie que le maréchal de Tessé se préparoit à faire une entrée magnifique à Rome; mais comme le pape a déjà donné une audience particulière au marquis de Prié, plénipotentiaire de l'empereur, et que les troupes de S. S. ne sont pas en état de résister aux troupes impériales, on croit que le pape sera obligé de s'accommoder, d'autant plus que presque tous les cardinaux le lui conseillent, et qu'ainsi le maréchal de Tessé reviendra ici bientôt. — On a beaucoup de lettres d'Allemagne qui portent toutes que les troupes de l'empereur en Hongrie se sont emparées des villes des montagnes, qui seroit une perte considérable pour les Hongrois confédérés; cependant il ne paroît pas que les chefs veuillent écouter des propositions d'accommodement avec l'empereur.

Dimanche 9, à Versailles. — Le roi tint le conseil d'État à son ordinaire; l'après-dînée il se promena à Trianon, et le soir il travailla avec M. Pelletier chez madame de Maintenon. Messeigneurs les ducs de Bourgogne et de Berry doivent coucher ce soir à Péronne, ou en deçà de Péronne; ainsi ils arriveront sûrement ici demain. — On laisse Saint-Frémont pour commander dans l'Artois, le chevalier du Rozel dans Tournay, Cheyladet dans Douai, et Saint-Frémont, comme plus ancien lieutenant général qu'eux, les commandera en cas qu'il y ait occasion de s'assembler. Le comte de la Mothe commandera à Gand, où le baron de Capres, officier général des troupes d'Espagne, a été laissé comme gouverneur. Puiguyon demeurera à Bruges subordonné au comte de la Mothe, plus ancien lieutenant général que lui. Le comte d'Estrades, maréchal de camp, commandera à Saint-Omer et sera aux ordres du comte de la Mothe. Saillant, qui commande dans Namur depuis quelques années, commandera outre cela entre Sambre et Meuse.

Lundi 10, à Versailles. — Le roi dîna de bonne heure et alla se promener à Marly, d'où il ne revint qu'à la nuit. Monseigneur alla à la comédie; il n'y en avoit point eu encore depuis Pâques. Monseigneur le duc de Bourgogne arriva un peu après sept heures. Monseigneur étoit déjà entré à la comédie; madame la duchesse de Bourgogne n'y alla point et attendoit monseigneur le duc de Bourgogne chez madame de Maintenon. Il y entra d'abord en arrivant, et après avoir été quelque temps avec le roi il sortit par le cabinet de madame de Maintenon et entra chez lui, où madame la duchesse de Bourgogne le suivit et où ils demeurèrent longtemps ensemble pendant que le roi travailloit avec M. de Pontchartrain. Monseigneur le duc de Bourgogne soupa avec le roi, et un peu avant qu'ils sortissent de table monseigneur le duc de Berry arriva. Après le souper ils entrèrent tous dans le cabinet du roi à leur ordinaire. Madame la duchesse de Bourgogne avoit fait préparer à souper chez elle pour monseigneur le duc de Berry. Le roi d'Angleterre n'arrivera que demain, parce qu'il falloit lui renvoyer les chevaux de poste de monseigneur le duc de Berry, comme il avoit fallu les envoyer à monseigneur le duc de Berry après avoir amené monseigneur le duc de Bourgogne.

Mardi 11, à Versailles. — Le roi tint le conseil de finances à son ordinaire et alla l'après-dînée à Trianon ; le soir chez madame de Maintenon il travailla avec M. de Chamillart. Le soir après souper, pendant que le roi étoit dans son cabinet, M. de Coëtquen arriva, qui apporta la capitulation de la citadelle de Lille, qui a été telle que nous la souhaitions. M. le maréchal de Boufflers avoit eu ordre de rendre la place, et quand il n'auroit pas eu l'ordre du roi il auroit été obligé de capituler dans peu de jours, car il n'avoit plus que vingt milliers de poudre et les vivres commençoient à lui manquer. On avoit mangé huit cents chevaux au siége de la ville et de la citadelle. Après que la capitulation eut été signée et un jour avant que la garnison en sortît, le prince Eugène envoya demander à M. de Boufflers s'il voudroit bien recevoir sa visite, et il y vint dès que le maréchal y eût consenti. La visite se passa en grandes honnêtetés de part et d'autre. Le prince Eugène lui dit qu'il se trouvoit bien glorieux d'avoir pris Lille, mais que le maréchal avoit acquis encore plus de gloire à la défendre que lui à la prendre. Il pria le maréchal à dîner le lendemain chez lui après que la garnison seroit sortie, et il fit rendre toutes sortes d'honneurs à ce maréchal (1). La capitulation fut signée le 9.

---

(1) Nous devons à l'obligeance de M. Turpin la communication de deux lettres du maréchal de Boufflers qui ne sont pas imprimées dans le huitième volume des *Mémoires militaires relatifs à la succession d'Espagne*, et nous les reproduisons ici textuellement.

Lettre du maréchal de Boufflers au duc de Bourgogne (*).

A la citadelle de Lille, le 6 décembre 1708, à six heures du soir (**).

J'ay reçu hier au soir, Monseigneur, par les deux expres que vous m'avez envoié, la lettre du roy du 1er de ce mois et le duplicata et la vostre du 3 avec l'adition du 4 et les duplicata suivant les ordres de l'un et de l'autre, et les circonstances de toutes choses. Je crois que je seray obligé dès demain 7 du mois ou apres demain au plus tard, de prendre le parti douloureux de demander à capituler pour tascher d'avoir une capitulation honorable, outre ce que vous me marqué des intentions des ennemis de me prendre prisonnier de guerre et de nous faire de mauvaises chicanes sur des passeports auxquels ils prétendent que l'on a manqué, j'ai esté averti d'ailleurs des mesmes choses, c'est ce qui me détermine de l'auis de M. le chevalier de Luxembourg, de M. le marquis de la Frezelière, de M. Dupuis Vauban et de M. de Valory au parti que j'ay l'honneur de vous marquer pour n'avoir pas a me reprocher d'avoir attiré a la garnison un traitement dur pour n'avoir pas parlé assez tost et ayant la permission et l'ordre apres cela si les ennemis nous refusent des conditions raisonables et honestes nous tascherons de nous les faire accorder par la fermeté et l'opiniastreté de notre deffence, si nous ne pouvons y parvenir et que nous ayons le malheur d'estre pris prisoniers de guerre jespere du moins que nous ne le serons que les armes a la main sur les breches en les deffendant, et qu'il en coustera cher aux ennemis, nous ferons touts ces messieurs et moy tout de nostre mieux pour cela, et nous esperons que toute la garnison nous secondera dans cette resolution. Comme vous me marqué Monseigneur par vostre addition du 4 que vous croiez que vous recevrez bientost les ordres pour mettre les troupes en estat de se reposer et de se rétablir j'ose prendre la liberte Monseigneur de vous dire qu'il est bien important pour nous faire obtenir une bonne capitulation que vous ne separiez pas vostre armée que la dite capitulation ne soit accordée et exécutée, et que vous fassiez mesme autant qu'il sera possible les demohstrations de vouloir nous secourir, dès que je scauray les reponses des ennemis sur la dite capitulation j'auray l'honneur de vous en informer promtement par l'un des deux espres que vous m'avez envoié et que je fais rester icy pour cela c'est l'autre que je charge de cette lettre il méritent touts deux d'estre recompenses. Nous avons ete obligés de quitter cette nuit la place d'armes de la droite les enemis l'embrassant et la

(*) Dépôt de la Guerre, vol. 2084, pièce n° 199.
(**) Trois jours avant la reddition de la place.

Mercredi 12, *à Versailles.* — Le roi tint le conseil d'État à son ordinaire. Il alla tirer l'après-dînée, et sur les six heures le roi d'Angleterre, qui étoit arrivé hier au soir

---

plongeant entierement je crois que nous serons obligés de quitter aussi cette nuit celle du centre par les mesmes raisons.

Lettre du maréchal de Boufflers au Roi.

A la citadelle de Lille, le 10 décembre 1708, à 10 heures du soir (*).

Suivant les ordres que j'ay receu, Sire, de Vostre Majesté par la lettre dont elle m'a honoré en datte du premier de ce mois, et par touttes les circonstances de nostre estat, qui vous seront expliquées par M. le marquis de Couesquen que j'ay chargé de cette lettre, j'ay esté obligé de demander a capituler le 8 de ce mois; la capitulation fut signée hier au soir, par laquelle on nous a accordé tous les honneurs de la guerre, ainsi que Vostre Majesté le verra par la copie qui en est ci jointe (**); mais il a fallu consentir à laisser MM. de Tournin et de Maillebois, et le sieur de Saint-Martin pour ostages des sommes dues à Lille, de quoy j'ay esté bien fasché; du surplus il n'y a sortes d'honnestetez que M. le prince Eugene ne m'ait fait faire et ne m'ait faites luy mesme, m'ayant fait demander la permission d'entrer dans la citadelle pour m'y venir voir; il m'y a rendu cet apres midy une visite d'une heure et demie avec toutte la politesse possible, j'ay creu de ma part devoir y respondre en luy faisant rendre par la garnison de la citadelle tous les honneurs deus a son rang et a son caractere et luy faisant tirer du canon.

Comme nous devons partir demain pour aller a Douay, et que nous passerons fort près de l'abbaye de Los qui est son quartier, il m'a prié avec tant d'instances d'aller desjeuner ou disner chez luy, que j'ay creu qu'il y auroit de l'impolitesté de ma part, apres la demarche d'honnesteté qu'il a faite à mon égard, ou une deffiance mal fondée et offensante pour luy, sy je refusois d'y aller; ainsy je conte d'y passer; je le crois incapable d'aucun procédé mal honneste ny de supercherie; comme je suis icy sans chevaux aussy bien que tous messieurs les officiers généraux il nous fait donner des carrosses et chevaux jusqu'à Douay; nous ferons ce que nous pourrons pour aller demain jusques au dit Douay ou du moins jusques a pont a Raches.

J'attendray, Sire, au dit Douay l'honneur des ordres de Vostre Majesté pour auoir celuy de me rendre près d'elle et pour me faire scavoir ses intentions pour tout ce qui regarde messieurs les officiers généraux et tout ce qui compose la garnison de la ville et de la citadelle de Lille dont l'Estat est ci-joint.

Les enemis disent publiquement qu'ils vont à Bruges ou sur le canal entre Gand et Bruges pour le passer; je ne scais sy cette nouvelle est vraye, on m'a asseuré qu'ils ont desja fait embarquer tout leur canon sur la basse Deulle pour le faire descendre par la Lys à Doynse ou on dit que douze ou quinze mil

(*) Dépôt de la Guerre, vol. 2084, pièce n° 221.

(**) Le texte de cette capitulation est imprimé dans le huitième vol. (p. 520) des *Mémoires militaires relatifs à la guerre de la succession d'Espagne.*

à Saint-Germain, et la reine sa mère vinrent ici voir le roi et s'en retournèrent souper à Saint-Germain. — Outre les maréchaux de camp que j'ai nommés que le roi avoit faits à Lille, il y en avoit encore trois autres, qui sont : Tournin, Valory, ingénieur de la place, et Serville, qui a été blessé dans la citadelle, et si dangereusement qu'on ne croit pas qu'il puisse réchapper. Quand la garnison sortit, le maréchal de Boufflers ne marcha point à la tête et vint se mettre à côté du prince Eugène. Le chevalier de Luxembourg et tous les officiers saluèrent le prince Eugène, et après que toute la garnison eut défilé, le prince Eugène fit monter dans son carrosse le maréchal de Boufflers et le chevalier de Luxembourg, qui se mirent au fond du carrosse, et le prince Eugène au devant, et il donna toujours la porte aux François, que le maréchal de Boufflers mena dîner chez lui, et après dîner il leur donna son car-

---

pionniers doivent se trouver le douze de ce mois ; je ne doute pas que monseigneur le duc de Bourgogne n'ait desja eu des avis de ce dessein des ennemis, vray ou faux, et qu'il n'ait donné ses ordres pour tascher d'y remedier ; je me donne l'honneur de len informer ; on ma dit qu'il est retourné d'Arras a Douay, si cela est jauray l'honneur de luy rendre conte moy mesme de ce que j'ay ouy dire sur cela.

Au milieu de la sensible douleur dont je suis pénétré de la perte de la ville et de la citadelle de Lille, ce m'a esté, Sire, un grand suiet de consolation ou pour mieux dire d'adoucissement à ma peine de voir que Vostre Majesté est satisfaite de ce que nous avons fait pour tascher de luy conserver a Vostre Majesté ; je crois pouvoir l'asseurer que l'on y a fait tout ce qui estoit humainement possible suivant nos moyens et que l'on ne pouvoit pousser plus loin la deffence de la ville ny de la citadelle sans contrevenir aux ordres et intentions de Vostre Majesté et à son service ; je ne puis que me louer généralement de tout le monde, tant officiers généraux que particuliers et soldats ; et Vostre Majesté ne peut traitter trop fauorablement touttes les troupes de cette garnison ; lors que jauray lhonneur d'estre pres d'elle, jauray celuy de luy rendre un conte plus particulier de toutes choses ; je la suplie très humblement en attendant de croire que rien ne peut surpasser mon zele pour son service, ny mon attachement inviolable pour sa personne.

Le maréchal duc de BOUFFLERS.

Des que je seray arrivé à Douay avec la garnison j'auray lhonneur d'en informer Vostre Majeste par un courrier exprès.

rosse et beaucoup d'autres carrosses pour les mener avec les principaux officiers à Douai, où le prince d'Auvergne, qui les escortoit à cheval, coucha cette nuit-là.

Jeudi 13, à Versailles. — Le roi alla se promener à Trianon l'après-dînée. Il a donné de longues audiences à monseigneur le duc de Bourgogne depuis son retour. — M. de Vendôme doit être parti de Flandre. Toutes les troupes qui étoient derrière l'Escaut sont allées à leurs garnisons et celles de la maison du roi reviennent en France. On a renvoyé la gendarmerie, qui n'est pas en bon état, en Normandie, dans les mêmes quartiers qu'ils avoient l'hiver passé. Les officiers de l'armée du prince Eugène disoient hautement quand notre garnison sortit de Lille qu'ils alloient faire le siége de Gand, et nous apprenons qu'effectivement leurs troupes marchent de ce côté-là; cependant bien des gens en doutent ici. Le prince Eugène a retenu pour otages des dettes faites par les François à Lille MM. de Tournin, de Maillebois et de Saint-Martin. Il étoit porté par la capitulation qu'ils retiendroient trois otages à leur choix pour le payement de ces dettes-là, et ils ont choisi M. de Maillebois, comme fils aîné de M. Desmaretz, et en même temps ils lui ont donné congé pour venir ici passer quelques jours. — La maladie de M. le prince de Conty augmente considérablement; son oppression augmente, ses forces diminuent, et on craint qu'il n'ait de l'eau dans la poitrine.

Vendredi 14, à Versailles. — Le roi se promena l'après-dînée dans ses jardins. Monseigneur alla dîner à Meudon. Monseigneur le duc de Bourgogne alla à Saint-Germain voir le roi et la reine d'Angleterre. Madame la duchesse de Bourgogne alla dîner à Meudon avec Monseigneur à un dîner particulier. — M. de Barrois, envoyé extraordinaire de Lorraine, a ordre de son maître de donner part au roi de la naissance d'un prince, fils du duc de Lorraine. — On mande d'Angleterre que le comte de Pembrok n'a accepté la charge d'amiral qu'avoit le prince

Georges qu'à condition qu'il l'exercera indépendamment des ministres d'État et qu'il pourra disposer des emplois de l'amirauté. — Le roi a envoyé un courrier à Douai au maréchal de Boufflers, qui lui porte l'ordre de venir ici, où on l'attend dimanche, car le courrier qu'on lui envoie doit y être arrivé aujourd'hui. — Le roi signa le matin le contrat de mariage du comte de Clermont avec mademoiselle de Blanzac; il s'appellera présentement comte de Tonnerre; madame de Louvois, qui en a la terre, consent qu'il en porte le nom. — M. le Prince, qui est malade depuis près de deux ans, a recommencé à cracher du sang, et il est bien à craindre que sa santé ne lui permette pas de revenir jamais à la cour.

Samedi 15, *à Versailles*. — Le roi tint le conseil de finances à son ordinaire. Il alla tirer l'après-dînée, et le soir il travailla chez madame de Maintenon avec M. de Chamillart. M. de Vendôme arriva ici le matin et salua le roi quand il sortit de son cabinet pour dîner; S. M. lui dit qui l'entretiendroit demain au soir chez madame de Maintenon. — On a nouvelle que Marlborough a déjà investi Gand entre le grand et le petit Escaut, et que le prince Eugène, après avoir réparé les fortifications de Lille et y avoir laissé une grosse garnison, marchoit à Deinse pour investir Gand entre la Lys et l'Escaut. On assure que le comte de la Mothe est dans la place avec vingt-neuf bataillons et plusieurs régiments de dragons. On doute toujours que les ennemis veuillent entreprendre le siége à la fin de décembre. — Les armées d'Allemagne se séparent. — J'appris qu'avant la dernière campagne le roi avoit donné une pension de 2,000 francs à M. de Montmorency-Rochebrune, qui est mestre de camp réformé dans le régiment de Duras.

Dimanche 16, *à Versailles*. — Le roi tint le conseil d'État à son ordinaire. L'après-dînée il entendit le sermon, et toute la maison royale étoit avec lui; après le sermon il alla se promener à Trianon. Le soir il travailla avec

M. Pelletier chez madame de Maintenon et y donna une audience de plus d'une heure à M. de Vendôme. — M. le maréchal de Boufflers arriva et fut reçu du roi avec toutes les marques d'estime, d'amitié et de considération qu'un roi puisse donner à son sujet; et après beaucoup de caresses et de louanges le roi lui dit : « Demandez-moi présentement tout ce que vous pouvez désirer. » Le maréchal répondit qu'il n'avoit rien à lui demander que la continuation de ses bontés et de son estime, et qu'il étoit trop récompensé par là des services qu'il avoit tâché de lui rendre. Le roi pressa fort le maréchal de s'expliquer sur ce qu'il pourroit souhaiter pour lui et pour sa famille, et le maréchal persista à ne rien demander et à dire toujours qu'il étoit trop bien payé de ce qu'il avoit fait. Le roi lui dit : « Hé bien, puisque vous ne voulez rien demander, je vas vous dire ce que j'ai pensé, afin que j'y ajoute quelque chose si je n'ai pas assez pensé à tout ce qui vous peut satisfaire. Je vous fais pair, je vous donne la survivance du gouvernement de Flandre et les appointements du gouvernement de Lille pour votre fils. Je vous donne les grandes entrées chez moi, qui sont celles des gentilshommes de la chambre. » Le maréchal se jeta à ses pieds pour le remercier, se trouvant comblé des grâces du roi et répondant à toutes les bontés du roi avec une modestie et une sagesse dignes d'un aussi honnête homme que lui. Le fils du maréchal de Boufflers n'a, je crois, que onze ou douze ans, ce qui rend encore la grâce plus considérable, et les appointements du gouvernement de Flandre et de celui de Lille vont à plus de 100,000 francs. Personne n'envie à ce maréchal les grâces que le roi vient de lui faire; il les a dignement méritées. — Le duc d'Albe vint ici le matin au lever du roi lui apporter la nouvelle que le chevalier d'Asfeld avoit pris la ville d'Alicante après trois jours de siége; il n'attaquera point le château, mais il empêchera que rien n'y puisse entrer. Le château n'a nulle communication avec la mer, et il compte que le gouverneur sera obligé de se rendre avant la fin de janvier, faute de vivres.

Lundi 17, *à Versailles.* — Le roi prit médecine comme il la prend tous les mois, et l'après-dînée il travailla chez lui avec M. de Pontchartrain. — L'abbé de la Rochefoucauld* mourut ici; il étoit oncle du duc et de même âge que son neveu. Il étoit abbé de Fontfroide, de la Selle, de Sainte-Colombe et de la Chaise-Dieu; ces quatre abbayes valent bien 50,000 livres de rente. — L'abbé de Châteauneuf mourut hier à Paris**. Il étoit frère de celui qui a été longtemps notre ambassadeur à la Porte; c'étoit un garçon fort en commerce avec beaucoup de courtisans. M. le duc d'Orléans lui avoit donné depuis quelques années un fort joli bénéfice à Beaugency. — M. Desmaretz marie sa fille au marquis de Béthune-d'Orval, qui est fort riche et qui héritera du duché de Sully si le duc et le chevalier de Sully n'ont point d'enfants, comme il y a grande apparence qu'ils n'en auront point. — Le comte de Staremberg, qui commande l'armée de l'archiduc en Catalogne, avoit fait une entreprise sur Tortose qui a été bien près de réussir, car les troupes qu'il avoit détachées pour cela s'étoient déjà saisies d'un ouvrage qu'ils appellent la Tenasse, qui couvroit le faubourg, et du faubourg même. Le gouverneur de la place, qui est Espagnol, mais de race françoise, ayant eu quelque avis de cette entreprise, avoit fait enfermer dans une église les bourgeois dont il se défioit et fit une sortie avec sa garnison sur les ennemis qui étoient dans le faubourg, les en rechassa, reprit la Tenasse; mais il fut tué dans cette sortie. Il s'appeloit............ — Monseigneur alla dîner à Meudon et il n'en reviendra que jeudi.

* L'abbé de la Rochefoucauld étoit frère du père du duc de la Rochefoucauld, espèce de favori du roi, mais de même âge, et qui avoient pris une telle amitié l'un pour l'autre qu'ils étoient inséparables. Le duc avoit fait donner quantité de bénéfices à son oncle, qui étoit le meilleur homme du monde, le plus noble, d'ailleurs le plus imbé-

cile, le maître chez son neveu et par là considéré, fou de la chasse, dont il ne manquoit aucune, et ne sortoit presque jamais de chez son neveu. On l'appeloit l'abbé Tayaut, et il n'avoit aucun ordre. Il avoit toute sa vie fait tout ce que son neveu avoit désiré de lui, et ses revenus étoient fort communs avec lui.

** L'abbé de Châteauneuf étoit celui dont il a été parlé à l'occasion de son voyage de Pologne, et de celui que Praslin lui fit faire en Lombardie par amitié à sa mort.

Mardi 18, *à Versailles.* — Le roi tint le conseil de finances à son ordinaire. Il s'alla promener à Trianon l'après-dinée, et le soir il travailla avec M. de Chamillart chez madame de Maintenon. — Le roi signa ces jours passés le contrat de mariage du comte de Tonnerre avec mademoiselle de Blanzac et celui du marquis d'Armentières avec mademoiselle de Jussac. Madame de Tonnerre a donné à sa future belle-fille son collier de perles, estimé 10,000 écus. Madame la duchesse d'Orléans donne à mademoiselle de Jussac, dont elle aime fort la mère, un bel ameublement et tous les habits de noces. L'affaire de la charge de premier gentilhomme de la chambre de M. le duc d'Orléans pour M. d'Armentières est finie. — On ne doute plus que les ennemis ne veuillent faire le siége de Gand. Le comte de la Mothe, qui y est, mande que la place est investie. La garnison est composée de vingt-neuf bataillons et de dix-neuf escadrons. Les Hollandois n'étoient pas trop d'avis qu'on fît ce siége; ils vouloient qu'on laissât reposer leurs troupes, mais la reine Anne a envoyé des ordres précis à Marlborough de le faire. — Madame la duchesse de Bourgogne et monseigneur le duc de Berry allèrent dîner à Meudon avec Monseigneur, et l'après-dînée ils allèrent à l'opéra. Monseigneur retourna coucher à Meudon. Madame la duchesse de Bourgogne et monseigneur le duc de Berry revinrent au souper du roi. Monseigneur le duc de Bourgogne avoit dîné à Meudon et revint ici l'après-dînée.

Mercredi 19, *à Versailles.* — Le roi tint le conseil d'État à son ordinaire et alla tirer l'après-dînée. Le roi vouloit donner 200,000 francs à la fille de M. Desmaretz, qui se marie, comme il les a toujours donnés aux filles de ceux qui étoient à la tête de ses finances ; mais M. Desmaretz le supplia de ne le point faire dans un temps comme celui-ci, où le roi a tant besoin d'argent pour les dépenses nécessaires de l'État, et que ce seroit beaucoup même si le roi vouloit lui donner une pension de 6 ou 8,000 francs. Le roi lui en vouloit donner 12,000 ; M. Desmaretz persistoit à n'en vouloir que 8,000 tout au plus. Le roi termina l'affaire en lui disant : « Partageons le différend par la moitié, et je veux qu'elle en ait 10,000. » — Il y a déjà quelques jours qu'on envoya ordre à dix-neuf bataillons de ceux qui ont servi cette année en Dauphiné de marcher en Flandre, d'où l'on mande que Gand est entièrement investi. On assure qu'il y a dans la place quatre cent milliers de poudre, beaucoup de canon et de mortiers, et des vivres pour deux mois au moins pour la garnison et pour les bourgeois qu'on fait monter à quatre-vingt mille âmes.

Jeudi 20, à Versailles. — Le roi dîna après la messe et alla se promener à Marly, d'où il ne revint qu'à la nuit. Monseigneur revint le soir de Meudon, et il y eut comédie ; il n'y en a jamais quand il n'est point ici. M. de Vendôme* revint de Meudon avec Monseigneur et prit congé du roi pour s'en aller à Anet. — On ne doute pas présentement que monseigneur le duc de Bourgogne ne serve la campagne qui vient et qu'il n'aura que des maréchaux de France à servir dans son armée. — Bourdelot, premier médecin de madame la duchesse de Bourgogne, mourut ici. Madame la duchesse de Bourgogne sollicite fort le roi qu'il veuille donner cette place à Bourdelin, son médecin ordinaire. — La maladie de M. le prince de Conty augmente tous les jours, et l'on n'en espère quasi plus rien. — M. de l'Esparre, second fils du duc de Guiche, achète le régiment de Bourbonnois du marquis de Nangis, qui est maréchal de camp. Il lui en donne 80,000 livres, et l'Esparre vend un nouveau régiment de dragons qu'il a 80,000 livres à un officier du régiment des gardes.

* On aura lieu de parler ailleurs de la disgrâce de M. de Vendôme.

Vendredi 21, *à Versailles.* — Le roi alla tirer l'après-dînée. Le roi donna le soir une longue audience à M. de Boufflers, et quand il sortit de son audience on sut que le roi l'envoyoit en Flandre; il partira mercredi prochain. Le roi donna au chevalier de Luxembourg 2,000 écus de pension; il en avoit déjà autant. Le maréchal de Boufflers l'a fort loué au roi. — Les ennemis ont entièrement investi Gand, mais il n'y a point de nouvelles encore qu'ils aient ouvert la tranchée; on sait seulement que tout leur canon est arrivé. — Le fils de M. Fagon, premier médecin du roi, achète une charge de maître des requêtes de M. d'Ormesson qui demeurera dans son intendance. Autrefois on ne gardoit point les intendances quand on n'étoit plus maître des requêtes, et quand même on faisoit un maître des requêtes conseiller d'État, on le rappeloit de l'intendance; mais on a changé ces coutumes-là.

Samedi 22, *à Versailles.* — Le roi tint le conseil de finances à son ordinaire. Il alla à Trianon l'après-dînée et le soir il travailla avec M. de Chamillart chez madame de Maintenon. — Le roi a donné la place de premier médecin de madame la duchesse de Bourgogne à M. Bourdelin, son médecin ordinaire. Cette princesse, qui étoit déjà fort accoutumée à lui, souhaitoit fort qu'il fût dans cette place depuis la mort de Bourdelot, dont elle étoit fort contente. — On avoit cru que, le maréchal de Boufflers marchant en Flandre, on feroit repartir les officiers pour retourner à leurs régiments, mais ils n'ont encore eu aucun ordre là-dessus. — Le soir il y eut comédie.

Dimanche 23, *à Versailles.* — Le roi tint le conseil d'État à son ordinaire et il s'enferma avec le P. de la Chaise après dîner, comme il fait toujours la veille des jours qu'il fait ses dévotions. — Le duc de Berwick arriva ici le matin ; il revient de notre armée d'Alsace, qui est séparée. En quatre mois de temps il a eu des patentes pour commander cinq armées différentes : on le fit revenir d'abord d'Espagne, on le destina ensuite à commander celle de Dauphiné, depuis on l'envoya commander celle d'Allemagne, de là il eut ordre d'en assembler une sur la Moselle, et puis on l'envoya avec un gros corps en Flandre, et en dernier lieu on le fit retourner de Flandre à l'armée d'Allemagne.

Lundi 24, *veille de Noël, à Versailles.* — Le roi fit ses dévotions et toucha beaucoup de malades. L'après-dînée il alla à vêpres et ensuite s'enferma avec le P. de la Chaise et fit la distribution des bénéfices vacants. Le soir il travailla chez madame de Maintenon avec M. de Pontchartrain. Monseigneur fit ses dévotions aussi le matin avant le roi ; madame la duchesse de Bourgogne les fit aux Récollets. — L'abbaye de la Chaise-Dieu, diocèse de Clermont, a été donnée à M. l'abbé d'Armagnac ; l'abbaye de Fontfroide, diocèse de Narbonne, à M. l'abbé de la Roche-Guyon ; l'abbaye de Notre-Dame de Celles, diocèse de Poitiers, à l'abbé de Saumery ; l'abbaye de Sainte-Colombe, diocèse de Sens, à l'abbé de Harlay ; l'abbaye de Varennes, diocèse de Bourges, à l'abbé de la Galissonnière ; l'abbaye de Geneton, diocèse de Vannes, à l'abbé Ourceau ; le prieuré de Courbon, diocèse de Poitiers, à l'abbé de la Roche-Guyon ; l'abbaye de Tourtoirac, diocèse de Périgueux, à l'abbé de Vincenot.

Mardi 25, *jour de Noël, à Versailles.* — Le roi et toute la maison royale assistèrent à toutes les dévotions de la journée, et le soir le roi travailla avec M. de Chamillart chez madame de Maintenon. La maladie de M. le prince de Conty continue et va toujours en augmentant. — On n'a point encore de nouvelles que la tranchée soit ouverte à Gand. On dit que le comte de la Mothe a fait une fort grande sortie, où il y a eu sept ou huit cents hommes des ennemis tués, mais cela paroît fort incertain. On dit aussi que le grand magasin de fourrages que les ennemis avoient à Bruxelles est brûlé.

Mercredi 26, *à Versailles.* — Le roi tint conseil d'État à son ordinaire, et l'après-dînée il donna une longue audience chez lui au maréchal de Boufflers, qui prit congé de lui et qui doit être demain à Douai*. On croit qu'il ira bientôt à Bruges. Il paroît que nous comptons d'entrer en campagne de bonne heure cette année, et les régiments des gardes françoises et suisses ont ordre de partir le 1er de février. Après l'audience du maréchal de Boufflers, le roi en donna encore une fort longue au maréchal de Berwick, et puis entra chez madame de Maintenon et ne sortit point de tout le jour.

* On aura lieu de parler ailleurs de ce voyage du maréchal de Boufflers en Flandre et de cet ordre donné aux régiments des gardes françoises et suisses.

Jeudi 27, *à Versailles.* — Le roi dîna de bonne heure et alla se promener à Marly. — On croit ici par les lettres qu'ont reçues plusieurs particuliers que la tranchée est ouverte devant Gand; cependant le roi n'en a point encore de nouvelles sûres, et l'on craint que cette place ne puisse pas tenir longtemps, parce qu'elle est assez mauvaise. La garnison est très-forte, mais peut-être manque-t-elle de beaucoup de choses. — Les deux nonces qui sont à Paris ont reçu des lettres du pape, qui paroît toujours fort résolu à ne point subir les dures conditions que l'empereur lui veut imposer. Il ne prétend plus pouvoir défendre son pays, n'ayant pas de forces suffisantes. Il a répondu au marquis de Prié, ministre de l'empereur à Rome, que l'armée de l'empereur y pouvoit marcher et prendre la ville et qu'il en sortiroit par une porte quand les troupes entreroient par l'autre, et qu'il aimoit mieux être commis à tout que d'accepter les conditions honteuses qu'on lui propose; cependant beaucoup de cardinaux le pressent de les accepter.

Vendredi 28, *à Versailles*. — Le roi alla l'après-dînée se promener à Trianon. — J'appris que Tournin, qui a été fait maréchal de camp dans Lille, a eu la lieutenance de roi de Dunkerque, vacante par la mort de du Coudray, ancien officier d'infanterie qui avoit été auparavant lieutenant de roi de la citadelle de Casal. On a donné commission de colonel à Barnière, lieutenant-colonel du régiment de Rannes, dont le maréchal de Boufflers a été fort content durant le siége de Lille. — Le marquis de Bonneval, qui a quitté la France pour servir l'empereur, n'est point mort de ses blessures, comme on l'avoit dit. Il a écrit ici à gens de ses amis qu'il se porte bien, et que le prince Eugène, par la recommandation qu'il a faite pour lui à la cour de Vienne, l'avoit fait monter de grade. — La nouvelle qui s'étoit répandue que la ville de Varsovie avoit été brûlée ne s'est pas trouvée vraie, et même la peste qui y étoit a cessé.

Samedi 29, *à Versailles*. — Le roi tint le conseil de finances et travailla le soir avec M. de Chamillart chez madame de Maintenon. — On eut des nouvelles sûres que la tranchée avoit été ouverte à Gand la nuit du 24 au 25. On assure toujours ici qu'il y a des munitions de guerre et de bouche suffisantes pour en bien soutenir le siége. — Le comte de Tonnerre épousa la nuit à Paris mademoiselle de Blanzac. La noce se fit au Palais-Royal et fut très-magnifique. L'évêque de Langres, oncle du marié, fit la cérémonie; il donne 1,000 écus de pension à son neveu. — On sut le soir que les ennemis avoient ouvert aussi la tranchée à la citadelle de Gand la nuit du 25 au 26. Ils attaquent la ville par le même endroit par où le roi l'attaqua en 1678. — J'appris que le nouvel évêque de Saint-Omer, qui avoit traité avec le feu évêque son cousin de la charge de maître de l'Oratoire, dont il a les provisions, et qu'il lui avoit donné en payement la charge d'aumônier qu'il avoit auprès du roi, dont il avoit déjà fait sa démission, et qui pourtant avoit servi en cette qualité auprès de monseigneur le duc de Bourgogne durant la campagne dernière, avoit prétendu que la charge d'aumônier n'étoit pas vacante par la mort de son cousin, parce qu'il n'en avoit point les provisions; mais le roi a jugé que la charge étoit vacante, et il en disposera au premier jour. Le roi est bien aise d'achever d'éteindre les charges d'aumôniers qui ont été achetées, dont il n'en reste quasi plus.

Dimanche 30, *à Versailles.* — Le roi tint le conseil d'État à son ordinaire. Il alla tirer l'après-dînée, et le soir il travailla avec M. Pelletier chez madame de Maintenon. — M. d'Aligre, président à mortier, louoit l'hôtel d'Aligre, rue Saint-Honoré, à MM. du grand Conseil, et le roi en payoit le loyer. Le président a demandé au roi la permission de rentrer dans sa maison, et on cherche un endroit pour loger cette compagnie. On parle même de la remettre dans le cloître de Saint-Germain de l'Auxerrois, où elle étoit avant que d'être à l'hôtel d'Aligre. — J'appris que d'Andrezel, secrétaire du cabinet, et qui sert en cette qualité auprès de monseigneur le Dauphin, avoit eu depuis deux mois 5,000 francs de pension pour les services qu'il rend à Monseigneur dans cet emploi. Calière, qui en fait les fonctions chez le roi, a 10,000 francs d'augmentation pour ce service-là, et le roi donne à tous les officiers qui servent chez Monseigneur la moitié de ce qu'il donne à ceux qui servent Sa Majesté.

Lundi 31, *à Versailles.* — Le roi tint le conseil de finances, et après dîner alla se promener à Marly. Le soir il travailla chez madame de Maintenon avec M. de Pontchartrain. Il y eut comédie, où Monseigneur, madame la duchesse de Bourgogne, monseigneur le duc de Berry et Madame vont toujours. Après souper, quand le roi fut entré dans son cabinet avec sa famille, M. Chamillart vint lui apporter une longue dépêche du maréchal de Boufflers, et le roi fit sortir Monseigneur et toutes les princesses, travailla une heure avec ce ministre avant que de se coucher. La maladie de M. le prince de Conty continue. Les remèdes qu'on lui donne font beaucoup d'effet, et on commence à espérer qu'on pourra le tirer d'affaire. — On s'assemble souvent pour remédier aux inconvénients qu'apportent les billets de monnoie dans le commerce, et on espère trouver les moyens d'en venir à bout. Samuel Bernard est à la tête de ceux qui proposent de leur donner un cours facile et de peu de frais pour ceux qui en ont, et prétend, avec douze millions d'argent comptant que lui et sa compagnie fourniront, de rendre les billets de monnoie presque aussi bons que de l'argent comptant.

ANNÉE 1709.

Mardi 1ᵉʳ janvier, à Versailles. — Le roi tint le chapitre des chevaliers de l'Ordre, où il ne fut question que d'admettre les preuves de M. le duc d'Enghien; ensuite on le fit entrer en habit de novice, selon la forme ordinaire, et le roi le fit chevalier de Saint-Michel, et puis on marcha en procession à la chapelle, et après la messe, quand le roi fut sous le dais, Monseigneur et monseigneur le duc de Bourgogne le présentèrent au roi, qui le reçut chevalier du Saint-Esprit. L'après-dînée le roi et toute la maison royale entendirent vêpres dans la tribune. Le roi ne descend en bas que quand il y a un évêque qui officie. Le soir le roi travailla chez madame de Maintenon avec M. de Chamillart, et le bruit se répandit qu'on renvoyoit en Flandre la plus grande partie des officiers qui en étoient revenus, dont les régiments pouvoient se rassembler aisément. Le roi n'ira point à Marly faire les Rois, comme on l'avoit cru; on dit même qu'il n'y fera pas de voyage que dans quinze jours au plus tôt.

Mercredi 2, à Versailles. — Le roi tint le conseil d'État à son ordinaire. — Le maréchal de Boufflers assemble une armée sous Douai. La plupart des colonels qui étoient revenus de Flandre ont reçu ordre, par une lettre circulaire, de se rendre à Douai samedi au plus tard, et ceux qui étoient ici ont pris congé du roi. Il y a quelques officiers généraux qui ont reçu le même ordre, dont le chevalier de Luxembourg, lieutenant général, et le marquis de Nangis, maréchal de camp, sont ceux qu'on nous a nommés. On nous a dit aussi que Saint-Hilaire et la Frézelière, lieutenants de l'artillerie et lieutenants généraux, ont reçu le même ordre, et le maréchal de Boufflers doit mander au roi ceux qui seront arrivés à Douai samedi et ceux qui n'auront pas obéi exactement à l'ordre qu'on leur a donné. — Le roi apprit avant que de sortir pour la promenade que le comte de la Mothe, qui commandoit dans Gand, avoit capitulé, et que la garnison en étoit sortie le 29 pour être conduite à Tournay. Le roi a été fort surpris de cette nouvelle, d'autant plus qu'il y avoit dans la place une nombreuse garnison et pour commandant le comte de la Mothe, homme de condition et de réputation.

Jeudi 3, à Versailles. — Le roi ne sortit point de tout le jour; il entra chez madame de Maintenon aussitôt après son dîner. — Gavaudan, aide de camp du comte de la Mothe, arriva ici; le roi n'a pas voulu l'entretenir, et c'est une très-mauvaise marque pour le comte de la Mothe. On apprend par lui que Gand s'est rendu avant que les ennemis eussent tiré du canon. — Madame de Villetaneuse est morte à Paris; c'étoit une veuve fort riche. Elle a fait un testament par lequel elle donne 100,000 francs au comte de Brancas, fils du duc, et en cas qu'il meure sans enfants mâles, elle substitue ces 100,000 francs à son cadet. Le comte de Brancas n'étoit point son parent, mais le duc de Brancas étoit fils d'une sœur de feu son mari. Elle donne 50,000 francs à la duchesse de Luxembourg, fille de madame de Clairembaut, qui étoit sa cousine germaine. Elle donne 20,000 francs à la comtesse de Boufflers, veuve du frère aîné du maréchal, qui est fille de madame Guénégaud, qui étoit femme de son cousin germain. Elle donne aussi 20,000 francs à mademoiselle de Caderousse, fille d'une sœur de madame de Boufflers. Elle fait encore beaucoup d'autres legs dont je ne sais pas le détail. L'évêque d'Arras est son plus proche héritier.

Vendredi 4, à Versailles. — Le roi dîna de bonne heure

et alla se promener à Marly. — M. Molé, président à mortier, qui étoit le second président du parlement, mourut à Paris; son fils avoit la survivance de sa charge. — Le roi a donné à Permangle, qui a été fait maréchal de camp à Lille, une pension de 1,000 francs sur l'ordre de Saint-Louis. — J'appris que le roi avoit donné la lieutenance de la Bastille à un frère de Davignon, major des gardes du corps, qui a été longtemps capitaine de grenadiers dans le régiment de Limousin; cette lieutenance étoit vacante par la promotion de Bernaville, à qui on a donné le gouvernement, et cette lieutenance vaut 4 ou 5,000 fr. de rente. — Plusieurs officiers ont signé la capitulation de Gand avec le comte de la Mothe; mais le baron de Capres, lieutenant général des troupes d'Espagne et qui avoit le titre de gouverneur de la place, n'a point voulu la signer. On a laissé dedans quatre cent vingt milliers de poudre, quatre mille mousquets de rechange et beaucoup de canon. On n'a pas encore de nouvelles sûres que les ennemis aient séparé leur armée.

Samedi 5, à Versailles. — Le roi tint le conseil de finances, alla se promener à Trianon l'après-dînée, et le soir travailla avec M. de Chamillart chez madame de Maintenon. Le soir il y eut comédie. — Le roi a envoyé au comte de la Mothe une lettre de cachet pour se retirer dans ses terres; permis à lui de dire à M. le maréchal de Boufflers les raisons qui l'ont obligé de rendre Gand si promptement. La nouvelle de cette lettre de cachet n'est pas encore fort répandue. — Verceil, enseigne des gardes du corps, avoit une pension de 800 francs; Soussy, aussi enseigne des gardes du corps, en avoit une de 1,200 francs, et Parifontaine en avoit une de 1,000 francs. Le roi les a mis tous trois à 2,000 francs; ces pensions sont payées par le trésor royal. Il a donné aussi des pensions de 200 écus chacune à deux exempts, qui sont le chevalier de Pugeol et des Landes. — Il y aura cette année trois chevaliers de l'Ordre payés de la pension de 1,000 écus de l'Ordre qui ne l'étoient pas l'année passée, qui sont : le comte de Grignan, le maréchal de Choiseul et le comte de Matignon ; il n'est pourtant mort dans la dernière année que deux de ceux qui étoient payés. — Le roi de Danemark est arrivé à Venise, et le roi Auguste, qui étoit revenu dès le commencement du mois passé dans ses États, vent aussi aller passer le carnaval à Venise.

Dimanche 6, à Versailles. — Le roi tint le conseil d'État à l'ordinaire ; il alla tirer l'après-dînée, et le soir il travailla avec M. Pelletier chez madame de Maintenon. — Madame la maréchale de la Mothe, gouvernante des enfants de France et qui l'avoit été de monseigneur le Dauphin et de messeigneurs ses enfants (chose sans exemple qu'on ait été gouvernante des enfants de France pendant trois générations de suite), est morte ici la nuit passée. Elle avoit encore couché dans la chambre de monseigneur le duc de Bretagne la nuit du vendredi au samedi. Elle est morte sans avoir été malade. Elle avoit quatre-vingt-quatre ans. Son corps baissoit tous les jours, mais son esprit n'étoit point encore baissé. Madame la duchesse de Ventadour, sa seconde fille, étoit reçue en survivance de la charge de gouvernante des enfants de France. Madame la maréchale de la Mothe avoit toujours vécu fort noblement, et laisse encore un fort gros bien, qui sera partagé entre ses trois filles, qui sont : la duchesse d'Aumont la douairière, la duchesse de Ventadour et la duchesse de la Ferté. Elle jouissoit des honneurs du duché, parce que durant la vie du feu roi le maréchal de la Mothe, son mari, avoit été fait duc de Cardonne, qui est un duché en Catalogne ; mais il n'avoit point passé duc au parlement. Elle avoit eu l'honneur d'être marraine d'une des filles (1) du roi et de la reine, qui mourut fort enfant.

---

(1) Ce n'est pas une des filles, mais un des fils de Louis XIV et de Marie-Thérèse que la maréchale de la Mothe tint sur les fonts avec le prince de

Lundi 7, *à Versailles.* — Le roi dîna de bonne heure et alla se promener à Marly. A sa promenade il nomma les officiers que le maréchal de Boufflers lui mande qui étoient déjà arrivés à Douai. Le soir il travailla chez madame de Maintenon avec M. de Pontchartrain. — Le roi donna à Charmont, secrétaire du cabinet, 5,000 francs de pension pour la fonction de secrétaire du cabinet qu'il exerce auprès de monseigneur le duc de Bourgogne et dans le cours de la campagne qu'il a été auprès de ce prince il lui avoit donné 2,000 écus de gratification. — Monseigneur le duc de Bourgogne, madame la duchesse de Bourgogne et monseigneur le duc de Berry et madame la duchesse d'Orléans soupèrent chez madame d'O. Il n'y eut que Monseigneur et Madame qui soupèrent avec le roi. — La Boulaye, qui commandoit dans Exilles et qui s'étoit rendu prisonnier de guerre avec sa garnison, a été échangé, et en arrivant ici, il y a quelques jours, il demanda permission de s'aller mettre à la Bastille et qu'on lui donnât des commissaires, que l'on lui fît son procès s'il avoit mérité châtiment, ou qu'on le justifiât s'il n'avoit manqué en rien à son devoir. Il est accusé de choses cruelles pour un homme jaloux de sa gloire. On l'a déjà interrogé depuis qu'il est à la Bastille. — Nous avons évacué Bruges et le fort de Plassendal ; les troupes que nous avions dedans sont arrivées à Saint-Omer.

Mardi 8, *à Versailles.* — Le roi tint le conseil de finances, et aussitôt après son dîner il entra chez madame de Maintenon, d'où il ne sortit que pour aller souper. Il y travailla le soir avec M. de Chamillart. Il n'a point voulu aujourd'hui aller à Trianon, comme il l'avoit résolu, parce qu'il vit hier en allant à Marly que ses gardes et les officiers qui le suivent souffroient trop du froid excessif qu'il

---

Conty. Il se nommait Louis-François de France, duc d'Anjou, était né au vieux château de Saint-Germain en Laye le 24 juin 1672, y fut baptisé le 1ᵉʳ novembre et y mourut le 30 décembre de la même année.

fait, car pour lui ni le froid, ni le chaud, ni quelque temps qu'il fasse ne l'incommode jamais. — Par les nouvelles qu'on a reçues de Flandre on apprend que les ennemis se séparent. On mande même que Marlborough doit repasser en Angleterre et que le prince Eugène va faire un tour à Vienne; ainsi on compte que les officiers généraux et les colonels qu'on fit partir d'ici il y a six jours y seront bientôt de retour. On croit même que le maréchal de Boufflers reviendra au mois de février. Le roi fait venir en Flandre dix-huit bataillons de ceux qui ont servi sur le Rhin cette année; ils ont commencé à marcher le 2 de ce mois. On reçut le soir des lettres de Bruxelles qui disent que Marlborough étoit embarqué le 2 pour repasser en Angleterre.

Mercredi 9, à Versailles. — Le roi tint le conseil d'État à son ordinaire, et après son dîner il entra chez madame de Maintenon. Il ne sortit point de tout le jour, et dit même que tant que ce froid horrible dureroit il ne sortiroit point par les mêmes raisons qui l'ont empêché de sortir ces deux derniers jours. — Le mariage de mademoiselle Desmaretz avec M. de Béthune se fit à Paris chez le père de la mariée, et la noce fut magnifique. M. de Chamillart y étoit, et rien n'est plus faux que les bruits qu'on avoit voulu faire courir que ces deux ministres étoient brouillés ensemble. — M. de Savoie, qui prétend que par le dernier traité qu'il a fait avec l'empereur on lui avoit cédé Vigevano quoiqu'il ne fût pas nommé dans le traité, mais comme une dépendance des pays qu'on lui a cédé, avoit plusieurs fois fait demander à l'empereur qu'on le mît en possession de ce poste. Il n'avoit point reçu sur cela de réponse de la cour de Vienne qui le satisfît; il y a fait marcher des troupes et s'en est rendu maître par force. — Les ennemis n'ont laissé dans Gand que des troupes angloises; ils y ont mis seize bataillons et quatorze escadrons. — On mande d'Angleterre que deux vaisseaux venant des Indes orientales, voulant entrer dans la Tamise, avoient été battus d'un vent si impétueux que l'un des deux, appelé *l'Albemarle*, avoit coulé bas. Il y avoit dessus une grande quantité de pierreries et beaucoup de riches marchandises; la charge étoit estimée 200,000 livres sterling, qui font trois millions de notre argent.

Jeudi 10, *à Versailles.* — Le roi ne sortit point de tout le jour et passa, aussitôt après son dîner, chez madame de Maintenon, chez qui madame la duchesse de Bourgogne avoit dîné. Monseigneur le duc de Bourgogne donna à dîner dans son appartement à six des dames de madame la duchesse de Bourgogne. Monseigneur alla dîner à Meudon, où il demeurera jusqu'à mercredi. Monseigneur le duc de Berry alla tirer malgré le froid excessif, et un des pages qui lui porte ses fusils a eu la main si gelée qu'on croit que l'on sera obligé de lui couper les doigts. — Le roi a envoyé au maréchal de Boufflers les ordres pour faire revenir les officiers généraux et les colonels qu'on avoit renvoyés en Flandre; ce maréchal avoit renvoyé tous les colonels dans les places où sont leurs régiments et n'a fait marcher aucunes troupes, voyant que les ennemis avoient séparé leur armée. — Toutes les lettres de Hollande portent que l'argent y est présentement à neuf pour cent, et dans toutes les autres guerres et même la campagne dernière l'État en avoit toujours trouvé à quatre et demi, si bien que cela est augmenté de la moitié, malgré leurs heureux succès de cette année.

Vendredi 11, *à Versailles.* — Le roi ne sortit point de tout le jour. Le froid continue et augmente. Il passa toute la journée chez madame de Maintenon, où il y eut une fort jolie musique. Monseigneur, qui avoit résolu d'être six jours à Meudon, en revint le soir. Le froid l'en a chassé; il ne pouvoit sortir du château, et il a eu pitié des courtisans qu'il y avoit menés, qui y souffroient beaucoup. On a été fort surpris de le voir revenir, car jamais le froid ni le chaud n'avoient dérangé ce prince non plus que le roi son père des résolutions qu'ils avoient prises. — M. d'Antin, qui est directeur général des bâtiments, fait faire un pont pour pouvoir passer en carrosse du rond du Cours dans les Champs Élysées, et des pompes pour arroser tous les jours le Cours durant l'été. Il n'en coûtera rien au roi; le bois des arbres qu'on a élagués dans le Cours suffira pour cette dépense, et l'année qui vient on y fera encore un bien plus bel embellissement en formant et ornant une grande place entre le Cours et les Tuileries, où il pourra tenir plus de mille carrosses, et faisant un pont magnifique qui entrera dans les Tuileries.

Samedi 12, *à Versailles*. — Le roi tint le conseil de finances à son ordinaire, travailla l'après-dînée chez lui avec M. de Chamillart, et à cinq heures entra chez madame de Maintenon. — Le bruit se répand que le comte de laMothe a la permission de venir ici saluer le roi. — Les états d'Hollande ont envoyé à toutes les villes de la province une ordonnance pour faire payer cette année deux fois le centième denier outre ce qu'elles payent en temps de paix, ce qui emportera presque les trois quarts du revenu des terres. — Le roi a donné 12 à 13,000 francs de gratification aux officiers de ses gardes du corps, savoir : au major 2,000 francs; à MM. de Brusac et Parifontaine, qui sont les deux aides-majors, 500 écus; à Chelyadet, à Mommeins et Sabine, tous trois enseignes, chacun 500 écus; au chevalier de Veleron, à Lyonières et la Grange, tous trois exempts, chacun 900 francs. — Ce qu'on avoit dit le matin que le comte de la Mothe avoit permission de venir ici ne s'est pas trouvé vrai. On en a été désabusé ce soir.

Dimanche 13, *à Versailles*. — Le roi tint le conseil d'État à son ordinaire, et il travailla chez lui l'après-dînée avec M. Pelletier, et sur les cinq heures il entra chez madame de Maintenon. — M. et madame de Roquelaure ont obtenu depuis quelque temps sur les états de Languedoc une pension pour eux deux, de 10,000 francs, qui demeurera tout entière au dernier vivant. — On fait le procès à Toulon à la Jonquière, qui commandoit dans Port-Mahon quand les ennemis l'ont pris, et par les dernières nouvelles l'affaire alloit fort mal pour lui. — On mande de Suède que la duchesse douairière de Holstein, sœur aînée du roi de Suède, étoit morte à Stockholm de la petite vérole le mois passé. Elle auroit été reine de Suède si son frère, qui n'est point marié, étoit mort sans enfants. Elle n'avoit pas trente ans. — Les commissaires des deux couronnes et ceux des ennemis qui sont assemblés depuis quelque temps à Leuze, pour l'échange des prisonniers, ont conclu quelques articles pour les soldats, et il en est arrivé à Anvers trois mille des nôtres qui étoient en Hollande. On y en renvoie trois mille de ceux que nous avions à eux. Ces conférences ont déjà été rompues et renouées plusieurs fois.

Lundi 14, à Versailles. — Le roi travailla l'après-dînée chez lui avec M. de Pontchartrain; le temps continue à être si rude qu'il n'a pas pu sortir depuis huit jours, et ce froid excessif a fait cesser beaucoup de tribunaux dans Paris, et y a suspendu tous les spectacles (1). — On continue à M. de Vendôme durant cet hiver les appointements de général d'armée et les cent places de fourrages; ce qui fait qu'on ne doute pas qu'il ne serve encore cette année, mais on ne sait pas si ce sera en Flandre. — Il est déjà

---

(1) « Les nouvelles sont courtes, Monsieur. Plus de commerce à cause du temps.... L'encre gèle au bout de la plume. » (*Lettre de la marquise d'Huxelles*, du 14 janvier.)

Les années 1706, 1707 et 1708 manquent dans le recueil de lettres manuscrites de la marquise d'Huxelles qui appartient à la bibliothèque de la ville d'Avignon (voir tome IX, page 391), mais à partir de 1709, cette correspondance n'offre plus d'interruption jusqu'en 1712, année de la mort de madame d'Huxelles. Grâce à l'obligeance de M. Achard, archiviste du département de Vaucluse, nous reprenons en 1709 nos extraits de cette correspondance, et nous la citerons même toute entière à la fin de cette année, pour combler la lacune laissée par Dangeau dans son journal depuis le 12 septembre jusqu'au 31 décembre 1709.

arrivé quelques colonels de ceux qui étoient partis il y a environ quinze jours pour la Flandre, et presque tous les autres sont en chemin pour revenir, car M. de Boufflers leur a envoyé à tous dans leurs garnisons les ordres du roi. — Le bruit de la conversion proposée des billets de monnoie en billets de change a déjà fait un bon effet dans Paris, et on les trafique à meilleur marché. — Il n'est point vrai que Marlborough soit déjà repassé en Angleterre, car, par les dernières lettres qu'on a eues de Flandre, il étoit encore à Bruxelles.

Mardi 15, *à Versailles*. — Le roi tint le conseil de finances, et le projet de l'édit pour la conversion des billets de monnoie fut lu et approuvé. On va se mettre en état d'exécuter ce projet, et on espère que la nouvelle banque qu'on établit pour cela s'ouvrira le mois prochain. L'après-dînée le roi travailla chez lui avec M. de Chamillart; à cinq heures il entra chez madame de Maintenon, où il y eut musique jusqu'à sept, et à sept heures madame la duchesse de Bourgogne en sortit pour aller à la comédie avec Monseigneur. — M. le maréchal d'Harcourt, au commencement de cette année, avoit traité de sa charge de lieutenant général de Normandie avec M. de Bailleul, capitaine aux gardes, qui lui en donnoit 100,000 écus. M. de Bailleul n'en a pas pu avoir l'agrément, et comme M. d'Harcourt ne vendoit cette charge, qu'il y a longtemps qui est dans sa maison, que pour payer ses dettes, le roi lui donne un brevet de retenue de 200,000 francs sur cette charge, afin qu'il la conserve.

Mercredi 16, *à Versailles*. — Le roi tint le conseil d'État à son ordinaire. Il ne sortit point encore de tout le jour, mais il trouve que cela l'incommode un peu de ne point prendre l'air. Monseigneur ne sort point non plus, et s'amuse à jouer l'après-dînée au papillon chez madame la Duchesse, qui est fort incommodée de sa grossesse. — La reine douairière d'Espagne, qui étoit à Bayonne, viendra faire son séjour à Toulouse, où l'on croit qu'elle sera plus agréablement qu'à Bayonne. Le duc de Gramont n'étoit pas fort aise qu'elle fût dans son gouvernement, et elle n'étoit pas contente des manières de la duchesse de Gramont. — Nous avons eu trois de nos colonels échangés contre trois des ennemis; nos trois colonels sont M. d'Ancenis, fils cadet du duc de Charost, Lassay et Sauvebœuf. — Madame la princesse de Montauban marie mademoiselle de Rannes, sa fille du premier lit, à M. le marquis de Vieuxpont, maréchal de camp. On dit qu'il a 25,000 livres de rente; madame de Montauban donne à sa fille 40,000 écus argent comptant.

Jeudi 17, à Versailles. — Le roi entra de bonne heure chez madame de Maintenon après son dîner; mais comme il se trouve un peu incommodé de ne point sortir, il sortira demain quelque temps qu'il fasse. Le soir il y eut comédie, où le pauvre M. de la Châtre eut une petite vapeur, qui ne fut que trop remarquée. M. de la Vallière sortit avec lui de la comédie, disant à M. de la Châtre : « Je me trouve mal; je vous prie de sortir avec moi, » car M. de la Châtre ne s'apercevoit point qu'il dût sortir lui-même *. — La reine douairière de Pologne, qui est à Rome, a fait demander au roi la permission de venir à Lyon; elle l'a obtenue, et on lui conseille de prendre plutôt le parti d'aller à Tours. — L'accommodement du pape avec l'empereur n'est pas encore conclu. Le marquis de Prié n'adoucit point les premières propositions qu'il a faites à Sa Sainteté, et elle a pris le parti d'envoyer l'abbé Piazza nonce à Vienne, espérant qu'il pourra avoir de l'empereur quelque condition moins dure. Le maréchal de Tessé a permission de revenir ici quand sa santé le lui permettra, mais on lui a fait une opération qui approche fort de ce qu'on appelle la grande opération, qui pourra bien retarder de quelques jours son retour.

* La Châtre étoit un homme de qualité, fort brave et fort bien fait, fort galant, fort glorieux, de peu ou point d'esprit, honnête homme, mais sans aucun talent pour quoi que ce fût. On l'appeloit *le beau*

berger; et l'on se moquoit volontiers de lui. Ses manières étoient naturellement impétueuses, et il eut des accès de folie qui ne se manifestèrent que tard. Une des premières qui lui prit pensa faire mourir de peur M. le prince de Conty, et le mit en grand danger. Il avoit la goutte aux deux pieds, et étoit sur un canapé le long de son feu à Paris. La compagnie s'en alla, et la Châtre resta seul. Fort peu après ses yeux s'égarent, son discours se confond; il se lève, tire son épée, attaque les meubles et la tapisserie, voit des bataillons et des escadrons, montre au prince de Conty les ennemis qui sont ici et qui sont là, écume, court, et toujours s'escrime. M. le prince de Conty, cloué sur son canapé, éloigné du cordon de sa sonnette, personne dans les pièces autour d'eux, mouroit de peur d'être pris pour un ennemi comme les meubles, ne contestoit rien, se tapissoit et radadouoit son homme tant qu'il pouvoit. Cela dura plus de demi-quart d'heure, qu'il arriva un valet de chambre. Cela troubla la Châtre et le remit assez pour que M. le prince de Conty lui pût faire entendre qu'il avoit quelque besoin, et la Châtre sortit. Jamais ce prince ne s'étoit trouvé à telle fête. Il en fit la confidence à ce valet, qui aussi bien avoit été fort étonné de trouver la Châtre en cet état, lui défendit d'en parler à personne et encore plus de le laisser jamais seul avec lui, puis envoya prier le duc d'Humières de le venir voir. Il lui conta le fait pour en avertir madame de la Châtre, et lui faire prendre des mesures pour essayer à faire traiter son mari, et prendre garde à lui. La maréchale d'Humières étoit sœur de son père. Cette aventure demeura près de deux ans ensevelie, sans que la Châtre eût fait parler de lui, jusqu'à cette aventure de la comédie à Versailles, où il vit encore des bataillons et des escadrons, et voulut charger les comédiens. Il lui en arriva plusieurs autres qui, à la fin, le rendirent incapable de servir, et le firent fuir de tout le monde. Il se retira en sa terre de Maliarnes, au pays du Maine. Il y perdit sa femme, fille de Lavardin, autrefois ambassadeur à Rome, femme d'un grand mérite. Son fils et sa belle-fille, qui étoit fille de Nicolaï, premier président de la chambre des comptes, lui persuadèrent de se retirer dans un bâtiment fort joli dans le jardin des Picpus, où l'on en avoit grand soin, où il ne voyoit que sa famille et d'où il ne sortoit plus.

Vendredi 18, à Versailles. — Le roi dîna au sortir de la messe et alla se promener à Marly, d'où le grand froid l'obligea de revenir de bien meilleure heure qu'à l'ordinaire. — M. le prince de Conty, dont la maladie alloit beaucoup mieux ces jours passés, est plus mal présentement, et on craint fort qu'il ne s'en puisse pas tirer. — Le R. P. de la

Chaise, confesseur du roi, est à la dernière extrémité. — M. le maréchal de Boufflers va visiter toutes nos places de Flandre. Il commence sa tournée par les places de la mer; il a retenu avec lui le chevalier de Luxembourg, la Frézelière et Belle-Isle, qui étoient dans Lille avec lui. — Le gouverneur de Senne en Provence est mort; ce gouvernement vaut 4,000 livres de rente, et comme c'est une place frontière, il oblige à résidence. — L'affaire de la conversion des billets de monnoie en billets de banque, qui passa mardi au conseil, se met en train. Le roi a établi six conseillers d'État, dont un signera ces billets de banque; ces six commissaires sont MM. de Caumartin, de Chauvelin, Voisin, de Harlay, de Nointel et Rouillé.

Samedi 19, à Versailles. — Le roi tint le conseil de finances à l'ordinaire, et l'après-dînée il alla se promener à Trianon, d'où il revint de fort bonne heure. Le soir le roi travailla chez madame de Maintenon avec M. de Chamillart. — On mande de Pologne que, malgré les avantages remportés par les confédérés, à la tête desquels est le palatin de Bels, grand général, sur les troupes du roi Stanislas, on y parle de paix plus qu'on n'avoit fait encore. — La grossesse de la reine d'Espagne continue et elle s'en porte parfaitement bien. — Le siége du château d'Alicante va fort lentement, et on ne travaille qu'à le miner, et ce travail est fort long, car ce château est un rocher fort élevé. — Le prince Eugène et milord Marlborough sont à la Haye pour tâcher à persuader les États Généraux d'augmenter le nombre de leurs troupes cette année, mais les Hollandois sont si surchargés qu'il y a lieu de croire que ces deux généraux auront peine à réussir dans leur négociation.

Dimanche 20, à Versailles. — Le roi tint le conseil d'État à l'ordinaire, et travailla l'après-dînée chez lui avec M. Pelletier; il entra à cinq heures chez madame de Maintenon. Madame la duchesse de Bourgogne, en sortant de la messe, passa chez madame de Maintenon, qu'elle ne trouva point; elle étoit allée chez madame d'Heudicourt, qui est considérablement malade depuis deux jours (1). — Le P. de la Chaise mourut à cinq heures du matin à Paris. Les jésuites envoyèrent ici deux de leurs pères pour apporter au roi les clefs de son cabinet, où il y a beaucoup de papiers et de mémoires*. — L'ambassadeur de Venise, Mocenigo, fit son entrée publique à Paris, qui fut très-magnifique.

* Le P. de la Chaise étoit d'autour de Lyon, d'un esprit médiocre, mais bon, juste et très-sensé, de l'honneur, de la probité, de l'humanité, de la bonté, beaucoup ennemi de la violence et favorable au pardon. Son frère avoit été écuyer de l'archevêque de Lyon, parce qu'il se connoissoit fort en chasse et en chevaux et qu'il les montoit bien. S'il étoit gentilhomme c'étoit bien tout au plus; mais heureusement pour les gens de qualité, le P. de la Chaise s'étoit persuadé qu'il étoit de condition, et par là se piquoit de favoriser ceux qui en étoient. C'étoit un homme doux et poli, fort rompu au monde, et qui connoissoit sa société, à qui il étoit fidèle, sans en être esclave, ni vouloir servir à tyrannie. Il ne voulut jamais pousser à bout Port-Royal, vécut bien avec le cardinal de Noailles, et ce qui se brassa contre lui de son temps, comme le cas de conscience et d'autres choses, fut sans sa participation. Il ne voulut point entrer non plus trop avant dans leurs affaires de la Chine; mais il favorisa l'archevêque de Cambray tant qu'il put et le cardinal de Bouillon. Lui et son frère conservèrent toujours de la reconnoissance, même de la dépendance pour les Villeroy. Le roi l'aimoit, et il eut tout crédit dans les dernières années de M. d'Harlay, archevêque de Paris, qu'il conserva jusqu'à la grande faveur de Godet, évêque de Chartres, sur madame de Maintenon, par laquelle ce prélat fut introduit auprès du roi pour balancer l'autorité du P. de la Chaise sur les bénéfices, qui en faisoit la distribution seul avec le roi dans une entière indépendance d'elle. C'est ce qui le lui avoit rendu odieux presque autant que son opposition à la déclaration de son mariage, sans toutefois oser lui montrer les cornes; mais une fois venue à bout de partager avec lui le crédit de conscience par M. de Chartres, celui-ci alla toujours gagnant, et c'est à lui que les inconnus, les gens de rien et les séminaires sont redevables de tant d'ignorants et de

(1) « Il y a une furieuse quantité de malades de fluxions sur la poitrine, et madame d'Heudicourt en a été attaquée à Versailles. » (*Lettre de la marquise d'Huxelles*, du 24 janvier.)

barbes sales qui ont envahi l'épiscopat, pour lequel on en étoit venu à la nécessité presque de faire preuve d'obscurité en tout genre, d'où on a vu naître tant de suites qui ont dévasté l'Église de France, jusque-là si savante, si ferme dans ses principes, si brillante en tout, et causé tant de maux aux écoles, aux grands corps, et porté de si rudes coups à l'État. Quoique le P. de la Chaise n'eût plus le même crédit, il posséda toujours le cœur du roi, qui fit de lui ce bel éloge à sa mort, qu'il lui avoit souvent reproché qu'il étoit trop bon, et que ce père lui répondoit toujours que lui-même étoit trop méchant et ne revenoit jamais. En effet le roi ne revenoit point, et le P. de la Chaise, qui détestoit les délations et les lettres anonymes, qui les supprimoit tant qu'il pouvoit, qui avoit bien paré des coups s'en sans vanter et qui vouloit réparer le mal qu'il avoit fait quand il voyoit après que c'avoit été à tort, ne put jamais venir à bout du roi sur l'abbé de Caudelet en pareil cas, quoiqu'il ne s'en rebutât point de plusieurs années. Il avoit toujours sur sa table le *Nouveau Testament* du P. Quesnel, dont la condamnation fit, après ce père, un si long et si horrible fracas, et quand on s'en étonnoit à cause de l'auteur, il répondoit qu'il aimoit le bon partout où il le trouvoit, qu'il ne connoissoit point de plus excellent livre ni d'une plus abondante instruction, qu'il y trouvoit tout, et que comme il avoit peu de temps par jour à donner à des lectures de piété, il préféroit celle-là à toute autre. Il pressa souvent le roi, à la fin de sa vie, de le laisser en repos et de choisir un autre confesseur; il fut refusé constamment, et, vers les derniers temps, amusé tant et si bien qu'il mourut dans cette terrible place, dont M. de Duras disoit au roi qu'il comprenoit bien son confesseur qui alloit à tous les diables fort à son aise, dominant, régnant et distribuant, mais qu'il ne concevoit pas que celui-là en pût trouver un autre qui se damnoit si tristement pour l'amour de lui et qui n'en retiroit pas la plus petite distinction ni la plus petite douceur. Ce P. de la Chaise fut universellement regretté. Il ne fit jamais mal à personne que très-rarement et à son corps défendant, et du bien tant qu'il put, et avec choix à tout le monde. On comprit toujours que ce seroit une vraie perte; mais on n'imagina jamais qu'elle seroit une plaie comme elle le devint en effet, et cruelle, et profonde. C'étoit un homme honnêtement et très-noblement né, et tout à fait pour une telle place.

Lundi 21, *à Versailles.* — Le roi travailla l'après-dînée chez lui avec M. de Pontchartrain, et à cinq heures il entra chez madame de Maintenon. — La Jonquière, qui commandoit à Port-Mahon quand les ennemis le prirent, a été jugé à Toulon par le conseil de guerre où présidoit

Langeron, lieutenant général de la marine. Le conseil de guerre a jugé qu'il méritoit d'être cassé et de garder la prison, et ensuite de ce jugement le roi l'a cassé et dégradé, lui a ôté la croix de Saint-Louis et ses pensions. On l'envoie en prison en une place de Franche-Comté, et tous les officiers de la garnison qui étoient avec lui seront en prison aussi. — Moulineaux, qui avoit eu le gouvernement d'Oléron en épousant la fille du vieux Lavogade, est mort; ce gouvernement vaut 12 à 13,000 francs, et oblige à résidence durant la guerre.

Mardi 22, *à Versailles.* — Le roi tint le conseil de finances à son ordinaire, donna le matin la première audience publique à l'ambassadeur de Venise, donna audience aussi aux députés des états de Bretagne, où l'évêque de Saint-Pol de Léon portoit la parole. Le roi signa le contrat de mariage de M. de Vieuxpont avec mademoiselle de Rannes. L'après-dînée le roi travailla avec M. de Chamillart. Le soir il y eut comédie (1).

Mercredi 23, *à Versailles.* — Le roi tint le conseil d'État et n'en sortit qu'à une heure et demie; M. de Torcy et M. de Chamillart y demeurèrent quelque temps après les autres ministres. Le roi alla l'après-dînée se promener à Trianon. — Les grandes eaux du Rhin ont emporté le pont de Brisach. — La maladie de madame d'Heudicourt, qui ne commença que vendredi au soir, est augmentée si considérablement qu'on n'en espère plus rien. — Madame la duchesse de Bourgogne alla l'après-dînée voir monseigneur le duc de Berry qui glissoit sur le canal.

Jeudi 24, *à Versailles.* — Le roi, aussitôt après son dîner, passa chez madame de Maintenon, qui est fort affli-

---

(1) « Il ne se parle quasi ici (à Paris) que du mauvais temps et des maladies que cela y produit; il y a pourtant des comédies à Versailles afin de réjouir la jeune cour. Monseigneur y est revenu de Meudon, ne trouvant pas son château habitable à cause du grand froid qu'il fait. » (*Lettre de la marquise d'Huxelles*, du 23 janvier.)

gée de la mort de madame d'Heudicourt; elle a presque toujours été auprès d'elle durant sa maladie et l'a vue mourir ce matin à huit heures *. — Le roi a donné à Pionsac, colonel du régiment de Navarre, le gouvernement d'Oléron; comme ce gouvernement oblige à résider durant la guerre, Pionsac va vendre le régiment de Navarre, dont il aura 100,000 francs. — Toutes les nouvelles qu'on a de l'armée du roi de Suède sont si différentes qu'on ne sait ce qu'on en doit croire. On n'est guère mieux informé des affaires de Pologne. — Le roi continue à madame la duchesse de Ventadour la pension de 12,000 francs qu'elle avoit comme survivancière de gouvernante des enfants de France; elle en a outre cela une depuis longtemps qui est de 8 ou 10,000 francs.

* On a parlé plus d'une fois de madame d'Heudicourt, mère de madame de Montgon, qui la suivit de près en l'autre monde, et de leurs liaisons avec madame de Montespan et madame de Maintenon. De parfaitement belle, elle étoit devenue vieille et hideuse. On ne pouvoit avoir ni plus d'esprit ni plus agréable, ni savoir plus de choses, ni être plus plaisante, plus amusante, plus divertissante sans vouloir l'être. On ne pouvoit aussi être plus gratuitement, plus continuellement, plus désespérément méchante, par conséquent plus dangereuse dans une privance telle qu'étoit la sienne avec le roi et madame de Maintenon. Tout aussi, faveur, grandeur, place, ministère, fléchissoit le genou devant cette terrible fée, qui ne savoit que faire du mal et dont la mort fût pour la cour une espèce de délivrance. Avec tout son esprit elle craignoit les esprits et l'avouoit en se moquant d'elle-même, mais une peur qui lui faisoit payer ce qu'elle appeloit des *occupées*; c'étoient trois ou quatre femmes qui la suivoient partout et qui la veilloient toute la nuit. Du reste elles n'avoient rien à faire. Cette frayeur fut poussée jusqu'à ne savoir que devenir à la mort d'un gros perroquet aussi méchant qu'elle et qu'elle portoit partout. Elle en redoubla ses *occupées*, et fut longtemps troublée de la peur de voir revenir l'âme du perroquet. Son mari, qui étoit Sublet et grand louvetier, plus grand débauché, vieux et horrible comme elle, n'étoit souffert que par son appui. Ils ne laissoient pas de se donner du mal l'un à l'autre. Il étoit gros joueur et toujours furieux; c'étoit un plaisir de lui voir faire des reculades de son tabouret sur les réjouissances en coupant au lansquenet, qu'il renversoit quelquefois ou blessoit les jambes des spectateurs, et d'autres fois crachoit derrière lui horizontalement et attra-

poit qui pouvoit, hommes ou femmes dans le salon de Marly. Son fils étoit une espèce de chèvre-pied (1) plein d'esprit, qui ne valoit pas mieux que sa mère, qui craignoit encore plus les esprits qu'elle, qui s'enivroit d'un verre de vin, et dont il y a mille contes d'esprits et d'ivrognerie plus plaisants les uns que les autres ; d'ailleurs point poltron et commode aux dames à merveille ce] qui le mettoit dans toutes les histoires de la cour. L'amitié de madame de Maintenon pour sa mère le soutint et fit entrer le roi à lui donner, et à empêcher que son père lui retranchât rien. Madame d'Heudicourt n'avoit dit de sa vie bien de personne qu'avec quelques *mais* accablants, et rien n'étoit plus dangereux que d'être nommé devant elle dans les particuliers de madame de Maintenon et encore pis du roi. Sans haine et sans intérêt, elle mettoit les gens en pièces, ou en sérieux, ou en ridicules, au contraire de madame de Dangeau, qui étoit aussi de tous ces particuliers et qui trouvoit toujours le moyen d'excuser ou de louer : aussi les appeloit-on toutes deux les deux anges de madame de Maintenon, l'un le bon, l'autre le mauvais.

Vendredi 25, à Versailles. — Le roi dîna de bonne heure et alla à Marly. — Le roi donne la pension de 2,000 écus qu'avoit madame d'Heudicourt à son fils, mestre de camp de cavalerie, et a fait mander à son père que, comme c'étoit pour faire subsister son fils plus honorablement dans le service, il ne vouloit pas que le père diminuât rien de ce qu'il donnoit à son fils, qui étoit 2,000 écus aussi. — Le roi a donné à M. de Vaudemont, même sans qu'il le demandât, le logement qu'avoit madame la duchesse de Ventadour avant que madame la maréchale de la Mothe fût morte. Ce logement est beaucoup plus beau et plus commode que celui qu'avoit M. de Vaudemont, qui est dans l'aile par delà la chapelle, et on a donné celui-là à la duchesse de Duras, dont on a pris le logement pour les missionnaires qui serviront la chapelle. — Le roi a donné à la Connelaye, capitaine aux gardes qui commandoit ces deux dernières années dans Nieuport, le gouvernement

---

(1) Cette épithète est reproduite par Saint-Simon dans ses *Mémoires*, et M. Chéruel l'explique ainsi : « espèce de satyre que l'on représente avec des pieds de chèvre. »

de Belle-Isle, qui vaut au moins 15,000 livres de rente.

Samedi 26, *à Versailles.* — Le roi tint le conseil de finances à son ordinaire. L'après-dînée il travailla chez lui avec M. de Chamillart, et à cinq heures il entra chez madame de Maintenon. Monseigneur alla dîner à Meudon, où il demeurera jusqu'à vendredi. — On mande d'Aix-la-Chapelle que don Bernardo de Quiros, qui avoit quitté le parti du roi d'Espagne pour se donner à l'archiduc et qui étoit son ambassadeur en Hollande, étoit mort à Aix-la-Chapelle, où il étoit à prendre les eaux. — M. le maréchal de Boufflers est allé visiter les places de Flandre, et quand il aura fait sa tournée il doit venir ici pour en rendre compte au roi. — Mazeppa, général des Cosaques, qui a quitté le parti du czar pour suivre celui du roi de Suède, lui a amené dix mille Cosaques. Le czar l'a fait condamner à mort et a pris la ville de Bathurin, où il faisoit sa résidence, et l'a fait raser.

Dimanche 27, *à Versailles.* — Le roi tint le conseil d'État, travailla chez lui l'après-dînée avec M. Pelletier et entra à cinq heures chez madame de Maintenon. — M. de Pionsac, qui vient d'avoir le gouvernement d'Oléron, a vendu le régiment de Navarre 108,000 francs à M. de Gassion, neveu du lieutenant général et gendre de M. d'Armenonville. M. de Coëtquen a vendu son régiment aussi à M. de Tourville, fils du feu maréchal, qui lui en donne 62,000 francs. — M. de Montgon marie sa fille dans son pays, et le roi a consenti qu'une pension de 1,000 écus qu'il a passât sur la tête de sa fille. — Le chevalier d'Elbeuf* est mort au Mans, où il étoit retiré depuis longtemps. Il étoit l'aîné de la maison d'Elbeuf, fils du duc d'Elbeuf de son premier mariage avec la veuve de feu M. de la Roche-Guyon, qui étoit fille de M. de Lannoy, gouverneur de Montreuil. Il n'avoit eu de ce mariage-là que ce chevalier d'Elbeuf et madame de Vaudemont, et ce chevalier d'Elbeuf avoit abandonné son bien du côté de son père au duc d'Elbeuf d'aujourd'hui, qui étoit fils de la duchesse de Bouillon, et le bien de sa mère à madame de Vaudemont et aux petits-enfants de madame sa mère de son premier mariage. Il ne lui restoit que deux pensions, l'une que lui donnoit le duc d'Elbeuf et l'autre, de 4,000 francs, que lui donnoit madame de Vaudemont.

* Ce chevalier d'Elbeuf étoit bien plus connu sous le nom de *M. d'Elbeuf le trembleur*. Il étoit fils aîné du feu duc d'Elbeuf, et lui et madame de Vaudemont seuls de ce premier lit. Son père s'emporta si étrangement contre sa première femme, qu'il la prit pour la jeter par la fenêtre, ce que toutefois il n'exécuta pas. Elle étoit grosse de ce fils. Le tremblement dont elle fut saisie se communiqua tellement à son enfant qu'il le rendoit incapable de toutes choses. On prit donc le parti de le cacher, de lui faire faire des vœux de Malte et de lui faire céder tous ses droits, biens et prétentions à son frère du second lit. Il choisit, on ne sait pourquoi, le Mans pour sa demeure, où il voyoit la meilleure compagnie du pays. Il n'étoit pas ignorant, et avoit de l'esprit, de la dignité et de la politesse.

Lundi 28, *à Versailles*. — Le roi prit médecine (1) et travailla chez lui l'après-dînée avec M. de Pontchartrain. Monseigneur, qui est à Meudon, prit aussi médecine. — Le roi donna à mademoiselle de Mailly 2,000 écus de pension et 25,000 écus sur la maison de ville. La comtesse de Mailly, sa mère, avoit donnée un avis à M. Desmaretz dont le roi tirera 2 ou 300,000 écus. — Madame la duchesse de Mantoue, dont la santé est assez mauvaise, se rapprochera de Paris pour faire des remèdes, et le roi lui prête pour un an un appartement dans le château de Vincennes et des logements pour tous ses domestiques. Madame la duchesse d'Elbeuf, sa mère, y aura un appartement aussi quand elle voudra aller tenir compagnie à sa fille. — La ville de Lyon a prêté au roi 1,040,000 livres à six pour cent d'intérêt, et ils ne seront remboursés que dans vingt ans. Le roi, qui est content de leur maison de ville en cette occasion-là et en beaucoup d'autres, a accordé le *com-*

---

(1) « M. Fagon a été volé dans la chambre du roi de dix-huit louis qu'il avoit en sa poche. » (*Lettre de la marquise d'Huxelles*, du 1ᵉʳ février.)

mitimus du grand sceau au prévôt des marchands et le petit *commitimus* à tous ceux qui composent la maison de ville.

Mardi 29, à Versailles. — Le roi tint le conseil de finances à son ordinaire. Il alla l'après-dînée à Trianon et le soir il travailla avec M. de Chamillart chez madame de Maintenon. Monseigneur le duc de Bourgogne, madame la duchesse de Bourgogne et monseigneur le duc de Berry allèrent dîner à Meudon avec Monseigneur. Monseigneur alla le matin de Meudon à Paris voir M. le prince de Conty. — Le roi a fait une promotion de brigadiers de cavalerie et de dragons, qui sont :

Cavalerie.

MM. De Castelmoron.
De Rians.
De Saumery.
De Pourprix.
Mérinville.
Du Bourg.
De Montjoye.
D'Estagnolles.
De Susy.
D'Aigrebert.
De l'Écussant.
Verneuil du Rozel.
Le comte de Gacé.
Girault.
Le comte de Vertus.
D'Auger.
Neuchelles.
Vernassal.
Parifontaine.
D'Aubusson.
Le chevalier de Nesle.
La Batie de Verseil.
Tournemine.

MM. Tarnault.
Le comte de Choiseul.
D'Heudicourt.
Le comte de Saumery.
Le prince de Tarente.
La Billarderie.
Le chevalier de Forsat.
De Montlezun.
La Boulaye.
Flèche.
Le chevalier de Janson.
Duvignault.
La Bretoche.
Beaujeu.
Verceil.
Sandraski.
Marteville.
Thouy.
Saint-Chamans.
Marsillac.
Bonnas de Gondrin.
Caubons.
Tourotte.

Dragons.

MM. Berville.   MM. Marbeuf.
　Le marquis de Vassé.   　Le chevalier de Mianne.
　Le chevalier de Rohan.   　De Foix.

Mercredi 30, *à Versailles.* — Le roi tint le conseil d'État à son ordinaire, et l'après-dînée il alla à Trianon. — M. de la Roche-Guyon et M. de Liancourt, par la mort de M. le chevalier d'Elbeuf, héritent de la terre de Brunoy dans la forêt de Sénart; cette terre vaut 8,000 livres de rente. — L'affaire de la conversion des billets de monnoie en billets de banque souffre quelques difficultés qui seront examinées au premier conseil de finances. — Madame de la Boulaye, cousine germaine de la maréchale de Bellefonds, est morte à Paris dans un couvent, où elle étoit retirée depuis longtemps. Elle a fait son légataire universel le marquis de Bellefonds, petit-fils de la maréchale, quoiqu'elle eût un neveu de son nom. Le marquis de Bellefonds en aura près de 100,000 écus. — M. le maréchal de Boufflers, en faisant sa tournée des places de Flandre, a été contraint de rester à Ypres, où il est incommodé. — La maladie de M. le prince de Conty continue et augmente, et dès qu'on cesse pour quelques jours les remèdes qui sont violents l'enflure et les oppressions recommencent.

Jeudi 31, *à Versailles.* — Le roi dîna de bonne heure et alla se promener à Marly. Le roi d'Angleterre, la princesse sa sœur, monseigneur le duc de Bourgogne, madame la duchesse de Bourgogne et monseigneur le duc de Berry allèrent dîner à Meudon. Après le dîner monseigneur le duc de Bourgogne alla à Paris voir M. le prince de Conty, et Monseigneur mena les autres princes et princesses à l'opéra (1). Après l'opéra le roi d'Angle-

---

(1) « Monseigneur vint hier à l'opéra avec le roi d'Angleterre et madame la princesse de Conty à la première représentation de *Roland*, car on reprend ceux de Lully. » (*Lettre de la marquise d'Huxelles*, du 1er février.)

terre et la princesse sa sœur retournèrent à Saint-Germain. Madame la duchesse de Bourgogne et monseigneur le duc de Berry retournèrent avec Monseigneur à Meudon et ils y soupèrent, mais en y retournant ils ne purent passer par le chemin par où ils étoient venus, parce que la plaine étoit inondée, et monseigneur le duc de Bourgogne, qui après avoir vu M. le prince de Conty avoit voulu retourner par là, fut obligé de quitter le carrosse et de monter à cheval. Madame la duchesse de Bourgogne et monseigneur le duc de Berry ne revinrent ici qu'à deux heures après minuit. — Le roi a donné à un lieutenant aux gardes nommé le Tellier l'agrément pour acheter la compagnie de Bailleul, à qui le roi n'a pas voulu donner l'agrément pour acheter la lieutenance de roi de Normandie que le maréchal d'Harcourt lui avoit vendue.

Vendredi 1er février, à Versailles. — Le roi alla l'après-dînée à Trianon. Monseigneur revint le soir de Meudon. — M. le baron de Bergeyck a été ici trois jours, pendant lesquels il a eu des audiences du roi, où étoit M. de Chamillart ; il s'en retourne à Mons auprès de l'électeur de Bavière. On parle différemment du sujet de son voyage, mais nous n'en savons pas encore le véritable motif. — Madame de Soubise est à l'extrémité ; elle a reçu tous ses sacrements. Elle avoit écrit au roi pour lui demander de faire revivre le duché d'Estouteville en faveur de M. de Matignon, moyennant quoi le comte de Thorigny, fils unique de Matignon, épouseroit la fille du prince de Rohan, qui n'a que douze ans, et reconnoîtroit en avoir reçu 100,000 écus. M. de Chamillart, qui est fort des amis de Matignon, étoit entré dans cette affaire ; mais on ne croit pas qu'elle réussisse. On prétend que madame de Soubise avoit encore demandé au roi quelques autres choses pour M. de Strasbourg, son fils.

Samedi 2, jour de la Chandeleur, à Versailles. — Le roi, à onze heures, marcha en procession à la chapelle, avec tous les chevaliers de l'Ordre. L'après-dînée il entendit le sermon de l'abbé Anselme et vêpres ensuite. Toute la maison royale assista à toutes ces dévotions avec le roi. — Le marquis du Bellay*, premier écuyer de M. le prince de Conty, mourut à Paris. — M. Tambonneau, lieutenant aux gardes, a l'agrément pour acheter la compagnie de la Connelaye, qui sera obligé durant la guerre de résider à son gouvernement de Belle-Isle. — Le comte de Benevente** est mort à Madrid; il étoit sommelier de corps. Le roi d'Espagne a envoyé un courrier au duc d'Albe pour lui dire qu'il lui donnoit cette charge, qui est une des trois premières de la cour d'Espagne. Cette charge a quelque rapport à celle de grand chambellan et de grand maître de la garde-robe; le revenu en est médiocre, mais il seroit aisé d'en retirer de grands profits, ce que le duc d'Albe ne fera pas sûrement. Le comte de Benevente étoit chevalier de l'ordre du Saint-Esprit. Le roi d'Espagne écrit au roi pour le prier de donner cette place au duc de Cessa, qui est de la maison de Cordoue.

* Du Bellay, par ce nom, montre qui il étoit. Il n'avoit ni pain ni souliers, de l'esprit du monde, mais abattu par la pauvreté. La princesse d'Espinoy-Chabot et Pelletier-Souzy, son plus qu'ami, l'avoient nourri toute leur vie, et lui avoient procuré ce qu'ils avoient pu. Madame de Montespan, dans les derniers temps de sa vie, l'avoit marié à une Rochechouart; cela étoit noble de part et d'autre, mais le pain y manquoit totalement; il y en trouva chez M. le prince de Conty, dont il prit la place d'écuyer lorsque le chevalier de Sillery se retira. Il n'y vécut guère, ni M. le prince de Conty après lui. Madame la princesse de Conty prit soin de sa veuve et du fils qu'il avoit laissé. Madame du Bellay entra depuis chez madame la Duchesse, où elle est encore, et le fils eut une pension et un des régiments de ces princes.

** Le comte de Benevente étoit Pimentel, d'une des premières maisons d'Espagne, de peu d'esprit, mais qui avoit pris le roi en grande affection à son arrivée. Il lui rotoit au nez en lui mettant sa cravate sans s'en embarrasser, et se plaignoit de ses vents; par derrière cela ne se pardonne point; mais pour la bouche, c'est comme éternuer. Depuis que Philippe V est en Espagne, ils s'en sont corrigés à Madrid et à la cour. La charge de sommelier du corps est une des trois grandes de la cour; elle est ce qu'étoit en France celle de grand chambellan avant que de ses débris on en eût fait plusieurs autres. Il a tout le service, tout le commandement, tous les serments et tout l'administration de la chambre et de la garde-robe. Les gentilshommes de la chambre, presque toujours grands d'Espagne et des plus distingués, qui sont en nombre et qui servent par semaine, prêtent serment entre ses mains, et sont plus à ses ordres que les huissiers et les valets de chambre du roi ne le sont à ceux de nos premiers gentilshommes de la chambre. Il a aussi de tristes fonctions, que les gentilshommes de la chambre remplissent en son absence; il chausse et botte le roi, le déchausse et le débotte de la jambe droite, tandis qu'il l'est par un valet de la jambe gauche; il lui donne le pot de chambre, et, s'il est malade, le bassin, comme aussi en France; mais ce qui ne s'y fait pas, il le reprend et le retire après que le roi s'en est servi, et, soit au lit ou à la chaise percée, il lui essuie le derrière. Philippe V, qui n'étoit pas accoutumé en France à un si étrange service et qui y fut attrapé les premières fois, n'alloit plus à sa chaise percée qu'en cachette. Le comte de Benevente, qui y fut trompé huit jours durant, vint trouver Louville, à qui il conta son inquiétude de la santé du roi. Louville rit et lui avoua ce qui en étoit; ce fut une affaire que de lui faire entendre raison là-dessus et de lui persuader de laisser vivre le roi à la françoise à cet égard. On sait l'histoire fameuse de Philippe III, qui mourut d'un brasier qui étoit dans sa chambre et que ni lui ni personne ne put faire ôter par l'absence du sommelier du corps, qui étoit à la ville. C'est mourir à bon marché.

Dimanche 3, à Versailles. — Le roi tint le conseil d'État à l'ordinaire, et l'après-dînée il travailla avec M. Pelletier. Le voyage de Marly est remis à mercredi malgré le grand froid. — Madame de Soubise mourut le matin à Paris. Il y avoit plusieurs années qu'elle ne paroissoit plus à la cour, parce qu'elle étoit malade, mais elle y étoit toujours fort considérée. Elle laisse de grands établissements dans sa famille et est fort regrettée, car elle n'avoit jamais fait de mal à personne et étoit fort sensée et fort capable de mener de grandes affaires. Elle avoit plus de soixante ans, et avoit été mariée en 1663*. — L'affaire de la conversion des billets de monnoie en billets de banque est manquée; les banquiers qui la proposoient n'ont pas pu fournir tout l'argent qu'ils avoient promis d'avancer. — M. le premier président a été chez M. le cardinal de

Noailles avec quelques conseillers du parlement pour lui représenter que la rigueur de la saison, le manque de poisson et de légumes doivent l'engager à donner permission de manger gras ce carême.

* Madame de Soubise étoit fille de M. Chabot, qui en épousant la fille unique de ce célèbre duc de Rohan et de la fille de Maximilien de Béthune, premier duc de Sully, eut une érection nouvelle de Rohan en sa faveur, qui fut enregistrée, et lui reçu duc-pair en 1652, malgré la cour, et parmi les troubles de l'autorité de Monsieur, Gaston, et de M. le Prince, qu'il avoit eu grande part à réunir. Elle avoit le plus beau teint du monde, un beau visage, mais les yeux petits, et elle étoit rousse. Son mari, cadet et sans rang ni honneurs quelconques, étoit parvenu par les grades des officiers des gendarmes de la garde à succéder à cette compagnie, à la mort du père de la Salle, maître de la garde-robe du roi en 1673. Il y avoit alors treize ans qu'il étoit veuf d'une personne sans naissance qui lui avoit donné son bien, et qui n'avoit point eu d'enfants, ni de lui, ni de François le Comte, sieur de Nonant. Elle s'appeloit Catherine Lyonne, et n'avoit jamais été ni prétendu être assise. M. de Soubise se remaria en 1663 à celle-ci. Le roi l'avoit souvent vue à des bals; il en étoit touché; il lui donna le tabouret. Il lui fit parler; elle résista; elle dit qu'elle craignoit son mari. Le mari ne craignoit que l'éclat et s'accommodoit fort de tout le reste. Le marché fut fait sur ce pied-là, et la maréchale de Rochefort eut le secret et la conduite de l'affaire. Les biens, les charges, les rangs, les distinctions, les bénéfices, les chapeaux, tout plut dans la maison. Les distinctions y tombèrent en foule, et s'y soutinrent jusqu'au bout. On a vu, tome III, page 255, la manière de vie de M. et de madame de Soubise, et sa singulière adresse de se dévouer madame de Maintenon. Cela dura jusqu'à sa mort, avec une considération infinie. C'étoit une femme qui avec un esprit médiocre l'avoit tout tourné au solide, et à qui il n'échappoit jamais ni un mot ni une démarche au-hasard; occupée sans cesse de ses vues, et qui, ayant toutes les voies ouvertes pour les faire cheminer, ne cessa jamais de les avancer. Les ministres, qui connoissoient son crédit, rampoient devant elle. Les gens des cérémonies lui faisoient leur cour par leurs registres; Châteauneuf aussi par ceux de l'Ordre, dont il étoit greffier, et elle les ménageoit tous avec un grand soin. Elle n'avoit ni amusements ni plaisirs, et n'étoit tournée qu'aux affaires. Comme la sienne avec le roi avoit été voilée, il n'y avoit eu ni dégoût ni rupture, et son crédit par son adresse subsista toujours. Il y eut des choses où elle ne put pourtant atteindre. Elle fit à la vérité corrompre les registres de l'Ordre par Châteauneuf en 1688 en faveur de son mari et du comte d'Auvergne, comme on l'a vu alors;

mais elle ne put jamais ni entamer les ducs sur aucune compétence, ni les secrétaires d'État sur le *Monseigneur*, ni la maison de Lorraine sur la conduite des ambassadeurs. Du reste, elle eut lieu d'être plus que contente ; le rang de prince, les avantages de la Sorbonne à son fils, les charges de son mari et de ses enfants, les gouvernements de province, des biens immenses, des bénéfices sans nombre, Strasbourg et le chapeau pour un de ses fils, et la ruine dernière du cardinal de Bouillon, son compétiteur, les plus grands mariages dans sa famille. Elle avoit été dame du palais de la reine sans préférence quelconque parmi les autres dames du palais assises. Le soin qu'elle eut de sa beauté, source et soutien après de sa grande fortune, fut enfin la cause de sa mort; elle ne vivoit que de poulets, de fruits et de salades, ne buvoit que de l'eau, et portoit son attention jusqu'à trousser sa robe fort bas et d'une manière unique et ridicule, de peur de s'échauffer les reins par trop de plis et de pesanteur, et par là de se rougir le nez. Cette constante nourriture lui donna les écrouelles, qu'elle porta plusieurs années et sans qu'on le sût, et dont à la fin elle mourut. Elles donnèrent lieu à quelques chansons plaisantes, sur ce que l'attachement du roi n'avoit pu l'en guérir. Son fils, le prince de Rohan, qu'elle fit duc et pair avant de mourir, parce qu'elle disoit franchement qu'elle ne connoissoit que cela de solide, se pavanoit quelquefois de leur fortune, et s'en louoit d'autant plus que c'étoit, disoit-il, en le répétant de son père, sans ministres et sans maîtresses. Ils ont en Espagne une injure qui ne se pardonne jamais, même entre le plus bas peuple, quand quelqu'un l'a dite à un autre ; c'est de l'appeler *Cocu volontaire*, ce qui s'exprime par un seul mot. M. de Prie longtemps depuis en a a trouvé l'exemple bon. M. de Soubise, qui avoit tiré parti de sa femme fort au delà de ses espérances et qui par les infirmités qui la tenoient pour toujours hors d'état de sortir de sa maison ne s'en promettoit plus un grand usage, n'en fut pas assez touché pour être hors d'état de tirer parti même de sa mort, tant il étoit accoutumé à en tirer de tout. Il avoit acheté le superbe hôtel de Guise ; il l'avoit magnifiquement réparé, et sa porte étoit vis-à-vis celle de l'église de la Merci. On ne porte point les corps des princes du sang à leurs paroisses, par je ne sais quel usage, ni comment venu. M. de Soubise crut s'acquérir un nouveau titre de prince en faisant porter sa femme droit à la Merci, et l'eut plus tôt fait qu'on ne sut à l'archevêché qu'il prétendoit le faire. Les moines furent tancés ; mais la chose étoit faite. Pour la maison de Lorraine, qui n'avoit pas besoin d'étayer sa principauté, elle ne songea point à cette ruse à la mort récente de madame d'Armagnac ni de M. de Marsan : mais le bon homme Soubise crut avoir gagné une victoire ; il ne la porta pas bien loin ; à sa mort, on n'en fut pas la dupe une seconde fois, et son corps essuya l'humiliation de la paroisse.

Lundi 4, à Versailles. — Le roi travailla l'après-dînée chez lui avec M. de Pontchartrain ; la gelée qui a recommencé l'empêche de sortir. — Toutes les lettres qu'on a des provinces ne parlent que du désordre que le grand froid a fait cet hiver. Beaucoup de vignes sont gelées ; on craint même que les blés ne le soient. Il en est de même dans tous les royaumes voisins. Tous les arbres plantés depuis quelques années sont morts, et il y a plus de cent ans qu'on n'avoit vu un si cruel hiver. — L'électeur de Bavière doit venir voir le roi avant la campagne ; il viendra incognito pour éviter les embarras du cérémonial. — On commence à dire que M. de Vendôme ne servira point cette année. Il le sait déjà, mais cela ne sera public qu'à Marly, où il viendra mercredi ; mais on ne dit point encore les généraux qui serviront, et il court des bruits de paix que nous ne croyons pas trop bien fondés. — La reine douairière d'Espagne n'est pas encore partie de Bayonne pour aller à Toulouse ; il paroît même présentement qu'elle n'a pas grande envie d'y aller. Elle dit qu'elle doit beaucoup à Bayonne et qu'elle attend de l'argent de Madrid, sans quoi elle ne peut pas changer de demeure.

Mardi 5, à Versailles. — Le roi tint le conseil de finances à son ordinaire, et l'après-dînée il travailla chez lui avec M. de Chamillart. Le vilain temps ne lui a point permis de sortir ces jours ici. — M. le maréchal de Boufflers, qui est demeuré malade à Ypres, a déjà été saigné deux fois. Comme c'est un homme épuisé de fatigues, on craint qu'il ne puisse pas faire la campagne prochaine, et qu'ainsi cela n'apporte quelque changement aux dispositions qu'on avoit faites pour la Flandre. — Milord Marlborough est revenu à Bruxelles, et le prince Eugène est allé à Vienne. Il verra dans son chemin quelques princes d'Allemagne pour tâcher à les engager à augmenter leurs troupes cette année. Il compte d'être de retour en Flandre au mois de mars. — Le roi, qui veut bien traiter madame de Mantoue et qui lui a accordé un logement à Vincennes, ayant su par M. d'Antin que les logements bas de ce château n'étoient pas commodes, lui donne le logement haut qu'avoit feu Monsieur pendant que la cour y étoit.

Mercredi 6, à Marly. — Le roi tint le matin conseil d'État à son ordinaire, et aussitôt après son dîner il monta en carrosse pour venir ici, où il a amené beaucoup de courtisans gens de guerre. En arrivant ici il se promena dans les jardins jusqu'à la nuit, quoiqu'il fît encore un fort vilain temps. M. de Vendôme est ici, et comme il est sûr présentement qu'il ne servira pas cette année, il a donné ordre qu'on vendît tous ses équipages. — La santé de M. le prince de Conty va toujours de pis en pis, et les médecins ne croient pas qu'il puisse vivre jusqu'au mois de mars. — Depuis que l'affaire de la conversion des billets de monnoie en billets de banque est manquée, on perd presque le tiers sur les billets de monnoie quand on en veut avoir de l'argent. — M. d'Avaux est à l'extrémité. Il avoit toujours porté une canule depuis avoir été taillé ; on a laissé refermer sa plaie, et on n'ose la rouvrir, parce qu'il est fort foible.

Jeudi 7, à Marly. — Le roi se promena le matin et le soir dans ses jardins, où il fait planter depuis que le temps est un peu adouci. On a diminué ce voyage-ci une troisième table pour les dames, dans le salon où le roi mangeoit. On en a amené quelques-unes de moins qu'à l'ordinaire. — M. de Spinola fut avant-hier présenté à madame la duchesse de Bourgogne par le duc d'Albe, et il la salua comme grand d'Espagne. On ne doute plus présentement que M. de Donzy n'épouse sa fille et n'ait par là la grandesse, car il n'a point de garçon. Il n'y a je crois que deux grandesses en Espagne qui ne passent point aux filles et qui vont aux collatéraux, qui sont le duché de Frias, dans la maison du connétable de Castille, dont le nom est Velasco, et le duché de Ruiseco, dans la maison de l'amirante, dont le nom est Henriquez. — La goutte a pris ici si violemment à M. le Duc qu'il sera obligé de se faire porter demain à Versailles.

Vendredi 8, *à Marly.* — Le roi se promena le matin et l'après-dînée dans ses jardins. M. le Duc a été obligé de se faire porter à Versailles, et madame la Duchesse l'y a suivi. — M. le cardinal de Noailles avoit fait assembler M. le premier président, M. le procureur général, le prévôt des marchands et le lieutenant de la police, et après avoir consulté avec eux pour savoir s'il permettroit de manger de la viande ce carême, ils ont trouvé plus à propos de ne permettre que de manger des œufs, et même on ne l'a permis que jusqu'à la mi-carême. Il y a soixante ans qu'on permit dans la ville de Paris de manger de la viande, mais il n'y en a point d'exemple depuis dans ce diocèse-là. — La cour d'Angleterre viendra ici lundi, mais il n'y aura point de bal. Madame la duchesse du Maine, qui est allée à Sceaux, y en devoit donner, et la maladie de M. le prince de Conty l'en empêche.

Samedi 9, *à Marly.* — Le roi se promène tous les jours le matin et l'après-dînée. M. de Chamillart devoit venir travailler avec lui le soir, mais il a eu la fièvre depuis quelques jours, qui l'a empêché de venir. M. de Cagny, son fils, a travaillé en sa place. — On apprend par plusieurs jésuites qu'on a envoyé un ordre au P. Veillard, qui est à Avignon, de venir ici, et que le roi l'a choisi pour son confesseur. C'étoit un de ceux qui étoient sur le mémoire que le P. de la Chaise donna au roi des gens qui étoient les plus propres à remplir cette place. Il est provincial de la province de Lyon et recteur à Avignon.

Dimanche 10, *à Marly.* — Le roi tint le conseil d'État à son ordinaire. M. le chancelier et M. de Chamillart sont un peu malades tous deux, et le roi leur envoya dire qu'il les dispensoit de venir au conseil. Le roi se promena dans ses jardins l'après-dînée, et le soir travailla chez madame de Maintenon avec M. Pelletier. — M. d'Avaux mourut à

Paris*. Il avoit été ambassadeur plusieurs fois. Il avoit été prévôt des marchands et maître des cérémonies de l'ordre du Saint-Esprit, et quand il vendit cette charge au président de Mesmes, son neveu, le roi lui donna la permission de porter toujours l'Ordre. Il étoit conseiller d'État ordinaire, et avoit un assez beau logement à Versailles dans l'avant-cour.

* M. d'Avaux étoit un fort bel homme, qui avoit de l'honneur et des amis; ce nom lui avoit fait accroire qu'il étoit aussi propre aux négociations que son oncle, et contribua fort à l'y faire employer, et il faut avouer que ce ne fut point sans mérite et sans capacité, quoique fort au-dessous de l'autre. Il réussit assez bien à Venise, beaucoup mieux en Hollande, où il s'acquit une amitié et une considération personnelle qui soutint longtemps les affaires et qui les auroit fait réussir sans l'antipathie extrême du roi et du prince d'Orange. Ce fut d'Avaux qui donna les premiers avis du projet de ce prince d'envahir l'Angleterre; on se moqua de lui, et on aima mieux en croire Barillon, ambassadeur en Angleterre, et le croire jusqu'au bout. On en fut d'abord la dupe, mais d'Avaux opiniâtra et détailla si bien ses avis qu'on ne pouvoit bien raisonnablement se refuser au moins à d'assez fort soupçons, si l'on eût bien voulu y mettre ordre et rompre toutes les mesures par le siége de Maëstricht; mais Louvois, qui vouloit la guerre, se garda bien de l'arrêter tout court. Il fit en sorte qu'on se moquât de d'Avaux, et qu'on s'attachât à Philisbourg, et qu'il ne fût plus temps de barrer l'expédition d'Angleterre quand on ne put plus se refuser à l'évidence de l'entreprise. D'Avaux fut dans la suite employé en Irlande auprès du roi d'Angleterre; il n'avoit garde d'y réussir, ce prince et lui ne furent jamais d'accord, et les événements firent bien voir que d'Avaux avoit eu raison; mais une lourde méprise le perdit pour un temps. Il écrivoit à MM. de Louvois et de Croissy, à l'un sur ce qui regardoit les choses de la guerre, et à l'autre sur ce qui regardoit les négociations et le cabinet par rapport à l'intérieur de l'Irlande, aux intelligences d'Angleterre et à la conduite du roi d'Angleterre à cet égard. Nimègue, où il avoit été plénipotentiaire avec Croissy, les avoit liés ensemble; l'ambassade d'Hollande qu'il avoit eue l'avoit encore depuis rattaché à ce ministre, qui étoit par sa charge devenu le sien. Croissy étoit ennemi et malmené par Louvois, et d'Avaux lui écrivoit conformément à sa passion contre lui. Malheureusement le secrétaire se méprit aux enveloppes; Louvois reçut la lettre qui étoit pour Croissy, et Croissy la lettre écrite à Louvois. Celui-ci entra en une furieuse colère, dont Croissy lui-même fut embarrassé et d'Avaux perdu, qui n'eut d'autre parti à prendre qu'à demander son rappel, qui lui fut promptement accordé. Heureusement pour lui, Louvois ne fit que déchoir auprès du roi, et mourut au retour du siège de Mons; cela remit d'Avaux à flot, et on l'envoya en Suède; ce fut son dernier emploi. Sa santé ne l'empêcha pas d'en désirer encore, mais elle ne lui permit pas d'y pouvoir être employé. C'étoit un homme doux, galant, aimable dans le commerce, grand courtisan, qui vouloit toujours se mêler et paroître compter. Il conserva des amis et de la considération jusqu'à la fin; mais il se donna toute sa vie un étrange ridicule. Il avoit été maître des requêtes, et il étoit conseiller d'État de robe; ses fréquentes ambassades l'avoient accoutumé à l'épée et à se faire appeler le comte d'Avaux en pays étranger; dans ses divers retours en France il ne put se résoudre à se défaire de cette qualité de comte ni à reprendre l'habit de son état; il étoit donc à son regret vêtu de noir, avec un petit canif à son côté, et l'Ordre qu'il portoit par-dessus en écharpe comme en étant prévôt et maître des cérémonies lui contentoit l'imagination, en le faisant passer, à ceux qui ne le connoissoient pas, pour un chevalier de l'Ordre en deuil; il n'alloit à aucun des bureaux du conseil; mais au conseil il falloit bien en porter la robe et l'Ordre au col à son grand déplaisir. Cela faisoit un contraste avec Courtin et Amelot dans le même cas que lui, à l'Ordre près, qui de retour reprenoient leur habit à l'instant et toutes leurs fonctions du conseil. On en rioit assez souvent, et le roi le laissoit faire. Il ne se maria point et laissa peu de bien.

Lundi 11, *à Marly.* — Le roi se promena le matin et l'après-dînée dans ses jardins. Un peu avant sept heures la cour d'Angleterre arriva. Le roi mena d'abord la reine, le roi, son fils et la princesse chez madame de Maintenon, et ensuite il alla travailler chez lui avec M. Desmaretz. Monseigneur et madame la duchesse de Bourgogne menèrent le roi d'Angleterre et la princesse sa sœur jouer dans le salon jusqu'au souper, et la reine d'Angleterre demeura avec madame de Maintenon. On soupa à neuf heures et demie, et après le souper la cour d'Angleterre retourna à Saint-Germain. — Madame de Maubuisson mourut dans son couvent âgée de près de quatre-vingt-sept ans*. Elle étoit sœur de l'électeur palatin, père de Madame, et cousine germaine de feu Madame. Après que la cour d'Angleterre fut partie, le roi, Monseigneur, madame la duchesse de Bourgogne et toute la cour allèrent faire compliment à Madame, qui aimoit fort sa tante. La cour d'Angleterre y alla aussi avant de s'en retourner.

* La splendeur d'une haute naissance et la singularité d'un rare savoir furent des qualités dans madame de Maubuisson qui ne servirent que de lustre à d'autres bien plus excellentes et qui paroissent les moins compatibles avec celles-ci. Elle étoit fille de cet électeur palatin, Frédéric V, que l'ambition de la couronne de Bohême précipita dans la perte de sa dignité et de ses États, et d'une fille de Jacques Ier, roi de la Grande-Bretagne. Entre autres frères, elle en eut deux : l'aîné fut Charles-Louis, que la paix de Munster rétablit en 1648 dans ses États un peu écornés et au dernier rang des électeurs, au lieu du premier qu'avoit tenu son père et qui avoit passé au duc de Bavière ; ce prince fut père de Madame, deuxième femme de Philippe, frère de Louis XIV, et de Charles II, mort sans enfants en 1685, et dont l'électorat et les États passèrent à la branche de Neubourg. L'autre frère, parmi plusieurs autres, fut Édouard, prince palatin, mort catholique à Paris en 1663, qui d'Anne Gonzague, sœur de la reine de Pologne, laissa la princesse de Salm, madame la princesse dernière et la duchesse d'Hanovre, mère de la duchesse de Modène et de l'impératrice Amélie, veuve de l'empereur Joseph. Ainsi madame de Maubuisson étoit propre tante maternelle de Madame, de madame la Princesse et de leurs sœurs. Elle fut élevée à Port-Royal, d'où un détachement de religieuses alla réformer Maubuisson près Pontoise ; elle s'y fit religieuse, et en devint abbesse. Elle y vécut comme la plus simple religieuse, sans distinction en quoi que ce fût, sinon en régularité, en charité, en humilité, et fut le modèle des religieuses et des abbesses ; la première à tout et la plus ardente à servir toutes les religieuses, avec un esprit supérieur pour le gouvernement et une douceur insinuante qui la faisoit adorer. Madame de Chaulnes, abbesse de Poissy, qui étoit folle d'orgueil, comme sont la plupart des abbesses, fut priée d'être assistante à une bénédiction d'abbesse qui se devoit faire à Maubuisson, et ne s'y voulut pas engager qu'elle ne fût sûre que madame de Maubuisson lui donneroit la main. Il fallut donc pour lui mettre l'esprit en repos en parler à cette abbesse ; elle se mit à sourire : « Dites à madame de Poissy, répondit-elle, qu'elle n'aie point d'inquiétude, parce que, depuis que Dieu m'a fait la grâce de me faire religieuse, il m'a fait aussi celle d'avoir oublié parfaitement la différence de ma main droite et de ma main gauche, si ce n'est pour faire le signe de la croix. » Elle bannissoit, autant qu'il lui étoit possible, toutes sortes de commerces, n'étoit contente qu'au milieu de sa communauté, dont elle étoit adorée, ne sortit jamais, et n'étoit pas autre au parloir qu'avec ses religieuses, sans aucun souvenir de grandeur. Madame et madame la Princesse lui étoient fort attachées, et sa considération partout ne pouvoit être plus grande, même à la cour, quoiqu'elle n'y fût pas à la mode.

Mardi 12, *à Marly.* — Le roi ne tint point de conseil de finances à cause du mardi gras. Il se promena le matin et l'après-dînée dans ses jardins, et le soir, chez madame de Maintenon, il travailla avec M. de Chamillart, qui n'a plus de fièvre. — Le roi a donné la place de conseiller d'État ordinaire à M. d'Argouges de Rannes, qui étoit le plus ancien des conseillers d'État de semestre, et a donné la place de conseiller d'État de semestre à M. d'Orçay, qui étoit prévôt des marchands avant M. Bignon. Il est frère de feu madame de Montchevreuil. — Il n'y a point eu de bal ici ce carnaval ; on a un peu dansé aux chansons de petites danses, et madame la duchesse de Bourgogne n'a pas laissé de veiller jusqu'à cinq heures du matin ces deux dernières nuits-ci. Madame la duchesse de Bourgogne prendra le deuil dimanche pour madame de Maubuisson, qui étoit sa grande tante à la mode de Bretagne.

Mercredi 13, *à Marly.* — Le roi tint le conseil d'État à son ordinaire ; M. le chancelier et M. de Chamillart, qui sont guéris tous deux, y étoient. L'après-dînée le roi se promena dans ses jardins, et le soir, chez madame de Maintenon, il travailla avec M. le comte de Toulouse et M. de Pontchartrain, et fit le remplacement de la marine que voici :

Ordre de Saint-Louis.

M. le chevalier de Saujon, une pension de. . .	2,000 livres.
M. Duquesne-Monier, une pension de.	1,500
M. Drouard, une pension de.	1,000
M. de Perlan, une pension de.	1,000
M. Descoyeux, une pension de.	800
M. de Barentin, une pension de.	800

Pension sur la marine, de 1,000 *livres.*

M. de Pontac.   M. de la Varenne.

Capitaines à la haute paye.

M. de Mons.   M. Hurault de Villuisant.

Inspecteur des troupes de la marine.

M. de Beaucaire.

Capitaines de vaisseaux.

M. du Coudray.   M. le chevalier de Gondrin.
M. le marquis d'Arc.

Capitaines de frégates.

Les sieurs de Sorgues et de Chartrier.

Lieutenants.

Vallavoire.   Le chevalier de la Pommarède.
De Villiers.   Le comte de Duretal.
Beaussier de Zuiez.

Aide-major.

Le chevalier de Guertans.

Enseignes.

Fenis.   Laval-Taillade.
Pépin.   Bidache.
Chevalier du Bois de la Mothe.   Le chevalier de Rochechouart-
Bonnaire de Souligny.   Montpipeau.
Chevalier de Foligny Saint-   Le chevalier d'Estourmelle.
  Malo.

Sous-lieutenant d'artillerie.

Logivières.

Lieutenant de frégate légère.

Le Meyer.

Aide d'artillerie.

Foutmartin.

Jeudi 14, à *Marly*. — Le roi se promena le matin et l'après-dînée dans ses jardins. Monseigneur alla l'après-dînée avec madame la princesse de Conty à Saint-Germain, voir la cour d'Angleterre. — M. de Chamillart porta le matin au roi des lettres du maréchal de Boufflers, qui est en beaucoup meilleure santé ; madame la maréchale sa femme partit hier de Paris pour l'aller trouver. Il n'achèvera point de faire la tournée des places de Flandre, comme il l'avoit résolu, et reviendra ici tout droit dès que ses forces le lui permettront. — M. le duc d'Orléans a acheté la baronnie d'Argenton en Berry près de Bourges, et l'a fait ériger en comté. Il donne cette terre à mademoiselle de Sery, qui s'appellera la comtesse d'Argenton ; cette terre est d'un médiocre revenu, mais assez noble. Elle est enclavée dans les terres que ce prince a données au chevalier d'Orléans, son fils, et dont sa mère a la jouissance sa vie durant. — On mande de Rome que le cardinal Coloredo, grand pénitencier, y est mort. Il vaque présentement [sept] chapeaux dans le sacré collége. — Messeigneurs les ducs de Bourgogne et de Berry allèrent courre le cerf dans la forêt de Saint-Germain avec les chiens de M. le comte de Toulouse.

Vendredi 15, *à Marly*. — Le roi se promena le matin et l'après-dînée à Marly dans ses jardins, où il fait faire des allées nouvelles. Monseigneur voulut courre le loup, mais il ne s'en trouva point. — M. le prince de Conty est toujours fort mal. Il a fait venir un vieux médecin françois réfugié en Suisse qu'on prétend qui a un remède spécifique pour sa maladie, mais il est à craindre qu'il ne soit arrivé trop tard (1). — La paix du pape avec l'em-

---

(1) « L'apothicaire Trouillon est arrivé de Bâle chez M. de Puysieux ; il a vu monseigneur le prince de Conty et demandé vingt-quatre heures pour se déclarer sur son remède, ayant trouvé cette Altesse Sérénissime fort mal... Trouillon a reconnu, en examinant monseigneur le prince de Conty, que son mal est au foie, parce que touchant cette partie le pauvre prince a souffert beaucoup de douleur ; ainsi les médecins n'ont point connu son mal, dont le pronostic est plus mauvais que jamais. » (*Lettres de la marquise d'Huxelles* des 15 et 18 février.)

pereur est faite; on dit que la principale condition est que le pape reconnoîtra l'archiduc pour roi des Romains. Il y a quelques copies de ce traité-là, et je ne les ai point encore vues. Toutes les troupes de l'empereur sortiront de l'État ecclésiastique. On lèvera les blocus de Ferrare et du fort Urbin. Le pape exhorte les ambassadeurs de France et d'Espagne à ne point sortir de Rome.

Samedi 16, *à Versailles.* — Le roi se promena le matin et toute l'après-dînée à Marly, et n'en partit qu'à six heures pour venir ici, et en arrivant il travailla chez madame de Maintenon avec M. de Chamillart. Monseigneur partit de Marly après la messe du roi, et alla dîner à Meudon et revint ici le soir pour sa comédie. — Par les dernières lettres qu'on a de M. de Boufflers, il paroît qu'il se porte mieux; il étoit encore à Ypres. — Les lettres qu'on a d'Angleterre et de Hollande parlent beaucoup de paix. On en parle beaucoup à Paris et ici, mais nous ne savons rien qui puisse faire croire qu'il y ait un fondement solide à cette nouvelle. — On n'espère plus rien de la santé de M. le prince de Conty, et tous les médecins sont persuadés qu'il n'ira pas jusqu'à la fin du mois. Trouillon, qui est le médecin qu'on a fait venir de Suisse, n'en a pas meilleure opinion.

Dimanche 17, *à Versailles.* — Le roi tint le conseil d'État à son ordinaire, et l'après-dînée il entendit le sermon de M. l'abbé Anselme, qui prêche le carême. Le soir le roi travailla chez madame de Maintenon avec M. Pelletier. — Les nouvelles qui avoient couru du roi de Suède ne se sont pas trouvées véritables. On prétendoit qu'il avoit gagné une grande bataille contre les Moscovites, et les dernières lettres qu'on a reçues de ce pays-là n'en parlent point, non plus que de l'accommodement du grand général avec le roi Stanislas. — J'appris que dans le mois de septembre dernier le roi avoit donné à M. de Razilly un brevet de retenue de 100,000 francs sur sa charge de lieutenant général de Touraine. Il l'avoit achetée du vieux marquis d'Hervault; elle ne lui avoit coûté que 10,000 francs plus que le brevet de retenue qu'on lui a donné. Elle vaut plus de 8,000 livres de rente.

Lundi 18, *à Versailles.* — Le roi prit médecine et travailla l'après-dînée chez lui avec M. de Pontchartrain. Monseigneur alla à Meudon, d'où il ne reviendra que samedi. — M. le prince de Conty a fait son testament, et il commence à ne plus rien espérer lui-même. Les remèdes n'agissent plus. Madame la princesse de Conty, sa femme, a fait sortir de la maison un des médecins qui étoient auprès de lui, qui s'appelle Chauvin et qui est celui qui avoit le plus opiniâtré, avant qu'il tombât malade, pour qu'il continuât de prendre du lait, qui est ce qui a été la source de son mal. — M. le maréchal de Boufflers est beaucoup mieux. Il doit partir incessamment d'Ypres pour venir à Arras; on ne dit point encore quand il reviendra ici. — Le prince Eugène arriva à Vienne au commencement de ce mois; il doit revenir dans le mois de mars à Bruxelles, où milord Marlborough demeurera jusqu'à ce qu'il arrive.

Mardi 19, *à Versailles.* — Le roi tint le conseil de finances à son ordinaire. Il ne sortit point de tout le jour, entra après dîner chez madame de Maintenon et travailla avec M. de Chamillart. Monseigneur le duc de Bourgogne, madame la duchesse de Bourgogne et monseigneur le duc de Berry allèrent dîner à Meudon avec Monseigneur et revinrent ici pour le souper du roi. — Le roi envoie à Madrid, pour accoucher la reine d'Espagne, Clément et madame de la Salle, qu'il y avoit déjà fait aller quand elle accoucha du prince des Asturies. — M. le prince de Conty reçut tous ses sacrements et demanda lui-même l'extrême-onction, sentant bien que sa fin approchoit, et craignant que sa tête ne s'embarrassât, il a voulu profiter de la connoissance qui lui reste encore toute entière. M. le Duc partit hier d'ici, quoi qu'il fût encore fort incommodé; il est presque toujours auprès de lui, et madame la Princesse y passe les nuits.

Mercredi 20, *à Versailles*. — Le roi tint le conseil d'État à son ordinaire. L'après-dînée il alla au sermon; madame la duchesse de Bourgogne, qui est fort enrhumée, ne put l'y suivre. — M. le prince de Conty a chargé le maréchal d'Huxelles, dès qu'il seroit mort, de rendre à M. le Duc une lettre dont il l'a chargé, et qu'on croit qui est pour le prier de recommander au roi madame sa femme et M. le comte de la Marche, son fils, qui demeureront pauvres pour des gens de leur naissance. Mademoiselle de Conty, sa fille, et qu'il aimoit fort, est tombée malade assez considérablement, par être saisie de l'état où elle le voyoit. On croit qu'il lui a fait les avantages qu'il a pu dans son testament. — L'électeur de Bavière doit venir à la fin du mois à Compiègne, et peu de jours après il viendra ici voir le roi. — La province de Languedoc se rachète de la capitation pour en payer six années. Il y a beaucoup de villes dans le royaume qui s'en rachètent aussi par le même moyen.

Jeudi 21, *à Versailles*. — Le roi dîna de bonne heure, et s'alla promener à Marly, d'où il ne revint qu'à la nuit. Le roi a choisi pour son confesseur le P. le Tellier, jésuite, provincial de la province de Paris*. Il doit travailler dès demain avec lui, et c'est toujours le vendredi qu'il travaille avec son confesseur. — Il y a un peu de désertion dans nos troupes qui sont en garnison en Flandre, et on y a envoyé quelque argent, parce qu'il leur étoit dû quelques prêts. — M. le maréchal de Boufflers est arrivé à Arras.

* Le P. de la Chaise pressoit le roi, depuis quelques années, de prendre un confesseur. Il redoubla ses instances dans les derniers temps de sa vie, et lui donna par écrit les noms de cinq ou six jésuites qu'il croyoit les plus propres à lui succéder. Il lui dit alors que, quelque attachement qu'il eût à sa compagnie, c'étoit moins pour elle que par attachement à Sa Majesté qu'il la pressoit de ne lui pas ôter sa confiance pour la confession; que sa compagnie étoit incapable d'aucun mauvais projet et d'aucun esprit de vengeance; mais qu'elle étoit si nombreuse et composée de tant de différentes sortes d'esprits qu'il ne pouvoit répondre de tous, ni de l'effet du désespoir que pourroit produire sur eux l'affront de transférer son confessionnal à d'autres; qu'un malheureux coup étoit bientôt fait, qu'il en croyoit ses confrères tout à fait incapables, mais que de tels coups n'étoient pas sans exemples, et qu'il se croyoit obligé de lui donner le conseil le plus prudent. Le roi le prit, en effet, ce conseil salutaire; il y étoit déjà assez porté; mais ce qui est étonnant, c'est qu'il le conta à ses domestiques de confiance, et qu'on l'a su par Maréchal, son premier chirurgien, homme droit, sans cabale et incapable de mensonge. Il fut donc question de choisir un nouveau confesseur parmi ces bons pères; madame de Maintenon, qui ne les aimoit point, auroit bien voulu leur substituer un Sulpicien, ou faire charger Saint-Sulpice de choisir un jésuite; mais ne pouvant ni l'un ni l'autre de front, elle en fit donner la commission aux ducs de Chevreuse et de Beauvilliers, quoique depuis les affaires de madame Guyon elle ne les aimât guère, mais dans la confiance qu'eux-mêmes s'adresseroient à Saint-Sulpice pour ce choix; elle n'y fut pas trompée, et ce fut où ils allèrent tout droit. Saint-Sulpice montra en cette occasion si importante le même discernement que pour les évêques qu'il a donnés. Entre les candidats le P. le Tellier fut préféré, et le roi le prit sans connoissance quelconque, sur la parole des deux ducs qu'il en avoit chargés, comme ceux-ci à l'aveugle le présentèrent sur la foi de leurs amis de Saint-Sulpice. Le P. le Tellier avoit passé par les étamines et les premiers grades de sa compagnie: recteur, provincial, théologien, écrivain; c'étoit lui qui s'étoit chargé de soutenir le culte de Confucius et des cérémonies chinoises; il en avoit épousé la querelle, et avoit fait un livre là-dessus qui avoit été mis à l'*index*; il n'étoit pas moins fort sur le molinisme. C'étoit un homme qui eût fait peur au coin d'un bois, tant ses yeux de travers et sa physionomie étoit fausse et terrible; elle n'affichoit pas à faux, et l'on ne tarda pas à s'en apercevoir. Sa vie étoit dure comme son esprit, et cet esprit n'avoit qu'un objet modique, qui étoit l'intérêt de la société et son triomphe à la Chine et en Europe. Il avoit passé sa vie dans ces disputes, qu'il s'étoit naturalisées. Il étoit initié dans les plus horribles mystères de la politique des jésuites; il s'y étoit consacré corps et âme. Il n'avoit d'amis ni de liaisons même parmi eux qu'en ce genre, et suivant ce genre, il ne connoissoit point d'autre Dieu. Du reste, ignorant, grossier, insolent, impudent, impétueux, ne connoissant ni monde, ni mesure, ni ménagement, ni qui que ce fût; et depuis qu'il fut confesseur et qu'il eut eu des années à se reconnoître dans cette place, il lui échappoit des questions sur le monde, les affaires, les personnages principaux dont la profonde ignorance jetoit dans l'étonnement. Sa duplicité, sa fausseté, sa noirceur, sa profondeur étoient extrêmes, et en même temps une simplicité de bas convers de couvent qui venoit d'une extrême audace et d'une grossièreté qui donnoit de l'admiration. La première fois qu'il vint dans le cabinet du roi, Fagon, premier médecin, étoit rasé dans un coin, replié sur son bâton, seul auprès de Blouin. Il vit arriver le père, et son abord auprès du roi, qui après quelques propos lui demanda sur son nom s'il étoit parent de l'archevêque de Reims; à ce nom le père fit le plongeon et répondit qu'il étoit bien éloigné d'un tel honneur, et qu'il n'étoit que le fils d'un paysan et d'un pauvre fermier de Basse-Normandie. Fagon à ce mot, qui de dessous son épaisse perruque l'examinoit fixement, tourna lentement sa tête de l'autre côté et l'élevant vers Blouin : « Monsieur, lui dit-il en lui faisant signe des yeux et s'écriant tout bas, quel sacré b...... » L'apophthegme fut juste et correct, et l'expérience fit voir que ce jugement étoit exact et n'eut rien de trop.

Vendredi 22, à Versailles. — Le roi fut enfermé plus d'une heure avec son nouveau confesseur. — M. le prince de Conty mourut le matin à Paris après une longue maladie*. Il n'avoit ni charge ni gouvernement. C'étoit un prince d'un mérite fort rare, et universellement regretté. Il n'avoit pas encore quarante-cinq ans. Il laisse d'enfants M. le comte de la Marche, mademoiselle de Conty et mademoiselle de la Roche-sur-Yon. Le roi lui donnoit une pension de 30,000 écus. M. le Duc revint le soir de Paris, et parla au roi pour lui recommander madame la princesse de Conty, sa veuve, et ses enfants, et le roi lui répondit de manière à lui faire espérer qu'il répandra bientôt ses grâces sur eux. — La Bazec, aide de camp du maréchal de Boufflers, arriva d'Arras, où il a laissé ce maréchal. Le bruit se répandit qu'il apportoit des nouvelles dont on étoit content, et le roi donne à la Bazec un brevet de colonel.

* On a plus d'une fois parlé de M. le prince de Conty dans ces Mémoires; on ne laissera pas de hasarder quelque répétition pour mettre un tout ensemble. Sa figure avoit été charmante, et jusqu'aux défauts de son corps et de son esprit avoient une grâce infinie ; ses épaules trop hautes, une tête un peu penchée de côté, un rire qui auroit tenu du braire à un autre, une distraction étrange, non-seulement galant avec toutes les femmes et amoureux de plusieurs, mais coquet avec tous les hommes, et prenant à tâche de plaire au cordonnier, au laquais, au porteur de chaise, comme au ministre et au général d'armée, et cela si naturellement que le succès en étoit certain. Il étoit aussi les délices de la cour, du monde et des armées, l'idole des soldats, la divinité du peuple, le héros des officiers. Il étoit encore l'espérance de ce qu'il y avoit de plus distingué à la cour, le favori du parlement, l'admiration de la Sorbonne et des académies, l'ami avec discernement des savants de tous genres et des évêques les plus illustres; M. l'évêque de Meaux, Bossuet, qui l'avoit vu élever auprès de Monseigneur, et le duc de Montauzier l'avoient toujours aimé avec la dernière tendresse, et lui eux avec confiance. Il étoit intime des ducs de Chevreuse et de Beauvilliers, des cardinaux d'Estrées et de Janson, de Fénelon, archevêque de Cambray; il ne l'étoit pas moins des premiers généraux d'armée. M. le Prince *le Héros* ne se cacha jamais d'une prédilection pour lui au-dessus de tous ses enfants; il fut toujours le cœur et le confident de M. de Luxembourg, et chez lui le futile, l'agréable, l'utile, le savant, tout étoit distinct et en place. Il avoit des amis, les savoit choisir et cultiver, se mettre à leur niveau, les visiter, vivre avec eux sans hauteur et sans bassesse; il avoit aussi des amies indépendamment d'amour. Il en fut accusé de plus d'une sorte, et c'étoit un de ses prétendus rapports avec César. Il étoit doux, mesuré, extrêmement poli, mais d'une politesse distinguée selon le rang, l'âge, le mérite, ne déroboit rien à personne, et rendoit tout ce que les princes du sang et doivent et ne rendent plus, et savoit, outre beaucoup de science, l'histoire avec justesse, et plaçoit avec un art caché ce qu'il pouvoit de plus obligeant; l'esprit brillant, gai, vif, des reparties plaisantes et jamais blessantes, et avec toute la futilité du monde, de la cour, et des femmes, l'esprit solide, et infiniment sensé; la valeur des héros, leur maintien à la guerre, leur simplicité, les marques de leurs talents pouvoient passer pour les derniers coups de pinceau de son portrait. Mais il avoit comme tous les hommes une contre-partie. Il étoit bas courtisan, quoi qu'en se respectant. Il ménageoit tout, et montroit trop qu'il sentoit ses besoins en tous genres de choses et d'hommes. Il étoit avide de bien et avare, même injuste et ardent. Le contraste de ses voyages de Pologne et de Neufchâtel ne lui fit pas honneur; ses procès avec madame de Nemours et sa manière de les suivre ne lui en fit pas davantage, et encore moins sa basse complaisance pour la personne et le rang des bâtards, qu'il ne pouvoit souffrir, et pour tous ceux dont il pouvoit avoir besoin, toutefois avec plus de réserve sans comparaison que M. le Prince. Le roi étoit visiblement peiné de la considération qu'il ne pouvoit lui refuser, et qu'il étoit exact à n'outrepasser pas d'une ligne. Il ne lui avoit jamais pu pardonner son voyage d'Hongrie; les lettres interceptées qui lui avoient été écrites et qui avoient perdu les écrivains, quoique fils de ses favoris, avoient allumé une haine dans madame de Maintenon et une indignation dans le roi que rien n'avoit pu effacer. Les vertus, les agréments, la réputation, l'amour général pour ce prince lui étoient devenus des crimes; le contraste de M. du Maine excitoit un dépit journalier dans sa gouvernante et dans son tendre père, qui leur échappoit malgré eux; enfin la pureté de son sang, le seul qui ne fût point mêlé avec la bâtardise, étoit un autre démérite qui se faisoit sentir à tous moments. Jusqu'aux amis du prince de Conty étoient odieux et le sentoient, et malgré la crainte servile de la cour, on aimoit à s'approcher de ce prince, et on y étoit flatté d'y avoir un accès familier. Le monde le plus choisi le couroit jusque dans le salon de Marly, où il tenoit des conversations charmantes de toutes sortes de choses et de matières, à mesure qu'elles se présentoient, où jeunes et vieux trouvoient leur instruction et leur plaisir par l'agrément et la netteté de sa mémoire, et en oublioient quelquefois leur repas; le roi en étoit piqué, on le savoit, et toutefois on ne pouvoit s'en déprendre. Jamais homme n'eut tant d'art caché sous une simplicité si naïve; tout en lui couloit de source, rien ne lui coûtoit; on n'ignoroit pas qu'il n'aimoit rien, on le lui pardonnoit et on l'aimoit. Monseigneur, auprès duquel il avoit été élevé, conservoit pour lui autant de distinction qu'il en étoit capable, mais il n'en avoit pas moins pour M. de Vendôme. L'intérieur de sa cour étoit partagé entre eux; le roi portoit en tout M. de Vendôme; la rivalité étoit grande entre M. le prince de Conty et lui, on en a vu quelques éclats de l'insolence du grand prieur. L'aîné fut plus sage, et travailloit mieux en dessous; son élévation rapide à l'aide de M. du Maine, et surtout le commandement des armées, mit le comble entre eux, sans toutefois rompre les bienséances. Monseigneur le duc de Bourgogne étoit élevé de mains favorables au prince de Conty, qui étoit fort mesuré avec lui au dehors, mais la liaison d'estime et d'amitié intérieure étoit solidement établie et entretenue. Ils avoient mêmes ennemis, mêmes jaloux, et l'union étoit intime sous un extérieur uni. M. le duc d'Orléans et lui n'avoient jamais pu compatir ensemble; l'extrême supériorité de rang avoit blessé les princes du sang; M. le prince de Conty s'étoit laissé entraîner aux autres, lui et M. le Duc l'avoient un peu traité en petit garçon à sa première campagne, et l'autre ne l'avoit pu oublier. La jalousie d'esprit, de valeur, de savoir les écarta encore davantage, et M. le duc d'Orléans, qui ne savoit pas se rassembler le monde, ne pouvoit se défaire du dépit de le voir bourdonner autour du prince de Conty. Un amour domestique acheva de l'outrer. Conty charma qui, sans être cruelle (1), ne fut jamais prise que pour lui;

---

(1) Saint-Simon a recopié cette phrase dans ses Mémoires sans la corriger. On lit dans l'édition publiée par M. Chéruel : « Conti charma une [personne]

c'est ce qui ternit sur la Pologne. Ce même amour n'a fini qu'avec lui ; il dura longtemps après lui dans l'objet qui l'avoit fait naître, et peut-être y dure-t-il encore au fond d'un cœur qui n'a pas laissé de s'abandonner ailleurs. M. le Prince ne pouvoit s'empêcher d'aimer son gendre, qui lui rendoit de grands devoirs, et malgré de grandes raisons domestiques son goût et son penchant l'entraînoient vers lui ; ce n'étoit pas sans nuages. L'estime venoit au secours du goût, et triomphoit presque toujours de dépit ; ce gendre étoit toute la consolation de madame la Princesse et son cœur ; il vivoit avec une considération infinie pour sa femme et même avec amitié, non sans en être souvent importuné de ses humeurs, de ses caprices, de ses jalousies. Il glissoit sur tout cela, et n'étoit pas beaucoup avec elle. Pour son fils, tout jeune qu'il étoit, il ne le pouvoit souffrir et le marquoit trop dans son domestique. Son discernement le lui présentoit par avance tel qu'il devoit paroître un jour, et il eût mieux aimé n'en avoir point ; sa fille, morte duchesse de Bourbon, étoit toute sa tendresse. Pour M. le Duc et lui, ils étoient le fléau l'un de l'autre ; on a pu deviner que cela n'étoit pas surprenant, et d'autant plus fléau réciproque que l'âge et la parité du rang, la proximité redoublée, tout avoit beaucoup contribué à les faire vivre ensemble à l'armée, à la cour, presque toujours dans les mêmes lieux, et quelquefois même dans Paris. Outre les raisons intimes, jamais deux hommes ne furent plus opposés ; la jalousie de M. le Duc étoit une sorte de rage qu'il ne pouvoit cacher des applaudissements, de l'amour, de la réputation qui environnoient son beau-frère et qui le piquoient d'autant plus vivement que le prince de Conty couloit tout avec lui, et l'accabloit de devoirs et de prévenances. Pour M. du Maine, il n'y avoit que la plus nécessaire bienséance, ni avec madame du Maine et avec peu de contrainte d'ailleurs ; le prince de Conty en savoit et en sentoit trop pour ne pas s'accorder quelque liberté là-dessus, qui lui étoit d'autant plus douce qu'elle étoit applaudie, et quelque courtisan qu'il fût il lui étoit difficile de se refuser toujours de toucher par un endroit sensible ce qu'on n'osoit relever. Il n'avoit jamais pu se réconcilier le roi, quelques soins, quelques humiliations, quelque art, quelque persévérance qu'il y eût employés, et c'est de cette haine qu'il mourut, désespéré de ne pouvoir atteindre à quoi que ce fût, et moins encore au commandement des armées. Il chercha à noyer son amertume dans les plaisirs ; son corps, qui n'étoit pas fait pour eux et que

---

qui, sans être cruelle. » Cette double réticence est d'autant plus singulière qu'en 1697, lors de l'élection du prince de Conty au trône de Pologne, Saint-Simon dit en toutes lettres : « Qui fut à plaindre ? ce fut madame la Duchesse. Elle aimoit, elle étoit aimée, elle ne pouvoit douter qu'elle ne le fût plus que l'éclat d'une couronne. »

ceux de la jeunesse avoient déjà altéré, ne put soutenir ce qu'il lui présentoit ; la goutte l'accabla. Privé des plaisirs et livré aux douleurs de l'esprit, assujetti au régime, il se mina et il ne vit de retour que pour l'accabler davantage. La triste campagne de Lille vainquit enfin le roi durant son cours. Après que Chamillart eut vaincu la répugnance de madame de Maintenon par le tableau de l'état présent des affaires, il fut résolu de mettre le prince de Conty à la tête de l'armée de Flandre, comme une dernière et nécessaire ressource; Chamillart lui en porta la nouvelle. Le prince tressaillit de joie ; mais il savoit en même temps combien peu il avoit à compter sur sa santé; elle ne tarda pas à lui en faire sentir les funestes marques, et il périt lentement dans les regrets d'avoir été conduit à la mort par la disgrâce, et de ne pouvoir être ressuscité par le retour du roi et par l'ouverture d'une si brillante carrière. Le P. de la Tour, général de l'Oratoire, fut celui qu'il choisit pour lui aider à bien mourir ; il tenoit tant à la vie et venoit d'y être si fortement rattaché qu'il eut besoin du plus grand courage. Trois mois durant, la foule remplit toute sa maison et le peuple la grande place qui y mène ; les églises retentissoient des vœux de tous, et des plus obscurs comme des plus connus. Il reçut plus d'une fois les sacrements avec une grande piété, et il mourut parlant au milieu de quelques gens de bien qu'il ne vouloit pas qui l'abandonnassent, et comptant dans son fauteuil les moments qu'il avoit encore à vivre. Les regrets furent universels, et sa mémoire est encore chère. Le roi s'en sentit fort soulagé et M. le Duc bien davantage. Paris ni même la cour ne pardonnèrent point à Monseigneur d'être venu à l'opéra un jour qu'on porta le saint sacrement au prince. Il fut presque en tout fort semblable à Germanicus ; il eût peut-être été moins grand par l'effet qu'il ne le démeura par l'espérance ; avec une grande valeur de cœur, il n'avoit pas toute la fermeté d'esprit. Il eût peut-être été timide à la tête d'un conseil et d'une grande armée.

Samedi 23, à Versailles. — Le roi tint le conseil de finances à son ordinaire et alla l'après-dînée se promener à Trianon, et le soir il travailla avec M. de Chamillart chez madame de Maintenon. — Le roi a donné 20,000 écus de pension à madame la princesse de Conty et 10,000 à M. le comte de la Marche, son fils, qui s'appellera présentement le prince de Conty. Il ne restoit à madame la princesse de Conty que 50,000 livres de rente, savoir : 25,000 de son douaire et 25,000 que M. le Prince, son père, lui avoit donnés en la mariant. M. le comte de la Marche avoit déjà 40,000 francs de pension, ainsi il en a 70,000 présentement. M. le prince de Conty, par son testament, donne 500,000 francs et 10,000 francs de pension à chacune des deux princesses, ses filles. — Monseigneur revint le soir de Meudon, et il y eut comédie ; il n'y en a jamais ici quand il n'y est pas. — On a reçu des lettres du maréchal de Tessé du 2. Il est encore à Rome et n'étoit pas encore guéri de l'opération qu'on lui a faite; mais il espéroit en pouvoir partir dans peu de jours et arriver ici à Pâques.

Dimanche 24, à Versailles. — Le roi tint le conseil d'État et entendit le sermon l'après-dînée, après quoi il alla chez madame la Duchesse, chez madame la princesse de Conty la grande et chez madame du Maine. Madame la duchesse de Bourgogne suivit le roi au sermon et alla ensuite faire les visites qu'il avoit faites. Le roi prendra demain le deuil de M. le prince de Conty. Le roi travailla le soir avec M. Pelletier chez madame de Maintenon. — Il arriva un courrier, au soir, de M. de Boufflers. Il paroît qu'on n'est pas si content des nouvelles qu'il a apportées que de celles qu'on avoit eues vendredi. — Le roi a réglé que M. le duc d'Enghien iroit mercredi donner de l'eau bénite pour lui au corps de M. le prince de Conty. M. de la Trémoille l'accompagnera, et le marquis de Hautefort portera la queue de sa robe de deuil. J'en marquerai mercredi la cérémonie ; on en fait toujours une pareille à la mort des princes du sang. — On apprend par les lettres qu'on a reçues de Madrid que la princesse des Ursins avoit pensé mourir d'une colique violente qu'on appelle ordinairement une colique de Poitou, mais qu'elle étoit hors de danger.

Lundi 25, à Versailles. — Le roi tint le conseil de dépêches qu'il n'avoit pas tenu depuis quelques semaines, et avant que d'y entrer il fut assez longtemps enfermé avec le maréchal d'Harcourt. Il lui donna encore une audience en sortant de table et puis il travailla avec M. de

Pontchartrain. Les deux audiences du maréchal d'Harcourt dans le même jour font raisonner les courtisans. M. de Chamillart travailla le soir avec le roi chez madame de Maintenon. — On croit que le maréchal d'Harcourt commandera cette année une armée, mais on ne sait pas encore laquelle et rien ne sera public là-dessus que quand M. le maréchal de Boufflers sera arrivé. On l'attend ici à la fin de la semaine. Sa santé est un peu meilleure, mais il est hors d'état de pouvoir faire la campagne. — L'abbé de la Boulidière est mort. Il avoit été aumônier de la reine et puis de madame la duchesse de Bourgogne. Il étoit trésorier de la Sainte-Chapelle de Bourges, et ce bénéfice vaut, dit-on, 4 à 5,000 livres de rente. — Le roi a pris le deuil en noir de M. le prince de Conty et le portera quinze jours.

Mardi 26, *à Versailles.* — Le roi tint le conseil de finances à son ordinaire. Il alla se promener à Trianon l'après-dînée, et le soir il travailla avec M. de Chamillart chez madame de Maintenon. — Rodemaker, mestre de camp de cavalerie, est mort. Le roi a donné son régiment à Lessar, très-ancien officier. — Le bruit se répand fort que Monseigneur ira commander l'armée de Flandre; cependant les bruits de paix continuent, et toutes les nouvelles qu'on a de Vienne, d'Angleterre et de Hollande en parlent, comme si elle étoit fort avancée. — Milord Marlborough est encore à la Haye, et on compte que le prince Eugène y viendra à son retour de Vienne. — Le parlement d'Angleterre a fait une adresse à la reine Anne par laquelle toute la nation la supplie de ne se laisser pas aller à la douleur que lui cause la mort du prince George, son mari, et l'exhorte fort à songer à un second mariage. Il paroît que les Anglois sont mécontents du roi de Portugal d'avoir fait une convention avec les Espagnols par laquelle les paysans des deux royaumes pourront continuer à cultiver leurs terres sans que les troupes de part et d'autre les troublent et les inquiètent.

Mercredi 27, à Versailles. — Le roi tint le conseil d'État à l'ordinaire, entendit l'après-dînée le sermon, où madame la duchesse de Bourgogne ne put l'accompagner, parce qu'elle est fort enrhumée. — M. le duc d'Enghien alla à Paris jeter de l'eau bénite sur le corps de M. le prince de Conty, accompagné du duc de la Trémoille. Le marquis de Hautefort portoit la queue de sa robe de deuil. Il étoit suivi de M. Desgranges, maître des cérémonies. M. le duc d'Enghien étoit allé descendre aux Tuileries et là étoit monté dans un carrosse du roi. Douze gardes de S. M. et quelques-uns des Cent-Suisses le suivoient. Il fut reçu à l'hôtel de Conty par M. le Duc, accompagné des ducs de Luxembourg et de Duras, et on lui rendit les mêmes honneurs qu'à la personne même du roi. Cette cérémonie-là se fait toujours à la mort des princes du sang. Son corps demeurera exposé encore quelques jours, et puis on le portera à Saint-André-des-Arts, sa paroisse, où il a voulu par son testament être enterré auprès du corps de madame la princesse de Conty, sa mère. — Le duc de Noailles fit faire un service magnifique à Paris, dans l'église des Feuillants, pour le maréchal son père, et le P. de la Rue en fit l'oraison funèbre.

Jeudi 28, à Versailles. — Le roi dîna de bonne heure et alla se promener à Marly, d'où il ne revint qu'à la nuit. M. le Duc, M. le duc d'Enghien, M. le duc du Maine et M. le comte de Toulouse allèrent donner de l'eau bénite au corps de M. le prince de Conty. Le parlement, la chambre des comptes, la cour des aides et la cour des monnoies y allèrent aussi. — Par les dernières nouvelles qu'on a de Rome, la plaie du maréchal de Tessé n'étoit pas entièrement refermée; c'est ce qui l'avoit empêché d'en repartir. Il a écrit une seconde lettre au pape encore plus forte que la première. Il mande ici qu'il espère pouvoir sortir de Rome avant le 20 du mois qui vient. Les Allemands continuent à faire de grands désordres dans l'Etat ecclésiastique, sans avoir égard à la paix conclue entre l'empereur et le pape. On assure même qu'ils ont pillé la ville de Rimini et plusieurs autres petites villes. On ne sait point bien encore les conditions de cette paix. — M. le duc d'Orléans a fait Longepierre sous-gouverneur de M. le duc de Chartres. Il ne fait point de ces choix-là sans l'agrément du roi. On n'a point encore nommé le gouverneur de ce prince.

Vendredi 1er mars, à Versailles. — Le roi entendit le sermon et puis alla se promener à Trianon. Il croyoit travailler le matin avec le P. le Tellier, son nouveau confesseur ; mais la fièvre a retenu le révérend Père à Paris. — On attend après-demain ici le maréchal de Boufflers, et dès qu'il sera arrivé on croit que le roi nommera ceux qui doivent commander ses armées. — Une flotte hollandoise de cent navires marchands, convoyée par huit vaisseaux de guerre, a été battue d'une rude tempête sur les côtes de Norwége, et plusieurs de ces bâtiments ont péri. — On parle toujours fort de paix et on assure que le président Rouillé est chargé de quelques propositions qui tendent à la conclusion, et qu'il doit partir incessamment.

Samedi 2, à Versailles. — Le roi tint le conseil de finances à son ordinaire et travailla le soir avec M. de Chamillart chez madame de Maintenon. — Le marquis de Nesle, capitaine-lieutenant des gendarmes écossois, épouse mademoiselle de la Meilleraye, à qui le père promet 500,000 francs, savoir : 100,000 écus présentement, dont on ne lui payera que la rente, et 200,000 francs après la mort du père et de la mère, qui seront pris sur les biens libres du duc de Mazarin. On avoit cru que le marquis de Nesle épouseroit mademoiselle de Mailly, sa cousine germaine; mais la vieille madame de Mailly, leur grand'mère à tous deux, n'a point voulu ce mariage ; elle donne 30,000 livres de rente au marquis de Nesle. — Le maréchal de Boufflers est arrivé ce soir à Paris, et nous le verrons demain au lever du roi.

Dimanche 3, à Versailles. — Le roi, après son lever, entretint assez longtemps le maréchal de Boufflers avant qu'd'aller à la messe. Après la messe il tint le conseil d'État à son ordinaire. L'après-dînée il entendit le sermon et ensuite il donna encore une longue audience au maréchal de Boufflers et puis au maréchal de Villars, après quoi il travailla avec M. de Chamillart, qui vint, après avoir travaillé avec le roi, trouver Monseigneur, qui étoit chez madame la Duchesse, et lui dit que le roi avoit déclaré qu'il iroit cette année commander l'armée de Flandre et qu'il auroit sous lui le maréchal de Villars. Monseigneur savoit ce secret-là il y avoit déjà quelque temps, mais il est aussi impénétrable sur les secrets que le roi. Monseigneur le duc de Bourgogne ira commander l'armée d'Allemagne et aura sous lui le maréchal d'Harcourt. Monseigneur le duc de Berry suivra Monseigneur son père et servira volontaire comme la campagne dernière. M. le duc d'Orléans commandera l'armée d'Espagne comme l'année passée, et M. le maréchal de Berwick commandera l'armée du Dauphiné.

Lundi 4, à Versailles. — Le roi dîna de bonne heure et alla se promener à Marly, d'où il ne revint qu'à la nuit. Il travailla le soir avec M. de Pontchartrain chez madame de Maintenon (1). M. de Chamillart alla l'après-dînée à Saint-Germain apprendre au roi d'Angleterre la disposition des armées. S. M. B. veut servir volontaire en Flandre dans l'armée de Monseigneur, sous le nom de chevalier de Saint-Georges, comme l'année passée. On ne dit point encore ce que fera l'électeur de Bavière. — Le duc de Berwick a demandé au roi que Cilly, lieutenant général qui servoit les années passées en Espagne, pour qui il a beaucoup d'estime et d'amitié, serve cette année en Dauphiné avec lui, et le roi le lui a accordé. Cilly, qui est ici depuis quelques temps, avoit fort prié le duc de Berwick qu'il pût servir sous lui.

---

(1) « Nous avons le dégel depuis hier; tout le monde s'en réjouit, et parti-

Mardi 5, *à Versailles*. — Le roi tint le conseil de finances à son ordinaire et travailla le soir avec M. de Chamillart chez madame de Maintenon. Il a donné plusieurs audiences ces jours-ci aux généraux qui vont commander ses armées. Monseigneur a été souvent enfermé avec le maréchal de Villars, et monseigneur le duc de Bourgogne avec le maréchal d'Harcourt. Le maréchal de Villars partira dans peu de jours pour la Flandre. — Les évêques ou archevêques qui sont à Paris s'assemblèrent après la mort de M. le prince de Conty et députèrent huit d'entre eux pour aller donner de l'eau bénite au corps de M. le prince de Conty le même jour que M. le duc d'Enghien y alla de la part du roi. M. le cardinal de Noailles y a été aussi depuis, à la tête du clergé de sa cathédrale. — M. le président Rouillé a reçu des passe-ports de Hollande pour aller en ce pays-là, où l'on croit que les négociations pour la paix pourront avoir une conclusion prompte et heureuse. On parle déjà qu'il y pourra avoir une cessation d'hostilités avant le mois de mai.

Mercredi 6, *à Versailles*. — Le roi tint le conseil d'État à son ordinaire, et comme il étoit prêt de se mettre à table pour dîner, il sentit quelques mouvements de coliques assez violents. Il renvoya son dîner et se mit au lit; il prit quelques remèdes, qui le soulagèrent fort. Il garda sa chambre tout le jour. Monseigneur alla à Saint-Germain avec madame la Duchesse, madame la princesse de Conty et madame du Maine; ils en revinrent de fort bonne heure et trouvèrent le roi presque sans douleur. Monseigneur le duc de Bourgogne, madame la duchesse de Bourgogne et monseigneur le duc de Berry passèrent presque toute l'après-dînée avec le roi, et sur le soir le roi

---

culièrement la halle, dont les harengères, une d'entre elles chargée de la parole, s'étoient mises en marche pour aller demander le rabais du pain au roi; mais elles furent arrêtées au pont de Sève par les troupes de M. d'Argenson, qui les firent revenir. » (*Lettre de la marquise d'Huxelles*, du 4 mars.)

y fit venir madame de Maintenon, qui ne se portoit pas trop bien. Le roi soupa en robe de chambre, où les courtisans entrèrent comme à son dîner, et se coucha un peu de meilleure heure qu'à l'ordinaire, et ne souffroit plus du tout en se couchant. — Le corps de M. le prince de Conty fut porté à Saint-André des Arts, sa paroisse, et fut enterré auprès du corps de madame la princesse de Conty, sa mère *. — M. le président Rouillé partit le soir de Paris; cependant on fait encore un peu de mystère de son départ.

* M. le prince de Conty avoit conservé une extrême vénération pour madame sa mère, dont la vertu et la piété ont toujours été au plus haut point, et en même temps très-aimable, et il voulut être enterré auprès d'elle. Ses enfants étant tout petits chez elle à Paris, déjà veuve, elle appela en pleine nuit, elle et sa maison déjà couchée, et ordonna qu'on lui apportât ses enfants; cela surprit fort ses gens, qui lui représentèrent ce qui se pouvoit sur un ordre si bizarre, qu'ils dormoient, qu'on les enrhumeroit, et qu'il n'y avoit point de cause ni de raison, etc. Elle persista, et comme on tardoit, elle rappela encore et réitéra son ordre si fermement qu'elle fut obéie. A peine ses enfants étoient-ils dans sa chambre, que celle où ils couchoient tous deux et d'où on les avoit apportés fondit tout entière sans que personne se fût aperçu qu'elle menaçât en rien. M. le prince de Conty se souvenoit toujours de cela avec admiration pour madame sa mère, qui ne voulut jamais dire qui l'avoit obligée à envoyer querir ainsi ses enfants.

Jeudi 7, à Versailles. — Le roi passa la nuit sans aucune douleur, dormit fort tranquillement, dîna de bonne heure, alla se promener à Marly, où il fait beaucoup planter, et en revint à l'heure ordinaire sans s'être ressenti de son mal de hier. Messeigneurs les ducs de Bourgogne et de Berry coururent le cerf dans la forêt de Saint-Germain avec les chiens de M. le comte de Toulouse. —Milord Marlborough a envoyé au comte de Tallard son acte de liberté sans être échangé. Il avoit été pris à la bataille de Ramillies n'étant que mousquetaire. Il est présentement colonel d'un petit vieux corps qui étoit en Flandre et qui marche en Allemagne pour servir dans l'armée de monseigneur le duc de Bourgogne. — M. de Ligondez, qui a été brigadier de cavalerie, est mort chez lui en Auvergne. Il étoit lieutenant général de Saintonge et d'Angoumois et avoit quelques pensions du roi. Sa lieutenance générale vaut 5 à 6,000 francs, et on avoit diminué les appointements de la lieutenance générale de la Marche pour augmenter les appointements de celle-là.

Vendredi 8, à Versailles. — Le roi travailla le matin avec le P. le Tellier, son nouveau confesseur; l'après-dînée il alla au sermon. — M. le marquis de Janson [*], enseigne des mousquetaires, qui est malade depuis longtemps sans espérance de pouvoir se rétablir, a obtenu du roi la permission de vendre cette charge, dont il aura au moins 25,000 écus. — M. de Balincourt, capitaine des chasses de la plaine de Billancourt, qui avoit acheté cette charge du feu baron de Beauvais, la revend présentement au baron de Beauvais, fils de celui de qui il l'avoit achetée. — Monseigneur le Dauphin et madame la duchesse de Bourgogne, après la messe, tinrent sur les fonts le fils de M. de Gondrin, qui a plus d'un an. — On mande d'Allemagne que le prince de Hesse-Cassel songe à épouser la reine Anne et que milord Marlborough est fort dans ses intérêts et que c'est même lui qui lui a donné cette vue-là, le voulant servir de tout son crédit et de celui de sa femme, qui sont grands auprès de cette reine.

* Ce Janson-là étoit un homme fort bien fait, estimé et riche, neveu du cardinal de Janson. Il étoit dans la dévotion depuis du temps, qui croissoit en lui sans cesse. Il se retira en Provence, où il bâtit un fort beau château; appliqué du reste à toutes sortes de bonnes œuvres. Ce château fini, il s'y trouva trop bien; et d'ailleurs trop détourné des visites, il se retira à un demi quart de lieue chez des Minimes fondés par les seigneurs de cette terre. Il y vécut près de vingt ans comme eux, toujours au chœur jour et nuit, et au réfectoire comme eux, peu au jardin, toujours à lire ou à prier dans sa chambre, et ne voulant voir qui que ce soit, que de pauvres gens qu'il alloit quelquefois assister. Il s'étoit réservé assez peu qu'il donnoit presque tout en aumônes, et souffroit avec une admirable patience l'ingratitude

et la grossièreté de ces Minimes, qui en usoient mal avec lui. Il en sortit quelques temps courts, à deux ou trois reprises, par des nécessités domestiques ; toujours gai, mais aussi modeste et aussi retiré à Aix et à Arles, dont il vit son frère archevêque, que dans son couvent, où il mourut saintement (1) après de longues épreuves.

Samedi 9, à Versailles. — Le roi tint le conseil de finances, alla l'après-dînée se promener à Trianon et travailla le soir avec M. de Chamillart chez madame de Maintenon. Monseigneur alla dîner à Meudon, d'où il ne reviendra que vendredi. — On croyoit que les officiers généraux des armées seroient nommés aujourd'hui, mais cela est remis à mercredi, à ce qu'on croit. — Depuis la mort de madame de Montgon, dame du palais, le roi avoit laissé par prêt à M. de Montgon, son mari, le logement qu'elle avoit ici dans le corps du château et lui avoit fait espérer, en lui ôtant cet appartement, qu'il lui en donneroit quelque autre. Il y en a eu un de vacant dans la cour des secrétaires d'État par la mort de M. d'Avaux, et le roi l'a donné à M. de Montgon et a donné celui qu'il occupoit à madame de Courcillon, ma belle-fille. Le roi eut la bonté de nous envoyer hier M. Blouin pour nous l'apprendre. Nous n'aurions osé le demander, quelque plaisir que cela nous fît et quoique cela nous convînt tout à fait ; mais pendant que M. de Montgon l'occupoit nous ne croyions pas qu'il fût honnête de le demander.

Dimanche 10, à Versailles. — Le roi tint le conseil d'État à l'ordinaire et l'après-dînée entendit le sermon avec toute la maison royale. Le soir il travailla chez madame de Maintenon avec M. Pelletier. — Le maréchal de Villars a pris congé de la cour pour s'en aller en Flandre; mais il reviendra de Paris, où il est allé pour deux jours et où il donnera les ordres pour son départ. Il verra Monseigneur mardi au soir à Meudon et viendra ici avec lui mercredi matin, où il recevra les derniers ordres du

---

(1) En 1728.

roi. — Madame la maréchale de Vivonne mourut hier au soir à Paris, où elle vivoit fort retirée; il y avoit même plusieurs années qu'elle n'étoit venue ici. Elle étoit grand'mère du duc de Mortemart * et du comte de Sainte-Maure. Elle avoit plusieurs filles, qui sont encore en vie et qui sont madame l'abbesse de Beaumont, la duchesse d'Elbeuf, femme du duc d'Elbeuf, la marquise de Castries, la duchesse de Lesdiguières, femme du duc de Lesdiguières d'aujourd'hui, et madame l'abbesse de Fontevrault. Elle étoit demi-sœur de la duchesse de Créquy et veuve du maréchal de Vivonne. — Monseigneur le duc de Bourgogne, madame la duchesse de Bourgogne et monseigneur le duc de Berry, après avoir entendu le salut ici, allèrent à Meudon voir Monseigneur; mais ils y demeurèrent fort peu, et madame la duchesse de Bourgogne eut encore le temps de jouer avant souper chez madame de Maintenon comme à son ordinaire.

* Ces MM. de Mortemart se ruinoient régulièrement de père en fils sans attendre davantage, et se remplumoient aussi par de riches mariages. Madame de Vivonne fut une de ces riches héritières, fille unique de M. de Mesmes, président à mortier, fils de celui qui avoit été lieutenant civil et député du tiers état aux derniers états généraux tenus à Paris en 1614, et qui mourut en 1650. La mère de madame de Vivonne étoit veuve de M. Saint-Gelais, dont elle avoit eu une fille unique, qui fut la duchesse de Créquy, dame d'honneur de la reine Marie-Thérèse. M. de Mesmes avoit deux frères cadets, savoir : M. d'Avaux, si célèbre par ses ambassades et qui fut surintendant des finances, qui mourut aussi en 1650 et ne s'étoit point marié, et M. d'Irval, puis de Mesmes, aussi président à mortier, père d'autre président de Mesmes et du dernier M. d'Avaux, et grand-père de M. de Mesmes, mort premier président entre MM. Pelletier et de Novion. L'esprit et la singularité de madame de Vivonne étoit digne de l'alliance des Mortemart; c'étoit entre elle et M. de Vivonne des farces quand ils étoient ensemble, mais cela ne leur arrivoit pas souvent. Ses belles-sœurs la considéroient sans l'aimer, et c'étoit entre elles des coups de bec très-divertissants. M. de Vivonne et elle se ruinèrent à qui mieux mieux; jamais tant d'esprit dans un ménage; jamais tant de désordre dans tous les deux; jusques à leurs querelles étoient plaisantes. Elle demeura fort mal à son aise dans sa viduité, et réduite à loger chez un inten-

dant qui s'étoit enrichi avec eux. Elle devint fort dévote à la fin de sa vie et même pénitente, et il sortoit de cette dévotion des traits charmants. On se seroit brouillé avec elle de l'appeler Maréchale ; avec ce titre, elle ne le signoit jamais.

Lundi 11, *à Versailles.* — Le roi dîna de fort bonne heure et alla se promener à Marly ; au retour il travailla chez madame de Maintenon avec M. de Pontchartrain. Monseigneur le duc de Berry alla avec madame la Duchesse dîner à Meudon, d'où ils ne revinrent qu'à trois heures du matin. — On ne sait point encore qui seront les aides de camp de Monseigneur; jusques ici il n'y a de nommé que M. d'Entragues, qui a l'honneur d'être cousin germain de madame la princesse de Conty. — Le roi a donné la lieutenance générale de Saintonge et d'Angoumois au vieux Brissac, qui quitta l'année passée la charge de major des gardes du corps et qui a quatre-vingts ans passés. Il a le gouvernement de Guise depuis longtemps. — Le roi, qui ne devoit porter le deuil de M. le prince de Conty que quinze jours, l'a prolongé sur des nouvelles qu'il a reçues qu'un des enfants de l'électeur de Bavière étoit mort ; cependant on ne lui en a pas encore donné part. Il en portera le deuil et ne veut point avoir à changer d'habits si souvent.

Mardi 12, *à Versailles.* — Le roi tint conseil de finances à l'ordinaire ; il travaille toujours avec M. Desmaretz après ce conseil. Monseigneur le duc de Bourgogne, madame la duchesse de Bourgogne et monseigneur le duc de Berry allèrent à Meudon après dîner, où il y eut plusieurs reprises de jeu ; ils en partirent à neuf heures pour revenir ici, et le maréchal de Villars y arriva de Paris après qu'ils furent partis et y travailla avec Monseigneur. Monseigneur le duc de Bourgogne aura les mêmes aides de camp qu'il avoit l'année passée en Flandre, hormis le marquis d'Épinay, colonel de dragons, qui servira à son régiment. En sa place d'aide de camp, on met le marquis de Prie, neveu de la feue maréchale de la Mothe. — Boisseuil * mourut ici après une assez longue maladie. Le roi nous en parla à son coucher comme d'un homme qu'il regrettoit fort, et aujourd'hui même avant qu'il mourût le roi lui avoit fait dire par Blouin qu'il auroit soin de son neveu, qui est mousquetaire. Boisseuil n'avoit jamais été marié ; c'étoit lui qui dressoit tous les chevaux que le roi montoit et étoit le meilleur homme de cheval qui fût en France.

* Boisseuil étoit un très-brave gentilhomme et plein d'honneur, bien fait et pauvre, que les dames avoient soutenu en jeunesse. Sa connoissance et son adresse pour tout ce qui regardoit les chevaux le plaça à la grande écurie, où il eut toute la confiance de madame d'Armagnac, qui la gouvernoit, et toute l'autorité de M. le Grand. Tout cela ensemble et le talent de plaire aux valets le mit à merveille avec le roi, qui fit pour lui ce qu'il eût été difficile d'en espérer pour un seigneur distingué. La cour étoit à Nancy ; Boisseuil étoit gros joueur, de compte exact et sûr, mais vilain joueur de sa nature, et qui par la suite s'augmenta aux derniers excès, et en tout fort mal endurant. On jouoit gros jeu au lansquenet : un de ces gens sans nom que les gros jeux attirent coupoit, et gagnoit beaucoup ; Boisseuil, chagrin de perdre, l'examina de près, vit au net sa friponnerie, l'épie, le prend sur le fait ayant la main, s'élance sur la sienne, la lui serre et les cartes dedans, et lui dit qu'il est un fripon. L'autre s'écrie, se secoue, et Boisseuil à serrer plus fort, qui lui dit que la compagnie en va être juge, et que, s'il s'est trompé, il est prêt à lui en faire raison. L'autre, ne se pouvant tirer de ses serres, fut réduit à laisser voir sa turpitude au net, et s'en fut de honte et de rage ; mais ce ne fut pas tout. C'étoit un fripon, mais un brave fripon, qui attendoit Boisseuil à la sortie, l'emmena à l'écart, se battit très-bien avec lui, et lui donna deux coups d'épée dans le corps, dont Boisseuil pensa mourir. On n'a pas ouï parler de ce galant depuis, et le roi ne voulut jamais faire semblant de rien savoir ni de s'apercevoir de l'absence de Boisseuil. Il étoit devenu si insolent de sa familiarité avec le roi, de celle que le jeu lui avoit acquise, et où il se maintenoit avec tout le monde, et de son autorité à la grande écurie, qu'il y maîtrisoit madame d'Armagnac, brutalisoit M. le Grand, et avoit anéanti le comte de Brionne, survivancier de son père, au point qu'il n'osoit se mêler de quoi que ce fût. Il n'y avoit que le chevalier de Lorraine qu'il ménageât ; tous les autres frères et enfants de M. le Grand, il les traitoit à faire honte, et tout ce qui jouoit, hommes et femmes, avec très-peu de ménagement. Il faisoit peur à voir avec des yeux furieux d'habitude et qui lui sortoient de la

tête, et pourtant assez bon homme d'ailleurs. Enfin il s'étoit fait un personnage à qui personne, quel qu'il fût, ne vouloit déplaire.

Mercredi 13, *à Versailles.* — Le roi tint le conseil d'État à son ordinaire. Il donne tous les mercredis une longue audience au cardinal de Noailles avant le conseil. L'après-dînée le roi et toute la maison royale entendirent le sermon, après quoi il entra chez madame de Maintenon, où il fit voir à madame la duchesse de Bourgogne les belles et rares coquilles que Tournefort lui a laissées en mourant avec beaucoup d'autres curiosités. Monseigneur vint ici le matin dans sa berline et y amena avec lui le maréchal de Villars. Ils travaillèrent avec le roi avant le conseil et puis le maréchal prit congé de S. M.; Monseigneur demeura au conseil, et après le conseil retourna dîner à Meudon. — M. de Monasterol vint donner part au roi de la mort du cadet des fils de l'électeur de Bavière; il lui reste encore quatre garçons. Monasterol n'étoit point en grand deuil, parce qu'en Bavière on ne le porte pas des enfants au-dessous de sept ans; mais le roi le prendra et le portera jusqu'à Pâques. Il est grand-oncle à la mode de Bretagne du prince qui vient de mourir; Monseigneur, qui est oncle, portera le deuil trois mois et monseigneur le duc de Bourgogne six semaines*.

<small>* Voilà où le conduisit le deuil d'un maillot de M. du Maine; une cour qui n'avoit jamais porté le deuil des enfants de la reine au-dessous de sept ans, et qui le prend d'un autre dont, dans sa propre cour, on ne le porte pas.</small>

Jeudi 14, *à Versailles.* — Le roi dîna de bonne heure et alla se promener à Marly, d'où il ne revint qu'à la nuit. Monseigneur le duc de Bourgogne joue tous les jours chez lui au papillon, où tous les courtisans viennent lui faire leur cour, et madame la duchesse de Bourgogne y vient et y mène ses dames. Elle y demeure jusqu'à huit heures, qui est la fin de son jeu, et puis elle va chez madame de Maintenon, où elle joue dans son cabinet. — De Fesne est monté à la charge de Boisseuil. On a donné la charge de Fesne à de Vaux, écuyer de M. le comte de Brionne et un peu parent de madame la comtesse de Brionne, et le roi donne 500 écus de pension au neveu de Boisseuil, à qui il a dit : « Soyez sage et assidu, et j'aurai soin de vous. » — On parle toujours fort de paix ; c'est à M. de Torcy seul des ministres à qui on en rend compte. On ne s'adresse point à M. de Chamillart pour cela, et par là les choses sont remises dans l'ordre ; car ces négociations-là dépendent de la charge de M. de Torcy, secrétaire d'État des étrangers *. M. de Bergeyck est revenu à Mons, et M. Rouillé continue son voyage, et on ne dit point dans quel lieu il va conférer avec les députés de Hollande.

* C'étoit pitié que le besoin pressant et le désir extrême de la paix. Chamillart s'en étoit mêlé tant qu'il avoit pu à l'insu, puis en cachette de Torcy, de concert avec le roi, jusqu'à y avoir employé le médecin Helvétius, qu'il envoya en Hollande sous prétexte d'aller voir son père : cet homme avoit de bons remèdes, mais nulle aptitude à négocier, et ces manières de traiter ne servoient qu'à montrer la foiblesse, à faire roidir les alliés et à leur faire demander en riant si Torcy et Chamillart, qui, souvent sans le savoir se barroient l'un l'autre, servoient des maîtres différents. Chamillart, à qui rien n'avoit réussi et qui commençoit fort à déchoir, ne put soutenir ces négociations indirectes, et le roi, lassé de leurs inconvénients, voulut enfin qu'il ne s'en mêlât plus.

Vendredi 15, *à Versailles*. — Le roi travailla le matin avec son confesseur et alla se promener l'après-dînée à l'entour de la pièce des Suisses, où il fait planter. Monseigneur revint de Meudon au soir. — Les placets pour tout ce qui regarde les demoiselles de Saint-Cyr ne seront plus renvoyés au père confesseur du roi ; on les renverra à M. Voisin, qui étoit déjà chargé de toutes les autres affaires de cette maison. — Le roi d'Espagne a fait défendre au nonce qui est à Madrid de se présenter devant lui et a fait ôter de sa chapelle le siége qui avoit accoutumé d'être mis pour le nonce à la messe du roi. Il l'empêche aussi de jouir de beaucoup de droits qu'il avoit en Espagne à la vacance des bénéfices, S. M. C. étant fort mécontente de l'accommodement du pape avec l'empereur par lequel S. S. reconnoît l'archiduc pour roi. Les autres conditions de ce traité ne sont point encore rendues publiques ; ce qu'il y a de certain, c'est que le pape a cassé toutes ses troupes de nouvelles levées.

Samedi 16, *à Versailles.* — Le roi tint le conseil de finances à son ordinaire et alla l'après-dînée se promener à Marly. Au retour il travailla avec M. de Chamillart chez madame de Maintenon. — On croyoit que les officiers généraux qui doivent servir dans cette campagne seroient nommés, mais cela est remis à mardi. — Monseigneur alla aussi à Marly voir les derniers plans que le roi y a faits depuis son dernier voyage, et le soir il y eut comédie pour la dernière fois de l'hiver. On les recommence d'ordinaire au voyage de Fontainebleau. — La place d'aumônier vacante chez le roi par la mort de l'évêque de Saint-Omer n'avoit point encore été remplie. Elle a été donnée à l'abbé d'Argentré, homme de condition de Bretagne, que nous ne connaissons point ici et dont on dit beaucoup de bien. Il n'y a plus présentement que deux aumôniers qui ont acheté leurs charges, qui sont l'abbé Morel et l'abbé Turgot.

Dimanche 17, *à Versailles.* — Le roi tint le conseil d'État à son ordinaire, et l'après-dînée il entendit le sermon avec toute la maison royale. Après le sermon il alla se promener à Trianon, et au retour de sa promenade il travailla avec M. Pelletier chez madame de Maintenon. — M. le comte d'Évreux, colonel général de la cavalerie et lieutenant général, ne servira pas cette campagne ; mais cela n'est pas encore public, et ce sera une grande mortification pour lui (1). On prétend qu'après l'affaire d'Ou-

---

(1) « M. le comte d'Évreux ne sert point. On en accuse une lettre écrite à son beau-père, lequel la montra fort imprudemment pendant la campagne

denarde il avoit écrit une lettre imprudente*. M. de Bouillon, son père, en avoit parlé au roi à Fontainebleau, et croyoit l'avoir justifié là-dessus. — M. le président Rouillé a passé à Bruxelles et à Anvers. On ne sait point encore en quelle ville de Hollande il va. — Le roi a donné des pensions au lieutenant-colonel et au major du régiment de la Marck, qui sont gens de mérite et qui ont tous deux commission de colonel. — M. le prince de Birkenfeld, le père, qui est en Alsace, a écrit au roi pour le prier que le prince de Birkenfeld, son fils, qui est ici, s'en allât le trouver, parce qu'il le veut marier, et on croyoit que cela empêcheroit le prince de Birkenfeld de pouvoir servir cette année ; mais il a fait dire au roi qu'il alloit obéir à son père, mais qu'il souhaiteroit fort de servir cette année et qu'il espéroit de finir ses affaires assez à temps pour cela.

* On expliquera bientôt ailleurs plus commodément qu'ici ce qui regarde cette lettre du comte d'Évreux (1).

Lundi 18, *à Versailles.* — Le roi dîna au sortir de la messe et alla se promener à Marly, et au retour il travailla chez madame de Maintenon avec M. de Pontchartrain. — Les aides de camp de Monseigneur sont nommés et ce sont : M. d'Entragues ; M. de Belle-Isle, colonel de dragons, qui étoit dans Lille et qui y fut fait brigadier ; son régiment, qui a fort souffert durant le siége, a été envoyé en Bretagne pour se raccommoder et ne sera pas en état de servir cette campagne ; le marquis de Razilly, fils aîné de M. de Razilly, colonel d'infanterie et dont le régiment étoit aussi dans Lille et qui ne sera pas en état non plus de servir cette campagne ; le chevalier de Retz et le chevalier de Cazeaux. — M. le maréchal de Villars a fort de-

---

dernière, sur ce qui se passoit à l'armée, justifiant trop M. de Vendôme. » (*Lettre de la marquise d'Huxelles*, du 22 mars.)

(1) Voir l'addition du 10 avril suivant.

mandé au roi que Legall, lieutenant général, qui ne servit point l'année passée, entrât dans le service et qu'on le mît cette année dans l'armée de Flandre. — M. le duc d'Enghien avoit ardemment souhaité de servir cette année. M. le Duc et madame la Duchesse y consentoient avec plaisir, mais M. le Prince écrivit une lettre si forte au roi pour le prier de ne lui pas permettre que, quelques instances que ce petit prince et M. le Duc son père aient faites depuis à M. le Prince, on n'a pas pu le faire changer d'avis.

Mardi 19, *à Versailles.* — Le roi tint conseil de finances à l'ordinaire. Il alla se promener à Trianon l'après-dînée, et le soir il travailla avec M. de Chamillart chez madame de Maintenon. — M. le duc d'Enghien alla au parlement et prit séance comme prince du sang qui sont pairs nés *. M. le maréchal de Boufflers y fut reçu aussi pair; la séance fut fort nombreuse (1). M. le maréchal de Boufflers y fut accompagné par beaucoup de gens et surtout par ceux qui avoient été dans Lille avec lui, et après sa réception il se tourna à eux et leur dit : « Messieurs, tous les honneurs qu'on me fait ici et toutes les grâces que je reçois du roi, c'est à vous que je crois les devoir. C'est votre mérite et votre valeur qui me les ont attirés, et je ne dois me louer que d'avoir été à la tête de tant de braves gens, qui ont fait valoir mes bonnes intentions. » — M. le comte de Toulouse dit le soir au comte d'Évreux, par ordre du roi, qu'il ne serviroit point cette campagne. Le roi a eu pour lui le ménagement de lui faire dire cette mauvaise nouvelle par M. le comte de Toulouse, qui a toujours honoré le comte d'Évreux d'une amitié particulière.

* Les princes du sang prennent ordinairement l'occasion de la récep-

---

(1) « MM. les ducs d'Aumont, de Saint-Simon, maréchal de Choiseul et M. le Premier sont témoins de bonne vie et mœurs de M. le maréchal de Boufflers, qui est reçu aujourd'hui en bonne compagnie en la grand'chambre. » (*Lettre de la marquise d'Huxelles*, du 19 mars.)

tion d'un pair au parlement pour y prendre pour la premiere fois leur place. Ils sont toujours conviés tous à ces réceptions par le pair qui doit être reçu, et ils s'y trouvent toujours, ou en font faire leurs excuses, mais presque jamais aucun n'y manque, et jamais ils n'y manquent tous à la fois. M. d'Enghien n'en pouvoit choisir une plus brillante; ce fut un véritable triomphe en tout genre, duquel la modestie du maréchal Boufflers triompha encore plus.

Mercredi 20, *à Versailles.* — Le roi tint le conseil d'État, et au sortir de ce conseil on eut la liste de trente nouveaux maréchaux de camp que le roi fit hier au soir et de tous les officiers généraux qui doivent servir cette année dans les différentes armées. L'après-dînée le roi alla au sermon avec toute la maison royale. Au sortir du sermon il alla se promener à Trianon.

Promotion des maréchaux de camp.

MM. La Vierue,
Raffetot,
Beauvau, de la gendarmerie,
Le chevalier de Hautefort,
Hautefort, de smousquetaires,
De Mommeins, des gardes du corps,
D'Arpajon,
D'Anlezy,
Le prince d'Isenghein,
Tressemanes,
Maupeou, capitaine aux gardes,
Montpezat, capitaine aux gardes,
Mimeur,
Coadt,

MM. Brissac, des gardes du corps,
Le Guerchois,
Pelleport,
Cheyladet, des gardes du corps,
La Bretonnière,
Rozen,
Caylus,
D'Illiers, de la gendarmerie,
Savines, des gardes du corps,
Marnais, des gardes du corps,
Chevalier de Pezeux,
Bourck, Irlandois,
Comte de Croy,
Comte d'Uzès,
Comte de la Marck.

LIEUTENANTS GÉNÉRAUX ET MARÉCHAUX DE CAMP

QUI SERVIRONT EN FLANDRE CETTE ANNÉE.

Lieutenants généraux.

MM. Artagnan,
Gassion,
Albergotti,
Magnac,
Marquis d'Hautefort,
Surville,
Chemerault,
Legall,
Duc de Guiche,
Le prince de Rohan,
Du Rozel le cadet,
Puységur,
Goesbriant,
Vivans,
Prince de Birkenfeld,
Puiguyon,
Bouzoles,
Comte de Villars,
Chevalier de Luxembourg.

Maréchaux de camp.

MM. Monroux,
Palavicin,
Villars-Chandieu,
Conflans,
Vieuxpont,
Coigny,
La Vallière,
D'Ourches,
Ruffey,
Dreux,
Comte de Broglio,
Prince Charles,
Vidame d'Amiens,
Nangis,
Permangle,
Ravignan,
Prince d'Isenghien,
Rozen,
Comte de Croy,
Comte de la Marck.

ARMÉE D'ALLEMAGNE.

Lieutenants généraux.

MM. Comte du Bourg,
Saint-Frémont,
La Châtre,
D'Imécourt,
Cheyladet,
Lée, Irlandois,
Dorington, Irlandois,
Comte de Manderscheid,
Péry.

Maréchaux de camp.

MM. Monsoreau,
Villiers le Morhier,
Prince de Talmont,
Sesanne,
Senneterre,
D'Estrades,
Comte de Chamillart,
Chevalier d'Hautefort,
D'Anlezy,
Coadt,
Chevalier de Pezeux,
Comte d'Uzès.

ARMÉE D'ESPAGNE,

SOUS M. LE DUC D'ORLÉANS.

Lieutenants généraux. *Maréchaux de camp.*

MM. Bezons,   MM. Bligny,
   D'Avarey,   Chevalier de Maulevrier,
   D'Estaing,   Marquis de Brancas,
   D'Asfeld,   Choiseul,
   Jeoffreville,   Tournon,
   Fiennes,   D'Arpajon,
   Kercado.   Pelleport,
                          La Bretonnière,
                          Bourck.

ARMÉE DE ROUSSILLON,

SOUS LE DUC DE NOAILLES.

Maréchaux de camp.

MM. Seignier,   MM. Fimarcon,
   Guerchy,   Massemback.

ARMÉE DE DAUPHINÉ,

SOUS LE MARÉCHAL DE BERWICK.

Lieutenants généraux. *Maréchaux de champ.*

MM. Médavy,   MM. Mauroy,
   Montgon,   Prince de Robecque,
   Artagnan, des mousque- Montgeorges,
      taires.   Grancey,
   Chamarande,   Chevalier de Broglio,
   Sailly,   Carraccioli, des troupes
   Thouy,   d'Espagne,
   Aubeterre,   Comte de Tessé,
   Galmoy, Irlandois,   Raffetot,
   Saint-Pater,   Le Guerchois,
   Dillon, Irlandois,   Caylus.
   Cilly.

Jeudi 21, à Versailles. — Le roi dîna au sortir de la messe et alla à Marly, d'où il ne revint qu'à la nuit. — Le roi a donné au prince de Marsillac l'agrément pour acheter le régiment du comte d'Uzès, qui vient d'être fait maréchal de camp. Le prince de Marsillac avoit un régiment nouveau, qu'il vend au chevalier d'Aubeterre, capitaine dans le régiment de Toulouse, à qui le chevalier d'Aubeterre, son grand-oncle, avoit laissé en mourant 22,500 livres pour acheter un régiment, et c'est la taxe des régiments de cavalerie. M. de Villequier, qui est dans les mousquetaires, a l'agrément pour acheter le régiment de d'Anlezy, nouveau maréchal de camp, ou le régiment de Fontaine en cas que M. de Fontaine le vende, comme on le croit, et M. de Villequier l'aimeroit mieux que celui de d'Anlezy, parce que c'est un régiment qu'avoit M. le duc d'Aumont, son grand-père, et qui a été levé en Boulonnois. Presque tous les officiers sont de ce pays-là, et le roi cherche toujours ce qui peut le mieux accommoder les gens. M. de Putanges achète le régiment de Pelleport. M. de Villequier aura à vendre un régiment d'infanterie qu'on avoit levé pour lui il y a quelques années. — M. de la Feuillade et M. de Roucy avoient prié le roi de leur permettre de suivre Monseigneur cette campagne, et l'on a su aujourd'hui que le roi avoit donné cette permission au comte de Roucy, mais qu'il l'avoit refusée à M. de la Feuillade.

Vendredi 22, *à Versailles*. — Le roi travailla le matin avec le P. le Tellier, et l'après-dînée alla au sermon avec toute la maison royale. Après le sermon il alla se promener à Trianon. — Le roi a fait deux nouveaux maréchaux de camp, qui sont Bruzac et des Fourneaux, officiers des gardes du corps. — Le prince d'Isenghien, nouveau maréchal de camp, donne son régiment, qui est sur le pied wallon et qui est de plus de revenu qu'un régiment françois, à M. d'Isembourg, son frère cadet, et il vendra le régiment d'Isembourg, qui est un régiment françois. M. de Raffetot, nouveau maréchal de camp, donne son régiment à son fils, qui est dans les mousquetaires, et comme ce régiment doit servir en Allemagne et que M. de Raffetot devoit servir de maréchal de camp en Dauphiné, le roi a la bonté de le faire servir en Allemagne, afin que son fils soit avec lui. En la place de M. de Raffetot, qui devoit servir en Dauphiné, le roi y envoie le marquis de Rannes, qui avoit été fait maréchal de camp dans Lille et qui avoit été oublié dans la promotion.

Samedi 23, *à Versailles.* — Le roi tint conseil de finances à son ordinaire; l'après-dînée il alla à Marly. Monseigneur eut un peu de goutte qui l'empêcha de sortir; il en a déjà eu deux petites attaques, mais qui ne l'avoient pas empêché de marcher. — M. le Prince, qui est depuis longtemps malade à Paris, est si considérablement mal depuis deux jours qu'on n'en espère plus rien. Il a envoyé querir le P. de la Tour pour se confesser à lui. — On a eu nouvelle que la mine du château d'Alicante avoit sauté; elle a fait un très-grand effet, mais moindre encore pourtant qu'on ne l'avoit espéré, car le donjon du château est demeuré presque en son entier. Les dehors de ce château ont été emportés par la mine, et le tiers de la garnison a été écrasé. On croit même que la citerne est un peu entr'ouverte, et on ne doute point que le gouverneur, qui est Anglois, quoique fort opiniâtre, ne soit obligé de se rendre dans peu de jours. — M. le duc de Charost a obtenu du roi qu'il pût céder son gouvernement de Dourlens au marquis d'Ancenis, son second fils de son premier mariage avec mademoiselle d'Epinoy.

Dimanche 24, *jour des Rameaux, à Versailles.* — Le roi et toute la maison royale assistèrent à toutes les dévotions de la journée. Le soir il travailla chez madame de Maintenon avec M. Pelletier. Monseigneur ne put pas suivre le roi à la procession; il demeura dans la chapelle. Son mal augmenta dans le reste de la journée. — Le roi a fait donner à M. le maréchal d'Harcourt, pour son équipage, 50,000 francs en argent et la valeur de 30,000 francs, qui lui seront payés en Alsace. Il espère que S. M.

voudra bien lui donner encore quelque chose de plus.
— Le roi dit avant-hier au duc d'Aumont qu'il l'avoit choisi pour suivre Monseigneur cette campagne comme premier gentilhomme de la chambre, mais qu'il ne lui disoit pas cela comme un ordre, parce qu'il vouloit savoir auparavant si ses affaires domestiques lui permettroient de le faire, et cela parce que le duc d'Aumont a deux grands procès, un contre la duchesse d'Aumont, sa belle-mère, et l'autre contre M. de Châtillon, son beau-frère. M. le Premier suivra aussi Monseigneur.

Lundi 25, *à Versailles.* — Le roi prit médecine comme il la prend tous les mois par précaution, et l'après-dînée il tint le conseil d'État qu'il auroit tenu hier matin sans la bonne fête. Monseigneur se fit porter à ce conseil dans un fauteuil que portoient deux porteurs. Monseigneur le duc de Bourgogne a suspendu pour toute cette semaine le petit jeu qu'il joue les soirs chez lui. — M. le Prince reçut le soir ses sacrements. On ne croit pas qu'il puisse aller jusqu'à Pâques. Il meurt avec beaucoup de fermeté et a parlé à madame la Princesse avec beaucoup de courage et d'amitié. — On mande que M. de Savoie a fait porter à Oneglia beaucoup de canon, comme s'il avoit envie d'attaquer encore la Provence cette année; cependant il court des bruits qu'il voudroit entrer en pourparler pour un accommodement, et que même il auroit souhaité voir le maréchal de Tessé, qui est arrivé à Livourne. Ce maréchal n'attend que le retour d'un courrier qu'il a envoyé ici, où il compte d'arriver bientôt après Pâques. — Mimeur, qui n'étoit point dans la liste des maréchaux de camp qui doivent servir cette année, servira en Flandre en cette qualité. On avoit d'autres vues pour lui qui lui auroient peut-être encore été meilleures.

Mardi 26, *à Versailles.* — Le roi tint le conseil de finances et alla l'après-dînée se promener à Marly. Monseigneur, malgré sa goutte, alla dîner à Meudon. Il ne soupe point avec le roi, mais il se fait porter après souper dans le cabinet. Madame la Duchesse emmena à Paris M. le duc d'Enghien et les princesses ses filles pour voir M. le Prince ; madame la duchesse du Maine y alla dès hier et y est encore allée aujourd'hui. M. le Duc n'en part point depuis quelques jours. — Le roi a donné le gouvernement de Senne en Provence, qui vaut près de 2,000 écus de rente, au chevalier de Montauban, qui étoit exempt des gardes du corps et qui est si incommodé de ses blessures qu'il ne pourroit plus servir en campagne. Son bien est auprès de Senne ; ainsi cela rend la grâce encore plus considérable pour lui. — Il y a quelques jours qu'on apprit la mort de Machault, qui étoit gouverneur des îles et terres fermes de l'Amérique. Il avoit près de quatre-vingts ans. Le gouvernement est d'un très-gros revenu, et plusieurs gens le demandent, même des officiers de terre. — Il y eut hier diminution sur la monnoie. Les louis d'or sont diminués de cinq sols et l'argent blanc à proportion ; les louis ne valent plus que douze livres dix sols.

Mercredi 27, *à Versailles.* — Le roi tint le conseil d'État à son ordinaire, et l'après-dînée il entendit ténèbres en haut dans la chapelle avec toute la maison royale. Après ténèbres il s'alla promener dans les jardins ; monseigneur le duc de Bourgogne et madame la duchesse de Bourgogne s'y promenèrent aussi. Monseigneur se fit porter en chaise à ténèbres et puis se fit porter chez madame la princesse de Conty. — Le roi a donné 2,000 écus de pension à Sousternon, qui étoit lieutenant général en Flandre et inspecteur de la cavalerie et qu'il ne fait pas servir cette année, et le roi a donné l'inspection de la cavalerie de Flandre, il y a déjà quelques jours, au chevalier de Bouzoles, quoiqu'il ne soit que mestre de camp. C'est un emploi qu'on donne d'ordinaire à un homme dans un poste plus avancé. — La Badie, lieutenant général, qui servoit en Catalogne dans l'armée de M. le duc d'Orléans et qui étoit aussi inspecteur de la cavalerie en ce pays-là, ne servira plus. Il est vieux et incommodé. On supprime son inspection, et le roi lui donne 1,000 écus de pension et lui continue ses appointements de gouverneur de la citadelle de Lille.

Jeudi 28, *à Versailles.* — Le roi fit la cérémonie de la Cène en la manière accoutumée après avoir entendu la prédication de l'abbé Robert et l'absoute faite par l'évêque de Fréjus. Cet abbé Robert est frère de M. Robert, procureur du roi du Châtelet ; le roi fut fort content de la prédication. A onze heures le roi et toute la maison royale descendirent à la chapelle, où ils entendirent la grande messe. L'après-dînée ils allèrent à ténèbres, et ensuite le roi entra chez lui, d'où il ne sortit que pour aller chez madame de Maintenon, et après avoir fait collation le roi, avec toute la maison royale, alla droit à la chapelle adorer le saint sacrement. — M. le marquis d'Ancenis, second fils du duc de Charost, à qui son père vient de céder le gouvernement de Dourlens, épouse mademoiselle d'Entragues, à qui son père donne 450,000 francs, des logements et des nourritures. — M. le marquis de Lévis remercia hier le roi d'avoir consenti à son échange que les Anglois avoient proposé fort avantageusement pour eux et à quoi le roi n'a consenti que par une bonté particulière pour lui, car on leur rend pour cet échange le gouverneur de la Virginie et deux capitaines de vaisseau.

Vendredi-Saint 29, *à Versailles.*—Le roi et toute la maison royale assistèrent à toutes les dévotions de la journée, et après ténèbres le roi s'enferma avec son confesseur, comme il fait toujours la veille des jours qu'il doit faire ses dévotions. — M. le Prince est à la dernière extrémité ; on ne croit pas qu'il passe la journée de demain. Il a substitué à M. le Duc la terre de Clermont avec toutes ses dépendances, qui est affermée plus de 50,000 écus, le duché d'Enghien, qu'on appeloit le duché de Montmorency, Chantilly et toutes les terres qu'il a achetées allentour, et l'hôtel de Condé dans Paris (1). — M. de Seuil, colonel du régiment de Bigorre, se retire et a vendu son régiment 50,000 francs au marquis de Fénelon, qui étoit capitaine dans les cuirassiers et qui est neveu de M. l'archevêque de Cambray. — L'archevêque de Rouen a mandé à M. le cardinal d'Estrées que le duc d'Estrées, qui est à Rouen, est si malade et d'un mal si pressant qu'il a déjà été saigné sept fois, qu'on l'alloit saigner pour la huitième et que les médecins en désespèrent. Il est gouverneur de l'Ile de France (2).

Samedi-Saint 30, *à Versailles*. — Le roi fit ses pâques à la paroisse, et au retour toucha neuf cents malades. L'après-dînée il s'enferma avec son confesseur pour travailler à la distribution des bénéfices, et sur les cinq heures, en travaillant avec lui, il se trouva mal. Il eut des douleurs de colique qui l'obligèrent à se mettre au lit. Toute la famille royale vint d'abord chez lui et il les envoya tous à complies. Après complies ils retournèrent tous chez lui et ils le trouvèrent fort soulagé. Il avoit pris quelques remèdes, qui lui avoient fait du bien. Madame

---

(1) « Monseigneur le Prince est toujours fort mal. Il y a une donation entre vifs avec monseigneur le Duc, portant substitution de mâle en mâle des duchés de Montmorency, de Clermont, des terres de Chantilly, d'Écouen et autres lieux circonvoisins ; mais comme il faut quarante jours que son état ne permet pas, on a eu recours à de nouvelles patentes du roi passées au sceau. Ce prince avoit un confesseur, nommé le P. Lucas, jésuite, recteur à Rouen, lequel n'ayant point été appelé, il se débite qu'il en a fait faire des compliments aux jésuites, les assurant qu'il les a toujours aimés et qui leur laissoit son cœur, que le P. de la Tour étoit une fantaisie de malade ; mais il y a déjà quelque temps que ce général de l'Oratoire est en commerce avec lui, venant à l'hôtel de Condé sans qu'on le sût, par les portes de derrière. » (*Lettre de la marquise d'Huxelles*, du 30 mars.)

(1) « Le duc d'Estrées est tombé dangereusement malade à Rouen, logé dans un cabaret borgne. Il n'y a sortes d'extravagances qu'on ne dise de lui. Sa sœur bien aimée, qu'il a mandée, l'a été trouver en poste ; madame sa femme y est allée après, et on lui a envoyé le jeune Falconnet, un homme d'affaires aussi avec de l'argent pour payer les dettes qu'il a faites là et le solliciter. (*Lettre de la marquise d'Huxelles*, du 1er avril.)

T. XII. 24

de Maintenon y alla à sept heures. Il dormit un peu et se trouva le soir assez en repos. Il ne voulut point voir les courtisans et ne fit entrer que ceux à qui il avoit l'ordre à donner. — M. le Prince n'a plus de connoissance, et on n'attend que l'heure de sa mort. — Madame eut hier nouvelle que la troisième fille de M. de Lorraine étoit morte ; elle n'avoit que quatre ans et quelques mois. On en portera le deuil ; ainsi le roi, qui le devoit quitter demain, le continuera. Elle étoit sa petite-nièce. — Le roi a remis son confesseur à demain pour achever la distribution des bénéfices.

Dimanche 31, *jour de Pâques, à Versailles.* — Le roi passa la nuit assez doucement, mais il n'osa s'engager à la grand'messe, de crainte que les douleurs de colique ne lui reprissent. Il entendit une messe ordinaire dans la tribune et ensuite travailla avec M. de Chamillart. Il voulut travailler l'après-dînée avec son confesseur pour achever la distribution des bénéfices, mais sa colique le reprit. Il fut obligé de se remettre au lit, et passa la journée avec la famille royale et madame de Maintenon. Il soupa dans son lit et il fit entrer les courtisans à son souper. Monseigneur et messeigneurs ses enfants entendirent dans la tribune le sermon et vêpres et puis allèrent chez le roi, retournèrent au salut et revinrent chez le roi, qui sera saigné demain. Il ne mangea que du potage à son souper et est fort dégoûté. — Le marquis de Lévis, lieutenant général, qui vient d'être échangé, servira cette année dans l'armée de monseigneur le duc de Bourgogne en Allemagne. Les conférences pour les échanges qui avoient recommencé sont encore prêtes à se rompre, parce que les ennemis ne veulent échanger ce que nous avons de prisonniers portugais que contre les Espagnols, dont ils n'ont presque point.

Lundi 1er *avril, à Versailles.* — Le roi fut saigné le matin et tint le conseil d'État, qu'il auroit tenu hier sans la fête. L'après-dînée il se coucha sentant encore quelques douleurs de colique qui furent assez violentes, mais qui ne durèrent guère et qui ne l'empêchèrent pas de travailler, le soir, avec M. Pelletier. Il se leva de son lit un peu avant dix heures et soupa en robe de chambre. Il fit entrer tous les courtisans. Après souper il entra dans son cabinet avec toute sa famille, comme il a accoutumé de faire. — M. le Duc envoya le matin ici M. d'Épinac, capitaine de ses gardes, pour dire au roi la mort de M. le Prince, qui est mort entre minuit et une heure*. On a mené madame la Princesse au petit Luxembourg, M. le Duc et madame la Duchesse au pavillon qui est au-dessus de l'hôtel de Condé. Madame la princesse de Conty, qui est revenue à l'hôtel de Conty depuis quelques jours, y est retournée. M. et madame du Maine sont à l'Arsenal. Le roi leur a envoyé à tous M. le duc de Tresmes pour leur faire compliment. On envoie en pareille occasion un premier gentilhomme de la chambre. M. de Villequier, gentilhomme de la chambre en année, y alla à la mort de feu M. le Prince, père de celui qui vient de mourir.

* M. le Prince étoit un composé des plus rares qui se soit jamais vu ; on a parlé de lui en plusieurs occasions, mais le sujet mérite qu'on s'y étende. Jamais tant d'esprit et de toute sorte d'esprit, tant de savoir et de toutes les sortes et à fond, tant de valeur, tant d'agrément et tant de grâces quand il lui plaisoit d'en avoir, tant de politesse, tant de gentillesse, tant de noblesse, tant de tour et tant d'art, tant de magnificence, tant de goût universel et toujours exquis, ni tant de génie surprenant pour toutes espèces de fêtes. Jamais tant et si peu de suite dans l'esprit et dans la plupart des choses, jamais tant de talents inutiles, jamais tant d'épines et de danger dans le commerce, tant d'avarice sordide, de ménage honteux, de violences, d'injustices, de rapines, jamais encore tant de hauteur, de prétentions adroites, de subtilité d'usage, d'entreprises nouvelles et inouïes et de conquêtes à force ouverte ; jamais une si vile bassesse et sans mesure aux moindres besoins ou possibilité d'en avoir. De là cette cour rampante aux gens de robe, aux commis, aux valets principaux ; cette attention servile aux ministres, et ce raffinement abject de courtisan auprès du roi ; de là ces hauts et bas continuels avec tout le reste. Détestable fils, cruel père, terrible mari, maître fâcheux, pernicieux voisin, sans amitié, sans amis, incapable d'en avoir, jaloux, soupçonneux, plein d'artifices et de manéges à scruter tout et à découvrir, à quoi il étoit occupé sans cesse; d'une vivacité en tout surprenante, d'une pénétration pareille, colère et emporté à se porter à tout, et faisant trembler sans cesse toute sa maison. Avec cela peu d'accord avec lui-même; à tout prendre la fougue et l'avarice étoient ses maîtres. C'étoit avec cela un homme dont on avoit peine à se défendre quand il avoit entrepris d'obtenir par les grâces, les délicates flatteries, l'éloquence naturelle qu'il employoit; mais parfaitement ingrat des plus grands services, à moins que la reconnoissance ne lui fût utile à mieux. Quelques traits particuliers le feront encore mieux connoître. A propos de Rose, secrétaire du cabinet, on a vu (1) ce qu'il savoit faire à ses voisins dont il vouloit les terres, et l'histoire des renards dont il l'incommoda. L'étendue qu'il sut donner à Chantilly et à ses autres terres par de semblables voies, sur des gens qui n'avoient ni l'audace ni la familiarité avec le roi qu'avoit Rose, est incroyable, et la tyrannie qu'il exerçoit chez lui et chez les autres faisoit trembler. Il déroba pour rien la capitainerie de Chantilly, de Senlis et d'Hullatte au vieux marquis de Saint-Simon à force de caresses et de souplesses, et de lui faire accroire que le roi alloit supprimer ces capitaineries, qui ne le seroient pas entre ses mains à lui, puis ne cessa de l'étendre et de réduire en véritable servitude le pays immense qu'il y comprit. A propos encore du même Rose, on a vu le bon mot qu'il lui dit sur les ministres à qui il faisoit sa cour. Il dormoit tous les soirs dans un coin du salon de Versailles ou de la chambre du roi à Marly, en attendant le coucher du roi, tandis qu'à titre de bâtardise son fils, comme mari de la fille du roi, et sa fille, comme femme de M. du Maine, étoient dans le cabinet en conversation avec le roi et la famille royale et les autres légitimés. Madame du Maine le tenoit en respect, et il faisoit sa cour à M. du Maine; madame la Duchesse le mettoit au désespoir entre le courtisan et le père; mais le courtisan l'emportoit presque toujours. Ses filles non mariées regrettoient la condition des esclaves; mademoiselle de Condé en mourut, de l'esprit, de la vertu et du mérite de laquelle on disoit merveilles. Mademoiselle d'Enghien, faute de mieux, lorgna le mariage de M. de Vendôme, aux risques de sa santé et de bien d'autres choses, que M. et madame du Maine avancèrent tellement que M. le Prince, qui regardoit cette affaire avec indignation au point où les princes du sang s'étoient montés, et qui n'osoit aussi ni le montrer à cet égard ni encore moins résister au roi, surtout en fait de bâtardise, prit le parti de la fuite, et fit le malade près de dix-huit mois avant de l'être en effet, et ne remit jamais depuis le pied à la cour, faisant semblant d'y vouloir aller pour se faire attendre, et cependant n'être pas pressé. Le prince

---

(1) Tome I, page 52.

de Conty, qui lui rendoit plus de devoirs que M. le Duc et dont l'esprit étoit si aimable, réussissoit mieux auprès de lui que nul autre de la famille; mais ce n'étoit pas toujours. Pour M. le Duc, ce n'étoit que bienséance; l'un craignoit son père, l'autre le gendre du roi; mais souvent le pied glissoit au père, et les sorties étoient furieuses. Madame la Princesse étoit sa victime; elle étoit également laide et vertueuse avec beaucoup de piété. Il en avoit été jaloux à l'excès et avec fureur; sa douceur, son attention infatigable, sa soumission de novice ne la garantissoient ni des injures ni des coups de pied et de poing, et jusque dans les derniers temps de leur vie elle n'étoit pas maîtresse de la moindre chose. Elle n'osoit ni demander ni proposer; il la faisoit partir à l'instant que la fantaisie lui prenoit pour aller d'un lieu à l'autre, et souvent, montée en carrosse, il la faisoit descendre ou revenir du bout de la rue, puis recommençoit l'après-dînée ou le lendemain, et cela dura une fois de la sorte quinze jours durant pour un voyage de Fontainebleau. D'autres fois il l'envoyoit chercher à l'église, lui faisoit quitter la grand'messe, et quelquefois à sa messe il la mandoit au moment de communier, et il falloit revenir à l'instant et remettre sa communion à une autre fois; ce n'étoit pas qu'elle osât faire aucune démarche ni celles-là même sans sa permission à mesure; mais c'étoient des fantaisies continuelles à essuyer. Lui-même avoit tous les jours un morceau léger tout prêt pour dîner à Chantilly, à Écouen, à Paris et au lieu où la cour étoit, et avec cette dépense il se faisoit fort bien servir un potage et la moitié d'une poularde, qu'on rôtissoit avec la croûte de pain, pour manger de même l'autre moitié le lendemain. Il travailloit tout le jour à ses affaires et couroit Paris pour la plus petite qu'il eût. Il accumula un bien immense, qui n'étoit pas toujours le sien, mais qui le devenoit; en quoi toutefois, par les conjonctures des temps, il ne fut qu'un gueux et un malhabile homme en comparaison de ceux qui lui succédèrent. Sa maxime étoit de prêter et d'emprunter toujours tant qu'il pouvoit à MM. du parlement, pour les intéresser par eux-mêmes dans ses affaires, et avoir occasion de se les dévouer par ses procédés avec eux; il étoit aussi fort rare qu'il ne réussît pas en toutes celles qu'il entreprenoit, auxquelles il n'oublioit rien. Il étoit très-peu visible, toujours enfermé chez lui, à la cour comme ailleurs, hors les heures de voir le roi ou les ministres, s'il avoit à leur parler, qu'alors il désespéroit de ses visites redoublées. Il ne donnoit presque jamais à manger, et ne recevoit personne à Chantilly, où son domestique et quelques jésuites savants lui tenoient compagnie; il y en alloit donc très-rarement d'autres. Quand il en prioit, il étoit charmant, et personne au monde n'a jamais si bien fait les honneurs de chez lui; jusqu'au moindre particulier ne pouvoit y être si attentif: aussi cette contrainte, qui pourtant ne paraissoit point, faisoit qu'il ne vouloit personne. Chantilly étoit ses délices ; il s'y promenoit toujours suivi de plusieurs secrétaires, avec de l'encre et du papier pour écrire à mesure ce qui lui passoit par l'esprit pour changer, raccommoder ou embellir, et il y dépensa des sommes prodigieuses, mais qui furent des riens en comparaison de son petit-fils. Il s'amusoit fort aussi à des ouvrages d'esprit, à la lecture et quelquefois aux sciences et même aux mécaniques. Il avoit été autrefois fort amoureux de plusieurs dames de la cour ; alors rien ne lui coûtoit, et c'étoit Jupiter transformé en pluie d'or ; tantôt il se travestissoit en laquais, puis en revendeuse à la toilette, une autre fois d'autre façon ; c'étoit l'homme du monde le plus ingénieux. Il perça tout un côté d'une rue auprès de Saint-Sulpice par le dedans des maisons, qu'il avoit toutes louées et meublées, pour cacher ses rendez-vous, et il donna une autre fois une fête superbe au roi, qu'il cabala pour se faire demander, uniquement pour retarder un voyage fort lointain d'une grande dame avec qui il étoit bien et dont il engagea le mari à faire les vers. Jaloux aussi cruellement de ses maîtresses, il en eut une entre autres qui ne vaut pas la peine de taire une belle action qu'il fit là-dessus ; c'étoit la marquise de Richelieu, qui a tant couru le monde et qui a fait tant de bruit. M. le Prince en étoit éperdument amoureux ; il dépensoit des millions pour elle ; il dépensoit gros aussi pour être instruit de ses déportements. Il sut que le comte de Roucy étoit trop bien avec elle. Il le lui reprocha ; elle se défendit, et cela dura ainsi quelque temps. À la fin M. le Prince, outré d'amour et de dépit, redoubla les reproches ; elle se vit prise, et craignant de perdre enfin un si riche amant si elle ne lui mettoit l'esprit tout à fait en repos, elle lui proposa de donner, quand il voudroit, un rendez-vous au comte et que lui le fît assassiner en y arrivant. L'horreur saisit M. le Prince ; il la quitta, fit chercher le comte de Roucy tout aussitôt, à qui il conta la proposition de leur maîtresse, et ne la revit jamais depuis. Il est étonnant qu'avec tant d'esprit, de pénétration, de valeur et d'envie d'être et de faire un aussi grand maître à la guerre qu'étoit M. son père, il n'ait jamais pu lui donner les premiers éléments de ce grand art. Il en fit son application principale ; le fils y répondit par la sienne, sans que jamais il ait pu acquérir la moindre aptitude à aucune des parties de la guerre, sur laquelle M. le Prince ne lui cachoit rien, et lui expliquoit tout à la tête des armées. Il l'y eut toujours avec lui ; il voulut essayer de le mettre en chef, demeurant cependant pour son conseil, tantôt dans l'armée et tantôt dans les places à portée ; il l'obtint du roi sous prétexte de ses infirmités ; cette voie de l'instruire ne lui réussit pas mieux que les autres. Il désespéra d'un fils doué pourtant de si grands talents, et cessa d'y travailler davantage, avec toute la douleur qui se peut imaginer. Il le connoissoit et le connut de plus en plus ; mais la sagesse contint le père, et le fils étoit en respect devant cet éclat de gloire qui environnoit le grand Condé. Achevons celui dont nous parlons. Dès ses douze ou quinze années furent soupçonnées de quelque chose de plus que de feu, de vivacité, d'emportement [*sic*]; on crut voir quelques égarements. Il entra, un matin, chez madame la maréchale de Noailles, dans l'appartement de quartier, comme on achevoit son lit et qu'il n'y avoit plus que la courte-pointe à mettre. Il s'arrêta à la porte : « Le beau lit, le beau lit, qu'il est appétissant! » et répétant cela avec impétuosité, prend sa course et saute dessus, et s'y roule sept ou huit tours en tous les sens, puis descend, fait excuse à la maréchale, et dit que son lit étoit si propre et si bien fait qu'il n'y avoit pas moyen de s'en empêcher. Ses valets demeurèrent stupéfaits; elle le fut bien autant qu'eux; mais elle en sortit par un éclat de rire et se mit à plaisanter. On disoit tout bas que tantôt il se croyoit chien, et tantôt quelque autre bête, dont alors il imitoit les façons, et gens très-dignes de foi l'ont vu une fois au coucher, pendant le prie-Dieu, et lui près du fauteuil du roi, jeter la tête en l'air subitement plusieurs fois, et ouvrir la bouche grande comme un chien qui aboie, mais sans faire de bruit. Il est certain qu'on étoit des temps considérables sans le voir, même ses plus familiers domestiques, hors un seul vieux valet de chambre qui avoit pris empire sur lui et qui ne s'en contraignoit pas. Dans les derniers temps de sa vie, on l'accusa de s'être cru mort quelque temps; Finot, son médecin, qui le voyoit avec d'autres et qui en fit alors confidence à quelqu'un, le voyant résolu à ne prendre aucune nourriture, parce que les morts ne mangent point, s'avisa de lui disputer le fait, et de lui produire des morts qui mangeoient; à cette condition M. le Prince voulut bien manger. On lui amena donc des gens secrets et discrets, bien sifflés et bien appris, qu'il ne connoissoit point, qui se disoient morts, qui mangèrent avec lui assez longtemps et qui, en suivant ses idées, faisoient avec lui des conversations dont Finot mouroit de rire, et à la fin cela passa. La dernière année de sa vie il n'entra, ne sortit rien de son corps qu'il ne le pesât lui-même et qu'il n'en écrivît les supputations et les comparaisons; cela et ce qu'il en résultoit de dissertations désoloit ses médecins plus que toute autre chose. Cependant, quand il se sentit mal à un certain point, il manda en secret le P. de la Tour, général de l'Oratoire, qui assista aussi M. le prince de Conty, car ce fut dès avant sa mort, et faisoit entrer ce père par des derrières et de longs détours de l'hôtel de Condé, sans que qui que ce soit qu'un seul valet en eût connoissance, ni que le cocher sût que le père descendoit en lieu qui communiquât à l'hôtel de Condé. Ces conférences furent fréquentes et durèrent trois ou quatre mois de la sorte, jusqu'à ce que, M. le Prince se trouvant beaucoup plus mal, madame la Princesse se hasarda de lui demander s'il ne voudroit point voir quelqu'un pour sa conscience. Il se divertit quelque temps à ne lui répondre rien de satisfaisant, et à la fin il lui fit la confidence; alors, plus hardie, elle le pressa de n'en plus faire mystère pour la commodité et pour l'édification; il eut grand'peine à s'y rendre. Le P. de la Tour étoit fort suspect à la cour; on y avoit été fâché qu'il eût assisté M. le prince de Conty; cela se regardoit comme un levain de jansénisme transmis par le père et la mère de ce prince et un obstacle fort difficile à lever; enfin on en vint à bout. La question à la fin fut de recevoir les sacrements; on ne put jamais le vaincre pour les recevoir en plein jour; il dit qu'il craignoit l'apparat et la cérémonie; il les reçut donc la nuit, mais en présence de sa plus étroite famille, après quelque peu de recueillement. Il appela M. le Duc, lui dit où étoit son testament et une somme qu'il destinoit pour Chantilly. De là il ne lui parla que des beautés à y faire, des desseins qu'il avoit, de ce qu'ils coûteroient, de ce qu'il lui conseilloit là-dessus; ce furent ses derniers soins, parmi lesquels il perdit connoissance, et mourut quelques heures après regretté de qui que ce soit, excepté de madame la Princesse, qui ne fut pas même sans honte de ses pleurs. Finissons par un mot bien sensé de Vervillon, un ancien écuyer de son père et de lui ensuite, qu'il traitoit mieux que les autres, et qu'il pressoit un jour d'acheter une jolie terre dans le voisinage de Chantilly : « Tant que je conserverai l'honneur de vos bonnes grâces, lui répondit Vervillon, je ne saurois être trop près de vous; ainsi je préfère ma chambre ici à un petit château au voisinage; et si j'avois jamais le malheur de la perdre, je ne pourrois être trop loin de vous, et la terre d'ici près me seroit fort inutile. » Le testament de M. le Prince mit un feu dans sa famille qui eut de grandes suites, qu'on verra en leur temps. M. son grand-père n'avoit que douze mille livres de rente lorsqu'il épousa la fille du connétable de Montmorency; il en acquit de plus d'une sorte, et sa postérité a bien continué.

Quant à la prétention nouvelle des princes du sang de s'égaler aux fils et petits-fils de France pour recevoir chez eux les visites de grand deuil en manteau long et en mante, les fils et petits [fils] de France ou ne s'en étoient pas souciés, ou n'avoient pas voulu choquer les bâtards, que cet honneur regardoit indirectement comme égalés en tout aux princes du sang, et les ducs et les princes étrangers auroient craint les uns et les autres; de façon que les enfants de madame d'Armagnac en avoient fait la première planche, par le commandement du roi, en allant rendre les visites qu'ils avoient reçues des princes du sang. Ceux-ci interprétèrent cet ordre pour tous les grands deuils actifs et passifs, et prétendirent ne recevoir aucune visite sur la mort de M. le prince de Conty qu'on ne fût en grand manteau. Personne n'y voulut aller de la sorte, et le roi, qui sentoit la nouveauté, mais qui ne vouloit pas fâcher les princes du sang, les lassa sans ordonner, ce qui leur fit prendre le parti que M. le prince de Conty ne verroit personne sous prétexte de la fatigue, de son âge et de sa santé, madame sa mère sous prétexte de son affliction, et mesdemoiselles ses filles sous prétexte d'être toujours auprès d'elle. Vint six semaines après la mort de M. le Prince; on ne put tergiverser davantage. M. le Duc vint à Versailles trois jours après la mort de M. son père, et eut beau se déclarer sur les manteaux et vouloir ouvrir sa porte dès le lendemain, il n'eut personne. Le roi essaya d'y envoyer M. le comte de Toulouse en manteau pour marquer sa volonté sans la dire; cet exemple, qui favorisoit M. le comte de Toulouse lui-même par son égalité aux princes du sang, ne toucha personne; enfin, au bout de deux jours le roi s'expliqua qu'il le vouloit; personne n'osa rien remontrer, et on obéit, mais ce fut d'une manière si indécente qu'elle tournoit à l'insulte. On affecta généralement des cravates, des dentelles, des bas de couleur et des perruques nouées et poudrées blanc, et les dames de la dentelle, des gants blancs et bordés de couleur et des rubans de couleur dans leur tête, quoique le simple deuil si récent dût, même sans manteaux ni mantes, bannir la dentelle, la couleur et cette bigarrure de bas, encore plus l'appareil le plus lugubre qui ne souffre que le gros linge uni, le gros crêpe et le noir partout, et des perruques longues et sans poudre. Ce fut une véritable mascarade; la manière d'entrer et de sortir de chez eux fut tout aussi familière. On entroit, à peine faisoit-on la révérence, on se regardoit en riant les uns les autres, et tout aussitôt, sans arrêter on s'en alloit, et les ducs-princes se laissoient conduire par les princes du sang à la galerie sans leur dire un mot, et les dames titrées de même par les princesses jusqu'à leur antichambre. Les princes et les princesses du sang le sentirent vivement; mais ils n'osèrent en faire aucun semblant, contents de leur victoire, et eurent tant de peur qu'on s'excusât faute de manteau qu'il y en avoit des piles à leur porte dans la galerie, qu'on vous mettoit sur le corps en entrant et qu'on reprenoit en sortant avec force compliments, et sans en demander rien; et comme M. le prince de Conty étoit petit-fils de M. le Prince, il reçut les mêmes visites tout de suite et de la même façon. Telle est l'époque de cette nouveauté que les princes du sang durent au partage des bâtards avec eux, et dont M. du Maine, gendre de M. le Prince, jouit au même instant avec eux. Pour l'eau bénite, les princes du sang prétendirent quelques nouveautés avec les ducs qui les accompagnoient, tant à l'aller donner qu'à revenir, le prince du sang qui l'alloit donner de la part du roi [*sic*]. C'est ce qui engagea M. le Duc à chercher à profiter de la désunion des ducs et des princes étrangers, et d'essayer de ces derniers qu'il espéroit plus traitables par la satisfaction d'être mis pour la première fois en ces cérémonies au lieu des ducs, et de leur associer des gens de qualité distinguée, ce qui ne s'étoit point encore fait, pour accoutumer au mélange et rendre doucement tout égal. Les choses demeurèrent assez peu marquées pour cette fois; les princes du sang y contribuèrent pour aller par degrés, et ne pas rebuter tout d'un coup les princes étrangers qu'ils avoient choisis; les autres s'en contentèrent pour ne pas exciter noise en leur introduction; M. de Ventadour étoit trop proche pour l'oublier, dès que les conviés l'étoient à titre aussi de parenté, et trop enseveli dans le néant pour songer à rien dans la cérémonie. Ces prétentions qui ne firent que poindre alors éclatèrent fortement dans la suite, et ce sera alors qu'il y aura lieu de les expliquer. Ce fut encore une nouveauté très-étrange de voir les gouverneurs de M. le duc d'Enghien et celui de M. le prince de Conty dans le carrosse du roi avec eux dans ces cérémonies, tandis que tous domestiques des princes du sang de l'un et de l'autre sexe, et qui par eux-mêmes pourroient entrer dans les carrosses du roi à l'ordinaire, comme on en a vu quelquefois de nom à y être admis, en ont constamment été exclus par cette unique qualité de domestique, excepté en ces deux occasions, tant que le roi a vécu, et jusqu'à la minorité du roi d'aujourd'hui, que les princes du sang, se trouvant les maîtres, les y ont fait entrer et manger à sa table, et fait tout ce que bon leur a semblé.

Mardi 2, à Versailles. — Le roi a fort bien passé la nuit et s'est fort bien porté toute la journée. Il a été à la messe et a tenu conseil de finances à son ordinaire. L'après-dînée il travailla avec M. de Chamillart et a soupé à sa grande table en public. L'appétit lui est revenu (1), et il ira demain se promener à Marly. — La maréchale de Tessé est morte dans ses terres en Normandie; elle ne venoit jamais à la cour et fort rarement à Paris. — Il paroît que madame la princesse de Conty, madame du Maine et mademoiselle de Condé, toutes trois sœurs de M. le Duc, ne sont pas contentes des avantages

---

(1) « Les nouvelles du roi sont fort bonnes aujourd'hui. Sa Majesté mange beaucoup, comme vous savez; il y a eu du poisson ces jours-ci.

« Les jésuites seront mortifiés de ce qui leur vient d'échapper en faveur de l'Oratoire, car ces deux grands princes que Dieu vient de retirer étoient tout remplis d'esprit et de lumières, mais politiques. » (*Lettre de la marquise d'Huxelles*, du 1er avril.)

que lui a faits M. le Prince. Madame la Princesse a six ou sept millions de reprises sur ses biens et pourra mettre la paix dans sa famille par les dispositions qu'elle pourra faire. M. le Prince avoit 850,000 livres de rente en fonds de terres; il avoit de grosses pensions du roi, qui montent, je crois, à 50,000 écus, et outre cela les appointements de la charge de grand maître et du gouvernement de Bourgogne. Il ne devoit que 12 ou 1,300,000 francs et laisse beaucoup d'argent comptant, de meubles et de pierreries, et avoit beaucoup d'argent sur la maison de ville, sur les gabelles et ailleurs encore, à ce qu'on croit.

Mercredi 3, à Versailles. — Le roi tint conseil d'État à l'ordinaire, et alla l'après-dînée se promener à Marly. Il ne sent plus aucune douleur et se trouve plus léger depuis les six palettes de sang qu'on lui a tirées. Il a remis à samedi la revue des régiments des gardes qu'il devoit faire vendredi. Monseigneur, après le conseil, alla dîner à Meudon et y mena madame la duchesse de Bourgogne dans sa berline. Messeigneurs les ducs de Bourgogne et de Berry y allèrent dîner aussi, et ce fut un dîner en particulier. Monseigneur est demeuré à Meudon, d'où il ne partira que mercredi pour aller droit à Marly. Monseigneur le duc de Bourgogne, madame la duchesse de Bourgogne et monseigneur le duc de Berry revinrent ici pour le souper du roi. Monseigneur le duc de Bretagne eut la fièvre assez violente et avec frisson; mais on croit que cela n'aura point de suite, parce que ce sont les grosses dents qui lui percent. — M. de Vendôme vint ici lundi sur le bruit de la maladie du roi, et il est du voyage de Meudon. Il se plaint hautement de Puységur et prétend qu'il a dit au roi des choses de lui très-offensantes sur la dernière campagne (1).

---

(1) « Il paroît que M. de Vendôme en use à l'ordinaire, et que les manières ne sont point changées avec lui. Ce prince s'est fort emporté contre M. de Puységur dans la galerie, à Versailles, où il y avoit beaucoup de gens, l'a-

Jeudi 4, à Versailles. — Le roi prit une médecine qui lui a très-bien fait, quoiqu'elle ne fût pas si forte qu'à l'ordinaire. Il travailla chez lui, l'après-dînée, avec M. de Pontchartrain. — Le pain enchérit considérablement, et on mande de plusieurs provinces que les blés y ont été entièrement gelés. Il y a beaucoup de pays dans l'Europe où la disette est encore plus grande, et on mande de Hollande que le pain y vaut vingt sols la livre. — M. le Duc est arrivé ce soir. Il recevra demain les visites en cérémonie, mais personne n'entrera chez lui qu'il ne soit en grand manteau. Le roi a ordonné à M. d'O de dire à M. le comte de Toulouse d'aller faire ces visites-là en grand manteau, et l'on ira de même chez M. le prince de Conty et chez M. du Maine, et les dames iront dimanche en mantes chez madame la Duchesse. — Avant-hier le marquis de Nesle épousa à Paris mademoiselle de Mazarin, fille du duc de la Meilleraye, et M. d'Ancenis épousa hier mademoiselle d'Entragues (1). — Le prince Eugène est arrivé à Bruxelles, il y a déjà quelques jours, et on dit qu'il est fort opposé à la paix, dont on parle autant en ce pays-là qu'ici.

Vendredi 5, à Versailles. — Le roi, après la messe, travailla avec son confesseur jusqu'à une heure à la distribution des bénéfices, et après dîner il alla se promener à Marly. — M. le Duc, M. le prince de Conty et M. du Maine sont en grand manteau chez eux en recevant leurs visites, mais ils n'en ont reçu que deux aujourd'hui, et il paroît que les princes étrangers et les ducs n'y veulent

---

postrophant d'une étrange façon, en disant qu'il le faisoit tout haut afin qu'on lui redit. » (*Lettre de la marquise d'Huxelles*, du 10 avril.)

(1) Le palais Mazarin a été magnifiquement décoré à la noce; grand repas et beaux équipages. M. le marquis de Nesle a fait un présent à sa femme de dix mille écus, dont huit cents louis font partie, et, entre autres bijoux, une tabatière d'or qui coûte huit cents livres de façon. Elle étoit commandée à neuf cents pour le prince Eugène, auquel on en fait une autre. Le mariage de M. d'Ancenis avec mademoiselle d'Antraigues s'est accompli chez le père de l'épouse plus modestement. » (*Lettre de la marquise d'Huxelles*, du 4 avril.)

point aller, à moins que le roi ne leur en parle. M. le comte de Toulouse y a été. On a refusé la porte à quelques courtisans qui y étoient allés sans grand manteau. — Le roi a donné l'évêché de Marseille à l'abbé de Belzunce, neveu de M. de Lauzun ; l'abbaye d'Auberive à l'abbé de Champigny, qui a perdu un bénéfice considérable qu'il avoit dans Lille, où il étoit demeuré durant le siége et où il avoit fort encouragé les habitants à se défendre; l'abbaye d'Épernay à l'abbé le Pileur ; l'abbaye de Gaillac à l'évêque de Poitiers ; l'abbaye d'Ardennes à l'abbé de la Bastie, grand vicaire de Chartres ; l'abbaye de Bonnefons à l'abbé de Lansac, grand vicaire de Bayonne ; l'abbaye de Saint-Léon à l'abbé de Suze; l'abbaye de Sandras à l'abbé Fanti ; l'abbaye d'Essonnes à l'abbé de Villebreuil ; le prieuré de Chaux à l'abbé Boisot, chanoine de Besançon ; l'abbaye de Saint-Aubert à Dom Pouillaude ; l'abbaye de Saint-Césaire d'Arles à madame de Gravezon ; l'abbaye de Bons à madame de Saliers ; l'abbaye d'Andlau à madame d'Andlau; la trésorerie de la Sainte-Chapelle de Bourges à l'abbé le Hours. On a mis 5,000 francs de pension sur l'abbaye de Saint-Aubert, qui est à Cambray, dont il y en a 2,000 francs pour le prévôt de Ceclin auprès de Lille, qui est un Liégeois qui a témoigné beaucoup d'affection la France et qui est toujours demeuré dans son bénéfice durant le siége de Lille. — Le roi a donné commission de colonel et 800 livres de pension à M. de Montauban, capitaine de carabiniers, qui étoit dans Lille durant le siége ; il y a déjà quelques jours que cela est fait.

Samedi 6, à Versailles. — Le roi tint le conseil de finances, et l'après-dînée il fit la revue des régiments des gardes françoises et suisses. Le roi étoit dans une petite calèche dans la cour, et après avoir vu ces deux régiments il dit qu'il n'avoit pas trouvé un homme qu'il en voulût ôter; effectivement ils sont plus beaux que jamais et sont plus que complets. Le roi alla ensuite à Trianon et travailla le soir avec M. de Pontchartrain chez madame de Maintenon. — Le roi [dit le matin à M. de Beauvilliers que, M. le comte de Toulouse étant allé en grand manteau chez les princes, personne ne devoit faire de difficulté d'y aller, et l'après-dînée tous les courtisans, princes, ducs et autres y allèrent en grand manteau. M. le Duc, M. le duc d'Enghien, son fils, qui étoit dans sa chambre avec lui, les reçurent en grand manteau aussi. On alla ensuite chez M. le prince de Conty et M. le duc du Maine avec les manteaux longs. Ce sera M. le prince de Conty qui ira de la part du roi donner de l'eau bénite au corps de M. le Prince. Le duc de Tresmes l'accompagnera, et M. de Pompadour portera la queue de sa robe. Cette cérémonie se fera mardi.

Dimanche 7, à Versailles. — Le roi tint le conseil d'État à son ordinaire, et après son dîner il alla voir M. le Duc, madame la Duchesse, M. le prince de Conty, M. et madame du Maine, et puis remonta chez lui, où il travailla avec M. Pelletier, d'où il ne sortit que pour aller chez madame de Maintenon sur les sept heures. Messeigneurs les ducs de Bourgogne et de Berry allèrent aussi faire les mêmes visites. Madame la duchesse de Bourgogne, après que le roi fut sorti de chez madame la Duchesse, y alla. Madame la Duchesse étoit dans son lit; elle est grosse de sept mois et voulut éviter les peines du cérémonial à cause de l'état où elle est. Mesdemoiselles de Bourbon et de Charolois, ses filles, étoient dans sa chambre en mantes pour en faire les honneurs et ne point recevoir de visites chez elles. Madame la duchesse de Bourgogne alla ensuite chez madame du Maine. Toutes les dames, princesses, duchesses et autres firent les mêmes visites en mantes, hormis celles qui suivoient madame la duchesse de Bourgogne et qui reprirent ensuite leurs mantes pour faire leurs visites en particulier. Les veuves, au lieu de mantes, avoient le petit voile. Mademoiselle de Lislebonne fit dans toutes les visites les excuses de M. de Vaudemont de ce que ses mauvaises jambes l'empêchoient de rendre ce devoir-là, et M. le comte de Brionne les fit aussi pour M. le Grand, son père, qui ne peut pas se tenir debout non plus. Madame la duchesse de Bourgogne, après ses visites, alla à vêpres où étoit déjà monseigneur le duc de Bourgogne, et après vêpres, elle alla à Meudon voir Monseigneur, qui n'étoit point venu le matin au conseil, contre son ordinaire. Elle en revint pour le souper du roi et en ramena dans son carrosse monseigneur le duc de Berry, qui y avoit dîné. — M. d'Arpajon, qui vient d'être fait maréchal de camp, remit à M. le duc d'Orléans le régiment de Chartres que ce prince lui avoit donné, et M. le duc d'Orléans le donne présentement au chevalier d'Estampes, qui a déjà la survivance de la charge de capitaine de ses gardes, et le chevalier d'Estampes donnera 20,000 francs à la Fare, que M. le duc d'Orléans lui avoit promis de lui faire donner pour achever de payer le régiment que la Fare acheta pour son fils il y a quelques années, qui lui coûta 45,000 francs, dont M. le duc d'Orléans lui en avoit déjà donné 25,000 ; ainsi le régiment n'aura rien coûté à la Fare.

Lundi 8, à Versailles. — Le roi tint le matin conseil de dépêches et l'après-dînée il alla à vêpres et au salut avec toute la maison royale. — La fête de Notre-Dame avoit été remise à aujourd'hui, parce qu'on ne remet point les fêtes à la semaine de Pâques. — On mande de Vienne que l'empereur envoie à la Haye le comte de Zinzendorf pour y veiller à ses intérêts sur les bruits de paix qui courent. — La Mothe, mestre de camp de cavalerie et fort vieil officier, se retire. Le roi a donné l'agrément de son régiment au marquis de Joyeuse, neveu du maréchal, qui a épousé depuis quelques années une vieille veuve fort riche. — On eut des nouvelles qu'il étoit arrivé à la Rochelle un vaisseau dont on étoit en peine et sur lequel il y a sept millions en lingots ou en piastres. — On mande de Madrid que la reine d'Espagne, qui est dans son huitième mois, étoit tombée, mais qu'elle ne s'étoit point blessée.

Mardi 9, à Versailles. — Le roi tint le conseil de finances et il alla se promener à Trianon l'après-dînée. Il travailla le soir avec M. de Chamillart chez madame de Maintenon. — M. le prince de Conty alla l'après-dînée donner de l'eau bénite au corps de M. le Prince, qui est exposé dans un des appartements hauts de l'hôtel de Condé à Paris. Il partit de l'hôtel de Conty dans son carrosse, alla aux Tuileries, où il monta dans un carrosse du roi avec M. de Tresmes, M. de Pompadour, Desgranges, maître des cérémonies, et son gouverneur. On avoit cru que le gouverneur n'y devoit pas être, mais il fut décidé qu'il y seroit, et M. de Lanoue, qui est auprès de M. le duc d'Enghien, monta aussi dans le carrosse du roi avec lui quand il alla de la part du roi donner de l'eau bénite au corps de M. le prince de Conty. M. le Duc et M. du Maine reçurent M. le prince de Conty au bas du degré de l'hôtel de Condé et le menèrent d'abord dans une chambre en bas où il n'y avoit qu'un fauteuil. M. le prince de Conty s'y assit un moment et puis mit la robe de deuil avec le chaperon. M. le duc de Tresmes et M. de Pompadour prirent dans l'antichambre le grand manteau, le grand crêpe au chapeau, le collet uni et les pleureuses, et puis M. le prince de Conty monta le degré. M. de Pompadour lui porta la queue de sa robe traînante de cinq aunes, et quand ils furent dans la chambre où étoit le corps de M. le Prince, il se mit à genoux sur un prie-Dieu avec un accoudoir, M. le Duc, M. le duc d'Enghien et M. du Maine à genoux tous trois devant le prie-Dieu sur des carreaux, et le duc de Tresmes derrière M. le prince de Conty, aussi sur un carreau. Le héraut d'armes vouloit présenter le goupillon, mais il fut jugé, comme de raison, que ce devoit être l'aumônier du roi, qui étoit là pour cela. M. le Duc avoit avec lui, pour recevoir M. le prince de Conty, les princes de Rohan et de Tarente et MM. de Roucy, de Blanzac et de Lassay. M. le Duc avoit convié le duc d'Albret d'y être, mais apparemment M. de Bouillon, son père, l'en empêcha. Il envoya s'excuser, et on choisit en sa place le prince de Tarente. M. le Duc n'a pas été content de la difficulté qu'ils ont faite. Le carrosse du roi remena M. le prince de Conty chez lui, sans retourner aux Tuileries. M. de Fréjus étoit l'évêque qui assistoit à cette cérémonie (1). M. le Duc, M. son fils et M. du Maine étoient tous trois en grand manteau, avec le collier de l'ordre du Saint-Esprit.

Mercredi 10, *à Marly*. — Le roi, après le conseil d'État, alla à Marly, où il fit la revue de ses quatre compagnies des gardes du corps et des grenadiers à cheval, qu'il trouva dans le meilleur état du monde. Il demeurera ici dix jours. Madame Desmaretz y est pour la première fois. M. de Vendôme*, qui étoit à Meudon, n'a point demandé à venir ici, et est allé à la Ferté. M. de la Feuillade, qui y venoit toujours aussi, n'a point demandé. M. d'Heudicourt le fils, qui n'y avoit jamais été, est du voyage. Les équipages de Monseigneur et de monseigneur le duc de Bourgogne, qui avoient ordre de se tenir prêts pour le 1er de mai, sont retardés de quinze jours (2). — M. Desmaretz

---

(1) « M. le duc de Ventadour, comme plus proche parent, accompagna le cœur de monseigneur le Prince aux Jésuites, que le père confesseur vint recevoir, et auquel M. l'évêque de Fréjus fit un fort beau discours. Il y en a qui disent que ce prélat n'ira pas jusqu'à Vallery, et qu'il s'en reviendra après avoir remis le corps à M. l'archevêque de Sens, qui le doit recevoir avec son clergé. Le P. Gaillard est nommé, suivant le bruit, pour l'oraison funèbre ici, le P. de la Rue s'en étant excusé. On disoit qu'il falloit un évêque, mais il n'y en a pas beaucoup de prédicateurs.

« Il y avoit dix-huit mois que le P. de la Tour voyoit monseigneur le Prince; mais je pense qu'il ne l'a confessé qu'à la maladie dont il est mort. On prétend que tous leurs entretiens rouloient sur la connoissance parfaite qu'il avoit voulu prendre de la religion, s'en étant fait instruire à fond et le père général l'ayant parfaitement convaincu et persuadé...

« Il passe pour constant que monseigneur le Prince a dit qu'il faut vivre avec les jésuites et mourir avec les pères de l'Oratoire (*). » (*Lettre de la marquise d'Huxelles*, du 17 avril.)

(2) « Le départ de tous les équipages est retardé de quinze jours, tant du côté de Flandre, d'Allemagne que d'Espagne. Il y en a qui disent que pour la

(*) Saint-Simon attribue ce mot au président de Harlay. Voir tome XI, page 540.

s'est accommodé pour quatorze millions avec les intéressés aux vaisseaux qui sont arrivés au Port-Louis, venant de la mer du Sud, et leur a donné des assignations dont ils sont contents. — L'archiduc avoit envoyé à Port-Mahon un gouverneur espagnol avec quelques troupes; celui qui commande dans la place pour les Anglois n'a voulu recevoir ni les troupes ni le gouverneur, qui a été obligé de retourner à Barcelone.

* Les Mémoires se contentent de dire que M. de Vendôme, ayant été à Meudon, ne demanda point pour Marly, et passent sur la plus grande affaire de la cour comme chat sur braise. Cette addition les imitera ici par une explication très-décharnée d'une anecdote si curieuse et si intéressante, mais qui n'a pas encore assez vieilli pour sa délicatesse, et qu'il n'est pas encore possible de raconter. On se souviendra de la réserve dont on a usé sur la dernière campagne de Flandre, que cette réserve a été annoncée en son lieu, et de ce qui a été rapporté, et obscurément à dessein, de la conversation du duc de Beauvilliers avec un de ses plus intimes amis dans les jardins de Marly, sur le point de l'ouverture de cette fatale campagne. Tout ceci est une suite de ce qui fut prévu et de ce qui arriva, et l'obscurité qui se trouvera ici, ou si l'on veut le laconisme, une suite de celles dont on a usé à cet égard au volume précédent. On y a vu dans les Mémoires que monseigneur le duc de Bourgogne eut à son retour de longues conversations avec le roi; on y a vu encore le froid accueil fait à M. de Vendôme à son retour; on lui fit dire à l'oreille de ne demander plus pour Marly. Monseigneur, qui n'avoit pas tant entretenu le duc de Bourgogne, son fils, que le roi, continua de mener M. de Vendôme à Meudon. Il avoit eu défense de se présenter chez monseigneur le duc de Bourgogne et chez madame la duchesse de Bourgogne; ils furent dîner à Meudon; Monseigneur avec sa cour vint au-devant d'eux, et à sa suite M. de Vendôme, qui ne mesura pas sa contenance et qui crut que la présence et la maison de Monseigneur le mettoit en liberté. Le roi le sut dès le soir même; il fit défendre à M. de Vendôme non-seulement Meudon comme Marly, mais Versailles même. Il n'a jamais remis le pied depuis dans ces deux premières maisons, et n'a été qu'un quart d'heure dans la dernière lorsqu'il partit

---

Flandre on attend une réponse pour la paix, d'autres que c'est à cause qu'il n'y a point d'herbe sur la terre.... La paix signée ou non, M. Bontemps persiste dans son pari que Monseigneur ne marchera point. » (*Lettres de la marquise d'Huxelles*, des 12 et 17 avril.)

pour l'Espagne, dont il n'est point revenu. Il fut si outré en recevant cet ordre qu'au lieu d'aller à Anet il s'alla cacher à la Ferté-Allais, qui n'étoit ni commode ni en état de recevoir personne, et y fit venir ses chiens d'Anet pour y rester en solitude, sous prétexte de chasse, et passer ainsi les premiers jours de sa disgrâce si déclarée. Il n'y étoit pas accoutumé; un triomphe de toutes les sortes, et de toutes les sortes peu mérité, l'avoit porté dans les nues, d'où il tenta de précipiter les dieux. Il eut le sort des Titans. Sa rage fut extrême et s'augmenta par le délaissement où il se trouva toujours depuis. Un éclat de la même foudre tomba en même temps sur le comte d'Évreux. Il étoit avec M. de Vendôme en privance de cousin germain; il se trouvoit gendre de Crozat, qui étoit chargé des affaires fort en désordre de M. de Vendôme et s'étoit fort attaché à lui; c'étoit un lien de plus entre son gendre et lui en ces commencements de mariage. Le comte d'Évreux lui écrivit une lettre où les détails avantageux à M. de Vendôme, avec un art peu ménagé sur tout ce qui n'étoit pas lui, convia Crozat à la répandre dans des moments de curiosité et de crise. Tout fut bon jusqu'au retour de Flandre; mais, à ce retour, les dieux et les hommes furent jugés, chacun reprit sa forme, et Crozat se sauva dans son néant.

Jeudi 11, *à Marly*. — Le roi fit encore le matin la revue de ses gardes du corps et des grenadiers à cheval. Avant que d'aller à la revue, M. de Torcy fut assez longtemps enfermé avec lui. Il étoit venu hier au soir, un moment avant que le roi se couchât, lui porter quelques nouvelles; mais le secret est si parfaitement gardé que les courtisans ne découvrent rien. — Le nonce extraordinaire et l'ambassadeur de Venise allèrent hier à l'hôtel de Condé donner de l'eau bénite au corps de M. le Prince; un aumônier leur présenta le goupillon. On leur donna des carreaux pour faire leurs prières pendant que les prêtres et les religieux qui gardent le corps chantèrent le *De profundis*. Ils allèrent ensuite voir M. le Duc et M. le duc d'Enghien, qui étoient ensemble et qui les reçurent à l'entrée de l'appartement. Le cardinal de Noailles à la tête du chapitre de Notre-Dame, dix évêques de ceux qui sont à Paris, représentant le corps du clergé, le parlement et toutes les cours supérieures, l'Université et tout le corps de ville allèrent aussi jeter de l'eau bénite au corps de M. le Prince.

Vendredi 12, *à Marly.* — Le roi se promena tout le matin dans ses jardins, et alla l'après-dînée courre le cerf dans son parc; mais les cerfs, qui y sont en très-grande quantité, ont tellement souffert cet hiver et les terres sont encore si molles que les cerfs sont pris dans un moment. Les chiens portèrent même beaucoup par terre de cerfs et de biches, et on croit que le roi ne courra plus de ce voyage. — On mande de Bruxelles que le prince Eugène en est parti pour aller à la Haye, où l'on attend milord Marlborough, qui est prêt à s'embarquer pour repasser d'Angleterre en Hollande. — On mande de la Corugna en Galice que le vaisseau qu'avoit armé le connétable de Saint-Malo, et qui étoit celui qui n'avoit pu suivre les vaisseaux qui arrivèrent il y a un mois à Port-Louis, étoit heureusement arrivé à la Corugna, fort richement chargé. Il y a beaucoup de piastres et de lingots, et même assez d'or. Nos marchands ne sont pas trop contents du marquis de Castel dos Rios, vice-roi du Pérou. Il étoit ambassadeur ici avant le duc d'Albe, et avoit reçu des grâces du roi considérables et qui le devoient plus attacher à nos intérêts, car c'est même le roi qui avoit obtenu du roi d'Espagne, pour lui, la grandesse et cette vice-royauté.

Samedi 13, *à Marly.* — Le roi, après la messe, alla encore faire la revue de ses quatre compagnies des gardes du corps et des grenadiers à cheval, et puis il les renvoya dans leurs quartiers. L'après-dînée le roi se promena dans ses jardins, et le soir il travailla avec M. de Chamillart chez madame de Maintenon. Madame la duchesse de Bourgogne, qui a été un peu incommodée ces deux jours-ci, a dîné et soupé gras chez madame de Maintenon. — On porta le soir, de l'hôtel de Condé aux Jésuites, le cœur de M. le Prince; ce fut M. le prince de Conty qui l'y porta et qui avoit dans son carrosse M. de

Ventadour et M. l'évêque de Fréjus. M. le Duc étoit arrivé aux Jésuites un peu avant, et avoit avec lui M. le duc d'Enghien, son fils, M. le duc du Maine et M. de Lassay, dont la femme est fille naturelle de feu M. le Prince. Ils y trouvèrent M. le prince Charles, fils de M. le Grand, M. de Montbazon, M. le prince de Rohan et les comtes de Roucy et de Blanzac, qui ont tous l'honneur d'être parents de la maison de Condé. Le cœur fut placé sur une crédence auprès du cœur de Henri, prince de Condé, mort en 1646, et du cœur du grand prince de Condé, mort en 1686.

Dimanche 14, à Marly. — Le roi tint le conseil d'État, qui dura même plus longtemps qu'à l'ordinaire. Il ne sortit point l'après-dînée, parce qu'il fit un temps effroyable. Il travailla de bonne heure avec M. Desmaretz, et puis avec M. Pelletier. — Davignon, major des gardes du corps, qui est un garçon fort estimé et dont le roi est fort content, se trouva hier mal après la revue. Il a déjà été saigné trois fois. On l'a porté à Versailles, et les médecins le croient en très-grand danger pour avoir négligé un rhume. — Le secrétaire de M. Rouillé est arrivé; on le fait repartir incessamment, mais on ne sait point quelles nouvelles il apporte, et tout ce qui regarde la paix est fort secret ici. — Il y a eu quelque petit désordre à Marseille pour le blé, qui a été bientôt apaisé; mais il est fort à craindre qu'il ne recommence, car la Provence manque entièrement de blé, et il n'en sauroit plus guère venir par la mer depuis que les Anglois sont maîtres de Port-Mahon.

Lundi 15, à Marly. — Le roi se promena le matin dans ses jardins, et l'après-dînée il alla tirer. Il a renvoyé ses équipages de chasse. — La reine d'Angleterre est assez incommodée depuis quelques jours, et on craint que son mal n'augmente, car elle a une fièvre lente qui la mine, et elle a maigri considérablement. — On fait repartir le secrétaire du président Rouillé, et quoiqu'on parle toujours fort de paix en Hollande et en Flandre, on commence à en douter davantage ici. — On a donné de grands ordres à Paris pour les blés; mais ils ne laissent pas d'être encore fort chers. Il y a beaucoup de provinces qui en manquent; les intendants ont ordre de faire visiter les greniers dans leurs généralités (1). Il doit arriver cette semaine des vaisseaux qui en sont chargés. — On fait venir à Paris la moitié de l'argent qu'avoient apporté les vaisseaux qui sont arrivés à Port-Louis, qui venoient de la mer du Sud.

Mardi 16, *à Marly*. — Le roi tint le conseil de finances à l'ordinaire. Il fera ici vendredi la revue de ses deux compagnies de mousquetaires. Il y a tous les deux jours ici musique, comme à tous les voyages de Marly qui durent plus de trois jours, et quand ils ne sont que de trois jours il y a musique tous les soirs. Le temps s'est tout à fait remis au beau. Le roi se promena toute l'après-dînée et vit jouer longtemps au mail. — On mande de Bruxelles que le prince Eugène y a apporté un million pour acheter du sec, afin que les troupes puissent entrer en campagne avant que l'herbe soit venue. — M. le comte de Rochechouart, frère du duc de Mortemart, n'est plus en état de servir par sa mauvaise santé. Le roi lui a permis de vendre son régiment; il est colonel [du régiment Dauphin]. — On a reçu des lettres du maréchal de Tessé; il étoit encore à Gênes le 3 et n'attendoit que le vent favorable pour s'embarquer sur une galère de la république qui le doit porter à Monaco. Il ne savoit pas encore la mort de sa femme.

---

(1) « Ce qui occupe présentement Paris autant que toutes choses, c'est la cherté du pain et de tout ce qui est nécessaire à la vie. M. de Verthamon, premier président du grand conseil, ayant une terre ici près, gouvernée par le curé, qui avoit la clef du blé qu'on y gardoit, les paysans ses paroissiens en allèrent demander cinq cents boisseaux à rendre à la récolte. Il s'excusa, disant qu'il falloit s'adresser au seigneur; mais M. de Verthamon manda qu'on leur donnât sans condition et leur envoya encore cent pistoles. » (*Lettre de la marquise d'Huxelles*, du 19 avril.)

Mercredi 17, *à Marly*. — Le roi tint le conseil d'État et alla tirer l'après-dînée. Au retour de la chasse il travailla avec M. de Chamillart, et puis le renvoya querir encore, et travailla avec lui jusqu'à son souper. Monseigneur et madame la duchesse de Bourgogne allèrent à Saint-Germain voir la reine d'Angleterre, qui a toujours un peu de fièvre. — M. le marquis de Beauvau, lieutenant de gendarmerie, qui la commanda l'année passée et qui la devoit commander encore cette année, a obtenu la permission de se défaire de sa charge. Il a été fait maréchal de camp à la dernière promotion, et servira en cette qualité dans l'armée de Flandre. Les officiers de gendarmerie ne sont pas obligés, quand ils sont faits maréchaux de camp, à vendre leur charge; mais les affaires de M. de Beauvau l'y ont obligé. M. le marquis d'Illiers, qui est encore prisonnier et qui est lieutenant de gendarmerie et maréchal de camp du même jour que M. de Beauvau, demande aussi à pouvoir vendre sa charge.

Jeudi 18, *à Marly*. — Le roi se promena dans ses jardins. Madame de Maintenon étoit dans sa chaise à côté du petit chariot du roi, et dans un autre chariot étoient madame la princesse d'Harcourt, madame de Caylus et madame Desmaretz, et le roi prit plaisir à faire voir ses jardins à madame Desmaretz, qui n'étoit jamais venue à Marly. L'après-dînée le roi alla à Saint-Germain voir la reine d'Angleterre et revint d'assez bonne heure pour se promener encore longtemps. Il avoit travaillé encore le matin avec M. de Chamillart avant que d'aller à la messe. — Le duc de Berwick, qui n'a point de logement ici, mais qui a permission d'y venir quand il lui plaît, partira dimanche pour aller en Dauphiné et en Provence. Il est bien aise, devant de commander en ce pays-là cette année, de connoître un peu ces deux provinces avant que la campagne commence. Le roi lui donnera son audience de congé samedi.

Vendredi 19, *à Marly*. — Le roi entretint le matin son

confesseur et lui commanda de le suivre à la promenade et prit plaisir à lui faire voir ses jardins. L'après-dînée le roi alla faire la revue de ses deux compagnies de mousquetaires, qui sont plus que complètes. — Voici la liste des changements qu'il y a eu parmi les officiers de la gendarmerie depuis six mois : M. de la Serre a vendu la sous-lieutenance des gendarmes de Bourgogne au marquis d'Avaugour, et M. de Refuge a acheté l'enseigne des Écossois qu'avoit M. d'Avaugour, et M. de Villaines, qui est fils de Villaines, lieutenant des gardes du corps, a acheté le guidon des Écossois qu'avoit M. de Refuge; le chevalier de Casteja a acheté le guidon des gendarmes de Bourgogne; le marquis de Lenoncourt, fils de celui que nous avons vu plusieurs fois ici, envoyé de M. de Lorraine, a acheté le guidon des gendarmes d'Anjou; le chevalier de Valbelle a acheté le guidon des gendarmes de Berry; M. de la Roche a acheté l'enseigne des gendarmes de la reine, et le chevalier de Bissy en a acheté le guidon; le marquis d'Argouges a acheté la seconde cornette des chevau-légers d'Anjou.

Samedi 20, *à Versailles.* — Le roi donna une longue audience à Marly au duc de Berwick, qui prit congé de lui. S. M. travailla aussi assez longtemps avec son confesseur, et partit à sept heures de Marly pour venir ici, et en arrivant il travailla avec M. de Chamillart chez madame de Maintenon. Monseigneur partit le matin de Marly et alla dîner à Meudon, d'où il revint ici pour le souper du roi. Madame la duchesse de Bourgogne partit de Marly un peu avant le roi. — Le roi a donné pour coadjuteur à M. l'évêque de Chartres l'abbé de Mérinville, son neveu, qui n'a que vingt-sept ans. M. de Chartres avoit fort souhaité qu'il eût cette place pour le soulager dans son diocèse. — Les mousquetaires, après la revue de hier, eurent ordre de se tenir prêts à partir les derniers jours de ce mois-ci. Le roi a donné ordre au duc de Guiche pour faire partir le régiment des gardes les premiers jours du mois de mai. — On est fort mécontent ici du grand maître de Malte, qui a arrêté à Malte de grosses barques chargées de blés qu'on faisoit venir pour Marseille.

Dimanche 21, *à Versailles.* — Le roi tint le conseil d'État à l'ordinaire. Il alla tirer l'après-dînée et le soir il travailla avec M. Pelletier chez madame de Maintenon. Madame la duchesse de Bourgogne et monseigneur le duc de Berry allèrent faire collation à la Ménagerie et revinrent souper avec le roi. — On attend à la fin de la semaine des nouvelles de M. le président Rouillé, à qui on a fait réponse sur des nouvelles propositions que font les Hollandois. Le prince Eugène et milord Marlborough font tout ce qu'ils peuvent pour retarder et embrouiller la paix, et il est à craindre, comme ils ont beaucoup de créatures en Hollande, qu'ils ne réussissent dans leurs intentions. — Voici une copie de la lettre que la reine d'Espagne a écrite à madame la duchesse de Bourgogne, du 8 de ce mois : « Mon fils fut hier reconnu héritier présomptif de la monarchie d'Espagne par les États du royaume, et en cette qualité le clergé, tous les grands officiers de la couronne, la noblesse et les députés des villes qui ont droit d'assister aux États lui jurèrent fidélité, lui rendirent hommage et lui baisèrent la main. Le cardinal Portocarrero officia et reçut le serment. Le patriarche des Indes, grand aumônier, donna la confirmation à mon fils, parce que c'est la coutume de confirmer ce jour-là les princes qui n'ont pas encore reçu ce sacrement. Le cardinal Portocarrero lui servit de parrain, et le duc de Medina-Celi reçut l'hommage. Cette fonction dura trois heures. L'assemblée étoit très-nombreuse; tout se passa néanmoins avec tant d'ordre et un si profond respect que je n'en fus pas moins surprise que contente des expressions vives et tendres avec lesquelles chaque particulier témoignoit sa joie et celle de tout le royaume en nous baisant la main. Sur les neuf heures et demie nous descendîmes; le roi, mon fils et moi, dans l'église de Saint-Jérôme, que nous trouvâmes magnifiquement parée et remplie de tous ceux qui avoient droit d'y entrer ou par leurs charges ou comme membres des États. Le roi étoit accompagné des grands officiers de la couronne. J'étois suivie de quatorze dames, toutes grandes ou mariées à des fils aînés de grands, que j'avois choisies dans les premières maisons d'Espagne, et mon fils étoit porté par la princesse des Ursins. C'étoit à elle, comme camerera-mayor, à tenir ma queue; mais, faisant la charge de gouvernante du prince, le comte d'Aguilar, capitaine des gardes, prit sa place, parce que, si j'avois nommé une dame, toutes les autres auroient été au désespoir de cette préférence. Dès que nous fûmes sous notre dais, la cérémonie commença par le *Veni Creator*. Pendant toute la messe mon fils fut d'une sagesse et d'une gaieté qui attiroit l'attention de tout le monde. Il baisa l'évangile et la paix comme une personne raisonnable; mais lorsqu'on le porta à l'autel pour le confirmer après la messe, il commença à être fâché de s'éloigner de moi, et le bandeau qu'on lui mit acheva de le mettre de mauvaise humeur. Cela dura peu, car dès qu'il fut revenu auprès de moi ses pleurs cessèrent. Chacun vint ensuite suivant son rang prêter serment et rendre hommage. Plus de deux cents personnes baisèrent la main de mon fils, qu'il donnoit lui-même très-gracieusement et avec beaucoup plus de patience qu'on ne devoit en attendre d'un enfant qui n'a pas vingt mois. Sur la fin cependant on fut obligé d'appeler sa nourrice, mais en tetant il donnoit sa main à baiser comme auparavant, d'une manière pourtant qui sembloit demander si cela ne finiroit pas bientôt. Après le *Te Deum*, nous passâmes à notre appartement dans le même ordre et avec la même suite. Les peuples n'ont pu donner plus de marques de leur zèle et de leur amour pour nous qu'ils ont fait en cette occasion. La cour étoit magnifique, et je crois qu'il ne s'est jamais vu de fête ni mieux réglée ni qui ait fini avec une satisfaction si générale. »

Lundi 22, *à Versailles*. — Le roi alla dîner à Trianon; madame la duchesse de Bourgogne y alla dîner avec lui. Elle monta dans un carrosse du roi, où étoient madame de Maintenon, madame de Lévis et madame de Dangeau, et dans un carrosse de madame la duchesse de Bourgogne étoient la maréchale d'Estrées, mesdames de la Vallière, de Gondrin, d'O et de Caylus. Ils dînèrent en particulier dans l'appartement de madame de Maintenon. L'après-dînée le roi fit venir M. de Pontchartrain, et travailla avec lui. Madame la duchesse de Bourgogne joua au papillon, et sur les cinq heures le roi vouloit s'aller promener dans ses jardins avec les dames, mais il vint un orage qui l'empêcha de sortir. Il ne se put promener que dans la maison, et en repartit à six heures pour revenir ici. Monseigneur et monseigneur le duc de Berry coururent le loup. Monseigneur le duc de Bourgogne donna à dîner ici à cinq ou six courtisans, qu'il mena ensuite jouer au mail à Meudon. — M. le maréchal de Villars mande que l'armée de Flandre sera bien plus belle qu'on n'avoit cru. Toutes les troupes sont presque complètes; la misère des provinces fait que les recrues ont été très-aisées à faire, mais il n'y a point encore de magasins dans les villes pour faire subsister l'armée, et c'est à quoi l'on travaille.

Mardi 23, *à Versailles*. — Le roi tint le conseil de finances et travailla ensuite à son ordinaire avec M. Desmaretz. L'après-dînée il alla à la volerie pour la première fois de l'année; madame la duchesse de Bourgogne y alla en carrosse, et le soir le roi travailla avec M. de Chamillart chez madame de Maintenon. — Durant ce dernier voyage de Marly, M. Desmaretz a envoyé en Flandre quatre millions en espèces. — Le roi a donné 1,000 écus de gratification à l'abbé de Castillon, et lui continuera jusqu'à la paix ou jusqu'à ce qu'on lui ait donné quelque chose plus considérable. — Le roi a donné ordre au prince de Rohan et au vidame d'Amiens pour la revue des gendarmes et des chevau-légers, qui se fera de lundi en huit jours à Marly. — Le maréchal de Tessé est arrivé à Antibes du 12, et on l'attend ici à la fin de la semaine.

Mercredi 24, *à Versailles.* — Le roi tint le conseil d'État à son ordinaire. — On va publier un arrêt pour la conversion des monnoies, qu'on refondra toutes et dont on augmentera le poids. On fera valoir les louis d'or seize livres dix sols, et les écus quatre livres huit. On compte qu'il y a dans le royaume plus de cinq cent millions d'argent monnoyé, et que par cette conversion le profit que fera le roi donnera le moyen d'éteindre tous les billets de monnoie. On recevra un cinquième en billets de monnoie de la somme qu'on voudra convertir, et en même temps le billet de monnoie sera déchiré. — M. de Roussillon achète le régiment que M. de Mancini avoit acheté de M. de la Feuillade. M. de Mancini l'avoit acheté 10,000 écus, et ne le revend que 16,000 francs. M. de Mancini, selon les apparences, en quittant le service, va s'établir à Rome, où il a de beaux palais, ou va demeurer dans quelque autre endroit d'Italie, car on dit qu'il veut vendre ses palais à Rome.

Jeudi 25, *à Versailles.* — Le roi dîna de bonne heure et alla se promener à Marly. Monseigneur alla dîner à Meudon, où il demeurera jusqu'au premier voyage de Marly, qui sera mercredi. — M. Trudaine, intendant de Lyon, est arrivé depuis quelques jours, et on va le faire repartir (1). Les affaires de Samuel Bernard faisoient un grand désordre à Lyon, malgré les secours que lui avoit fait donner M. Desmaretz pour apaiser ses créanciers. On espère qu'on trouvera encore moyen de finir cette affaire, qui au-

---

(1) « M. Trudaine, intendant à Lyon, est arrivé ; on dit qu'il doit s'en retourner dans cinq ou six jours et qu'il n'est venu que pour rendre compte de l'état de cette ville, afin d'y pourvoir. Le parlement de Paris a donné des arrêts pour ce qui regarde son ressort, et on ne comprend point cette famine générale après ce qui se disoit de l'abondance des blés l'année passée. » (*Lettre de la marquise d'Huxelles*, du 24 avril.)

roit porté un grand préjudice à Lyon. — Le grand maître de Malte a renvoyé à Marseille les barques chargées de blés venant d'Afrique et qu'il avoit arrêtées à Malte. Le roi lui avoit fait mander que, s'il ne les rendoit, il feroit saisir tous les revenus de l'ordre de Malte dans le royaume.

Vendredi 26, à Versailles. — Le roi travailla le matin avec son confesseur, et l'après-dînée il alla à Meudon voir les nouveaux bâtiments de Monseigneur, à qui il a conseillé d'y faire faire quelques changements pendant qu'il sera à l'armée. — Le roi a donné 50,000 écus de brevet de retenue au marquis de la Vallière sur son gouvernement de Bourbonnois. Madame la princesse de Conty, de qui il a l'honneur d'être cousin germain, en alla remercier le roi le matin; mais le marquis de la Vallière, qui est avec Monseigneur, ne l'apprit qu'un quart d'heure avant que le roi arrivât à Meudon, et ce fut là qu'il fit son remerciment. — Les régiments des gardes qui avoient ordre de partir de Paris le 1er mai n'en partiront que le 6 au plus tôt; on en laisse même quelques compagnies plus qu'à l'ordinaire, parce que la cherté du pain cause souvent de petits désordres dans les marchés et qu'on veut avoir dans tous les marchés des soldats pour contenir la populace, qui ne souffre pas son mal sans murmurer beaucoup.

Samedi 27, à Versailles. — Le roi tint conseil de finances et travailla le soir avec M. de Chamillart chez madame de Maintenon. — Il arriva un courrier de M. le président Rouillé. On ne dit point quelles nouvelles il apporte; mais par toutes les lettres que les particuliers reçoivent de leurs correspondants en Hollande il paroît que les alliés font des propositions que le roi ne veut ni ne doit accepter; ainsi on ne doute pas que la paix ne soit reculée et qu'on ne fasse encore cette campagne, qu'on ne sauroit commencer cette année qu'à la fin de juin, à ce que disent tous les gens qui viennent de Flandre, car les armées ne trouveroient point de quoi subsister. Cependant les négociations ne sont pas entièrement rompues, car M. Rouillé ne revient point encore. — Le duc d'Aumont a vendu le régiment d'infanterie qu'avoit M. le marquis de Villequier, son fils, 22,500 francs, qui est ce qui lui en avoit coûté pour le régiment de cavalerie qu'il a présentement.

Dimanche 28, *à Versailles.* — Le roi tint le conseil d'État, qui fut même plus long qu'à l'ordinaire, et comme on n'y put pas finir toutes les affaires qu'on avoit, on le tiendra encore demain, au lieu du conseil de dépêches, que le roi a remis à mercredi après dîner. Monseigneur vint de Meudon pour le conseil et s'y en retourna dîner. Madame la duchesse de Bourgogne et monseigneur le duc de Berry, l'après-dînée, allèrent à Meudon voir Monseigneur et revinrent ici pour le souper du roi. — Les colonels et les brigadiers qui ont des régiments en Flandre ont ordre de s'y rendre le 10 du mois qui vient. — On fait imprimer un édit du roi par lequel on espère pouvoir remédier en partie aux maux que cause la cherté du blé. On fera des perquisitions exactes dans les provinces du royaume pour voir ce qu'il y peut avoir de blé dans chaque ville et dans la campagne, et ceux qui n'auront pas donné des déclarations justes seront condamnés aux galères et à la mort même, si le cas y échet, et l'on donnera aux dénonciateurs la moitié du blé qui n'aura pas été déclaré et 1,000 francs sur l'amende qu'on fera payer à ceux qui n'auront pas obéi à l'édit.

Lundi 29, *à Versailles.* — Le roi tint encore le conseil d'État, comme il l'avoit résolu hier, et on croit qu'on a pris la dernière résolution sur les propositions exorbitantes que les alliés font pour la paix. On a fait repartir le courrier de M. Rouillé. Le roi travailla le soir chez madame de Maintenon avec M. de Pontchartrain, et il va paroître au premier jour une déclaration pour encourager les officiers de la marine à armer des vaisseaux du roi, pour aller chercher des blés dans les pays éloignés et les amener en France. — Il arriva hier à Paris un assez grand désordre dans l'église de Saint-Roch. Un pauvre qu'on voulut faire sortir de l'église fut blessé légèrement à la main. La populace et surtout les femmes s'assemblèrent en grand nombre. Il vint quelques soldats de la compagnie générale des Suisses pour empêcher le désordre. M. d'Argenson fut obligé d'y venir lui-même; on lui jeta quelques pierres. Le peuple avoit déjà mis du bois devant la maison du commissaire du quartier pour la brûler. M. d'Argenson, par sa patience et par le secours des Suisses, apaisa le désordre (1).

Mardi 30, *à Versailles*. — Le roi tint le conseil d'État à son ordinaire. Il a remis à lundi le conseil de dépêches. Il le tiendra ce jour-là le matin à Marly, et il le devoit tenir ici demain après dîner avant que d'y aller. Monseigneur le duc de Bourgogne alla dîner à Meudon et en revint ici à quatre heures; madame la duchesse de Bourgogne et monseigneur le duc de Berry y allèrent aussi dîner et y menèrent trois carrosses pleins de dames. Monseigneur les mena à l'opéra à Paris avec le roi d'Angleterre et la princesse sa sœur, qui étoient venus de Saint-Germain dîner à Meudon. Monseigneur trouva en chemin, et dans la campagne et sur le Pont-Royal, beaucoup de femmes qui crioient en lui demandant du pain. Monseigneur leur fit jeter assez d'argent (2). Après l'opéra la cour

---

(1) « Il y eut avant-hier au matin, pendant le service à Saint-Roch, une émotion populaire pour un pauvre qui, demandant l'aumône, fut fort maltraité par les archers de l'écuelle. Ceux-ci, n'étant pas les plus forts, se réfugièrent chez le commissaire qui loge à la porte de l'église; la populace s'y transporta, jeta des pierres aux fenêtres et mit le feu à la porte de sa maison. Le commissaire se sauva par les derrières dans la communauté des prêtres; l'archer de même qui avoit excédé de coups de bâton le mendiant qu'on avoit mené chez le chirurgien. Enfin M. d'Argenson arriva, précédé de cinquante Suisses, la baïonnette au bout du fusil, dissipa le désordre et ramena avec un chantre le commissaire, qui n'osoit revenir chez lui. Le tout finit par une infinité de femmes qui crièrent au pain à M. d'Argenson. » (*Lettre de la marquise d'Huxelles*, du 29 avril.)

(2) « Monseigneur est ce soir à l'opéra, madame la duchesse de Bourgogne et le roi d'Angleterre avec lui. Il s'est amassé beaucoup de femmes sur son chemin, criant au pain et montrant celui qu'elles mangent, dont elles ne sont

d'Angleterre retourna à Saint-Germain, Monseigneur à Meudon, madame la duchesse de Bourgogne et monseigneur le duc de Berry revinrent ici. — Le chevalier d'Hautefort, nouveau maréchal de camp, a vendu 40,000 écus le régiment de dragons qu'il avoit. — Le chevalier de Bueil apporta la nouvelle de la prise du château d'Alicante. La flotte ennemie, qui étoit venue sur la côte pour tâcher de le secourir, n'ayant pu y réussir, envoya dire au commandant du château de se rendre et capitula pour la garnison, qui étoit encore de six cents hommes, à qui on a donné une capitulation honorable.

Mercredi 1er mai, à Marly. — Le roi tint le conseil d'État à Versailles et en partit l'après-dînée pour venir ici, où il demeurera dix jours. Monseigneur y vint tout droit de Meudon. Monseigneur le duc de Bourgogne et madame la duchesse de Bourgogne y vinrent quelques heures après le roi. — Le duc d'Albe présenta hier au roi, à Versailles, le duc de Linarès, que le roi d'Espagne a nommé vice-roi du Mexique en la place du duc d'Albuquerque, qui y est vice-roi depuis longtemps et qui y a amassé des biens immenses. — M. le duc de la Rochefoucauld * n'est point de ce voyage. On croit même qu'il n'y viendra plus. La vue commence à lui manquer. Il ne veut plus aller à la chasse, et son projet, à ce qu'il paroît, est de se tenir au chenil à Versailles, de venir rarement au château voir

---

pas contentes. Il enchérit encore à chaque marché, mais on a publié une déclaration du roi ce matin, en date d'hier, pour avoir cours dans tout le royaume, que l'on espère qui apportera du soulagement, pourvu que les intentions de Sa Majesté soient bien exécutées, et par des gens de probité, car on ne doute pas qu'il n'y ait des blés dans le royaume et qu'on ne découvre la cause de cette famine. On dit que Marseille et la Provence se raccommodent, et qu'il y en est venu par mer....

« Ils disent qu'il y avoit plus de quatre mille personnes au-devant de Monseigneur quand il vint ici avant-hier, tant hommes que femmes, et que la même compagnie étoit hier sur le rempart, parce qu'on avoit dit qu'il venoit à un combat de taureau qui se donnoit dans un lieu destiné à ce spectacle. »
(*Lettres de la marquise d'Huxelles*, des 30 avril et 2 mai.)

le roi, de ne guère recevoir de visites et de mener une vie fort retirée comme un homme qui ne veut plus s'occuper que de son salut. Il laissera un grand vide à la cour, car son appartement étoit ouvert à tout le monde dès le matin, et y vivoit fort magnifiquement.

* M. de la Rochefoucauld n'avoit rien qui fît qu'on pût seulement douter qu'il fût le fils de ce duc de la Rochefoucauld dont l'esprit, la galanterie, les intrigues, les vues, les parties avoient fait tant de bruit dans le monde, et à qui le roi ne les avoit jamais bien pu pardonner. Il avoit aussi suivi son père dans tous ces troubles, et il portoit au visage une légère marque du combat du faubourg Saint-Antoine. Leurs affaires étoient demeurées délabrées. Le père, cousin germain du duc de Liancourt, célèbre et sa femme encore plus par leur esprit, leur considération, leur piété et leur admirable retraite, maria son fils à la fille unique de leur fils unique, qui avoit été tué, et remit ainsi de grands biens dans sa maison. Ce mariage ne fut pas stérile, mais il dura peu, et les deux familles logées ensemble demeurèrent toujours dans une liaison intime. M. de la Rochefoucauld le père, mal à la cour, demeuroit à Paris, où il faisoit les délices de la bonne compagnie; son fils, qui avoit de la valeur et de l'honneur autant qu'un courtisan en peut avoir, mais nul autre talent, se produisit à la cour, où, malgré la disgrâce de son père, il parvint très-promptement à plaire au roi, qui le traita de manière à donner de la jalousie à ses pareils, et à surprendre une cour spirituelle, brillante et polie. Le comment cela arriva n'a jamais été compris; le goût du roi n'étoit pas délicat, et il en eut tant pour lui qu'il fut une sorte de favori toute sa vie. Le roi avoit formé la charge de grand maître de la garde-robe pour Quitry, qui fut tué au passage du Rhin, et il la donna à M. de la Rochefoucauld, puis celle du grand veneur à la mort de Soyecourt. On crut que cette dernière fut la récompense d'avoir produit madame de Fontanges; sa mort prompte et soupçonnée ne fit rien à la faveur de M. de la Rochefoucauld, qui se lia étroitement avec madame de Montespan et qui le demeura toute sa vie avec sa famille. Il fut le seul homme considérable de toute la cour qui ne fléchit point le genou devant madame de Maintenon, et le seul qu'elle haït qu'elle ne put jamais entamer. Elle auroit volontiers entendu au mariage de sa nièce avec son petit-fils, et le roi le désiroit pour les rapprocher et s'ôter du malaise; mais le duc écarta ou fut sourd aux insinuations, ce qui fit tourner tout court aux Noailles, qui travailloient de leur mieux à ce grand mariage, et qui le devint peut-être encore plus par pique contre M. de la Rochefoucauld. Il ne se pouvoit pardonner de s'être laissé aller pour son fils aîné à celui de la fille aînée de Louvois, avec qui il étoit mal, et que le roi se mit en tête de faire pour les raccommoder. Louvois le désiroit avec passion pour se réconcilier avec un homme dangereux par sa hauteur, par sa privance avec le roi et par sa liberté d'en user sans retenue contre ceux qu'il haïssoit et avec plus d'acharnement et de force quand ils étoient puissants. La Rochefoucauld, qui se fit tenir à quatre, en eut des millions et l'érection du duché héréditaire de la Rocheguyon pour son fils; mais le mariage fait, Louvois, peu accoutumé à être mené haut à la main, lui qui y menoit tout le monde, ne put demeurer longtemps bien avec M. de la Rochefoucauld, qui se rebrouilla avec lui jusqu'à sa mort, et n'en aima jamais ni la famille ni sa propre belle-fille, qu'il ne voulut jamais souffrir à la cour et qui, par ses soins domestiques, par sa vertu et son mérite, par son attachement extrême pour son mari et pour sa maison, qu'elle rétablit, méritoit d'être mieux traitée de son beau-père. C'étoit un homme très-borné, haut, dur, rude, rogue et farouche, tout gouverné par ses valets, qui n'aimoit qu'eux, moins que médiocrement ses enfants, et ses amis par fantaisie. Jamais valet ne l'a été de personne avec tant d'assiduité, de bassesse, il faut dire d'esclavage, qu'il le fut du roi toute sa vie, et il n'est pas aisé de comprendre qu'il s'en pût trouver un second. Le lever, le coucher, les deux changements d'habits dans la journée, les chasses et les promenades du roi de tous les jours, il n'en manquoit jamais, quelquefois dix ans et plus de suite sans découcher du lieu où étoit le roi, excepté les dix ou douze dernières années, qu'il prenoit du lait un mois à Liancourt, et deux ou trois courts voyages à Verteuil. Son appartement étoit ouvert matin et soir; mais le mélange des valets d'un trop bon maître, les égards qu'il falloit avoir pour eux et les airs que prenoient les principaux en bannissoient la bonne compagnie, qui n'y alloit que des instants et peu souvent, et laissoit le champ libre aux ennuyeux, et aux désœuvrés de la cour, qui y trouvoient bonne chère, y établissoient leur domicile et y essuyoient largement les humeurs du maître, qui dominoit sur eux avec un empire dur, et qui se trouvoit déplacé et embarrassé avec mieux qu'eux. Cette raison et un temps que son assiduité rendoit fort coupé l'avoit mis sur le pied de ne faire presque aucune visite, et cette assiduité étoit devenue si forcée qu'il demandoit congé au roi quand très-rarement il alloit dîner à Paris ou à une petite maison près de Marly sans y coucher. Avec cela il étoit officieux et parloit aisément au roi et avec force pour les uns et pour les autres; mais il choisissoit souvent mal ceux pour qui il s'intéressoit. Il étoit magnifique, et toujours ses affaires en désordre; le roi lui paya plusieurs fois ses dettes, outre des présents fréquents et considérables, dont la plupart alloient à ses valets, devant qui ses enfants étoient en respect et en besoin. A la fin il fatigua le roi de ses demandes, qui s'accoutuma à le refuser, et l'autre à le gourmander ; cela mit sur la fin un malaise entre le roi et lui, qui lui donna des pensées de retraite dont il fut longtemps la dupe. Ses yeux s'affaiblirent et ne lui permirent plus de monter à cheval ; il couroit en calèche, et à la mort du cerf se faisoit descendre et mener à celle du roi pour lui présenter le pied, qu'il lui fourroit souvent dans les yeux ou dans l'oreille ; cela faisoit peine au roi et à tout le monde, et encore de le voir tout couché dans sa calèche comme un corps mort. Le roi lui proposoit quelquefois doucement de se tenir en repos ; cela perçoit le cœur au duc, qui se voyoit déchoir et devenir pesant auprès de lui de plus en plus. Il ne pouvoit plus rien faire, par faute de vue, de ce qu'il avoit toujours fait ; il étoit peu écouté, presque toujours éconduit, quelquefois refusé sèchement. Le dépit vint au secours du courage ; il se retira, mais le plus pitoyablement du monde. Son projet flottoit entre sa maison de Paris ou un appartement à Sainte-Geneviève, où la mémoire du cardinal de la Rochefoucauld lui faisoit trouver tout ce qu'il auroit pu désirer. Ses valets, qui étoient ses maîtres, ne voulurent ni l'un ni l'autre ; ils espéroient toujours de tirer de son reste de crédit, et ils l'entraînèrent au chenil à Versailles, pour de là le pouvoir faire aller demander au roi quand ils en auroient besoin. Ce fut donc là qu'il établit sa demeure, où bientôt il fut abandonné à la douleur et à l'ennui ; il en fit encore quelques parties de main, dans le cabinet du roi par les derrières, peu fructueuses, qui achevèrent de l'accabler, et ce fut ainsi qu'il acheva sa vie. Jamais homme si comblé ne fut si envieux, et il l'étoit de tout, des choses même qu'il ne pouvoit désirer pour lui ni pour personne, enfin jusqu'à des cures ; il se plaignoit toujours et trouvoit les autres heureux ; aussi jamais homme ne le fut-il moins que celui-là par une humeur qui le dévoroit et par une servitude dont ses valets lui firent boire jusqu'à la lie.

Jeudi 2, à Marly. — Le roi se promena tout le matin et toute l'après-dînée dans ses jardins. Il n'a point amené ici ses équipages de chasse. — Le soir le bruit commença à se répandre que hier un peu avant minuit M. de Torcy étoit parti de Paris en chaise de poste, prenant la route de Flandre, ce qui donne de grandes espérances de paix, du moins avec les Hollandois, qui témoignent la souhaiter de bonne foi malgré les propositions du prince Eugène et de Marlborough*. — Monseigneur alla courre le loup et trouva sur son chemin, dans la campagne, beaucoup de monde et surtout des femmes qui crioient misère et se plaignoient de la cherté du pain, qui enchérit tous les jours. Monseigneur leur fit jeter beaucoup d'argent. On espère que les bons ordres qu'on a donnés dans tout le royaume diminueront la misère considérablement; elle est plus grande en Bourgogne que partout ailleurs. Il est arrivé à Marseille beaucoup de barques chargées de blé, et le pain étoit déjà diminué de prix à Lyon.

* Les affaires tendoient à la dernière extrémité par les malheurs de la guerre et par ceux de la misère et de la famine; nulle insinuation, nulle proposition ne réussissoit, et les nouvelles du président Rouillé, qui négocioit à la Haye, ne pouvoient être plus mauvaises. Le roi étoit au désespoir de se voir sans ressource, au gré de ses ennemis, et au conseil d'État du mercredi 1er mai il s'en expliqua à ses ministres en versant des larmes. Torcy, pénétré de l'état où il vit le roi, lui proposa de lui permettre d'aller lui-même à la Haye; qu'instruit à fond des affaires et des intentions du roi il pouvoit y ménager des moments précieux, en prenant au mot le pensionnaire, Marlborough, le prince Eugène, s'il y avoit lieu d'espérer d'eux une paix supportable, ou de l'un d'eux pour les diviser; sinon qu'il recueilleroit au moins ce fruit de son voyage de marquer à toute l'Europe le desir sincère du roi pour la paix par une démarche si peu ordinaire, et de pénétrer au vrai qu'ils n'en vouloient aucune, auquel cas on ne seroit plus amusé avec indécence, et que tout le royaume en étant persuadé se porteroit plus volontiers aux derniers efforts pour soutenir la guerre et parvenir à mieux qu'on ne pouvoit peut-être l'espérer. Le roi goûta cette proposition jusqu'à remercier Torcy, qui partit le lendemain matin de Marly, après avoir vu le roi encore, trompant jusqu'à ses gens, à qui il dit qu'il alloit à Paris, d'où il partit tout de suite assez hasardeusement sur un passeport en blanc qu'il avoit des ennemis pour un ouvrier. M. de Lauzun, qui écumoit toujours tout et qui étoit ravi de faire voir qu'il savoit tout, et peut-être tout autant de se moquer des gens, s'en fut dans le salon sur la fin de la matinée, et avec son air indifférent demanda aux uns et aux autres où ils alloient dîner; pour lui, il leur dit qu'il alloit chez Torcy et qu'il savoit qu'il y avoit excellente chère ce jour-là, dont il conta merveille à peu de monde. Il persuada de la sorte à cinq ou six personnes distinguées d'y aller, et entre autres au duc de Villeroy, qui y fut en effet et qui trouva porte close et visage de bois. Le voilà bien étonné, et qui s'informe au voisinage. Le soir M. de Lauzun se moqua de lui et des autres qui y avoient été pris, et avoit dîné chez lui en bonne compagnie, bien à son aise, ravi d'avoir été si bien informé et d'en avoir fait un si bon usage.

Vendredi 3, à Marly. — Le roi se promena le matin dans ses jardins, et madame de Maintenon étoit dans une chaise à porteurs à côté de son petit chariot, et dans un autre chariot qui marchoit derrière étoient madame de Dangeau et madame de Caylus. L'après-dînée le roi alla tirer, et sur les six heures la cour d'Angleterre arriva ici. La reine, qui ne se porte pas bien encore, s'en retourna à Saint-Germain à sept heures; mais le roi d'Angleterre et la princesse sa sœur ne s'en retournèrent qu'après le souper. Ils se promenèrent quelque temps dans les jardins après que la reine fut partie, et puis ils rentrèrent avec Monseigneur et madame la duchesse de Bourgogne dans le salon. Ils les virent jouer quelque temps au papillon, et puis Monseigneur les mena à la musique jusqu'au souper. — On ne fait plus de mystère du départ de M. de Torcy. — Le duc de Linarès vint ici le matin parler à M. de Pontchartrain. Il a reçu ordre du roi son maître d'aller au Pérou au lieu d'aller au Mexique. Il s'embarque à Brest, où le roi d'Espagne prie le roi de lui faire donner des vaisseaux pour le porter en ce pays-là; ainsi il ne passera point par Madrid. On l'envoie vice-roi au Pérou, d'où l'on rappelle le marquis de Castel dos Rios, dont le roi d'Espagne n'est pas plus content que le roi. Le duc de Linarès est de la maison de Portugal par son père et par sa mère; il est fils du duc d'Abrantès.

Samedi 4, à Marly. — Le roi se promena le matin et l'après-dînée dans ses jardins, et le soir il travailla chez madame de Maintenon avec M. de Chamillart. M. le duc d'Orléans ne retournera point cette année en Espagne*; il a même ordonné à ses gens de se défaire de leurs équipages. — Le prince de Lambesc, fils du comte de Brionne, épouse mademoiselle de Duras, à qui sa mère donne présentement 25,000 livres de rente. Elle en aura encore 7,000 après la mort de madame de la Marck, sa grand'mère, qui est fort vieille, et on compte qu'après la mort de la duchesse de Duras, sa mère, elle aura bien encore 200,000 écus. On ne donne au prince de Lambesc présentement que 15,000 livres de rente; mais M. le Grand, son grand-père, les logera et les nourrira lui et sa femme. Ils viendront s'établir à Versailles dès le lendemain du mariage. Tous ceux qui ont vu mademoiselle de Duras disent qu'elle est fort bien faite et fort jolie. — Les nouvelles de Hollande disent que milord Marlborough s'étoit embarqué pour repasser en Angleterre et que le prince Eugène étoit revenu à Bruxelles. — On dit que le duc d'Albe a envoyé un courrier à Madrid dès qu'il a su le départ de M. de Torcy.

* Les Mémoires sont ici plus que politiques, car ils ne laissent pas même entendre qu'ils le sont; il faut donc leur suppléer et dire ce qui rompit le voyage de M. le duc d'Orléans en Espagne, et ce qui le jeta en même temps dans une fort triste situation. On a vu, en son lieu, le fatal bon mot qui lui échappa à Madrid à souper, et qui lui aliéna pour toujours madame des Ursins et madame de Maintenon. La vengeance si douce à tous est le propre des femmes; madame des Ursins, offusquée du duc d'Orléans, qu'elle ne pouvoit plus souffrir, ne respiroit qu'après sa délivrance, et madame de Maintenon qu'à le punir d'un propos qui à son égard étoit un crime de lèse-majesté. Dès la dernière campagne il avoit couru des bruits que les alliés feroient tout pour la France, à la seule condition du retour du roi d'Espagne, et que le roi commençoit à s'accoutumer à écouter une si dure condition. Cela venoit de beaucoup d'endroits au duc d'Orléans, et en même temps des fous lui proposèrent de se cramponner en ce cas en Espagne; que les Espagnols en avoient trop fait pour Philippe V pour n'être pas et ne se croire pas aussi irréconciliables avec la maison d'Autriche; qu'ils feroient pour eux-mêmes les derniers efforts pour ne retomber pas sous la domination d'un prince si justement irrité et si persuadé de leur éloignement de lui; qu'il n'y avoit en cela rien de contraire à ce qu'il devoit aux deux rois, puisqu'il ne se présenteroit qu'à leur refus et à leur défaut; qu'au contraire eux n'y courant aucun risque, achetant la paix et ne pouvant être accusés de la troubler par son fait à lui, puisqu'il ne feroit rien qu'indépendamment d'eux, ce seroit les servir en effet que d'essayer d'arrêter dans leur maison la couronne d'Espagne en sa personne, puisque leur renonciation ou leur défaut opérant le même effet, il étoit appelé, du chef de la reine Anne, sa grande mère, après les descendants de la reine Marie-Thérèse, sa tante. Le duc d'Or-

léans avoit de soi peu d'ambition, mais il en vouloit montrer. Il aimoit les choses extraordinaires et hors du droit chemin; il se laissa aller à ces idées, sans s'apercevoir combien il étoit impossible que l'Espagne, abandonnée par son roi et par la France, osât s'attacher à lui, qui étoit un grand prince par sa naissance, mais par la force et les moyens un très-simple particulier; combien impossible encore que, quand l'Espagne feroit cette folie, il pût avec cette carcasse épuisée de tout se soutenir contre la puissance de l'archiduc, secouru de toutes parts par le bénéfice de la paix, qui rendroit partout ailleurs les armées inutiles; enfin à quels injustes soupçons il ne se livreroit pas et à quelle colère du roi son oncle, à qui la maison d'Autriche et ses alliés s'en prendroient peut-être encore comme d'une perfidie, et publieroient partout que cette entreprise ne pouvoit être sans son aveu et ses secours secrets. Le malheur du prince fut qu'enivré de l'idée d'une couronne et de faire parler de lui il ne consulta personne et se livra à des gens de fortune de bas aloi, dont deux pourtant étoient devenus officiers généraux. M. d'Orléans avoit deux hommes à lui, Flotte, qui avoit été autrefois à Mademoiselle, et Renaut, que le duc de Noailles lui avoit donné depuis peu. Comptant de retourner en Espagne, il les y avoit laissés avec son secret; il ne pouvoit être en de plus mauvaises mains qu'entre celles qu'il l'avoit laissé. Madame des Ursins fut avertie de tout; on peut juger si elle sut en faire son profit en Espagne, et si, en France, madame de Maintenon n'en sut pas faire le sien. Il s'y joignit des gens et des intérêts qui doivent demeurer dans l'obscurité politique, et qui, par d'autres auteurs, n'y prirent pas moins de part que ces deux toutes puissantes, et merveilleusement à portée de servir l'intérêt qui les faisoit puissamment agir : ce feu demeura caché sous la cendre, pour éclater terriblement après. En attendant, M. le duc d'Orléans fut traité plus froidement, sans qu'il s'en aperçût d'abord, et prit pour bon qu'étant incertain si on continueroit à soutenir l'Espagne, et certain que ce seroit de peu de troupes, si on y persistoit, il n'étoit point à propos qu'il y retournât, et aussi peu de lui donner l'armée du Rhin ou celle de Flandre, puisque Monseigneur et monseigneur le duc de Bourgogne, qui y avoient été destinés depuis plusieurs mois, demeuroient à la cour.

Dimanche 5, à Marly. — Le roi tint le conseil d'État à son ordinaire. L'après-dînée il donna une longue audience au duc de Noailles et au comte de Bezons. Le duc de Noailles s'en va en Roussillon, où il commandera l'armée du roi comme les années passées, et Bezons s'en va droit en Catalogne, où il commandera l'armée comme le plus ancien lieutenant général. Il est public présentement que M. le duc d'Orléans n'y retournera point. Le roi travailla le soir avec M. Pelletier. — On travaille à quelques fortifications nouvelles à Béthune et à Arras. — Le maréchal de Villars demande au roi la permission de venir passer quelques jours ici avant l'ouverture de la campagne. Il avoit assemblé quelques troupes pour empêcher un convoi que les ennemis ont fait entrer dans Lille; mais il n'étoit pas possible de l'empêcher, et le maréchal de Villars a renvoyé les troupes dans leurs quartiers. — Il y eut hier quelques désordres à Paris, au petit marché de l'abbaye Saint-Germain, sur la cherté du pain. On y fit marcher quelques soldats du régiment des gardes, qui prirent trois de ceux qui avoient commencé le désordre et qu'on mit dans les prisons de l'abbaye (1). Le roi a pris le parti de laisser à Paris cette année quatorze compagnies du régiment des gardes françoises et six des suisses. Les compagnies des gardes françoises sont présentement de cent quarante-quatre hommes.

Lundi 6, *à Marly*. — Le roi tint le conseil de dépêches, qu'il n'avoit pas tenu à Marly depuis longtemps, et l'après-dînée il fit la revue des gendarmes et des chevau-légers. Il trouva ses deux compagnies en fort bon état. Il y a cinquante-quatre hommes surnuméraires dans les gendarmes, et les chevau-légers sont plus que complets aussi. Le soir, chez madame de Maintenon, le roi travailla avec M. de Pontchartrain; ces deux jours-ci M. de Chamillart et M. Desmaretz ont travaillé avec Monseigneur. — Le vieux M. de Saumery* est mort dans son château auprès

---

(1) « Il n'y eut point de bruit hier à la halle ni au marché de ce quartier. Mon pain me vint avec une escorte, à six sols la livre; mais ce ne fut pas la même chose au faubourg Saint-Germain, nonobstant toutes les précautions prises. Cent hommes vinrent, la hache haute, accompagnés de beaucoup de femmes, et pillèrent des charrettes auprès de l'abbaye. Les portes en furent fermées et l'on en prit trois, dont il y en a un fort blessé. Je ne sais quelle justice on en fera. » (*Lettre de la marquise d'Huxelles*, du 5 mai.)

de Chambord. Il avoit quatre-vingt-six ans passés et a conservé toute sa raison jusqu'à la fin. — Avant-hier M. de la Rochefoucauld vint ici de Versailles et parla au roi de quelques affiches fort insolentes qu'on a trouvées à Paris et à Versailles. M. de Bouillon, qui est ici, entra dans le cabinet du roi et lui parla de la même chose. — Madame de Châteauneuf, mère de M. de la Vrillière, en voulant se lever samedi, tomba de son lit, se démit le pied et se cassa le petit os de la cheville. Comme elle est extraordinairement pesante, on croit qu'elle aura peine à se tirer d'affaires.

* Le grand-père de ce vieux Saumery étoit venu dans les bagages d'Henri IV; on prétend que ce fut en qualité de jardinier. Il devint concierge de Chambord, s'y accommoda, et son fils, qui lui succéda dans cet emploi, l'élargit et l'augmenta. Le fils de celui-là, dont il s'agit ici, servit en de petits emplois avec valeur; il eut le bonheur d'épouser une sœur de M. Colbert, très-petit garçon encore alors, et de s'accrocher par lui ensuite au cardinal Mazarin. C'étoit un fort honnête homme et de vieille roche, qui se fit aimer et estimer et pour qui le roi eut de la bonté. M. de Colbert le protégea tant qu'il put, mais selon la portée de cette nouvelle famille. Son fils étoit un grand homme de bonne mine, qui avoit servi en petits emplois à la guerre, et qui à un de ces combats de M. de Turenne avoit été estropié à un genou. Il étoit retiré en Blaisois, recrépi d'une charge de maître des eaux et forêts, lorsque M. de Beauvilliers fut gouverneur des enfants de France, et le proposa au roi pour en être sous-gouverneur. Jamais homme ne fit tant d'usage d'une vieille blessure et ne signala mieux son impudence et son ingratitude, et n'eut plus d'outrecuidance. Ces qualités avec peu d'esprit, mais de l'adresse et une belle représentation, imposèrent longtemps au monde, et mirent beaucoup de grâces et de biens dans sa famille. On a parlé de sa femme à propos du maréchal duc de Duras.

Mardi 7, à Marly. — Le roi tint le conseil de finances; l'après-dînée il alla tirer et le soir il travailla avec M. de Chamillart chez madame de Maintenon. — Il arriva le soir un courrier de Madrid; c'est M. Amelot qui l'envoie, et on ne dit point les nouvelles qu'il apportoit. C'est M. de Beauvilliers qui apporte au roi les lettres qui viennent des pays étrangers à M. de Torcy et celles que M. de Torcy écrit lui-même depuis qu'il est parti. On croit que samedi on aura des nouvelles de sa négociation. — M. de Hautefeuille, mestre de camp général des dragons, étant fort mal dans ses affaires et fort pressé par ses créanciers, a donné à M. de Chamillart la démission de sa charge pour la vendre à ceux qui se présenteront pour l'acheter et que le roi agréera. — M. de Villiers le Morhier, maréchal de camp, et qui a servi la dernière campagne en Flandre, est mort de maladie. — Le comte de Picon, qui faisoit à Paris les affaires du prince de Carignan, a eu la nouvelle de la mort de son maître, mais on ne l'a point encore mandée au roi. Ce sera le sixième deuil qu'aura porté madame la duchesse de Bourgogne sans le pouvoir quitter.

Mercredi 8, à Marly. — Le roi tint le conseil d'État à son ordinaire. L'après-dînée il se promena dans les jardins. — On mande de Madrid que le roi d'Espagne envoie le marquis de Bedmar, capitaine général, en Galice; on en rappelle le duc d'Ossone, qui y servoit en cette qualité-là. — Il arriva un courrier de M. de Torcy, qui a vu le président Rouillé, mais qui n'a point encore eu de conférences avec aucun ministre des alliés, et toutes les lettres qui viennent de Hollande à leurs correspondants de Paris ne donnent pas de grandes espérances de la paix. — M. de Belle-Isle-Fouquet, colonel de dragons et qui a été fait brigadier dans Lille, où il a servi dignement, qui avoit été nommé pour aide de camp de Monseigneur cette année, a l'agrément du roi pour la charge de mestre de camp général des dragons, dont il donne 280,000 francs à M. de Hautefeuille, qui en avoit donné la même somme au duc de Guiche, et le duc de Guiche l'avoit achetée aussi pareille somme du maréchal de Tessé. M. de Hautefeuille avoit 40,000 écus de brevet de retenue sur cette charge, et le roi donne un pareil brevet de retenue à Belle-Isle.

Jeudi 9, à Marly. — Le roi se promena tout le matin dans ses jardins et alla tirer l'après-dînée. En revenant de la chasse il nous dit que le maréchal de Villars étoit arrivé, qu'il lui avoit demandé permission de venir faire un tour ici, où il ne demeurera que fort peu de temps. Il partit hier d'Arras et y sera de retour lundi. Ce maréchal entra chez le roi comme il achevoit de se rhabiller, et le roi lui parla un moment dans son cabinet; puis il lui dit qu'il le feroit venir chez madame de Maintenon une heure pour l'entretenir plus à loisir. Avant que d'aller à la chasse, le roi avoit entretenu assez longtemps dans son cabinet le maréchal d'Harcourt. — Il n'y eut aucun désordre hier, à Paris, dans les marchés. Il y eut même du pain de reste, qui fut vendu le soir à meilleur marché. M. le duc d'Orléans a fait mettre dans un cul de basse-fosse un de ses gardes à Villers-Cotterets qui n'avoit pas donné une déclaration juste du blé qu'il avoit. On en a trouvé cent cinquante muids dans le bourg de Villers-Cotterets (1).

Vendredi 10, *à Marly*. — Le roi entretint l'après-dînée

---

(1) « On dit que les Anglois veulent la paix, et il ne faut pas penser qu'elle ne soit nécessaire partout, cette disette générale étant un plus grand mal que la guerre. Les grosses communautés comme Sainte-Geneviève, les Chartreux, les Célestins et Saint-Lazare, avoient du blé en réserve et l'ont déclaré. On en fait la recherche, et il y en a chez des fermiers; celui de M. d'Antin à Petit-Bourg a été trouvé en fraude, et son maître, en la faveur duquel il espéroit, l'a abandonné.

« Le parlement s'est cotisé à une aumône pour les pauvres, savoir 600 francs pour chaque président à mortier, 300 pour les autres des enquêtes et 200 les conseillers. On l'a proposé à M. le premier président de la chambre des comptes, qui y trouve de la difficulté de la part de sa compagnie; c'est à volonté.

« On n'a point encore jugé ces gens qui furent arrêtés à l'émotion du faubourg Saint-Germain, qu'on a transférés au Châtelet. Il y a des juges embarrassés, parce qu'il n'y a point de loi qui condamne à mort dans ce cas; mais pourtant il faut des exemples de rigueur. On a pris toutes les précautions possibles pour le marché de ce matin, dont je n'ai nulle nouvelle, si ce n'est que j'ai mon pain.

« M. le chevalier de Laubepin, arrivé depuis deux jours, venant par la grande route de Lyon, de Rouane, a trouvé trente-deux personnes mortes sur le chemin, dont huit avoient été tuées. » (*Lettre de la marquise d'Huxelles*, du 8 mai.)

les maréchaux de Boufflers et de Villars, et M. de Chamillart, et après ce petit conseil le maréchal de Villars alla à Paris, et le roi lui commanda de revenir dimanche matin. — Les régiments des gardes françoises et suisses, dont la plus grande partie va en Flandre, sont partis de Paris, la moitié hier et l'autre moitié aujourd'hui. — Le prince Eugène a fait à Gand un grand convoi pour Lille qu'il fait escorter par beaucoup de troupes, et l'on croit que, quand ce convoi sera entré dans la place, il emploiera les troupes qui l'ont escorté à quelque autre usage sans les renvoyer dans leurs quartiers. — Le maréchal de Villars compte que les ennemis ont du sec pour toute leur armée durant un mois tout au moins. — Le roi a eu la nouvelle de la mort du prince de Carignan, dont on prendra le deuil au premier jour. — On a nouvelle que milord Marlborough est arrivé en Angleterre, d'où il doit revenir incessamment à Bruxelles.

Samedi 11, à Marly. — Le roi se promena le matin et l'après-dînée dans ses jardins. Quand il est à Marly, il ne tient guère de conseils de finances le samedi; il les tient le mardi. Monseigneur et monseigneur le duc de Berry allèrent courre le loup dans la forêt de Saint-Germain. Le soir le roi travailla avec M. de Chamillart chez madame de Maintenon. Le maréchal de Villars, qui ne devoit revenir que demain matin, est revenu dès ce soir, et le roi tiendra demain après-dîner chez lui un conseil de guerre, chose que nous n'avions point encore vue. — Le roi a ordonné au maître d'hôtel qui doit suivre Monseigneur à l'armée de faire mercredi, 15 du mois, la revue de ses équipages, afin que tout soit prêt à marcher. — On travaillera lundi à la fonte de la nouvelle monnoie, et on y a déjà porté des barres d'argent pour sept millions. Le roi a payé à ceux qui en apportent trente-deux livres dix sols par marc. — Le pain a diminué à Paris d'un sol par livre, et il n'y a point eu de désordres dans les marchés. Il est encore arrivé du blé à Marseille considérablement, et il est à très-bon marché en Barbarie, où on le va querir de Marseille. (1)

Dimanche 12, *à Marly*. — Le roi tint le matin conseil d'État et après dîner il tint un conseil de guerre dans lequel étoient Monseigneur, monseigneur le duc de Bourgogne, MM. les maréchaux de Boufflers, de Villars et d'Harcourt, MM. de Chamillart et Desmaretz. Ce conseil dura deux heures et demie, après quoi M. de Villars prit congé du roi et sera demain à Arras. Après le conseil le roi alla se promener, et le soir il travailla chez madame de Maintenon avec M. Pelletier. — Le roi a ordonné à M. de Boufflers, capitaine des gardes en quartier, d'avertir les chefs de brigades de ce corps de tenir les gardes en état de marcher au premier ordre; mais il n'y a point encore de jour nommé pour leur départ. — On attend à tout moment des nouvelles de M. de Torcy, qu'on sait seulement à la Haye, et selon les nouvelles qu'on en aura on réglera le départ de Monseigneur et de monseigneur le duc de Bourgogne. — On mande de Roussillon que M. d'Estaing assiége Venasque, qui est tout à fait frontière de France et d'Espagne. La ville s'est rendue sans se défendre; tout le pays des environs s'est soumis, mais le château, qui est très-bon, se défend, et il y avoit déjà six jours que la tranchée étoit ouverte quand le courrier est parti,

---

(1) Il n'y eut point d'émotion populaire dans tous les marchés samedi dernier. Il y avoit des corps de garde partout, et l'abondance de pain y fut si grande que les boulangers ne vendirent pas entièrement le leur, la peur d'en manquer ayant fait prendre des précautions la veille pour en acheter aux villages des environs de cette grande ville. On m'a dit que M. le curé de Saint-Sulpice, revêtu d'un surplis, avec cinq ou six de ses ecclésiastiques, parut au marché de l'abbaye donnant de l'argent aux pauvres qui n'avoient pas de quoi payer, et qu'il a demandé la grâce des trois prisonniers.

« La chambre des comptes s'est cotisée comme le parlement.

« Il se publie beaucoup de bons règlements dont l'exécution apaisera la crainte où on se trouve de manquer de toutes choses nécessaires à la vie.....

« M. l'archevêque de Cambray a fait distribuer le pain dans sa ville et son diocèse, que l'on écrit être bien noir. » (*Lettre de la marquise d'Huxelles,* du 10 mai.)

et M. d'Estaing n'a point de canon et ne peut s'en rendre maître que par les mines.

Lundi 13, *à Marly.* — Le roi prit médecine, et les jours qu'il la prend il entend toujours la messe dans son lit avant que de la prendre. M. de Beauvilliers lui porta des lettres de M. de Torcy qu'avoit apportées un courrier qui étoit arrivé à trois heures du matin. L'après-dînée le roi travailla chez lui avec M. de Pontchartrain, et ensuite il entra chez madame de Maintenon, où il tint conseil sur les nouvelles qu'on avoit eues de M. de Torcy. A ce conseil étoient Monseigneur, monseigneur le duc de Bourgogne, M. de Beauvilliers, M. de Chamillart et M. Desmaretz. — On mande de Rome que le pape a fait deux cardinaux italiens, dont l'un est encore *in petto*; mais on ne doute pas que ce ne soit San-Vitale, qui a été vice-légat à Avignon et qui est homme de condition et de mérite. L'autre est Gozzadini, qui n'est pas homme de naissance, mais fort estimé. Il étoit secrétaire des brefs aux princes étrangers. — L'évêque d'Autun est mort (1). Quoique cet évêché ne soit pas d'un gros revenu, il est très-considérable par l'autorité que l'évêque a dans les États de Bourgogne.

Mardi 14, *à Marly.* — Le roi tint le conseil de finances à son ordinaire. L'après-dînée il entretint le maréchal d'Harcourt dans son cabinet, et puis alla se promener dans les jardins. Le soir, chez madame de Maintenon, il travailla avec M. de Chamillart. Monseigneur et madame la duchesse de Bourgogne allèrent ensemble à Saint-Germain voir la cour d'Angleterre. — Le roi permit à M. de Surville de venir ici prendre congé de lui. On l'envoie commander à Tournay, où on lui laissera dix-huit bataillons. — On dépêcha hier au soir un courrier à M. de Villars pour lui faire savoir les nouvelles qu'on avoit eues de M. de Torcy; ce courrier le trouva encore à Senlis, où il coucha, et il n'arrivera qu'aujourd'hui à Ar-

---

(1) Bernard de Senaux.

ras. — Les gardes du corps ont eu l'ordre pour leur départ. Les quatre compagnies se rendront en différentes villes de la Somme le 22. — Les ennemis ont donné ordre à leurs troupes de se rendre sous Louvain entre le 20 et le 24. Milord Marlborough, qui ne devoit revenir à la Haye que le 25, y étoit attendu hier, qui n'étoit que le 13, et M. de Torcy ne pourra mander de nouvelles décisives qu'après son arrivée. Le prince Eugène s'y doit rendre en même temps que lui. Zinzendorf, plénipotentiaire de l'empereur, et Halifax, plénipotentiaire d'Angleterre, y doivent arriver aussi en même temps.

Mercredi 15, *à Marly.* — Le roi tint le conseil d'État et alla tirer l'après-dînée ; après la chasse il se promena dans les jardins jusqu'à la nuit. — Le pain est considérablement diminué aujourd'hui à Paris. — Les deux compagnies des mousquetaires ont ordre de partir mardi. On envoie Ravignan, maréchal de camp, dans Tournay avec M. de Surville. Le chevalier de Pezeux, maréchal de camp, Permangle, maréchal de camp aussi, et Souris, brigadier, ont ordre d'aller à Ypres. Le major de cette place, qu'on estime fort, a été fait brigadier. — M. Trudaine, intendant de Lyon, qui étoit venu ici pour les affaires de Samuel Bernard avec la ville de Lyon, y est retourné et a emporté pour quatorze millions de bonnes assignations que M. Desmaretz a fait donner pour Bernard. Outre cela, Bernard fait voir pour vingt millions de billets de monnoie qu'il offre encore de donner en payement. Il doit à la ville de Lyon près de trente millions ; en voilà trente-quatre, et sur les vingt millions de billets de monnoie on n'en perdra pas quatre, ainsi il y aura de quoi payer tout ce qu'il devoit à Lyon. — Le second fils du marquis d'Étampes, qui a la survivance de son père de la charge de capitaine des gardes de M. le duc d'Orléans, épouse mademoiselle de Nonant, à qui on donne 60,000 écus, et le père du marié donne à son fils la valeur de 100,000 écus.

Jeudi 16, *à Versailles.* — Le roi se promena le matin et l'après-dînée dans ses jardins à Marly, et revint ici à la nuit. Monseigneur en revint avec madame la princesse de Conty. Monseigneur le duc de Bourgogne revint de bonne heure. Madame la duchesse de Bourgogne joua l'après-dînée dans le salon de Marly et puis elle repartit un peu avant le roi. — Madame la duchesse de Mantoue arriva à Vincennes, où le roi a eu la bonté de lui prêter un appartement magnifique. Il lui a envoyé son portrait en grand, dont la bordure est toute des plus belles. Elle prendra du lait à Vincennes et ne verra le roi qu'après que sa première année de deuil sera passée. — On fit à Paris la procession avec la châsse de Sainte-Geneviève. On avoit cru qu'il y auroit quelques disputes entre le cardinal de Noailles, archevêque de Paris, et l'abbé de Sainte-Geneviève, mais il n'y en eut aucune. L'abbé eut la droite, comme il l'a toujours eue à ces processions-là, qui sont fort rares, et le cardinal et lui donnoient chacun leur bénédiction au peuple, dont il y eut un concours extraordinaire. — Il y a beaucoup de désordres en Bourgogne causés par la disette du blé, et on cherche tous les moyens d'y remédier ; mais elle est affreuse surtout à la campagne, et on doute qu'on puisse cette année assembler les États de cette province.

Vendredi 17, *à Versailles.* — Le roi s'enferma l'après-dînée avec son confesseur, comme il fait toujours la veille de ses dévotions, et puis il alla faire un tour à Trianon. — Le duc d'Albe vint ici apporter au roi la nouvelle d'une bataille gagnée en Estramadure contre les Portugais et les Anglois. On a pris tout leur canon et tous leurs équipages. Ils étoient plus forts de trois ou quatre mille hommes que les Espagnols, et se sont fort mal défendus, quoique ce fussent eux qui nous fussent venus attaquer. Le marquis de Bay commandoit l'armée d'Espagne ; le marquis d'Ayetone commandoit l'infanterie, mais il alla à la droite, voyant que notre cavalerie étoit attaquée de ce côté-là, et s'y distingua fort, aussi bien que le comte de Caylus, maréchal de camp des troupes d'Espagne. La cavalerie ennemie prit la fuite. Le marquis de Fiennes, lieutenant général des troupes de France, qui commandoit la gauche, trouva encore moins de résistance. Les ennemis y ont eu trois ou quatre mille hommes tués. On a pris huit ou neuf cents Portugais et trois régiments d'infanterie anglois tout entiers, qui n'avoient pas pu se retirer, ayant été abandonnés de la cavalerie. Milord Galloway, qui commandoit les Anglois, rejette toute la faute sur le général portugais. Le comte de Saint-Jean, qui commandoit la cavalerie ennemie, a été pris. Toute leur infanterie est dispersée, et on ne croit pas qu'ils la puissent rassembler cette année. Les Espagnols ont perdu peu de monde.

Samedi 18, *à Versailles.* — Le roi fit ses dévotions et toucha beaucoup de malades. L'après-dînée il entendit vêpres dans la chapelle, où il descend toujours quand il y a un évêque qui officie. Madame la duchesse de Bourgogne fit ses dévotions aux Récollets et puis alla voir la duchesse du Lude, qui a eu une attaque de colique très-violente. — Le roi, après vêpres, fit la distribution des bénéfices que voici : l'évêché d'Autun, donné à l'abbé de Maulevrier; l'abbaye d'Essonnes, à l'abbé de Château-Morand; l'abbaye de Pontault, à l'abbé de Poudenx; l'abbaye des Prés, à l'abbé de Montauban; l'abbaye de Plainpied, à l'abbé Tournelly; l'abbaye de Saint-Esprit, à madame de Martiny; l'abbaye de Neubourg, à madame de Bernière; le prieuré de Saint-André, à dom Pohier, et une autre abbaye donnée à un moine (1). — Les habitants de Toulon ont écrit à M. de Chamillart pour le prier de demander au roi qu'on leur envoyât M. de Chamarande pour commander cette campagne; ils ont écrit aussi à M. de Berwick pour lui faire la même prière. On leur

---

(1) Celle de Saint-Winox, donnée à dom Vanderhague.

accorde leur demande en cas que M. de Savoie veuille entrer en Provence. Tous les officiers généraux qui doivent servir sous M. de Berwick ont ordre de se rendre à Briançon le 1er de juin.

Dimanche 19, jour de la Pentecôte, à Versailles. — Le roi à onze heures et demie descendit dans la chapelle précédé de tous les chevaliers de l'Ordre. L'évêque de Metz officia. Après dîner le roi entendit le sermon et vêpres avec toute la famille royale, et le soir il travailla chez madame de Maintenon avec M. Pelletier. M. le duc d'Orléans ne put pas suivre le roi à la procession des chevaliers, parce que la fièvre le prit au lever du roi ; il fut contraint de s'aller mettre au lit. Monseigneur, après vêpres, alla à Meudon, où il demeurera jusqu'à la fin de la semaine. — La Grange, frère de celui qui a été longtemps intendant d'Alsace, est mort. Il avoit le cordon rouge de Saint-Louis avec la pension de 4,000 francs. Le roi a donné sa place au chevalier du Rozel, qui avoit déjà le cordon rouge avec la pension de 1,000 écus, et le cordon rouge du chevalier du Rozel est donné au marquis de Brancas, qui sert en Espagne. Il avoit déjà sur l'ordre de Saint-Louis une pension de 2,000 francs, ainsi lui et le chevalier du Rozel ne gagnent que 1,000 francs chacun de plus, et on donne les 2,000 francs qu'avoit M. de Brancas à M. de Beauvau, de la gendarmerie. — Duguay-Trouin avoit attaqué et pris un vaisseau de guerre anglois de soixante-dix canons après un assez long combat à l'entrée de la Manche. Le bruit du canon durant le combat fit approcher douze vaisseaux anglois qui, n'étant plus qu'à deux lieues de Duguay-Trouin, l'obligèrent d'abandonner le vaisseau qu'il avoit pris et qui étoit démâté. Il avoit mis sur ce vaisseau cinquante hommes du sien ; les ennemis ont emmené ce vaisseau et nos cinquante hommes. Dans ce combat Harteloire, fils du chef d'escadre, a été tué ; madame de Gié, sa sœur, en héritera. — M. le duc d'Albe a été nommé par le roi d'Espagne son plénipotentiaire, et a joint à lui le comte de Bergeyck avec la même qualité. On ne sait point ce que les Hollandois penseront là-dessus, ni s'ils les voudront admettre à l'assemblée des plénipotentiaires en cas qu'il s'en fasse une. — On eut par l'ordinaire des nouvelles de M. de Torcy du 14, de la Haye. Ce ministre mande que Marlborough n'étoit pas encore arrivé, parce que le vent étoit contraire pour venir d'Angleterre. M. de Torcy paroît content; il ne fait venir aucun de ses commis. Il mande qu'il est fort bien reçu partout, mais nous ne savons rien de l'état de la négociation, et le secret se garde toujours fort bien.

Lundi 20, *à Versailles*. — Le roi tint le conseil d'État qu'il auroit tenu hier sans la bonne fête. L'après-dînée il alla tirer, et le soir il travailla avec M. de Pontchartrain chez madame de Maintenon. Monseigneur vint de Meudon pour le conseil et s'y en retourna dîner. Il y avoit hier mené madame la princesse de Conty et quelques dames, qui y ont couché et qui sont revenues le soir avec elle. Monseigneur le duc de Bourgogne et madame la duchesse de Bourgogne allèrent à vêpres et puis se promenèrent dans les jardins. — Le roi a donné à Villeron, exempt des gardes du corps et neveu du cardinal de Janson, le gouvernement de Sisteron, qui est dans son pays et qui vaut 4,000 livres de rente. Ce gouvernement vaquoit par la mort de M. du Château-Arnoux, que nous ne connoissions point ici et qui l'avoit acheté 50,000 francs du marquis de Souliers. — M. de Chamillart a dit de la part du roi aux colonels et aux brigadiers de Flandre de prendre congé du roi, qui ne les veut plus voir ici. Il n'y a point d'ordre encore pour les officiers généraux. — On a augmenté le prix des louis d'or et des écus. Les louis vaudront treize livres et les écus trois livres dix sols, et on a envoyé en Flandre 400,000 francs de la nouvelle monnoie. On y en enverra incessamment une plus grosse somme.

Mardi 21, *à Versailles*. — Le roi tint le conseil de finances à son ordinaire et demeura ensuite à travailler avec M. Desmaretz jusqu'à une heure et demie; l'après-dînée il alla se promener à Trianon. Monseigneur, qui est à Meudon, prit médecine par pure précaution. Monseigneur le duc de Bourgogne et madame la duchesse de Bourgogne allèrent à vêpres; ensuite monseigneur le duc de Bourgogne alla jouer au mail, et madame la duchesse de Bourgogne alla se promener à la Ménagerie. — On eut des nouvelles par l'ordinaire de M. de Torcy; ses lettres sont du 16. Il mande que milord Marlborough n'étoit pas encore arrivé. Nous ne savons rien des autres choses qu'il mande. — M. de Lambesc épousa à Paris mademoiselle de Duras. La noce se fit chez madame la duchesse de Duras, mère de la mariée, et ils vont passer un mois à Royaumont avec M. le Grand, qui les ramènera à la cour. — M. de Monbas, ancien brigadier de cavalerie et qui n'étoit plus dans le service, est mort. Il avoit une pension de 500 écus sur l'ordre de Saint-Louis, que le roi a donnée à........, des mousquetaires, et qui en avoit une de 800 francs, que le roi a donnée à Grandchamp, exempt des gardes du corps, qui sert présentement chez madame la duchesse de Bourgogne.

Mercredi 22, *à Versailles*. — Le roi tint le conseil d'État. Monseigneur y vint de Meudon, et y emmena dîner monseigneur le duc de Berry, qui revint ici en sortant de table. Le roi au retour de la promenade alla, à son ordinaire, chez madame de Maintenon, où M. de Beauvilliers et M. de Chamillart vinrent chacun par deux fois et séparément, ce qui fit répandre le bruit qu'il étoit arrivé quelques nouvelles considérables. On croit même qu'elles sont plutôt bonnes que mauvaises. — Madame de Caumartin, femme de l'intendant des finances, mourut hier à Paris. Elle n'avoit plus d'enfants et a laissé un fort gros bien. Son mari, qui en avoit eu beaucoup aussi, en a fort peu présentement. Elle a fait un testament par lequel elle

le matin à Meudon et fut longtemps enfermé avec Monseigneur; M. le maréchal d'Harcourt y vint l'après-dînée. Monseigneur se promena seul avec lui, et puis il prit congé; il le prendra demain du roi. Il s'en va droit à Strasbourg, et part après être bien assuré qu'il aura du pain, de la viande et de l'argent pour l'armée qu'il doit commander sous monseigneur le duc de Bourgogne. — Les officiers généraux de l'armée de Flandre ont ordre de se rendre à Arras le 1er du mois qui vient. Le maréchal de Villars assemblera son armée auprès de Lens le 27 et le 28 de ce mois. Les ennemis doivent assembler la leur le 28 sous Gand, et milord Marlborough est arrivé à la Haye le 18.

Vendredi 24, à Versailles. — Le roi, après la messe, donna une longue audience au maréchal de Tessé, qui lui rendit compte de toutes ses négociations en Italie; le roi ne l'avoit point encore entretenu depuis son retour, parce qu'il n'est plus question de toutes ces affaires-là. L'après-dînée le roi entretint longtemps dans son cabinet le maréchal d'Harcourt, qui prit ensuite congé de lui et qui partira lundi de Paris. — Madame la princesse de Carignan a mandé au roi, par le comte Picon, la mort du prince son mari, et le prince son fils a écrit au roi sur le même sujet; le roi lui fera l'honneur d'en prendre le deuil lundi. Ce prince étoit cousin issu de germain du roi, par l'infante Catherine, sa grand'mère, qui étoit tante de la reine mère. La princesse de Carignan, sa veuve, est de la maison des ducs de Modène. — Le vaisseau *la Vierge de Grâce*, qui venoit, avec Chabert, de la mer du Sud et qui, n'ayant pas pu le suivre, avoit relâché à la Corogne et y avoit demeuré quelque temps à cause des armateurs ennemis qui étoient dans ces parages-là, est heureusement arrivé à la Rochelle. Il y a sur ce vaisseau 1,800,000 piastres de déclarées sans compter ce que l'on ne sait point.

Samedi 25, à Versailles. — Le roi tint le conseil de

donne 250,000 francs au président de Blezy, qu'on croit qui n'en profitera pas et qui est fort des amis de M. de Caumartin. Elle prie madame Richebourg, sa mère, de laisser à M. de Caumartin les revenus de ce qu'elle lui avoit porté en mariage, et elle a fait M. le chancelier son exécuteur testamentaire (1). — Madame la duchesse de Bourgogne fit l'honneur à madame de Courcillon de monter chez elle avec monseigneur le duc de Berry. Il y avoit neuf mois que madame de Courcillon n'avoit été ici. Elle est encore fort incommodée et n'arriva ici que hier au soir.

Jeudi 23, à Versailles. — Le roi travailla le matin avec M. Desmaretz; il n'avoit pas pu achever mardi tout ce qu'il avoit à faire avec lui. L'après-dînée le roi alla se promener à Marly. Messeigneurs les ducs de Bourgogne et de Berry allèrent ensemble dîner à Meudon avec Monseigneur; madame la duchesse de Bourgogne y alla aussi et y mena beaucoup de dames. — M. de Chamillart alla

---

« (1) Madame de Caumartin a fait un testament dont M. le chancelier est exécuteur. Elle donne à M. de Blaizy, président au grand conseil, deux cent quarante ou cinquante mille livres. Il y a quatre têtes à partager la succession. On dit que M. de Caumartin n'est pas riche.

« Le château de Seurre ou Bellegarde sur Saône, appartenant à monseigneur le Duc, a été pillé. Une charrette chargée de pain fut pillée, il y a trois jours, en plein Versailles; le roi la fit payer....

« Il y eut à Saint-Nicolas des Champs, à l'enterrement de madame de Caumartin, du murmure contre M. d'Argenson. Il l'apaisa le mieux qu'il put; mais quand il fut monté dans son carrosse, on dit qu'une de ses glaces fut cassée à coups de pierres...

« On dit que l'on a trouvé pour cinquante mille écus de blés chez les fermiers de M. l'abbé Bossuet.

« Grands et petits sont taxés à Versailles pour nourrir les pauvres du lieu...

« On ne peut mieux faire sa charge que M. d'Argenson l'a fait, et il mérite grande récompense. L'attaque fut bien plus considérable à Saint-Nicolas des Champs que je ne pensois, et pour le garantir il fallut avoir recours au guet a pied et à cheval. Nos marchés sont garnis outre cela de compagnies aux gardes. On prend des blés partout où il y en a; il en a été découvert beaucoup chez M. de Sailly en Picardie. » (*Lettres de la marquise d'Huxelles*, des 24, 27, et 29 mai.)

fiançées, et l'après-dînée alla tirer. Le soir il travailla avec M. de Chamillart chez madame de Maintenon. Monseigneur revint le soir de Meudon. Madame la Princesse et madame la princesse de Conty (1), sa fille, sont venues ici au bout des six semaines depuis la mort de M. le Prince. — Il arriva un courrier de M. de Villars, qui va assembler son armée. Le roi a donné ordre au major de la gendarmerie, d'avertir tous les officiers de ce corps de partir, et on a envoyé un courrier en Normandie, où sont les seize compagnies de la gendarmerie, pour les faire marcher droit à Arras. — Madame de Bullion a demandé et obtenu l'agrément du roi pour le chevalier son fils, qui est dans les mousquetaires, d'acheter le régiment de dragons de Belle-Isle, qui est un des plus anciens régiments de dragons. De Belle-Isle en veut avoir 40,000 écus; il l'avoit acheté du comte d'Estrades 115,000 francs. — Le marquis de Gesvres, fils aîné du duc de Tresmes, épouse mademoiselle Mascarani, qui a 1,750,000 francs de bien acquis.

Dimanche 26, à Versailles. — Le roi tint le conseil d'État, qui fut fort long. Il alla l'après-dînée voir madame la Princesse et madame la princesse de Conty, fille de feu M. le Prince. Il entra à cinq heures chez madame de Maintenon, où il travailla avec M. Pelletier. — Il arriva un courrier de M. de Torcy. On ne sait point précisément quelles nouvelles il apporte, mais tous les courtisans croient que la paix s'avance. Le dernier courrier qu'on avoit eu avant celui-ci avoit fait croire tout le contraire, et il est certain que M. de Torcy devoit partir de la Haye pour venir ici sans avoir rien conclu. Les Hollan-

---

(1) « On a exilé d'auprès de mademoiselle de Conty une fille de condition à cause qu'elle est pénitente du père général de l'Oratoire, madame la princesse de Conty lui conservant sa pension de mille livres. Elle n'a rien et est fille d'un M. de la Barge, d'Auvergne, qui avoit épousé une d'Albon. Pas une communauté ne l'a voulu recevoir. » (*Lettre de la marquise d'Huxelles*, du 10 mai.)

dois l'ont prié de demeurer, et toutes les lettres que les particuliers écrivent de ce pays-là à leurs correspondants portent que les négociations de la paix, qu'on avoit cru rompues, avoient recommencé et que l'on étoit d'accord sur les articles les plus importants; mais on n'en sait encore aucunes conditions bien certaines. Le premier courrier qui arrivera nous apprendra apparemment la décision de cette grande affaire.

Lundi 27, *à Versailles.* — Le roi dîna de bonne heure et alla se promener à Marly, d'où il ne revint qu'à la nuit, et à son retour il travailla chez madame de Maintenon avec M. de Pontchartrain. — Il n'arriva point de nouvelles de M. de Torcy, dont on attend un courrier à tout moment. — Le roi a pris le deuil de M. le prince de Carignan, et il le portera jusqu'au premier voyage de Marly, qui sera de mercredi en quinze jours*. — La comtesse Gentile, femme de l'envoyé de Gênes, mourut samedi à Paris, n'ayant été malade que deux jours. Elle tenoit une bonne maison à Paris, où la meilleure compagnie s'assembloit deux fois la semaine, et vivoit très-magnifiquement; elle y est fort regrettée. — Le roi signa hier le contrat de mariage du second fils de M. le marquis d'Étampes avec mademoiselle de Nonant. Le marquis d'Étampes donne à son fils 20,000 livres de rente, et il a déjà sa survivance de capitaine des gardes de M. le duc d'Orléans, et son frère aîné n'est point marié. Madame de Nonant donne à sa fille 60,000 écus.

* Ce prince de Carignan, fils aîné du prince Thomas et de la dernière de la branche de Bourbon-Soissons, fut la merveille de son siècle. Né sourd et muet, il fut livré assez tard à un maître habile, qui, à force de coups et de famine, lui apprit à suppléer à ce que la nature lui avoit refusé, et comme il avoit beaucoup d'esprit, il devint capable de tout entendre et de tout faire entendre, en sorte qu'il s'appliqua aux affaires et qu'il passa pour une bonne tête dans le conseil de M. de Savoie, dans la cour duquel, outre] ce qu'il tiroit de sa naissance, il s'étoit acquis une grande considération. Il laissa un fils qui ne lui a pas ressemblé, qui a épousé la bâtarde de M. de Savoie et de madame de

Verue, qu'il a amenée ici pendant la régence et qui y est restée depuis avec lui, où elle ne perd rien moins que son temps et ses affaires.

Mardi 28, *à Versailles.* — Le roi tint le conseil de finances, alla l'après-dînée se promener à Trianon, et au retour il travailla chez madame de Maintenon avec M. de Chamillart. Monseigneur, messeigneurs ses enfants et madame la duchesse de Bourgogne allèrent dîner à Meudon en particulier. — On attend avec beaucoup d'impatience les nouvelles de M. de Torcy. Par son dernier courrier, qui arriva samedi, il mandoit qu'il croyoit le lendemain pouvoir envoyer un courrier avec la signature de toutes les conditions de paix dont on étoit convenu le 23 au soir. Les lettres de Hollande et même des officiers principaux de leurs troupes parlent de la paix comme d'une chose entièrement conclue, et non-seulement ils n'assemblent plus leurs troupes, mais ils ont envoyé au-devant des troupes palatines qui étoient en marche pour les faire demeurer dans leurs quartiers. — Le duc de Guiche, qui doit servir de lieutenant général dans notre armée de Flandre, vouloit prendre congé du roi ce soir; mais M. de Chamillart lui conseilla d'attendre à demain, parce qu'apparemment on auroit un courrier de M. de Torcy qui pourroit lui épargner la peine du voyage.

Mercredi 29, *à Versailles.* — Le roi tint le conseil d'État, et l'après-dînée il alla se promener dans ses jardins, et le soir M. de Chamillart vint lui parler chez madame de Maintenon. — Il n'est point encore arrivé de courrier de M. de Torcy. Il ne leur faut que deux jours et demi pour venir ici de la Haye, et on a fait partir un courrier aujourd'hui pour savoir la cause de ce retardement. — M. le duc de la Trémoille, premier gentilhomme de la chambre, est dangereusement malade à Paris. Il n'a ni survivance pour son fils ni brevet de retenue sur sa charge. — M. de Villars mande que son armée est entre Lens et la Bassée, qui est le poste qu'il avoit dès cet hiver résolu de prendre, que les troupes sont fort complètes et paroissent de la meilleure volonté du monde, et qu'il n'en a jamais vu en meilleur état. Il remercie M. de Chamillart de l'argent qu'on leur a envoyé; il en demande encore, et on leur en enverra vendredi de la nouvelle monnoie, dont étoit déjà la dernière voiture.

Jeudi 30, jour de la fête de Dieu, à Versailles. — Le roi attendit la procession au château, et Monseigneur, qui se sent de quelques petits mouvements de goutte au pied, l'y attendit aussi. Monseigneur le duc de Bourgogne et monseigneur le duc de Berry allèrent la prendre à la paroisse, la conduisirent au château et accompagnèrent le roi et Monseigneur au retour, qui la reconduisirent à la paroisse. L'après-dînée le roi et toute la maison royale entendirent vêpres et le salut. — Le mal de M. de la Trémoille augmente considérablement. Madame, de qui il a l'honneur d'être cousin germain, parla au roi, en sortant de son souper, pour lui recommander les intérêts du prince de Tarente, son fils. Il est dans le service et est brigadier de cavalerie. — Le chevalier de Pezeux, avant que d'aller à Yprès, où le roi l'a envoyé, a vendu le régiment de dragons qu'il avoit à......, lieutenant aux gardes, qui lui en donne 70,000 francs, et le roi conserva à...... son rang de colonel, qu'il avoit avant que d'être lieutenant aux gardes, parce qu'il avoit eu un nouveau régiment d'infanterie qu'il vendit pour acheter sa lieutenance aux gardes.

Vendredi 31, à Versailles. — Le roi alla tirer l'après-dînée, et revint de bonne heure pour aller au salut. A son retour de la chasse M. de Beauvilliers lui dit qu'il étoit arrivé un courrier de M. de Torcy, et après le salut le roi entra chez madame de Maintenon, où Monseigneur et monseigneur le duc de Bourgogne le suivirent. Les nouvelles que ce courrier apporte ne sont pas apparemment des nouvelles bonnes pour la paix. M. de Torcy a fait partir son courrier de Rotterdam, où il étoit arrivé le mardi au soir. Ce ministre doit arriver ici demain. Il a laissé

M. le président Rouillé à la Haye, où M. de Marlborough et le prince Eugène sont demeurés. Le comte de Zinzendorf y étoit arrivé aussi. L'arrivée de M. de Torcy éclaircira tous nos doutes. La plupart de nos officiers généraux de Flandre n'étoient pas encore partis, et le duc de Guiche, qui avoit voulu prendre congé du roi, étoit resté ici. Le roi ne lui a point dit ce soir de partir; mais on croit que demain il en recevra l'ordre. — Le roi signa le matin le contrat de mariage du marquis de Gesvres, fils aîné du duc de Tresmes, avec mademoiselle Mascarani.

Samedi 1ᵉʳ juin, à Versailles. — Le roi tint le conseil de finances, et travailla l'après-dînée avec M. de Chamillart, alla au salut, et bientôt après qu'il fut entré chez madame de Maintenon M. de Torcy, qui venoit d'arriver, y vint travailler avec lui jusqu'à une heure et demie. Ce ministre partit de Rotterdam mercredi matin *. On ne doute point que la paix ne soit rompue. Les ennemis, à qui l'on accordoit de grands avantages, font des propositions qu'il nous seroit impossible d'exécuter et très-honteuses de vouloir entreprendre. M. de Torcy a vu en passant M. le maréchal de Villars à Douai. — M. le duc de la Trémoille mourut à Paris le soir. Le prince de Tarente, son fils, a une grosse fièvre qui l'empêche de venir ici demander les grâces du roi. — Le pain est un peu diminué à Paris, et il paroîtra mercredi un arrêt par lequel il ne sera plus permis de faire que de deux sortes de pain, l'un pour les riches, qui coûtera cinq sols la livre, et l'autre pour les pauvres, qui n'en coûtera que deux. — Le marquis de Gesvres épousa à Paris mademoiselle Mascarani. La vieille madame de Caumartin, grand'mère de la mariée, a voulu que le mariage s'achevât avant la campagne, sinon elle le vouloit rompre, et le duc de Tresmes vouloit qu'après le contrat signé son fils partît pour l'armée et se mariât au retour.

* M. de Torcy fut un mois juste à son voyage aller et venir. Rouillé,

chez qui il descendit fut également aise et surpris de le voir, aux termes où en étoient les affaires. Le pensionnaire en perdit un moment la parole d'étonnement, puis lui fit entendre qu'avec son passe-port en blanc il y avoit lieu de l'arrêter si on vouloit, et lui fit valoir de ce qu'on ne le feroit pas. Il le trouva froid, poli, ferme et tellement ami avec Marlborough et le prince Eugène, et tellement le maître de sa république qu'il ne fut pas longtemps à désespérer d'aucun succès ; mais porté sur les lieux, il n'y voulut rien omettre et voir au moins, aussi clairement qu'il le pourroit, sur quoi on devoit désormais compter pour ne se prostituer plus en des négociations qui ne servoient qu'à les affermir en manifestant notre désir et notre foiblesse. Marlborough, fort envié chez lui, avoit un intérêt capital à continuer la guerre, où il gagnoit des trésors dont il étoit idolâtre jusqu'à la dernière messéance; où il devenoit de jour en jour plus considérable et plus grand, et pendant laquelle il demeuroit invulnérable à sa cour, qu'il gouvernoit plus encore par sa femme que par lui, et à ses envieux au parlement. Le prince Eugène, intimement lié avec lui, avoit les mêmes raisons de grandeur et une haine de plus contre le roi personnellement, qui lui faisoit trouver des charmes dans sa vengeance. Quoiqu'il fût très-mesuré naturellement, il n'avoit pu s'empêcher de s'échapper avec Biron, prisonnier à Oudenarde; il l'avoit connu en France autrefois, mais sans aucun commerce depuis. Après les premières civilités, Biron lui fit des compliments sur ses victoires, et le loua fort sur celle de Turin et sur ses autres exploits. « Je suis pourtant un homme, lui répondit le prince Eugène, que le roi a méprisé. Mon père est mort dans ses armées colonel général des Suisses; c'est une belle charge, dont le roi ne crut pas digne ni mon frère ni moi; il aima mieux la donner à M. du Maine. Il est doux, Monsieur, de lui faire sentir que je méritois un autre traitement, et que je ne mérite point les méprises. » Le but unique du prince Eugène étoit d'entrer en France, d'obliger le roi de passer la Loire et de prolonger la guerre jusqu'à un partage du royaume, comme il s'en est expliqué depuis. Il avoit toute la confiance de l'empereur Joseph, comme Marlborough celle de la reine Anne ; et ces deux hommes formoient avec le pensionnaire le triumvirat le plus uni, que les succès et l'espérance resserroient encore. Parmi tout cela ils prodiguèrent les respects en parlant du roi à Torcy, ne l'appeloient jamais que le roi tout court, et à Torcy toutes les politesses possibles. Ils se firent attendre l'un après l'autre, et après plusieurs conférences Torcy ne rapporta que ce qu'on voit par la lettre du roi aux généraux de provinces, qui se trouve dans ce volume de Mémoires (1) et qui est une espèce de manifeste pour se

---

(1) Voir au 19 juin suivant.

disculper de ne pas terminer la guerre, et exciter les François aux derniers efforts, desquels seuls on pouvoit espérer une paix tolérable.

Dimanche 2, à Versailles. — Le roi tint le conseil d'État, qui fut plus long qu'à l'ordinaire. Il travailla l'après-dînée avec M. Pelletier, alla ensuite au salut, et après le salut il tint encore le conseil d'État chez lui, après lequel on sut que les propositions des ennemis étoient excessives. Ils demandoient qu'on leur livrât présentement beaucoup de places, et ne nous donner qu'une trêve de deux mois, après lesquels ils recommenceroient à nous faire la guerre si le roi d'Espagne ne revenoit en France et ne renonçoit à toute la monarchie espagnole. Ces propositions ont paru si injurieuses et si odieuses qu'on a renvoyé un courrier au président Rouillé qui lui porte l'ordre de revenir. — Madame la duchesse de Créquy, dame d'honneur de la feue reine et grand'mère du duc de la Trémoille, qui vient de mourir, vint le matin parler au roi à son lever et lui demander pour le prince de Tarente, son petit-fils, la charge de premier gentilhomme de la chambre. Elle fit souvenir le roi qu'elle avoit été nourrie du même lait que lui, qu'elle avoit eu l'honneur de servir la reine, que M. le duc de Créquy, son mari, avoit été son domestique dès sa plus tendre jeunesse et jusqu'à sa mort et toujours fort attaché à sa personne. Elle lui parla de la grandeur de la maison de la Trémoille, et n'oublia rien de tout ce qui pouvoit engager le roi à lui accorder la grâce qu'elle demandoit. Le roi sur-le-champ donna la charge au prince de Tarente et dit : « Madame, c'est à vous que je l'accorde. » Le prince de Tarente, qui est toujours malade, n'avoit pas pu venir avec madame sa grand'mère. — Le roi, à son dîner, dit à Livry, son premier maître d'hôtel, qu'il n'avoit qu'à congédier les équipages de monseigneur le Dauphin et de monseigneur le duc de Bourgogne, et que ces princes n'iroient point à l'armée cette année. Monseigneur le duc de Berry n'ira point non plus. Le roi veut envoyer à ses troupes l'argent qu'il auroit coûté pour le voyage de ces princes. — Le roi a fait le comte de Bezons maréchal de France. Il commande présentement notre armée en Catalogne; il étoit ancien lieutenant général, mais il y en a encore dans le service qui le sont avant lui.

Lundi 3, à Versailles. — Le roi tint le conseil de dépêches, et alla se promener à Marly l'après-dînée. Au retour il travailla avec M. de Pontchartrain chez madame de Maintenon. — Le roi dit hier au soir au duc de Guiche qu'il pouvoit partir présentement et qu'il falloit que tous les officiers principaux redoublassent leur zèle et leur ardeur pour le service, et qu'il étoit bien persuadé qu'il en donneroit l'exemple. — On a fait partir ce soir un courrier pour Madrid, et la nouvelle qu'il porte de la rupture de la paix va faire grand plaisir aux Espagnols. — Le duc de Berwick mande que son armée est en bon état et qu'on a eu le loisir de faire un bon camp retranché sous Briançon. M. de Savoie se prépare à entrer en campagne, et les troupes allemandes qui étoient dans le Milanois marchent en Piémont. — Le chevalier de Montendre, qui est cadet de sa maison, épouse mademoiselle de Jarnac, qui est une grande héritière. Le père et la mère de M. de Montendre font de grands avantages à leur fils en faveur de ce mariage. Mademoiselle de Jarnac, qui n'a plus ni père ni mère, s'en va à Jarnac, qui est une fort belle terre et un beau château; c'est là où le mariage s'achèvera, et elle compte y demeurer sans venir à la cour ni à Paris. Le roi a signé le contrat de mariage.

Mardi 4, à Versailles. — Le roi tint le conseil de finances, travailla l'après-dînée avec M. de Chamillart, alla au salut et puis se promena dans ses jardins. Monseigneur l'accompagna à sa promenade. — M. de Donzy, fils aîné de feu M. de Nevers, épousa à Paris mademoiselle de Spinola, dont le père est encore en vie, et on craint même qu'il ne se remarie, car outre que, s'il avoit des enfants mâles, cela rendroit la nouvelle mariée assez pauvre, cela lui ôteroit la grandesse. M. de Spinola a été fait grand d'Espagne depuis peu de temps. Il a un bien assez considérable dans les pays étrangers, mais il n'en a point en France. — M. le maréchal de Villars a assemblé presque toute son infanterie et quelque cavalerie auprès de Lens. On lui envoie de l'argent de la nouvelle monnoie, mais il n'y en a pas encore assez de fabriqué pour payer ce qui est dû aux troupes. On y fait venir par mer du blé de Bretagne, et on en a acheté beaucoup en Picardie, qu'on lui envoie aussi; on espère qu'il en aura pour jusqu'à la fin de septembre. Ce maréchal ne se veut point retrancher dans son camp, et mande toujours que les troupes sont complètes et paroissent avoir la meilleure volonté du monde, laquelle s'est augmentée encore depuis qu'on a appris les cruelles propositions que les ennemis faisoient pour la paix.

Mercredi 5, à Versailles. — Le roi tint le conseil d'État, alla tirer l'après-dînée, revint de la chasse pour le salut, et après le salut travailla avec M. de Chamillart chez madame de Maintenon. — Le maréchal de Berwick mande du 1er de ce mois que les troupes des Impériaux sont arrivées dans le Piémont, que toute l'infanterie ennemie s'avance sur la frontière, qu'il y a déjà seize bataillons arrivés à Suze, que toutes nos troupes sont campées une partie à Briançon et l'autre sous Saint-Jean de Maurienne. — Le duc d'Albe, qui étoit venu hier comme tous les ambassadeurs viennent les mardis, est venu encore ce matin apporter une lettre au roi. On crut d'abord que c'étoit quelques nouvelles considérables, mais cela ne regarde que le duc de Linarès, que le roi s'est chargé de faire conduire sur ses vaisseaux dans le Pérou. Le roi d'Espagne en presse le départ. — On compte que le courrier que l'on a envoyé au président Rouillé sera arrivé aujourd'hui à la Haye, et que dimanche on pourra avoir sa réponse. — On mande de Marseille qu'il y étoit arrivé moins de blé qu'on ne l'avoit dit. Il y a un mois qu'on y attend avec impatience les bâtiments qu'on avoit envoyés au cap Nègre pour en apporter, et qu'on n'avoit osé faire la procession le jour de la fête de Dieu, de crainte d'une émotion du peuple.

Jeudi 6, jour de la petite fête de Dieu, à Versailles. — Le roi et toute la maison royale allèrent à dix heures à la paroisse, pour accompagner la procession ; mais il plut si fort qu'on fut obligé de ne faire la procession qu'en dedans de l'église. On y entendit la grande messe, et on étoit de retour au château à midi. L'après-dînée le roi et toute la maison royale entendirent le salut, et après le salut Monseigneur partit pour Meudon, d'où il ne reviendra que pour le voyage de Marly, qui sera mercredi. — Les courtisans commencèrent à offrir leur vaisselle d'argent au roi, qui leur en a su très-bon gré. Le roi fera fondre toute sa vaisselle d'or; on compte qu'il en a pour 450,000 francs (1). Comme il n'y a nulle apparence à la

---

(1) « M. le duc de Gramont est le premier qui a fait porter sa vaisselle à la Monnoie, la donnant au roi comme il lui plaira, soit par libéralité ou prêt quand il en pourra rendre le prix. On prétend qu'il a dit à Sa Majesté que c'étoit la duchesse qui en avoit eu la première pensée ; la malignité du monde veut qu'elle n'a pas perdu le jugement, que non-seulement elle couche en vue le tabouret, mais qu'elle a fait passer des billets de monnoie dont elle a tiré des espèces nouvellement fabriquées. L'exemple de ce duc est suivi des offres de MM. les ducs de la Rochefoucauld, de Beauvilliers, de la Feuillade, qui en a une si belle et si neuve que le bruit court qu'il y aura pour quarante ou cinquante mille francs de façons perdues. M. le maréchal de Boufflers n'a pas manqué d'offrir aussi tout ce qu'il a ; M. de Chamillart, de son côté, la même chose, qu'on dit aller à vingt mille écus. M. le cardinal de Noailles se dépouille de cette richesse, mais il demande à être payé de la valeur pour le secours des pauvres. Enfin, voilà jusqu'à présent ce qui paroît d'un zèle qu'on ne sauroit trop louer. Le roi envoie sa vaisselle d'or encore à la Monnoie, et madame de Maintenon sa vaisselle d'argent, ne retenant que son couvert...

« Monseigneur le duc d'Orléans, monseigneur le Duc et tous les princes envoient aussi leur vaisselle. Il se parle, du second bond, de M. le cardinal de Janson, du reste des ministres, de M. Maréchal, et de M. le duc de Villeroy, de M. le Premier, de madame la maréchale de Noailles. On court avec empressement aux manufactures de fayence et de terre vernie pour le domes-

JUIN 1709.

paix, on cherche les moyens d'avoir de l'argent pour soutenir la guerre, ne pouvant plus rien prendre sur le peuple. Si même le roi peut trouver à engager les pierreries de la couronne, il le fera. M. le duc d'Orléans, tous les princes et princesses du sang donnent aussi leurs vaisselles au roi, et on ne doute pas que les gens de Paris qui ont de la vaisselle ne l'apportent à la Monnoie pour la convertir, car personne n'oseroit plus manger dans de la vaisselle d'argent quand les principaux seigneurs du royaume n'y mangent plus (1).

* Boufflers fut l'auteur de l'envoi de la vaisselle à la Monnoie. Il s'engoua de cette marque d'affection; il la proposa au roi, qui, dans la presse où il se trouvoit réduit, l'accepta. Boufflers en avoit une grande quantité, qu'il donna toute, sans en vouloir recevoir quoique ce soit. Tout est imitation en France, et surtout de cœur et de zèle; en huit jours il n'y eut personne qui osât montrer de la vaisselle chez soi, depuis les princes du sang jusqu'aux bourgeois. Beaucoup de gens qui eurent l'air de la donner s'en firent payer depuis. Le gros des princes fut plus sage et enferma la sienne pour la mieux retrouver après. (2) Le bruit fut plus grand de beaucoup que le secours qu'on en tira, et l'éclat qui en retentit dans les pays étrangers fit plus de mal que de bien. Il en étoit arrivé de même quand, à l'autre guerre, le roi fit fondre sa précieuse argenterie, dont la galerie et les grands appartements de Versailles étoient remplis et meublés; mais en France on ne se souvient pas de si loin (3).

---

tique... M. d'Antin et M. de Lauzun sont des plus zélés quant à la vaisselle. » (*Lettres de la marquise d'Huxelles*, des 9 et 10 juin.)

(1) Voir dans le *Mercure* de juillet et d'août l'*État des personnes qui ont envoyé leur vaisselle à la Monnoie des médailles pour en disposer suivant la volonté du roi*. On y trouve les noms du sculpteur Girardon, du marquis de Dangeau, de l'architecte Gabriel, du duc de Lauzun (ce qui contredit l'assertion de Saint-Simon dans ses Mémoires) de Fagon, de Chamlay, etc., etc.

(2) Saint-Simon ajoute dans ses Mémoires : « J'avoue que je fis l'arrière-garde, et que, fort las des monopoles, je ne me soumis point à un volontaire. Quand je me vis presque le seul de ma sorte mangeant dans de l'argent, j'en envoyai pour un millier de pistoles à la Monnoie et je fis serrer le reste. J'en avois peu de vieille de mon père et sans façons, de sorte que je la regrettai moins que l'incommodité et la malpropreté. »

(3) Voir le *Journal de Dangeau* du 3 décembre 1689, tome III, page 33.

Vendredi 7, à Versailles. — Le roi travailla le matin avec son confesseur, comme il fait tous les vendredis. Il dîna de bonne heure et alla à Marly, d'où il ne revint qu'à la nuit. — Le roi d'Angleterre fera la campagne en Flandre et partira dans dix jours pour y aller. Milord Middleton, Richard Hamilton et Cheldon le suivront. Il diminue de beaucoup l'équipage qu'il avoit la campagne passée et se fera toujours appeler le chevalier de Saint-Georges. La reine sa mère se porte un peu mieux. — Le bruit se répand que le maréchal de Bezons a ordre de ramener nos troupes qui sont en Espagne et qu'il ira servir de sa personne en Flandre sous le maréchal de Villars. M. le duc d'Orléans a reçu des lettres de lui par lesquelles il savoit déjà l'honneur que le roi lui avoit fait de le faire maréchal de France; ainsi il l'a su bien plus tôt que nous. — Le roi a établi un tribunal pour les blés et en a fait président M. de Maisons, président à mortier. Les commissaires qu'on envoie dans les provinces pour la vérification des blés rendront compte à ce tribunal de ce qu'ils auront trouvé dans les provinces. Il y aura sous M. de Maisons, pour juger, quelques maîtres des requêtes et des conseillers du parlement.

Samedi 8, à Versailles. — Le roi tint le conseil de finances. Il travailla l'après-dînée avec M. de Chamillart et alla se promener à Trianon. — On apprit par l'ordinaire de Flandre que le courrier qu'on a envoyé à M. le président Rouillé avoit passé par Bruxelles et avoit rendu une lettre à M. le prince Eugène, qui y est revenu depuis quelques jours. Ce prince a fait l'étonné en apprenant par cette lettre que le roi ne vouloit pas accepter les propositions qu'ils vouloient nous imposer. Il est apparent pourtant qu'il jugeoit bien que le roi ne souscriroit pas à des conditions si dures et qui lui étoient même impossibles à exécuter, car il ne dépendroit pas de lui, quand il le voudroit, de faire revenir le roi d'Espagne, qui paroît bien résolu à ne jamais abandonner les Espagnes. — Il arriva un courrier de M. de Villars, qui est toujours campé auprès de Lens. Il est dans un très-bon poste et il en a reconnu plusieurs autres, qu'il occupera selon les différents mouvements que feront les ennemis. Il mande qu'ils assemblent leurs troupes, dont ils feront cantonner une partie sur la Lys et l'autre sur l'Escaut, à portée d'être ensemble en deux fois vingt-quatre heures.

Dimanche 9, à Versailles. — Le roi tint le conseil d'État, où Monseigneur vint de Meudon et puis s'y en retourna dîner. L'après-dînée le roi travailla avec M. Pelletier et alla ensuite tirer. A son retour de la chasse le roi envoya MM. les ducs de Chevreuse et de Beauvilliers demander à M. de Chamillart la démission de sa charge de secrétaire d'État, dont M. de Cagny, son fils, avoit la survivance, et qui en donnera aussi sa démission s'il est nécessaire*. M. de Chamillart ne s'attendoit point à cette nouvelle. Il avoit été le matin au conseil comme à son ordinaire ; mais quoiqu'il ne s'attendît point à cette disgrâce, il en apprit la nouvelle avec beaucoup de sang-froid et de fermeté. Le roi, qui a toujours eu de l'amitié pour lui, lui donne 20,000 écus de pension et 4,000 écus à son fils. Outre cela, le roi lui augmente son brevet de retenue de 200,000 francs. Il étoit déjà de 600,000 francs, ainsi celui qui remplira sa place aura 800,000 francs à lui donner. Le roi donne à M. de Cagny, son fils, l'agrément pour acheter la survivance de grand maréchal de logis qu'a M. de Cavoie, et le roi se charge de le faire agréer à M. de Cavoie. M. de Cagny en donnera apparemment 100,000 écus, comme M. de Seignelay les donne à M. de la Salle pour avoir sa survivance de la charge de maître de la garde-robe.

* Un tel événement ne s'étoit point vu de ce long règne depuis la disgrâce de Fouquet, puisque la mort de Louvois prévint si à point nommé la sienne. Chamillart étoit l'honneur, la probité, la bonté même, l'incapacité même aussi, à ce qu'il parut ; mais peut-être que le plus habile ministre n'auroit pas mieux soutenu le poids des finances ;

et de la guerre à la fin et dans des temps de calamités continuelles, puisque, dans les heureux, Louvois et Colbert en avoient leur charge complète, chacun de la moitié. Chamillart le sentit si bien qu'il pressa le roi souvent et instamment de le décharger des finances, et il lui en est resté des billets, par lesquels il exposoit le danger des affaires et son incapacité d'y suffire, avec cette apostille de la main du roi à côté : « Hé bien, nous périrons ensemble. » Sa santé y succomba, et ce ne fut pas que cette raison qui le fit soulager des finances. Il étoit au goût du roi et de madame de Maintenon plus que nul autre avant lui par sa dépendance entière de cette dame, et parce que le roi comptoit le former et faire tout lui-même en le faisant par lui. Il avoit des amis qui étoient les leurs plus que les siens, et pour lesquels il avoit un aveuglement dont lui seul étoit capable, et ces amis commencèrent sa perte par ne voir que par eux ; c'est ce qui lui arriva en son dernier voyage de Flandre, et la chute de M. de Vendôme fut l'éclair de la foudre qui l'écrasa. Ce point qui appartient aux obscurités précédentes ne peut pas être plus éclairci ; mais quelque gangrène qu'il portât dans sa fortune, ce ne fut pas cela qui le perdit. On a remis ici à parler de ces mouvements de Flandre où le maréchal de Boufflers fut renvoyé presque aussitôt après son retour de Lille et avoir été reçu pair au parlement. Chamillart, accoutumé à se roidir contre les revers de la guerre, imagina de reprendre Lille dans l'hiver, d'y mener le roi pour encourager les troupes, en fit tout le plan avec Boufflers, qu'il destinoit à cette expédition, et en garda le secret à madame de Maintenon, qu'il ne vouloit point y mener, ni aucune dame, pour épargner le temps et plus encore la dépense. Quand tout fut arrangé, Chamlay, qui étoit du secret, lui représenta qu'il s'alloit perdre, et que M. de Louvois ne s'étoit jamais pu relever d'une pareille offense faite à madame de Maintenon, qui faisoit son capital de ne pas perdre le roi de vue. Chamillart le fit convenir qu'avec madame de Maintenon, et par conséquent les dames, la dépense et les contre-temps les feroient échouer. Il ne fut donc plus question entre eux que d'abandonner le projet, ou de risquer sa fortune en l'exécutant sans madame de Maintenon, ou, comme il arriva, de perdre l'un et l'autre si le roi avoit la foiblesse de n'en pas garder le secret à madame de Maintenon jusqu'au bout. Chamillart ne balança pas ; il jugeoit avec raison le recouvrement de Lille si capital pour l'État et si glorieux pour le roi qu'il ne put être touché d'aucune autre considération, et préféra un si pressant devoir à toutes choses. Il porta son projet au roi à qui il le fit bien comprendre dans toute son importance et dans toute sa possibilité, et toutes les plus raisonnables apparences de succès, et parvint encore à le persuader de la nécessité de n'y mener point madame de Maintenon et les dames, et celle encore de lui en faire le secret entier pour éviter tous inconvénients. L'expédition fut résolue. Boufflers en fit toutes les dispositions sourdes en Flandre; les régiments des gardes françoises et suisses eurent leurs ordres, et beaucoup des troupes de la frontière furent secrètement mises en état avec tout ce qui étoit nécessaire. Cependant madame de Maintenon, curieuse, puis alarmée de sentir qu'elle ne savoit pas tout sur le fond de ces apprêts, fit tant qu'elle tira du roi le fatal secret, et de ce moment la perte du ministre fut en elle-même résolue. D'abord elle se garda bien de désapprouver rien; mais elle alla peu à peu à la sape, et vint à bout de tout faire échouer. Alors elle changea de ton et de conduite avec le ministre, et se mit à la tête de ceux qui le vouloient perdre. Madame la duchesse de Bourgogne, qui le remarqua des premières, fut des premières aussi à en profiter. Harcourt, dont toutes les voiles étoient sans cesse bandées vers l'entrée au conseil d'État, espéra d'en remplir la place, qui est toute séparée de celle de secrétaire d'État, et comptoit d'affoiblir d'autant le duc de Beauvilliers, qu'il avoit pris en émule, dont il vouloit la place de chef du conseil, qu'il pensa avoir depuis, et qui étoit intimement lié à Chamillart pour d'autres choses trop longues à rapporter. Tessé, qui ne lui pardonnoit point d'avoir été le jouet et le chausse-pied de la Feuillade en Dauphiné et en Savoie, ne demandoit pas mieux qu'à servir sa haine, en faisant une si utile cour à madame de Maintenon; tout ce qui tenoit aux Villeroy agissoit sous main, pour ôter au maréchal un obstacle si certain à se raccommoder avec le roi, et Boufflers trop souvent mécontent de Chamillart pour des préférences au commandement des armées et pour des détails de ses emplois, accoutumé de plus au joug de madame de Maintenon, de tout temps sa bienfaitrice, crut servir l'État, qui s'en alloit par pièces, en contribuant à la ruine d'un ministre sous qui les malheurs ne finissoient pas. Chamillart combla la mesure par une sottise qui, en toute autre circonstance, n'eût été rien. Mademoiselle Chouin avoit un frère dans les troupes qui servoit avec réputation et qui étoit ancien; elle désira l'avancer et ne douta pas du succès de cette bagatelle de médiocres emplois dont Chamillart étoit le maître. La Feuillade, qui, malgré ce qu'il coûtoit à l'État, étoit toujours son héros et son cœur, lui en parla, et mademoiselle de Lislebonne aussi, son amie intime et son conseil; il les refusa l'un et l'autre. Les vapeurs qui l'accabloient lorsqu'il quitta les finances et les malheurs continuels lui avoient donné quelque humeur; il s'en trouva ce jour-là. Ils insistèrent; il étoit naturellement opiniâtre, avec fort peu d'esprit, et s'obstina comme un enfant; cela demeura plus de six semaines suspendu de la sorte, lui persévérant au refus sans nulle raison, et eux n'osant rendre réponse et amusant mademoiselle Chouin, espérant le gagner. A la fin, ils firent un dernier effort et lui remontrèrent avec force ce que c'étoit que mademoiselle Chouin, qu'il avoit toujours trouvée favorable auprès de Monseigneur, et ce que ce seroit de s'en faire une ennemie pour une bagatelle. Il fut inflexible et répondit de colère qu'avec le roi pour lui et continuant à le bien servir et à ne rien faire contre l'ordre et le bien du service, comme ce qu'ils lui demandoient, il ne se soucioit ni de mademoiselle Chouin ni de personne. Mademoiselle de Lislebonne, piquée à son tour pour sa vade(1), sortit sur-le-champ en colère, et la Feuillade resta inutilement à l'exorciser. Mademoiselle de Lislebonne ne put passer plus loin la chose, elle rendit réponse à mademoiselle Chouin et la rendit en personne offensée. Madame d'Espinoy, sa sœur, le sut bientôt. Mademoiselle Chouin outrée le conta à Monseigneur, sans l'aveu duquel elle n'entreprenoit pas les plus petites choses, et Monseigneur le trouva très-mauvais. On a vu dans ses Mémoires que madame de Maintenon et mademoiselle Chouin, sans se voir presque jamais, étoient fort en mesure ensemble. Chamillart tenoit si fort au roi que madame de Maintenon crut avoir besoin de tout, et qu'elle eut recours à mademoiselle Chouin pour parler à Monseigneur sur l'extrémité des affaires, qui ne se pouvoient sauver qu'en perdant Chamillart ; c'est ainsi que se préparent les ressorts de la Providence. Harcourt vit aussi Monseigneur, avec qui il étoit fort bien, et Boufflers de même, et depuis plus longtemps encore, l'entretint. Madame de Maintenon parla elle-même à Monseigneur, qui alloit rarement, mais quelquefois, la voir ; tout s'unit, tout se concerta. Madame de Maintenon donna le tour à la force, sans laquelle ni pas un des maréchaux ni Monseigneur même n'auroient osé dire un mot. Le roi fut attaqué de toutes parts, et il le fut si vivement, si fortement, si coup sur coup et à toutes heures, et chez lui, et chez madame de Maintenon, qu'il ne savoit plus que devenir. M. du Maine n'osa se refuser à sa régnante mie, et si régnante pour lui, en sorte que le roi n'avoit plus de repos. L'affection de son cœur se défendit tant qu'elle put, et assez pour que Harcourt partît sans avoir vu frapper le coup ; mais plus il tardoit, plus madame de Maintenon s'irritoit en elle-même de la résistance, et plus elle poussoit Monseigneur, qui à la fin l'emporta dans une dernière conversation qu'il eut avec le roi dans son cabinet sur l'état déploré des affaires s'il ne les remettoit en de meilleures mains. Le jour de l'exécution, et les ordres donnés aux ducs de Chevreuse et de Beauvilliers, comme amis intimes de Chamillart et oncles de sa belle-fille, pour le ménager en lui portant le coup, le roi le traita au conseil d'État à l'ordinaire, et lui dit de n'oublier pas quelque chose dont il lui parla en venant l'après-dîner travailler avec lui. Il savoit bien pourtant qu'il n'y travailleroit de sa vie. Ce fut aussi la cause de la surprise de Chamillart quand, au

---

(1) Il y a dans le manuscrit vade ou rade.

sortir de table, les deux ducs lui portèrent l'ordre de se retirer, avec tout ce qui de la part du roi étoit capable de l'adoucir. Il ne témoigna ni émotion ni regrets ; il ne fit aucune plainte. Il répondit que le roi étoit le maître ; qu'il l'avoit servi personnellement pour lui de tout son cœur et de tout son mieux ; qu'il souhaitoit qu'il trouvât plus de bonheur et de capacité dans un autre ; mais qu'il n'y pourroit trouver plus de zèle ; que le roi le traitoit encore trop bien et qu'il ne cesseroit jamais de lui être tendrement attaché. Il glissa sur madame de Maintenon, qui ne lui fit pas dire la moindre chose, donna quelques papiers aux ducs pour le roi, envoya querir quelques commis, traya ce qui lui étoit personnel parmi ses papiers, fit atteler sa voiture et s'en alla sur-le-champ à l'Étang. Un de ses amis (1), très-différent d'âge et d'étoffe, avoit vu l'orage et l'en avoit averti. Il l'avoit déjà persuadé une fois d'en conjurer un autre, et s'en expliquant avec le roi, il y avoit réussi. Cet ami fit tout ce qu'il put pour lui faire tenter le même remède : « Monsieur, lui répondit-il, c'est trop cher acheter la conservation d'une place si pénible qu'être à tous moments à la parade. Je n'ai jamais connu les cabales ni les souterrains ; si mon zèle et mon travail et la connoissance que le roi en a ne me soutiennent pas, j'en serai fâché ; mais travailler comme je fais, et avoir encore à lutter, je n'y pourrois suffire. Il en arrivera ce qu'il plaira a Dieu. » Sa famille le suivit aussi à l'Étang et quelques amis très-particuliers. Dès le lendemain on y alla par amitié, par curiosité, par mode ; trois jours durant l'Étang fut plus plein que Versailles. Jamais une tranquillité pareille, une simplicité si naturelle ; pour sa femme, ses filles, leurs proches entours, c'étoit un désespoir. La Feuillade leur vint tard et peu, au scandale de la cour, excepté de son beau-père qui trouvoit tout admirable de lui ; il ne fut occupé qu'à sauver un logement à Versailles. Madame de Maintenon rugissoit de ce grand abord à l'Étang et de ce qui en revenoit de louanges, tant qu'enfin elle lui fit dire de sa part à elle à découvert qu'il étoit trop près de la cour pour un homme en disgrâce, et le fit aller à Paris. Le même abord y continua, elle s'en plaignit, et fut piquée qu'il n'en fût autre chose, et l'en fit sortir. Faute de lieu où aller, il se réfugia chez le duc de Lorges, son gendre, aux Bruyères ; puis, trouvé trop près, il fut chez son frère à la maison de campagne de l'évêché de Senlis, d'où il alla chercher des terres, en acheta une à la hâte, qui fut Courcelles, où il s'établit avec sa famille, qui s'étoit relaissée quelque temps avec lui chez le duc de Saint-Simon à la Ferté. Pour le roi, il ignoroit cette persécution de madame de Maintenon. Il voulut bien que le fils de Chamillart lui vînt faire la révérence, et vint sur la porte de son cabinet, où le jeune homme lui parla très-bien. Le roi l'écouta, le re-

---

(1) C'est Saint-Simon lui-même.

garda et poussa la porte ; fort peu après il la rouvrit, et lui dit mille choses pleines de bonté pour lui et pour son père d'une voix attendrie et entrecoupée. Il s'étoit hâté de fermer la porte parce que les larmes le gagnoient, et tout ce qui se trouva là s'en aperçut aisément. Il n'a pas manqué depuis une seule occasion de distinguer le fils et de traiter au mieux son père et lui, quoi que madame de Maintenon, qui craignoit sans cesse son retour, pût faire. Le fils acheta la vieille Marine (1) ; c'est l'unique fils de ministre, et de ministre tout puissant, qui ne se soit pas gâté, et dans une place si affolante pour un si jeune homme ; son tour des places étoit propre à le perdre. Reçu partout avec tous les honneurs militaires et en arbitre de la fortune, il se fit aimer partout où il passa, et ne s'est jamais méconnu ; aussi recueillit-il dans les troupes le fruit de ce qu'il avoit semé, et avec le talent et le courage qu'il montra il eût été loin s'il n'étoit mort trop promptement. Ce fut le roi tout seul qui imagina la charge de Cavoie, qui en fit son affaire et qui de son seul mouvement donna les pensions. Telle fut l'amitié tendre et constante du roi pour ce ministre ; tel fut le pouvoir de madame de Maintenon sur le roi. Ce fut encore à elle à qui son successeur dut sa fortune. Il étoit intendant de Maubeuge pendant les siéges de Mons et de Namur, où le roi mena madame de Maintenon et les dames. Madame Voisin, sœur de Trudaine, étoit une créature liante, flatteuse, pleine d'esprit et de sens, dévote, magnifique, avisée, qui se mit bien avec madame de Maintenon et avec ses favorites et ses domestiques et qui eut grand soin de s'y entretenir avec mesure, mais à qui les présents et les soins ne coûtoient rien. Elle fit en sorte que son mari fût chargé du temporel de Saint-Cyr quand les grandes occupations de Chamillart, qui en avoit le soin, fut obligé de s'en défaire, et l'approcha ainsi de madame de Maintenon, et elle-même par les rapports continuels que cela leur procuroit avec elle. Madame Voisin devint enfin une favorite que faute d'occasion l'on ne voyoit pas à moitié, et ce goût pour elle fut la cause du choix de son mari. Ils surent en profiter tous deux ; au moment que Voisin se vit secrétaire d'État, il insinua que, dans un si grand dérangement d'affaires, il avoit besoin d'être tout d'un coup au fil de tout et d'être accrédité autant qu'il pourroit l'être, et, ce qui jusqu'à lui fut sans exemple, se fit bombarder ministre d'Etat tout en entrant.

Lundi 10, *à Versailles.* — Le roi fit entrer le matin dans son cabinet, par les derrières, M. Voisin, à qui il

---

(1) C'est le régiment de la Marine, qui était un des quatorze vieux régiments.

avoit fait mander hier par M. Blouin de le venir trouver ce matin, et quand il sortit du cabinet on sut que le roi l'avoit choisi pour remplir la place de M. de Chamillart (1). Il donnera 800,000 francs pour cette charge, et le roi lui donne un brevet de retenue de pareille somme. En sortant d'avec le roi il passa chez madame de Maintenon, qui a toujours été fort de ses amies, et puis il alla dans le cabinet de M. de Chamillart travailler avec les commis et avec MM. de l'extraordinaire des guerres. M. de Chamillart étoit allé dès hier au soir à l'Étang. Le roi lui avoit mandé par M. de Chevreuse et M. de Beauvilliers qu'il ne le verroit point de quelque temps. M. Voisin étoit conseiller d'État ordinaire. Le roi donne sa place à M. Amelot, ambassadeur en Espagne, le plus ancien des conseillers d'État de semestre, et celle de conseiller d'État de semestre à M. d'Argenson, lieutenant général de la police de Paris, qui conservera cette charge.

Mardi 11, *à Versailles* — Le roi tint le conseil de finances, et l'après-dînée il travailla avec M. Voisin. Il travaillera avec lui les mardis et les samedis, comme il faisoit avec M. de Chamillart. — Le courrier qu'on avoit envoyé à M. Rouillé est revenu, et M. Rouillé arrivera jeudi. Les ennemis n'ont rien diminué de leurs propositions, et il n'y a plus de négociation de paix. — M. Voisin alla le matin à Meudon voir Monseigneur et fut quelque temps enfermé avec lui. — Le roi a disposé des appartements que M. de Chamillart donnoit dans la surintendance à M. et à madame de la Feuillade, à M. et madame de Lorges, et à M. et madame de Cagny. Il y loge M. Pel-

---

(1) M. le maréchal d'Harcourt, qui avoit beaucoup contribué à faire révoquer M. de Chamillart, espéroit avoir sa place. Madame de Maintenon, lui ayant appris qu'enfin le roi s'étoit déterminé à se défaire de ce ministre, lui donna à deviner quel seroit son successeur, et, après lui avoir dit que le roi avoit choisi un homme de beaucoup d'esprit, elle lui nomma M. Voisin. Le maréchal piqué lui répondit : « Dès qu'on ne vouloit qu'un homme d'esprit, que ne choisissoit-on M. Fagon. » (*Note du duc de Luynes*).

letier et M. des Forts, son fils, M. et madame de Seignelay, et on donnera à M. de Cagny un appartement au grand commun qu'avoit M. de Seignelay, mais qu'il n'habitoit point, tant il le trouvoit petit et incommode. On donne à M. Desmaretz le logement qu'avoit M. Pelletier, qui augmentera fort le logement de madame Desmaretz et qui y devoit être joint naturellement. — Le roi a donné à M. d'Entragues une commission de colonel de dragons à la suite du régiment Dauphin, de dragons, et il avoit donné il y a quelques jours commission de colonel d'infanterie au chevalier de Casaux. Ces deux hommes-là avoient été nommés pour servir d'aides de camp cette campagne auprès de Monseigneur.

Mercredi 12, *à Marly.* — Le roi tint le conseil d'État à Versailles, et partit aussitôt après son dîner pour venir ici. Monseigneur vint ici de Meudon. Madame la duchesse d'Orléans, quoique fort incommodée de sa grossesse, y est venue; mais elle a demandé au roi d'être logée dans un pavillon et non pas dans le corps du château, afin de se pouvoir promener plus à son aise et être plus retirée. Madame la Duchesse, qui n'attend que l'heure d'accoucher, est demeurée à Versailles. Madame la princesse de Conty, qui prend les eaux, y est demeurée aussi, mais elle viendra ici dans huit jours. M. Voisin aura ici le logement qu'avoit M. de Chamillart, qui est le haut du troisième pavillon du côté des dames Madame de Courcillon est ici pour la première fois; quoique dame du palais, elle n'y étoit pas venue plus tôt, parce qu'elle a toujours été incommodée depuis son mariage. Le roi a fait ici de grands retranchements sur sa dépense, si bien que l'extraordinaire qu'il y a pour Marly n'ira pas loin. Les tables en sont moindres, elles n'en sont servies que plus proprement. — M. de Bernières, intendant de l'armée de Flandre, arrivera demain à Paris, et M. Voisin le mènera vendredi au lever du roi, qui sera bien aise d'apprendre par lui l'état des magasins des places de ce pays-là et les ordres donnés pour la subsistance des troupes. — Madame la duchesse de Bourgogne, avant que de venir ici, alla à Saint-Germain voir la reine d'Angleterre.

Jeudi 13, *à Marly.* — Le roi se promena le matin et l'après-dînée dans ses jardins. La cour d'Angleterre arriva pendant qu'il étoit à la promenade. Le roi d'Angleterre et la princesse sa sœur allèrent avec madame la duchesse de Bourgogne le joindre à sa promenade, et la reine leur mère, qui ne se porte pas encore trop bien, demeura chez madame de Maintenon. Après la promenade le roi d'Angleterre, qui part lundi pour l'armée de Flandre, fut quelque temps enfermé avec le roi et puis alla à la musique, où étoient déjà la princesse sa sœur et Madame. Messeigneurs les ducs de Bourgogne et de Berry allèrent courre des sangliers dans la forêt de Saint-Germain, avec les chiens de M. le comte de Toulouse, et puis revinrent souper chez lui. La cour d'Angleterre soupa ici, et s'en retourna à Saint-Germain aussitôt après le souper. — M. le président Rouillé arriva à Paris, et il viendra saluer le roi ici samedi. — Outre les 800,000 francs qu'il faut que M. Voisin donne à M. de Chamillart pour la charge de secrétaire d'État, il lui donnera encore 80,000 francs pour la charge de secrétaire du roi, car il faut que les secrétaires d'État aient une charge de secrétaire du roi. M. de Chamillart achète pour son fils un régiment d'infanterie, et on croit que ce sera la Marine ou le régiment Dauphin, qui sont tous deux à vendre.

Vendredi 14, *à Marly.* — Le roi, après la messe, fut enfermé dans son cabinet avec M. Voisin et M. de Bernières, intendant de l'armée de Flandre Il étoit parti de ce pays-là sans savoir le changement qu'il y a dans le ministère; il s'en retourne demain à l'armée. Il assure que les troupes sont en très-bon état et paroissent de la meilleure volonté du monde. Les ministres disent qu'il n'a pas demandé ici des choses trop difficiles à exécuter, que l'arrangement est fait pour l'argent et pour les vivres, et il est parti fort content des ordres qu'on a donnés, mais en même temps il ne nous flatte point sur les ennemis, car il dit que leur armée est plus nombreuse que la nôtre. — Le chevalier de la Vrillière, colonel et brigadier de dragons, est mort à Strasbourg. Le roi a donné son régiment à vendre à M. de la Vrillière, son frère, secrétaire d'État. Ce régiment est le premier après les quatorze vieux. — M. de la Reynie* mourut à Paris. Il avoit quatre-vingt-dix ans passés. C'étoit un grand magistrat; il étoit le plus ancien des conseillers d'État de robe, et voulut disputer la place de doyen à l'archevêque de Reims, mais il fut condamné. (1) Le roi a donné sa place de conseiller d'État ordinaire à M. de Bouville, et celle de conseiller d'État de semettre qu'avoit M. de Bouville à M. de Vaubourg, qui a été quinze ans dans les intendances avec grande réputation et qui est frère de M. Desmaretz. — Le roi se promena le soir dans les jardins. Madame de Maintenon étoit à sa promenade en chaise et dans un chariot. Il y avoit mesdames de Noailles, de Caylus, de Dangeau et de Courcillon. Madame la du-

---

(1) Voir sur la Reynie le *Mercure* de juin, pages 279 à 297, et celui de juillet, pages 174 à 177, où se trouve mentionné l'écrit suivant joint par la Reynie à son testament : « Je désire et je veux qu'après mon décès mon corps soit enterré dans le cimetière de ma paroisse sans aucune cérémonie ou pompe funèbre, et je défends expressément de mettre au lieu où mon corps sera enterré ni ailleurs aucune marque particulière ni inscription qui fasse mention de moi. Je défends pareillement qu'il soit mis aucun vêtement de deuil à l'église de la paroisse où je serai décédé. J'entends aussi qu'il en soit usé de même si je meurs hors de la ville de Paris, et d'être enterré dans le cimetière de la paroisse où je serai décédé, et non dans l'intérieur de l'église ou d'aucune chapelle, croyant que, sans blesser la piété de ceux qui veulent être enterrés au dedans des églises, je puis éviter de contribuer par la pourriture de mon corps à la corruption et infection de l'air dans le lieu où les saints mystères sont célébrés, où les ministres du Seigneur passent la plus grande partie de leur vie et dans lequel les paroissiens sont si souvent assemblés. J'entends néanmoins que les droits pour l'ouverture de la terre soient payés à l'ordinaire à l'œuvre ou fabrique, comme si mon corps étoit enterré au dedans de l'église. »

chesse de Bourgogne, avec beaucoup de dames, joignit le roi sur la fin de sa promenade. Monseigneur et monseigneur le duc de Berry coururent le loup.

* La Reynie étoit un magistrat qui avoit la droiture, l'austérité de mœurs, la gravité des magistrats du temps passé, beaucoup de capacité, et un talent si particulier d'ordre et de police que ce fut lui qui rétablit l'une et l'autre dans Paris au point de perfection où on les a vus depuis lui. Il fut longtemps lieutenant de police, où il fit toujours grand'peur et jamais de mal. Il eut la confiance du roi pour mille choses secrètes et importantes, dont il s'acquitta toujours en homme de bien et habile. Il n'eut qu'un fils, qui ne voulut jamais rien faire, pas même revenir recueillir sa succession. Longtemps avant la mort de son père il étoit allé s'enterrer dans les curiosités de Rome, où il a passé sa vie dans le mépris du bien, mais dans l'obscurité et sans s'être marié. La singularité et ce choix de vie le fait remarquer ici.

Samedi 15, *à Marly*. — Le roi travailla l'après-dînée avec M. Voisin, qui prêtera demain un serment de secrétaire d'État. Il entra mercredi au conseil comme ministre et ne prête point de serment pour être ministre. Il n'y a guère d'exemple qu'un secrétaire d'État en entrant en charge ait été ministre. — M. le Duc vint au lever du roi lui dire que madame la Duchesse étoit accouchée d'un prince. Le roi lui demanda quel nom il lui feroit porter; il n'est pas encore déterminé là-dessus. M. le Duc avoit eu deux frères, dont l'un s'appeloit comte de Clermont et l'autre comte de la Marche. M. le Duc ne veut pas que son fils s'appelle comte de la Marche, parce que feu M. le prince de Conty avoit donné ce nom-là à son fils, et par honnèteté pour M. le prince de Conty il veut laisser ce nom-là dans sa branche. D'un autre côté, il est embarrassé sur le nom de Clermont, parce que plusieurs gens en France portent ce nom et que de plus il a la terre de Clermont en Argonne et qu'il ne veut pas qu'on croie qu'il prenne ce titre-là par cet endroit; ainsi en cas qu'il lui fasse porter ce nom, ce sera comme descendant de Robert, comte de Clermont, et c'est de

Clermont en Beauvoisis, que la princesse d'Harcourt a acheté du prince de Carignan. — Le roi a écrit au grand maître de Malte pour lui demander la commanderie du Piéton pour le chevalier de Beringhen, fils de M. le Premier; c'est un garçon de seize ans et qui n'a point encore paru à la cour. — Monseigneur, madame la duchesse de Bourgogne et monseigneur le duc de Berry allèrent ensemble l'après-dînée à Versailles voir madame la Duchesse et madame la princesse de Conty.

Dimanche 16, *à Marly.* — Le roi tint le conseil d'État et travailla après dîner avec M. Pelletier et ensuite alla tirer. Monseigneur et monseigneur le duc de Berry allèrent dire adieu au roi d'Angleterre, qui part demain pour l'armée de Flandre. — M. de Chamillart a fait demander au roi qu'il pût partager dans sa famille la pension de 20,000 écus qu'il lui donne, et le roi lui a permis de la partager comme il voudroit. — Par les dernières lettres qu'on a du maréchal d'Harcourt, notre armée en ce pays-là sera plus forte que celle des ennemis, et on a pris le parti d'en faire revenir en Flandre vingt escadrons et huit ou dix bataillons. — On a reçu ce soir des lettres d'Orléans qui nous apprennent que la rivière de Loire a percé les levées en plusieurs endroits et que les désordres que fait cette nouvelle inondation seront du moins aussi grands que ceux qu'elle fit il y a deux ans. — Le duc de Lorges, qui n'a plus le logement qu'il avoit à Versailles chez M. de Chamillart, son beau-père, a redemandé au duc de Saint-Simon, son beau-frère, le logement qu'il lui avoit prêté dans le château, qui étoit le logement du feu maréchal de Lorges et qu'à sa mort le roi avoit laissé à sa famille. Le duc de Saint-Simon le lui a rendu.

Lundi 17, *à Marly.* — Le roi prit médecine, comme il la prend tous les mois par précaution; cela ne l'empêcha pas de travailler tout le matin avec M. Voisin et l'après-dînée il travailla avec M. de Pontchartrain. — Les bâtiments chargés de blé et qu'on attendoit du cap Nègre à Toulon et à Marseille y sont heureusement arrivés (1); mais trois gros bateaux qui remontoient la Loire, chargés de blé pour l'armée de Dauphiné, ont péri à Rouanne. — M. d'Affry, capitaine du régiment des gardes suisses, qui fut l'année passée aide de camp de monseigneur le duc de Bourgogne et qui en devoit encore servir cette année, fut fait brigadier il y a quelques jours, et on l'envoie servir en cette qualité dans Ypres. — Il arriva un courrier du maréchal de Villars parti d'hier au matin de son camp près de Lens. Il mande que les troupes des ennemis sont toujours cantonnées sur l'Escaut, la Lys et la Mandels. — La nouvelle des trois bateaux de blés destinés pour l'armée du duc de Berwick et qu'on disoit qui avoient péri à Rouanne ne s'est pas trouvée vraie. Il est arrivé un courrier ce soir qui nous a désabusés, Dieu merci.

Mardi 18, à Marly. — Le roi tint le conseil de finances et travailla ensuite avec M. Desmaretz comme à l'ordinaire. L'après-dînée il travailla avec M. Voisin et puis alla se promener dans les jardins et finit sa promenade par voir jouer au mail. Il a donné 800 francs de pension à un parent de feu Mansart, nommé Beaufort, grand joueur de mail, qu'on fait souvent venir ici pour cela et qui n'avoit pas de quoi subsister. — M. Amelot, notre ambassadeur à Madrid, a demandé son congé; le roi le lui a accordé. On est très-content de la conduite qu'il a eue en ce pays-là. Il doit être à Paris le 15 de juillet. On dit aussi que la princesse des Ursins en revient, mais cela n'est pas sûr encore. — Le maréchal de Villars est toujours dans son camp près de Lens. Il s'y retranche pour plus grande sûreté, quoiqu'il croie n'en avoir pas grand besoin. Les ennemis sont encore cantonnés sur

---

(1) « Un convoi de blé est arrivé à Marseille, qui en étoit si dépourvu que les habitants n'avoient plus qu'une demi-livre de pain par jour. Le pape en envoie à Avignon. » (*Lettre de la marquise d'Huxelles*, du 17 juin.)

l'Escaut et sur la Lys, mais on croit qu'ils s'ébranleront incessamment. — Il arriva un courrier de M. de Roquelaure, qui mande au roi que deux cents hommes ont pris les armes en Languedoc, qu'il avoit détaché un officier suisse avec cinquante hommes, qui s'est trouvé trop foible pour les attaquer et craignant que ces deux cents hommes ne fussent joints par d'autres; M. de Roquelaure y marche lui-même. On lui envoie un régiment de dragons qui étoit en Franche-Comté.

Mercredi 19, *à Marly.* — Le roi tint le conseil d'État à son ordinaire; il travailla l'après-dînée avec M. Voisin. Monseigneur le duc de Bourgogne et madame la duchesse de Bourgogne allèrent entendre le salut à la paroisse de Marly. — Voici la copie de la lettre que le roi a fait écrire aux gouverneurs ou commandants des provinces de son royaume (1) :

Mon cousin ou Monsieur,

L'espérance d'une paix [prochaine] étoit si généralement répandue dans mon royaume que je crois devoir à la fidélité que mes peuples m'ont témoignée pendant le cours de mon règne la consolation de les informer des raisons qui empêchent encore qu'ils ne jouissent du repos que j'avois dessein de leur procurer. J'avois accepté, pour le rétablir, des conditions bien opposées à la sûreté de mes provinces frontières; mais plus j'ai témoigné de facilité et d'envie de dissiper les ombrages que mes ennemis affectent de conserver de ma puissance et de mes desseins, plus ils ont multiplié leurs prétentions ; en sorte qu'ajoutant par degrés de nouvelles demandes aux premières, et se servant du nom du duc de

---

(1) « Cette lettre a été imprimée sous ce titre : *Lettre du roi à M. le duc de Tresmes, pair de France, premier gentilhomme de la chambre de S. M. et gouverneur de la ville de Paris, au sujet des propositions extraordinaires qui avoient été faites pour la paix de la part des puissances alliées.* — A Paris, de l'Imprimerie royale, 1709. »

Savoie ou du prétexte de l'intérêt des princes de l'empire, ils m'ont également fait voir que leur intention étoit seulement d'accroître aux dépens de ma couronne les États voisins de la France et de s'ouvrir des voies faciles pour pénétrer dans l'intérieur de mon royaume toutes les fois qu'il conviendroit à leurs intérêts de commencer une nouvelle guerre. Celle que je soutiens et que je voulois finir ne seroit pas même cessée quand j'aurois consenti aux propositions qu'ils m'ont faites, car ils fixoient à deux mois le temps où je devois de ma part exécuter le traité, et pendant cet intervalle ils prétendoient m'obliger à leur délivrer les places qu'ils me demandoient dans les Pays-Bas et dans l'Alsace et à raser celles dont ils exigeoient la démolition. Ils refusoient de prendre de leur côté d'autre engagement que celui de suspendre tous actes d'hostilité jusqu'au 1er du mois d'août, se réservant la liberté d'agir alors par la voie des armes si le roi d'Espagne, mon petit-fils, persistoit dans la résolution de défendre la couronne que Dieu lui a donnée, et de périr plutôt que d'abandonner des peuples fidèles qui depuis neuf ans le reconnoissent pour leur roi légitime. Une telle suspension, plus dangereuse que la guerre même, éloignoit la paix plutôt que d'en avancer la conclusion; car il étoit non-seulement nécessaire de continuer les mêmes dépenses pour l'entretien de mes armées; mais le terme de la cessation d'armes expirant, mes ennemis m'auroient attaqué avec les nouveaux avantages qu'ils auroient tirés des places où je les aurois moi-même introduits, en même temps que j'aurois démoli celles qui servent de remparts à quelques-unes de mes provinces frontières.

Je passe sous silence les insinuations qu'ils m'ont faites de joindre mes forces à celles de la ligue et de contraindre le roi mon petit-fils à descendre du trône s'il ne consentoit pas volontairement à vivre désormais sans États et à se réduire à la simple condition d'un particulier. Il est contre l'humanité de croire qu'ils aient seulement eu la pensée de m'engager à former avec eux une pareille alliance. Mais quoique ma tendresse pour mes peuples ne soit pas moins vive que celle que j'ai pour mes propres enfants, quoique je partage tous les maux que la guerre fait souffrir à des sujets aussi fidèles, et que j'aie fait voir à toute l'Europe que je désirois sincèrement de les faire jouir de la paix, je suis persuadé qu'ils s'opposeroient eux-mêmes à la recevoir à des conditions également contraires à la justice et à l'honneur du nom françois. Mon intention est donc que tous ceux qui depuis tant d'années me donnent des marques de leur zèle en contribuant de leurs peines, de leurs biens et de leur sang à soutenir une guerre aussi pesante connoissent que le seul prix que mes ennemis prétendoient mettre aux offres que j'ai bien voulu leur faire étoit celui d'une suspension d'armes, dont le temps, borné à l'espace de deux mois, leur procuroit des avantages infiniment plus considérables qu'ils ne peuvent espérer de la confiance qu'ils ont en leurs troupes. Comme je mets la mienne en la protection de Dieu et que j'espère que la pureté de mes intentions attirera les bénédictions divines sur mes armes, j'écris aux archevêques et aux évêques de mon royaume d'exciter encore la ferveur des prières dans leurs diocèses et je veux en même temps que mes peuples, dans l'étendue de votre gouvernement, sachent de vous qu'ils jouiroient de la paix s'il eût dépendu seulement de ma volonté de leur procurer un bien qu'ils désirent avec raison, mais qu'il faut acquérir par de nouveaux efforts, puisque les conditions immenses que j'aurois accordées sont inutiles pour le rétablissement de la tranquillité publique. Je laisse donc à votre prudence de faire savoir mes intentions de la manière que vous le jugerez le plus à propos. — A Versailles, le 12 juin 1709. *Signé* : LOUIS, *et plus bas* : PHELYPEAUX.

Jeudi 20, *à Marly.* — Le roi se promena le matin dans

ses jardins. Il travailla l'après-dînée avec M. Voisin et avec M. de Pontchartrain séparément. Monseigneur alla dîner à Meudon et il y mena madame d'Épinoy; il revint souper avec le roi, et elle alla à Paris pour le service de M. le prince de Conty, qui se fera demain. Le roi a permis à beaucoup de dames de celles qui sont ici d'y aller pour cela ; elles y ont été priées comme ayant l'honneur d'être parentes. — Le roi a fait lieutenants généraux le comte de Coigny et le marquis de la Vallière, qui servent tous les deux en Flandre. Coigny commande les dragons comme colonel général de ce corps, et la Vallière y commande la cavalerie par sa charge de commissaire général, en l'absence du colonel général et du mestre de camp général, dont l'un ne sert point cette année et l'autre est encore prisonnier. M. de Coigny a depuis quelques jours l'agrément pour acheter le régiment de la Marine, et il va en Dauphiné, où sert ce régiment. — Le marquis de Brac, mestre de camp de cavalerie et petit-fils du vieux Brissac, ancien major des gardes du corps, est mort de maladie à Béthune. Il avoit la survivance de la lieutenance de roi de Saintonge et d'Angoumois, que le roi donna il y a quelque temps à Brissac, son grand-père.

Vendredi 21, à Marly. — Le roi travailla le matin avec le P. le Tellier, son confesseur, et l'après-dînée, chez madame de Maintenon, il fit une petite loterie pour madame la duchesse de Bourgogne et quelques-unes de ses dames. La loterie étoit de douze lots de bijoux qu'il fit apporter de son garde-meuble. — Le duc d'Albe vint ici le matin parler à M. de Torcy. Il fait de grandes instances pour obtenir que le roi veuille bien laisser au moins une vingtaine de bataillons en Espagne. Il ne paroît pas qu'on ait encore pris des résolutions là-dessus. — On fit à Paris, dans l'église de Saint-André des Arts, le service de feu M. le prince de Conty. L'archevêque de Narbonne y officia, et le P. Massillon fit l'oraison funèbre, qui fut fort louée et qui méritoit fort de l'être*. M. le Duc, M. le duc d'Enghien et M. le prince de Conty y étoient. M. le duc du Maine n'y put pas être parce qu'il est à Sceaux auprès de M. le comte d'Eu, son second fils, qui a la petite vérole. Il a même demandé au roi la permission de se tenir auprès de lui dix ou douze jours. — M. de Bouillon, qui étoit à Évreux depuis un mois, est arrivé ici. Le roi lui a donné un logement dans les pavillons des hommes et y a logé aussi mademoiselle de Bouillon, sa fille, quoique jamais femme n'eût logé dans les pavillons de ce côté-là.

* Ce service, qui se fit avec grande pompe, ne se passa pas sans entreprises. Les évêques se plaignirent de n'avoir point de fauteuils; ils n'en ont jamais ni eu ni prétendu devant les princes du sang; mais ils se fondoient sur ce qu'ils étoient comme en fonction de corps de clergé dans l'église, et soutenoient qu'en pareilles occasions ils en avoient eu; mais pour cette fois il falloit qu'ils s'en passassent. Les princes du sang et les légitimés en avoient, et nul autre qu'eux. M. de Luxembourg en arrivant s'en aperçut et le fit remarquer à M. de la Rocheguyon, puis à d'autres; il s'en éleva un murmure. M. de Luxembourg s'avança à M. le Duc pour s'en plaindre, qui battit la campagne assez légèrement; M. de Luxembourg revint aux ducs, puis retourna à M. le Duc, à qui il dit qu'ils s'alloient tous retirer; alors M. le Duc se mit en excuses, et rejeta la faute sur les tapissiers. M. de Luxembourg insista, et comme il faisoit la révérence pour se retirer et être suivi par les autres, M. le Duc le retint par son habit et appela par derrière lui; on vit alors le jeu et la ruse. Il se trouva des fauteuils tout prêts, dont on n'eût dit mot si les ducs eussent passé, mais qui étoient là en cas de besoin. Ce fut après un embarras pour les placer à travers ce qui étoit derrière ces premières places, et M. le Duc essaya de se retrancher là-dessus; mais MM. de Luxembourg et de la Rocheguyon tinrent ferme, de sorte qu'on ôta les siéges des ducs tant qu'on pût pour y placer des fauteuils, et ce mouvement fit encore pis pour l'usurpation méditée que si l'on avoit mis des fauteuils comme on devoit.

Samedi 22, à Marly. — Le roi se promena le matin et l'après-dînée dans ses jardins. Il travailla le matin avec M. Voisin avant que de sortir, et le soir il travailla encore chez madame de Maintenon. — Il arriva le matin un courrier de M. de Villars; ses lettres sont de hier matin. Il mande que le prince Eugène et milord Marlborough sont arrivés à Lille. Presque toutes leurs troupes sont assemblées et campèrent le 20 à Turcoing, qui est entre Lille et Oudenarde. Ils disent toujours dans leur armée qu'ils viennent pour nous attaquer. — Brissac, l'ancien major des gardes, est venu ici sur la mort de son petit-fils. Le roi lui a permis de vendre sa lieutenance de roi et lui donne encore 15,000 francs à prendre sur le régiment qui vaque par cette mort, et le roi a choisi le lieutenant-colonel de ce régiment pour en être mestre de camp. — Les monnoies nouvelles qu'on fait à Amiens, à Reims et à Troyes ne seront employées qu'à payer l'armée de Flandre, et on leur a envoyé des matières pour y travailler encore plus vite. — Les troupes qui nous viennent de notre armée d'Allemagne arriveront à Cambray le 13 de juillet, au moins les vingt escadrons, et on ne fera venir presque aucune infanterie de cette armée.

Dimanche 23, à Marly. — Le roi tint le conseil d'État. L'après-dînée il travailla avec M. Pelletier et puis se promena dans ses jardins, et un peu avant sept heures il monta en calèche et alla à la paroisse entendre le salut. Madame la duchesse de Bourgogne étoit avec lui dans sa calèche, et on ne doute quasi point présentement qu'elle ne soit grosse. — Les prières de quarante heures ont commencé ici aujourd'hui et continueront lundi et mardi. — *L'Oriflamme*, vaisseau de guerre du roi, est arrivé à la Rochelle venant du nord de l'Amérique. Il a convoyé huit vaisseaux marchands venant de ce pays-là et huit autres qu'il a trouvés à la Martinique et qui sont richement chargés de marchandises. Il y a aussi sur tous ces bâtiments-là de l'argent, et on compte qu'il y en a pour trois millions de livres. On croyoit que ce vaisseau étoit perdu, parce qu'il étoit parti avec l'escadre de Chabert; mais il avoit perdu tant de gens de son équipage qu'il n'avoit pu entrer dans la mer du Sud. — Il n'arriva point de courrier du maréchal de Villars, mais toutes les lettres que les particuliers ont reçues du 21 par l'ordinaire portent que les ennemis ont avancé une tête jusqu'à Haut-Bourdin. Le maréchal de Villars devoit entrer le lendemain dans le camp qu'il a fait fortifier près de la Bassée.

Lundi 24, *à Marly.* — Le roi se promena le matin dans ses jardins, et l'après-dînée il travailla avec M. de Pontchartrain et sur les sept heures il alla entendre le salut à la paroisse et y mena avec lui dans sa calèche madame la duchesse de Bourgogne. — Il arriva un courrier de Flandre que le roi vit arriver durant sa promenade. Il fit demander d'où venoit le courrier, qui répondit qu'il venoit de Flandre. Il se répandit sur cela un bruit qu'il étoit arrivé un courrier du maréchal de Villars; mais M. Voisin manda au roi bientôt après que ce courrier venoit d'une ville de Flandre et qu'il ne portoit rien de considérable. — On eut des lettres de M. le Gendre, intendant de Montauban, qui mande à M. de la Vrillière, secrétaire d'État de ce pays-là, que M. le marquis d'Estaing avoit été attaqué devant Venasque par un assez gros corps, qu'il y avoit eu un assez rude combat, où un de nos officiers généraux, qu'il ne nomme point, a eu la cuisse cassée, et que M. d'Estaing avoit été obligé de lever le siége après le secours qui y étoit entré. — On n'a pas pu accorder à M. le duc d'Albe ce qu'il étoit venu demander vendredi pour le roi son maître. M. le duc d'Orléans avoit parlé au roi très-fortement pour laisser quelques troupes au roi d'Espagne, comme il le demandoit. — Il y eut un petit remplacement dans la marine. Il n'y avoit qu'une place de capitaine, vacante par la mort du commandant de Saint-Pierre, qui a été donnée à M. de Beaumont, neveu de l'archevêque de Cambray.

Mardi 25, *à Marly.* — Le roi tint le conseil de finances à l'ordinaire, et pendant qu'il le tint M. de Torcy y entra pour porter au roi des lettres qu'il avoit reçues. Le roi travailla avec M. de Torcy l'après-dînée et puis alla tirer, et à huit heures il monta dans sa calèche avec madame la duchesse de Bourgogne pour aller à la paroisse entendre le salut. — Les prières de quarante heures ont fini ce soir. — Monseigneur courut le loup. Messeigneurs les ducs de Bourgogne et de Berry allèrent courre le cerf dans la forêt de Saint-Germain avec les chiens de M. le comte de Toulouse, et au retour soupèrent chez ce prince, ce qu'ils font presque toujours ici les jours qu'ils vont à la chasse avec lui. Le soir, chez madame de Maintenon, le roi travailla avec MM. de Torcy, Desmaretz et Voisin, et l'on croit présentement que les ordres pour faire revenir toutes les troupes d'Espagne vont être un peu changés. Les lettres que M. de Torcy avoit portées au roi ce matin durant le conseil étoient de Madrid, et le roi d'Espagne redouble ses instances pour qu'on lui laisse du moins vingt bataillons. Il ne demande point de cavalerie; il a présentement cent trente escadrons fort beaux et fort bons, mais il n'a pas à proportion tant d'infanterie. Il travaille à lever quarante bataillons. — Le roi a envoyé la Frezelière pour commander dans Aire, qu'on croit que les ennemis pourroient bien assiéger s'ils veulent faire passer un corps de leurs troupes du côté de la mer.

Mercredi 26, *à Marly*. — Le roi tint le conseil d'État et travailla longtemps l'après-dînée avec M. Voisin. Il ne put sortir l'après-dînée parce qu'il fit une pluie horrible. — On eut par l'ordinaire des lettres de M. de Villars du 24. Il mande que les ennemis n'avoient point encore fait de mouvement ce jour-là; et on commence fort à croire qu'ils ne viendront point nous attaquer dans notre camp, qui est très-bon et très-bien retranché. — Il a été enfin pleinement résolu dans le conseil de ce matin de laisser vingt-cinq bataillons en Espagne, qui seront commandés par le chevalier d'Asfeld, lieutenant général. Je ne sais point encore qui seront les maréchaux de camp qu'on y laissera sous lui. — M. le maréchal d'Harcourt avoit fait passer le Rhin à son armée à Strasbourg, et étoit campé sous Kehl. Les eaux crûrent si vite et à telle hauteur que si ce général n'eût décampé à sept heures du soir, son armée auroit été en fort grand danger. — On fait repartir après dîner un courrier pour porter en Espagne la nouvelle des vingt-cinq bataillons que le roi y laisse, et on mande en même temps au roi d'Espagne que Ducasse, avec sept vaisseaux de guerre qu'on arme en diligence à Brest, sera prêt à la fin du mois qui vient pour conduire à Lima le nouveau vice-roi du Pérou.

Jeudi 27, à Marly. — Le roi se promena tout le matin dans ses jardins; après son dîner il travailla avec M. Voisin. Monseigneur et monseigneur le duc de Bourgogne coururent le loup. La grossesse de madame la duchesse de Bourgogne se confirme; elle-même est persuadée qu'elle est grosse, ce qu'elle ne croyoit point dans ses autres grossesses. — On eut par l'ordinaire des lettres du maréchal de Villars du 25. Les ennemis sont toujours à Haut-Bourdin, et le bruit qui couroit dans leur armée qu'ils viendroient bientôt nous attaquer est fort changé, et leurs déserteurs, qui viennent en assez grand nombre, assurent qu'ils manquent de beaucoup de choses dans leur armée. — Le roi, pour exciter les armateurs, renonce à son droit, qui étoit le cinquième sur toutes les prises, et outre cela à beaucoup de droits sur les marchandises, qui étoient des droits sur lesquels les armateurs étoient fort tourmentés quand ils avoient amené des prises dans les ports. — Duguay-Trouin, fameux armateur de Saint-Malo, que le roi fit capitaine de vaisseau il y a deux ou trois ans et que le roi vient d'anoblir, lui et son frère aîné (1), ont fait un armement de sept vaisseaux de guerre. Le roi donne le corps des vaisseaux qui sont en Bretagne, et il a trouvé une compagnie qui en fait la dépense sans qu'il en coûte rien au roi.

Vendredi 28, à Marly. — Le roi travailla l'après-dînée avec M. Voisin, et M. de Firmarcon y fut quelque temps

---

(1) Voir les lettres de noblesse données à Duguay-Trouin et à son frère, avec le contenu de leurs services, dans le *Mercure* d'août, pages 21 à 55.

avec eux. Le duc de Noailles a envoyé ici Fimarcon, qui est maréchal de camp dans son armée, pour recevoir des ordres sur le passage des troupes qui reviennent d'Espagne. On laissera quelques régiments au duc de Noailles, qui n'a présentement dans son armée que douze bataillons et douze escadrons. On fera repartir demain M. de Fimarcon. — On eut par l'ordinaire des lettres du maréchal de Villars du 26. Il mande qu'il a su par les déserteurs que les ennemis avoient fait avancer quelque artillerie qui avoit ensuite reçu un contre-ordre et qui étoit rentrée dans leur camp. Il y a eu une grande joie dans le nôtre d'y voir arriver 500,000 francs, et ils auront cette joie souvent, car les ordres sont bien donnés pour que l'armée soit payée régulièrement. — On a des lettres de Londres et de la Haye qui assurent que le pain y vaut neuf sols la livre, et on mande en même temps que les actions de la banque d'Amsterdam et de celle de Londres sont fort baissées, depuis qu'ils ont appris que les négociations de la paix étoient entièrement rompues.

Samedi 29, *à Versailles*. — Le roi travailla l'après-dînée avec M. Voisin jusqu'à cinq heures, alla ensuite se promener dans ses jardins, et à sept heures repartit de Marly pour revenir ici. Madame la duchesse de Bourgogne en revint à cinq heures en carrosse malgré les soupçons de grossesse. — On expédia l'après-dînée à Marly M. de Fimarcon, qui est retourné à Perpignan, où est le duc de Noailles. — A dix heures du matin il arriva à Marly un courrier du maréchal de Villars qui n'a été que seize heures en chemin. Ce général mande que le prince Eugène avec la moitié de l'armée étoit demeuré dans son camp de Haut-Bourdin, et que Marlborough avec le reste de leurs troupes avoit marché vers Tournay et avoit détaché un petit corps qui s'étoit saisi de l'abbaye de Saint-Amand, où nous avions un poste de cent hommes, qu'ils ont envoyés à Valenciennes. Le maréchal de Villars, averti de la marche des ennemis du côté de Tournay, a commandé la Bretauche, brigadier de cavalerie et officier de réputation, pour entrer dans Tournay avec sept cents dragons et quelque argent. Nous avons dans Tournay treize bataillons; il y en avoit dix-huit, mais nous en avons retiré cinq, et outre les sept cents dragons que mène la Bretauche il y avoit déjà dans la place deux régiments de dragons et les compagnies franches de Parpaille, qui sont très-bonnes. On compte qu'il y a pour trois mois de vivres dans la ville et des munitions de guerre en abondance.

Dimanche 30, à Versailles. — Le roi tint le conseil d'État, travailla l'après-dînée avec M. Pelletier, alla ensuite au salut à la chapelle, où l'on a commencé les prières de quarante heures. Après le salut le roi alla se promener dans les jardins et entra chez madame la Duchesse, qu'il n'avoit pas vue depuis ses couches. Il entra aussi chez madame la princesse de Conty pour voir un cabinet nouveau qu'elle a fait faire à son appartement. Elle se promena avec lui sur la terrasse. — Il arriva le soir un courrier du maréchal de Villars, qui mande que le prince Eugène a joint Marlborough, que toute leur armée est ensemble devant Tournay, que la place est investie entièrement d'un côté et qu'ils l'investissent de l'autre. Le roi craint que la Bretauche, avec ses sept cents dragons, ne puisse pas y entrer. On ne doute plus qu'ils ne veuillent assiéger cette place, qui les occupera longtemps s'il y a dedans tout ce qu'il faut pour sa défense. — Le roi hier, après son coucher, ordonna au duc d'Aumont de s'en aller à son gouvernement de Boulogne, où sa présence peut être très-utile. Il a pris congé du roi après avoir donné à M. Voisin, par ordre de S. M., un mémoire de tout ce qui lui est nécessaire pour bien servir le roi en ce pays-là, et on lui fait espérer qu'on lui enverra une partie de ce qu'il souhaite.

Lundi 1ᵉʳ juillet, à Versailles. — Le roi alla tirer l'après-dînée et travailla avec M. de Pontchartrain. Monseigneur alla dîner à Meudon, où il demeurera jusqu'à la fin

JUILLET 1709.

de la semaine. Monseigneur le duc de Bourgogne et madame la duchesse de Bourgogne allèrent au salut à la chapelle. — On n'eut point de nouvelles du maréchal de Villars; ainsi il n'y a rien de changé à la disposition des ennemis. — M. de Savoie s'est emparé encore de quelques fiefs impériaux; son envoyé à Vienne presse fort pour qu'on lui accorde ce qu'il prétend qu'on lui a fait espérer de la part de l'empereur, et il ne paroît pas qu'il se presse fort d'entrer en action contre la France. — On mande d'Angleterre qu'on y désarme les vaisseaux qu'on y avoit fait armer avec tant de précipitation et parmi lesquels il y avoit beaucoup de bâtiments plats pour des transports de troupes et de munitions; ce qui achève de faire croire que les ennemis ne songent pas cette année à faire des entreprises du côté de la mer. — Madame de l'Aigle vint hier au soir parler au roi après son souper. Son mari, qui est ici fort malade, supplioit le roi de lui permettre de céder à son fils une petite lieutenance de roi de Normandie et le gouvernement de Verneuil, qui est auprès de sa terre de l'Aigle, et le roi lui accorda fort gracieusement.

Mardi 2, à Versailles. — Le roi tint conseil de finances, travailla l'après-dînée avec M. Voisin et puis s'alla promener à Trianon. Monseigneur le duc de Bourgogne et madame la duchesse de Bourgogne allèrent au salut. Les prières de quarante heures ont fini aujourd'hui à la chapelle. — Il arriva un courrier de M. de Villars, qui mande que Tournay est tout à fait investie. Les ennemis font venir des pionniers pour travailler aux lignes. La Bretauche n'a pas pu entrer dans la place avec son détachement et est revenu à l'armée. Nangis a demandé à se jeter dans la place avec cinq cents hommes choisis, et M. de Villars le lui a permis. On ne sait point encore s'il aura pu le faire. L'évêque de Tournay a conseillé à M. de Surville de prendre toute l'argenterie des églises de la ville. — M. le duc de Brissac mourut hier au soir à Paris subitement et dans le temps qu'il faisoit mettre ses chevaux au carrosse pour aller à Meudon, parce qu'il étoit sur la liste. Le roi a donné ce matin à son fils la charge de grand pannetier de France, qui est depuis longtemps dans leur maison, mais qui n'a nulle fonction que dans les cérémonies extraordinaires. — M. le cardinal de Bouillon a permission de s'approcher de la cour à trente lieues. M. de Torcy lui a écrit et lui mande que cet adoucissement à son malheur lui en fait espérer un plus grand, d'autant plus que ceci est venu du propre mouvement du roi sans que personne lui ait parlé.

Mercredi 3, à Versailles. — Le roi tint le conseil d'État à son ordinaire. Monseigneur n'y vint point quoiqu'il ait toujours accoutumé d'y venir. Le roi ira demain à Meudon dîner avec lui. Le roi a travaillé cette après-dînée avec M. Voisin pour renvoyer le courrier du maréchal de Villars qui arriva hier. Il n'en est point encore arrivé aujourd'hui. — On mande de Madrid que les Portugais avoient voulu jeter du secours dans Olivença, que le marquis de Bay investit depuis longtemps; ce secours a été entièrement défait, et deux officiers généraux portugais y ont été tués. Le commandant d'Olivença, depuis la défaite du secours et manquant de vivres, a demandé à capituler; mais le marquis de Bay ne leur a point voulu donner d'autre capitulation que d'être prisonniers de guerre, et on ne doute pas qu'au premier jour nous n'apprenions la reddition de cette place, qui est une des meilleures de Portugal. — Quelques paysans de Languedoc, qui avoient commencé de s'attrouper dans les Boutières, s'y sont assemblés jusqu'au nombre de quatre cents. M. de Roquelaure, qui est venu au pont Saint-Esprit avec M. de Basville, a envoyé M. Courk avec trois cents Suisses pour les attaquer. C'en étoit plus qu'il n'en falloit pour battre des gens mal armés, mais les soldats suisses n'ont pas voulu tirer un coup. Les officiers ont fait leur devoir, et il y a eu deux capitaines tués.

Jeudi 4, à Versailles. — Le roi alla dîner à Meudon; messeigneurs les ducs de Bourgogne et de Berry y étoient arrivés avant lui et madame la duchesse de Bourgogne y arriva un peu après lui. Monseigneur est établi dans son nouveau château, où il loge tous les courtisans qui ont eu l'honneur de le suivre ce voyage. Le roi se promena beaucoup après dîner et arriva ici à sept heures. Monseigneur le duc de Bourgogne et madame la duchesse de Bourgogne ne revinrent ici que pour le souper du roi. — Il arriva un courrier de Flandre, et M. de Villars mande que les ennemis commencent à faire travailler à leurs lignes devant Tournay. M. de Nangis n'a pas pu entrer dans la place; M. de Surville a fait mettre dans la citadelle trois mille sacs de grains. Il y a dans la ville et dans la citadelle beaucoup d'artillerie et de munitions de guerre. — M. de Polignac épouse mademoiselle de Mailly, qui n'a pas encore quatorze ans; elle aura en mariage 50,000 écus et 2,000 écus de pension qu'elle a du roi. La noce se fera ici les premiers jours de la semaine qui vient. — M. Amelot, notre ambassadeur à Madrid, en partira quand Blécourt y sera arrivé; il y va avec la qualité d'envoyé extraordinaire.

Vendredi 5, à Versailles. — Le roi donna ordre le matin à M. de Luxembourg de s'en aller à Rouen, où il y a eu quelques petites séditions. M. de Luxembourg a pris congé de lui sur-le-champ et partira demain (1). Le roi

---

(1) « Le bruit qui est arrivé dans Rouen a pensé être considérable. M. le duc de Luxembourg part demain et s'y en va; il prit congé hier du roi, qui le gracieusa fort. Un commissaire ayant dit que c'étoit donner le blé à trop bon marché que 20 livres le setier et qu'il le falloit vendre 24, toute la populace s'assembla au nombre de deux ou trois mille personnes, et alla chez l'intendant. On dit qu'il n'y étoit pas; cette populace en courroux crut qu'on ne disoit pas la vérité, et se mit à invectiver et jeter des pierres aux fenêtres. Après qu'elle se fut retirée, on fit sortir madame sa femme, que l'on mena au vieux palais. En effet, M. de Courson étoit allé au Havre de Grâce; on envoya au-devant de lui l'avertir du désordre et le faire rentrer par le vieux palais aussi. Cependant le peuple pilla la maison du subdélégué de l'intendant et abattit celle du

dîna de bonne heure et alla se promener à Marly. Monseigneur a prolongé son voyage de Meudon, il n'en reviendra que mardi. — Il est mort deux cardinaux en Italie : le cardinal Cenci et le cardinal d'Asti.

État des munitions de guerre qui sont dans la ville et dans la citadelle de Tournay.

DANS LA VILLE :		CITADELLE :	
Pierres à fusil.	400,000	Poudre.	227,126
Poudre.	574,224	Plomb en balles.	120,014
Plomb en balles.	169,948	Boulets.	29,974
Boulets.	81,647	Bombes.	414
Mousquets.	7,232	Grenades.	30,100
Fusils.	7,394	Mousquets.	3,904
Bombes.	8,073	Fusils.	503
Grenades.	372,208		

Canons dans la ville.	119
Canons dans la citadelle.	42
Mortiers dans la ville.	24
Mortiers dans la citadelle.	4
Pierriers.	12

Le roi donna ces jours passés l'abbaye de Maubuisson à madame de Château-Morand, abbesse de Moncé, petite abbaye auprès d'Amboise.

Samedi 6, à Versailles. — Le roi tint le conseil de finances et travailla avec M. Voisin l'après-dînée. — Il arriva un courrier de M. de Villars, qui mande qu'ayant appris que les ennemis avoient laissé seize cents hommes dans Verneton il avoit détaché M. d'Artagnan avec huit bataillons et avoit en même temps ordonné que quatre bataillons de la garnison d'Ypres se trouvassent à Messine. Ces quatre bataillons étoient commandés par le

---

commissaire après l'avoir pillée aussi. » (*Lettre de la marquise d'Huxelles, du 6 juillet.*)

chevalier de Pezeux, maréchal de camp. Les mesures furent si bien prises et les ordres si bien exécutés que M. d'Artagnan y arriva en même temps que les quatre bataillons d'Ypres, et M. d'Artagnan fit marcher les douze bataillons à Verneton, qui, après quelques volées de canons que M. de Pezeux avoit amenés d'Ypres, se rendit à discrétion. Une partie des troupes qui y étoient voulurent s'échapper par la rivière, mais nos gens qui la bordoient tuèrent et firent noyer tous ceux qui s'étoient voulu sauver. Nous avons huit cents prisonniers, parmi lesquels il y a un brigadier, un colonel, un lieutenant-colonel et quarante-cinq officiers. Nous n'avons eu que deux soldats tués à cette affaire, et Buisson, brigadier suisse, y a été blessé dangereusement. M. d'Artagnan avoit pour maréchaux de camp sous lui, outre le chevalier de Pezeux, MM. de Vieuxpont et de Conflans. On a trouvé dans Verneton quelques munitions de guerre et de bouche, et les ennemis le vouloient faire fortifier.

Dimanche 7, à Versailles. — Le roi tint le conseil d'État et alla tirer l'après-dînée. Monseigneur vint ici pour le conseil et emmena avec lui à Meudon madame la princesse de Conty et cinq ou six dames, qui demeureront avec lui jusqu'à ce qu'il en revienne. — Le baron de Bergeyck salua hier le roi, présenté par M. de Torcy, et aujourd'hui ils ont travaillé tous deux avec le roi avant qu'il allât à la chasse. — Ravignan, qu'on croyoit sorti de Tournay, parce qu'il avoit eu ordre d'aller à Aire voyant approcher les ennemis de Tournay, y est demeuré, ce qui fait grand plaisir à M. de Surville, dont on a eu des lettres du 3. — M. le cardinal de Médicis, pressé par sa famille de se marier, parce que les deux fils du grand-duc, son frère, n'ont point d'enfants, a renvoyé au pape son chapeau et songe à épouser la princesse de Guastalla. Voilà présentement dix places vacantes dans le sacré collége. Le cardinal de Médicis étoit protecteur des affaires de France à Rome, et on croit que le cardinal Ottobon lui succédera dans cet emploi; il étoit aussi protecteur des affaires d'Espagne. Il ne reste que lui de la maison de Médicis, de la branche des grands-ducs, outre son frère et ses deux neveux. Il a cinquante ans passés et ne se marie que par complaisance pour sa famille. — M. le duc d'Orléans a ôté depuis quelque temps Longepierre d'auprès de M. le duc de Chartres, dont il l'avoit fait son gouverneur.

Lundi 8, *à Versailles.* — Le roi travailla le matin avec M. Pelletier et partit d'ici à midi et demi pour aller dîner à Trianon. Madame la duchesse de Bourgogne y alla dîner avec lui et monta dans le carrosse de madame de Maintenon, où étoient la duchesse de Noailles, mesdames de Dangeau et de Caylus. Il y avoit dans le carrosse de madame la duchesse de Bourgogne mesdames du Lude, d'Estrées, de Guiche, de Villeroy et d'O; toutes ces dames dînèrent avec le roi. Après son dîner le roi fit venir M. de Pontchartrain et travailla avec lui deux heures. La pluie empêcha les dames de se promener; elles revinrent à six heures, pour être au salut aux Récollets, où les prières de quarante heures sont depuis hier, mais elles y arrivèrent trop tard. Le roi demeura à se promener à Trianon, d'où il ne partit qu'à huit heures. Monseigneur le duc de Bourgogne alla dîner à Meudon avec Monseigneur. — Il arriva le matin un courrier de Flandre. M. de Villars mande au roi qu'il a fait la revue de son armée, qu'il a trouvée encore plus belle et plus nombreuse qu'il ne croyoit et qui paroît de la meilleure volonté du monde. L'inondation de Tournay va comme on le pouvoit désirer et couvre déjà le pavé entre Valenciennes et Tournay. Il y a beaucoup de désertion dans l'armée ennemie. Ils ont fait leurs circonvallations fort près de la place et se disposent à ouvrir la tranchée; on croit même qu'elle sera ouverte aujourd'hui.

Mardi 9, *à Versailles.* — Le roi tint le conseil de finances. L'après-dînée il travailla avec M. Voisin, et à cinq heures il entra chez madame la duchesse de Bourgogne,

où se firent les fiançailles de mademoiselle de Mailly avec
M. de Polignac. Monseigneur y vint de Meudon et s'y en
retourna après, et il n'en reviendra que jeudi. Le roi,
après les fiançailles, alla se promener dans les jardins.
Les fiançailles se firent chez madame la duchesse de
Bourgogne parce que madame de Mailly est sa dame d'a-
tours. M. de Polignac devoit être en manteau; mais son
habit n'arriva point, et le roi permit qu'il vînt dans son
habit ordinaire. Il y eut une contestation entre les aumôniers du roi et ceux de madame la duchesse de Bourgogne à qui feroit la cérémonie; le roi jugea pour les
aumôniers de madame la duchesse de Bourgogne. Il y
en eut ensuite une autre entre l'abbé Castries, son aumônier ordinaire, et l'abbé de Montmorel, aumônier de quartier, et le roi décida que ce devoit être l'aumônier de
quartier. — Il arriva hier au soir un courrier du maréchal de Bezons qui venoit recevoir des ordres et n'apportoit point de nouvelles. Il en est arrivé un autre ce
soir, qui est un courrier de renvoi. M. de Bezons a commencé de faire marcher les troupes qui reviennent en
France. Ce courrier dit qu'en passant à Pampelune il a vu
des préparatifs de réjouissances qu'on devoit faire le
soir pour la naissance d'un infant dont la reine d'Espagne
est accouchée heureusement le 2 de ce mois. Ce même
courrier, en passant à Bayonne, a vu la Gibaudière, qui y
commande et qui avoit appris cette nouvelle par une
lettre du prince de Tzerclaës, qui est à Madrid.

Mercredi 10, *à Versailles.* — Le roi tint le conseil
d'État; Monseigneur y vint de Meudon et y retourna dîner. Il ne reviendra coucher ici que demain. L'après-
dînée le roi alla se promener à Marly. — On a appris par
l'ordinaire de Flandre que les ennemis, la nuit du 7 au 8,
avoient ouvert la tranchée à Tournay par trois endroits différents : une attaque à la porte de Marni, une à la porte de
Valenciennes et la troisième à l'ouvrage à corne des Sept
Fontaines. — Le marquis du Boulay, fils du feu président

Talon et colonel du régiment d'Orléanois, est mort à Paris. Il étoit le plus ancien des colonels qui ne sont pas brigadiers. — Ce n'est point le chevalier d'Asfeld qui demeure en Espagne pour commander les bataillons que nous y laissons. Sa mauvaise santé l'a obligé de demander à revenir en France, et l'on a donné ce commandement-là à d'Avarey, qui aura sous lui deux maréchaux de camp, qui sont le marquis de Brancas et Bourck, Irlandois. — Le duc de Berwick mande que les troupes de M. de Savoie sont dans un grand mouvement. Ils font continuellement des marches et des contremarches dans la plaine de Piémont. Le prince fait travailler à raccommoder le chemin du mont Cenis. Il fait passer des farines du côté de Saorgio, et on publie son départ de Turin pour le 12 de ce mois.

Jeudi 11, à Versailles. — Le roi alla tirer l'après-dînée. Monseigneur revint le soir de Meudon, d'où il ramena madame la princesse de Conty et les dames qu'elle y avoit menées. — Le duc d'Albe vint ici le matin apporter au roi la nouvelle de l'accouchement de la reine d'Espagne. Elle accoucha le 2 de ce mois d'un prince qu'on appellera l'infant don Philippe. Le roi d'Espagne mande qu'il croit que la reine n'étoit pas à terme et que la reine avoit été effrayée de la petite vérole qu'a eue le prince des Asturies, qui se porte beaucoup mieux à cette heure. Cependant il y a longtemps que nous croyons la reine d'Espagne prête à accoucher. Le roi son mari écrit que le prince qui vient de naître est fort foible et fort petit; cependant il y a beaucoup de lettres de Madrid qui portent qu'il paroît fort et vigoureux. — Les lettres de M. de Surville à M. de Villars du 8 portent que les ennemis lui ont donné le temps de perfectionner plusieurs ouvrages qu'il avoit à faire et qu'il avoit achevé un avant-chemin couvert à la porte de Valenciennes qui voit le débouché du ruisseau d'Aire. Surville a fait une sortie pendant que les ennemis étoient au fourrage. Nos dragons sont entrés jusque dans le camp ennemi, ont tué quelques officiers et pris quelques chevaux au piquet.

Vendredi 12, *à Versailles.* — Le roi travailla le matin avec son confesseur, dîna de bonne heure et alla se promener à Marly. — Le comte d'Aguilar, qui commande pour le roi d'Espagne en Aragon, fit arrêter il y a quelques jours auprès de Lérida un gentilhomme attaché à M. le duc d'Orléans, qui s'appelle Flotte *. On lui a pris tous ses papiers et les papiers d'un commissaire des guerres qui étoit avec lui et qui s'appelle Flauberg. On a ensuite laissé aller le commissaire des guerres, mais on a retenu Flotte prisonnier et on l'a mis dans un château auprès de Lérida. Il a été arrêté par un exempt des gardes du roi d'Espagne et à l'insu du maréchal de Bezons, à qui M. d'Aguilar dit quelques jours après que ce qu'il avoit fait étoit par l'ordre du roi d'Espagne. On prétend même qu'il lui montra cet ordre signé. M. le duc d'Orléans est fort choqué de cette affaire et en a fait ses plaintes au roi, et on attend des nouvelles de Madrid là-dessus. On est persuadé que cela aura des suites. — Le roi signa le matin le contrat de mariage du marquis de Maubourg avec mademoiselle de la Vieuville, fille du marquis de la Vieuville de son premier mariage.

* Le roi avoit accordé le rappel de toutes ses troupes et d'abandonner l'Espagne à ses propres forces; c'étoit là-dessus qu'Amelot avoit été rappelé, et on l'auroit exécuté si les alliés, dans l'ivresse de leur prospérité, n'eussent exigé de plus ou que le roi contraindroit le roi d'Espagne à l'abdication et au retour de gré ou de force et s'en chargeroit envers eux, ou qu'il donneroit passage à travers du royaume à tel nombre de troupes alliées que leurs maîtres jugeroient à propos pour aller chasser le roi d'Espagne. L'excès de cette dernière condition rompit tout après de grandes longueurs; mais comme on avoit consenti à l'abandon du roi d'Espagne à ses propres forces, on fut encore du temps après la rupture à les vouloir rappeler, non plus en faveur des alliés, mais pour notre propre défense, et le roi eut grand peine à y en laisser moins même de la moitié de ce qu'il y en avoit sous Asfeld. Pendant ces mouvements, qui n'étoient pas ignorés en Espagne, les gens qui avoient séduit M. le duc d'Orléans crurent être au temps le plus favorable pour avancer leur extravagant dessein, et s'y prirent

encore avec si peu de précaution que leur conduite causa le scandale de la capture de Flotte, dont Aguilar sut faire sa cour et obtenir, après le départ du maréchal de Bezons, le commandement de l'armée. Renaut fut pris en même temps à Madrid, où Flotte fut conduit dans tout l'appareil des plus importants criminels d'État, et l'un et l'autre renfermés avec les plus cruelles rigueurs. Le roi, qui étoit au fait de tout et qui croyoit M. le duc d'Orléans fort coupable, trouva bien hardie la plainte qu'il lui porta de cet affront. Il lui répondit avec une gravité bien expressive et qui auroit bien mis en peine un homme moins innocent et moins léger que son neveu. L'éclat fut grand en France comme en Espagne, et ce qui y étoit armé delà et deçà les monts contre M. le duc d'Orléans s'en contenta pour lors dans l'espérance de le mener plus loin, et dans le travail de tous les moyens possibles pour réussir dans leur projet, et dont le succès ne manqua pour ainsi dire que de l'épaisseur d'une ligne : c'est ce qu'on verra bientôt.

Samedi 13, *à Versailles.* — Le roi tint le matin le conseil de finances, travailla l'après-dînée avec M. Voisin et puis s'alla promener à Trianon. — Le roi a donné au comte de Brancas, fils aîné du duc, le régiment d'Orléanois. Le comte de Brancas avoit un régiment nouveau, que le roi a donné au marquis d'Oise, son frère cadet, qui étoit capitaine dans ce régiment et qui étoit dans Lille pendant le siége, et le maréchal de Boufflers lui a rendu beaucoup de bons offices. — On n'a point de nouvelles certaines de ce qui se passe au siége de Tournay, et on ne croit pas que le canon des ennemis soit encore en batterie. Le maréchal de Villars a fait un tour sur la Lys. Il a été jusqu'à Aire et a fait accommoder beaucoup de chemin depuis son camp jusque-là. Il va présentement faire un tour à Valenciennes et à Condé. Il a renforcé le corps qui est sous M. d'Artagnan à Aire. On parle d'une sortie qu'a faite M. de Surville qui a très-bien réussi.

Dimanche 14, *à Versailles.* — Le roi tint le conseil d'État et travailla l'après-dînée avec M. Pelletier et puis alla tirer. Monseigneur et madame la duchesse de Bourgogne allèrent à vêpres et au salut. — Les États de Languedoc ont accordé au roi un don gratuit de trois millions, comme l'année passée, et outre cela toute la province rachète la capitation, fournit toutes les étapes qui seront plus fortes qu'à l'ordinaire pour toutes les troupes qui reviennent d'Espagne, et les députés des États assurent qu'il en coûtera cette année à la province de Languedoc douze ou treize millions.

État de la garnison de Tournay.

BATAILLONS DE CAMPAGNE.		BATAILLONS DE GARNISON.	
Vendôme.	2	Trester.	1
Bourbon.	2	Villemor.	1
Vexin.	2	Artagnan.	1
Saint-Vallier	2	Muclède.	1 1/2
Vivarois.	1		

Total des bataillons. 13 1/2

	Hommes.
Compagnies suisses de Séberg.	100
Compagnie de fusiliers de Mélac.	100
Compagnie de Dolet, fusiliers.	50
Compagnie d'Argons, fusiliers.	50
Compagnie de mineurs de Mesgrigny.	100
Compagnie de canonniers.	50
Officiers irlandois.	60

	Escadrons.
Régiment de dragons de Pourières.	3
Compagnie de dragons de Parpaille.	1

Il n'y a dans cet état que quatre cents hommes au plus à déduire. Le marquis de Surville, lieutenant général commandant. Mesgrigny, lieutenant général, gouverneur de la citadelle. Ravignan, maréchal de camp. Dolet, maréchal de camp, lieutenant de roi de la place. Saint-Pierre, Baudouin et d'Iverny, brigadiers. Du Daugnon, colonel d'infanterie réformé.

Lundi 15, *à Versailles.* — Le roi tint le matin conseil de dépêches qui fut fort long ; cependant on ne put pas finir toutes les affaires, et pour les terminer le roi tiendra encore ce conseil mercredi après dîner. Le roi alla dîner à Trianon; Monseigneur y vint aussi, seul dans sa berline. Messeigneurs les ducs de Bourgogne et de Berry y vinrent ensemble. Madame la duchesse de Bourgogne y vint avec madame de Maintenon, qui y mena mesdames de Noailles, de Caylus et de Dangeau, et dans le carrosse de madame la duchesse de Bourgogne il y avoit les duchesses de Guiche et de Villeroy, la maréchale d'Estrées, mesdames d'O et de la Vallière. L'après-dînée le roi fit venir M. de Pontchartrain et travailla avec lui jusqu'à six heures. Il croyoit après cela pouvoir aller se promener dans les jardins avec les dames, mais la pluie l'en empêcha. Il se promena dans la maison et revint ici à sept heures. — Il arriva le soir un courrier de Madrid; mais dans les lettres du roi d'Espagne, de madame des Ursins et de M. Amelot on ne dit pas un mot de l'aventure de M. Flotte, quoique le courrier ne soit parti que du 8 et que l'on eût dû savoir en ce temps-là ce qui s'étoit passé là-dessus auprès de Lérida. Le prince des Asturies est entièrement guéri, mais on ne croit pas que l'infant vive. Il a une excroissance en forme de cœur sur les reins et est né sans ongles.

Mardi 16, *à Versailles.* — Le roi tint le conseil de finances et travailla avec M. Voisin l'après-dînée, après quoi il alla faire un tour dans ses jardins. — Le roi d'Espagne a fait de grands changements dans ses conseils. Il a fait conseiller d'État le duc de San-Jean et lui a ôté l'emploi des affaires de la guerre, qu'il a donné au marquis de Bedmar. Voici ce qui compose présentement le conseil du cabinet qu'on appelle la Junte : Don Francisco Ronquillo, président de Castille, le duc de Veraguas, le duc de Medina-Sidonia, le comte de Frigillana, le marquis de Bedmar et M. Amelot, ambassadeur de France. Francisco Manriquès, ci-devant gouverneur de Ceuta, a été fait capitaine général d'Andalousie en la place du marquis de Bedmar. Le marquis de Bay a été obligé d'abandonner le blocus d'Olivença, où les Portugais avoient trouvé moyen de faire entrer un secours d'hommes et de vivres. — M. de Roquelaure, ayant marché dans le haut Vivarois, où la troupe des camisards s'étoit retirée, détacha le chevalier de Miromesnil avec les deux bataillons du régiment de Quercy, dont il est colonel, pour les attaquer auprès d'Albousière, ce qu'il exécuta fort bien. Les camisards entrèrent dans nos deux bataillons fort hardiment, mais le combat ne dura qu'une demi-heure, après quoi ils se retirèrent par petites troupes de huit ou dix hommes. On en a tué soixante et pour le moins autant de blessés. On a trouvé parmi leurs morts deux de leurs commandants et leur ministre. Ils nous ont tué les deux capitaines de grenadiers de Quercy. Le chevalier de Miromesnil y a eu le bras cassé d'un coup de pierre et encore a été blessé à la tête d'un autre coup de pierre.

Mercredi 17, *à Versailles.* — Le roi, après son lever, entendit la harangue des députés des États de Languedoc. L'évêque de Béziers portoit la parole et parla à merveille; il harangua ensuite toute la famille royale. Madame la duchesse de Bourgogne reçut les députés étant dans son lit. Elle les fit entrer dans sa ruelle et après avoir entendu la harangue de l'évêque, elle leur fit des excuses de les avoir reçus dedans son lit. Elle le gardera quinze jours, parce qu'elle est dans le temps de sa grossesse où elle se blessa la dernière fois. M. du Maine, comme gouverneur de Languedoc, donna un grand dîner aux députés, comme il fait tous les ans. — Le soir le duc d'Albe donna une grande fête à Paris pour la naissance de l'infant. Il y eut un souper magnifique, un beau feu d'artifice et un grand bal en masque qui dura jusqu'à six heures du matin. — Le roi, après la messe, tint le conseil d'État comme à son ordinaire, et l'après-dînée il tint le conseil de dépêches qu'il n'avoit pas pu achever lundi matin, et alla après ce conseil se promener dans ses jardins. Monseigneur, après le conseil, alla courre le loup et la chasse le mena si loin que le soir il se trouva près de Rambouillet, où étoit M. le comte de Toulouse, et il prit le parti d'y aller coucher. Monseigneur le duc de Berry, qui étoit avec Monseigneur à la chasse, y alla coucher aussi.

Jeudi 18, *à Versailles.* — Le roi dîna de bonne heure et alla courre le cerf dans la forêt de Marly. Monseigneur revint de Rambouillet durant le dîner du roi et alla courre le cerf avec lui. Après la chasse le roi alla se déshabiller à Marly, se promena dans les jardins et ne revint ici qu'à la nuit. — Le roi a donné un million de diminution à la province de Languedoc sur les sommes qu'ils s'étoient obligés de lui fournir cette année, et cela par rapport à ce qu'ils ont souffert du froid excessif de cet hiver, qui a fait mourir presque tous leurs oliviers et leur a causé encore beaucoup d'autres maux. — Il y a déjà quelques jours qu'il n'est point venu de courrier du maréchal de Villars, et tout ce que nous savons du siége de Tournay, c'est que les ennemis continuent toujours leurs trois attaques, quoique le bruit eût couru qu'ils avoient abandonné celle de la porte de Marni. Ils ont beaucoup de canon en batterie à toutes les trois attaques, mais on compte que la véritable est à la porte de Valenciennes et qu'ils ne continuent les autres que pour faire faire diversion à notre garnison.

Vendredi 19, *à Versailles.* — Le roi travailla le matin avec son confesseur et alla tirer l'après-dînée. — On eut par l'ordinaire des lettres de Madrid du 9. L'infant mourut ce jour-là; il étoit né le 2, ainsi il n'a vécu que sept jours. Le prince des Asturies étoit entièrement guéri. On ne parle point encore, dans toutes les lettres qu'on a reçues, de l'affaire de M. Flotte. — On eut des lettres de M. de Villars, à qui M. de Surville avoit écrit du 15 et du 16. Il lui mandoit qu'il avoit abandonné l'avant-chemin couvert de la porte de Valenciennes qu'il avoit fait faire depuis qu'il est dans la place, parce que les ennemis l'avoient enveloppé et qu'il n'auroit pas pu le soutenir si les ennemis l'avoient attaqué. Villemor et Saint-Vallier, qui ont tous deux leur régiment dans la place, ont été pris en voulant s'y jeter. Saint-Vallier ne venoit que d'être échangé; le prince Eugène lui permit de venir à Paris vaquer à ses affaires. — Le maréchal de Berwick mande que M. de Savoie n'étoit pas encore parti de Turin le 14, et ce maréchal paroît fort content de la disposition où sont ses troupes et croit n'avoir rien à craindre dans les postes qu'il a pris.

Samedi 20, *à Versailles*. — Le roi tint le conseil de finances et après travailla encore plus longtemps avec M. Desmaretz qu'à l'ordinaire. L'après-dînée il travailla avec M. Voisin et le soir alla se promener dans les jardins. Monseigneur alla dîner à Meudon et revint le soir souper avec le roi. Madame la duchesse de Bourgogne continue à garder son lit et ne se lève que pour aller entendre la messe dans l'oratoire qui est dans son cabinet. — M. de Berwick mande que le général Thann, ayant passé le mont Cenis avec un corps de dix mille hommes, est venu camper entre Tanebourg et Termignon, sur quoi M. de Berwick a envoyé M. de Cilly et le chevalier de Broglio à Valoire avec deux brigades d'infanterie pour y renforcer le marquis de Broglio, qui y étoit déjà avec la sienne, afin de pouvoir conserver la communication du Galibier et donner la main à M. de Médavy, qui est campé auprès de Saint-Jean, et par ce moyen empêcher les ennemis de pénétrer plus avant en Maurienne. M. de Berwick est demeuré dans son camp retranché près Briançon pour observer les mouvements de l'armée ennemie qui est aux environs de Suze et d'Exilles.

Dimanche 21, *à Versailles*. — Le roi tint le conseil d'État à l'ordinaire, travailla l'après-dînée avec M. Pelletier et puis alla tirer. Il va tous les jours deux fois chez madame la duchesse de Bourgogne depuis qu'elle garde son lit. Il y va au retour de la chasse ou de la promenade et y demeure quelque temps et il y repasse encore un moment avant son souper pour lui donner le bonsoir. Les dames qui veulent être au souper du roi viennent faire leur cour à madame la duchesse de Bourgogne un peu avant dix heures, attendent le roi chez elle et puis le suivent à son souper. — Le maréchal de Villars, après avoir visité Valenciennes et Condé, est revenu le 18 dans son camp. Il a laissé M. de la Frezelière pour commander dans Valenciennes et Puységur dans Condé, qui est son gouvernement. Ils font travailler tous deux à mettre ces places en état de défense en cas que les ennemis les voulussent attaquer quand ils auront pris Tournay. On n'a point eu de nouvelles de M. de Surville depuis le 16.

Lundi 22, *à Versailles.* — Le roi prit médecine, et M. Voisin fut longtemps avec lui le matin et lui porta les lettres du maréchal de Villars, dont il venoit d'arriver un courrier. L'après-dînée le roi travailla avec M. de Pontchartrain. — Les lettres de M. de Villars sont de hier à midi. M. de Surville lui écrit du 19 qu'il est fort content de sa garnison, qui est de la meilleure volonté du monde. Il regrette fort le major du régiment de Bourbon qui a été tué. Il commandoit là le régiment de Bourbon parce que le colonel ni le lieutenant-colonel n'y sont pas. Il a perdu aussi trois autres capitaines. Les ennemis n'ont encore pris ni même attaqué la contrescarpe d'aucune des trois attaques; mais ils ont presque entièrement rasé la muraille qui est entre la citadelle et la porte de Valenciennes. Il a fait faire un retranchement derrière cette muraille avec un grand fossé. Ce retranchement est bien fraisé et bien palissadé, et il espère qu'il pourroit retarder de quelques jours la prise de la ville, d'autant plus que pour l'attaquer il faut essuyer tout le feu de la citadelle de ce côté-là; cependant on croit toujours que c'est l'endroit foible et que les ennemis la prendront par là.

Mardi 23, *à Versailles.* — Le roi tint le conseil de finances et travailla fort longtemps après avec M. Desmaretz. L'après-dînée il travailla avec M. Voisin. Monsei-

gneur et monseigneur le duc de Berry coururent le loup.
— Nos troupes qui reviennent d'Espagne arrivèrent en France par deux endroits. Le maréchal de Bezons vient à Bayonne, et d'Arennes, qui commande l'autre corps, vient par Oléron. Il enverra au duc de Noailles la plus grande partie des troupes qu'il amène, et on laissera, je crois, le reste en Languedoc, d'où M. de Roquelaure écrit pourtant que presque tous les camisards ont péri à l'action de M. de Miromesnil. Il est certain que les deux principaux chefs y ont été tués ; ce qui reste de ces canailles est en petit nombre et fort dispersé. On en a pris environ une trentaine, qui n'avoient pu se sauver à cause de leurs blessures et qui seront bientôt punis du dernier supplice. La province a besoin d'exemples pareils. — Chapuizeaux, enseigne des gardes du corps et qui avoit été échangé depuis quelques jours, chagrin de n'avoir pas été fait brigadier, parce que quelques-uns de ses cadets dans le corps l'avoient été faits, a demandé à se retirer. Le roi lui donne 4,000 francs de pension, comme le roi les donne toujours aux enseignes de ses gardes du corps qui se retirent, et sa place d'enseigne de la compagnie de Noailles a été donnée à Saint-Pau, le plus ancien exempt de la compagnie.

Mercredi 24, à Versailles. — Le roi, après son lever, travailla quelque temps avec le cardinal de Noailles comme il fait toujours les mercredis, et après la messe il tint le conseil d'État, qui dura jusqu'à une heure et demie. — On commence à fondre au nouvel hôtel des monnoies et on y a porté pour 3,500,000 livres de l'argent qui est venu du Pérou sur le vaisseau *la Vierge de Grâce*, et l'on porte beaucoup de vieil argent à la vieille Monnoie, parce qu'on y paye fort exactement ceux qui y ont laissé de l'argent et dont les noms sont sur le registre. Outre qu'on craint la diminution du prix des espèces, qui baisseront de trois sols par écu au premier jour du mois qui vient, on ne fait encore que fondre à la nouvelle Monnoie et on n'y pourra travailler aux autres opérations que dans huit jours. — Le pape, malgré tout ce que l'empereur fait contre lui et tout ce que le cardinal Grimani entreprend contre ses intérêts et contre son autorité dans le royaume de Naples, a accordé au marquis de Prié tout ce qu'il lui demandoit pour l'archiduc. Il le reconnoît roi d'Espagne et lui a écrit un bref où il lui donne de la Majesté Catholique.

Jeudi 25, *à Versailles.* — Le roi alla tirer l'après-dînée. M. Voisin lui porta le matin des lettres du maréchal de Villars venues par l'ordinaire et qui ne sont guère plus fraîches que celles qui arrivèrent lundi par le courrier. Un trompette de ce maréchal l'a assuré qu'étant chez le duc de Marlborough, à qui il l'avoit envoyé, on lui vint dire qu'une de nos mines, à l'attaque de la porte de Valenciennes, avoit fait sauter une batterie où les ennemis avoient plus de trente pièces de canon ou de mortiers. Cette nouvelle se confirme par des lettres venues de Douai et d'Ypres. On assure qu'il est entré dans la place beaucoup de déserteurs de l'armée ennemie. — M. de Blécourt a pris congé du roi; il s'en va à Madrid en qualité de son envoyé extraordinaire. M. Amelot n'attend que son arrivée pour revenir. — M. le maréchal de Villars change son camp. Il mettra sa droite à l'abbaye de Denain auprès de Valenciennes et sa gauche sur la Scarpe. Il veut par là couvrir Valenciennes et protéger Condé en cas que les ennemis, après la prise de Tournay, songeassent à attaquer une de ces deux places. On a envoyé de l'argent à Condé pour y construire des bâtiments qu'on mettra sur l'inondation, si besoin en est.

Vendredi 26, *à Versailles.* — Le roi travailla avec son confesseur, dîna de bonne heure et alla se promener à Marly. — Il arriva un courrier de M. de Villars qui apporte des nouvelles de Tournay du 24. Les ennemis s'étoient rendus maîtres du chemin couvert à l'attaque de la porte de Marni, mais ils n'y ont pu demeurer parce qu'ils étoient enfilés par le bastion d'Anthoin. Ils ont non-seulement abandonné le chemin couvert, mais toute cette attaque. A l'attaque de la porte de Valenciennes, que nous avions toujours crue la plus dangereuse pour nous, ils craignent que ce côté-là ne soit miné. La troisième attaque, qui est celle des Sept Fontaines, se continue avec plus de vigueur; ils se sont rendus maîtres de la contrescarpe. Ils ont cent douze pièces de canon en batterie aux trois attaques et jettent une infinité de bombes. Il y a de grandes brèches aux murailles de la ville aux trois attaques. M. de Villars a fait attaquer par M. de Nangis l'abbaye d'Hannon, qui est entre Saint-Amand et Marchiennes; il l'a emportée l'épée à la main. Il s'y est fort distingué, comme il fait partout. Le chevalier d'Albergotti, brigadier d'infanterie, y a été tué. Il y avoit dans le poste cent cinquante hommes, qui ont été tués ou pris.

Samedi 27, *à Versailles*. — Le roi tint le conseil de finances et travailla ensuite avec M. Desmaretz jusqu'à près de deux heures. L'après-dînée il travailla avec M. Voisin jusqu'à cinq heures et puis s'alla promener. Monseigneur est à Meudon[1], d'où il reviendra mercredi tout droit à Marly. — On eut des lettres de M. de Roquelaure, qui a fait encore attaquer quatre-vingts fanatiques qui s'étoient rassemblés. On en a tué plus de cinquante et on en a pris quelques-uns, qu'on a fait pendre; celui qui les commandoit étoit à cheval et s'en est enfui dès le commencement de l'action. — Le chevalier de Croissy, maréchal de camp, qui étoit prisonnier des Hollandois, a reçu son acte de liberté. Il a été échangé contre un homme qui n'est que brigadier, et M. Heinsius lui a mandé qu'il tâchât d'obtenir au moins la liberté de deux de leurs capitaines que nous avons, afin que cela réparât l'inégalité de l'échange et que, si le roi ne vouloit pas lui accorder, il n'en demeureroit pas moins libre. Le chevalier de Croissy auroit bien voulu servir le reste de cette campagne dans quelques-unes des armées ; mais comme il y a beaucoup d'officiers partout, le roi lui a dit d'attendre à l'année qui vient.

Dimanche 28, à Versailles. — Le roi tint le conseil d'État et travailla avec M. Pelletier l'après-dînée. Il vouloit ensuite aller tirer, mais la pluie l'en empêcha ; il y eut un intervalle de demi-heure à la pluie, durant lequel temps il se promena dans les jardins. Monseigneur vint ici de Meudon pour le conseil et s'y en retourna dîner. — L'électeur de Bavière a obtenu des ennemis un passe-port pour aller faire quelque séjour à Marimont, où il s'amuse à chasser. — On a arrêté en Espagne deux lieutenants généraux espagnols, dont l'un, qui s'appelle don Boniface Manriquès, a été pris dans une église à Madrid, quoique les églises en Espagne soient des asiles pour les plus grands criminels. L'autre, qui s'appelle le marquis de Villaroel, a été pris à Saragosse. On les garde tous deux à vue. Il y a encore eu d'autres gens arrêtés en Espagne, et l'on croit que tous ces gens-là étoient en correspondance avec Flotte. On ne dit point encore les raisons qu'on a eues à Madrid pour arrêter tous ces gens-là *.

* Il ne se put rien ajouter à l'éclat d'arrêter ces deux hommes, l'un dans l'asile inviolable d'une église dans Madrid, et l'autre à Saragosse, pour qu'on pût douter de l'extrême étendue que la conspiration embrassoit, non plus que de sa capitale importance : c'est aussi ce que vouloit la princesse des Ursins pour exciter les clameurs de toute l'Espagne nécessaires à révolter toute la France sous les auspices secrets de madame de Maintenon. L'une et l'autre sentoient bien le vide du fond du complot, et qu'il lui falloit d'autant plus de vacarmes qu'il étoit question d'entraîner et de brusquer les plus forts partis contre un petit-fils de France et oncle de la reine d'Espagne, qu'il étoit trop dangereux d'attaquer vainement. Le succès aussi passa leur espérance. Jamais clameurs ne firent tant de fracas, et jamais abandon n'approcha-t-il de celui où se vit le duc d'Orléans ; mais ce qui fut de terrible, c'est que ses plus proches furent les plus animés. Monseigneur se signala entre tous ; il avoit de l'amitié pour le roi d'Espagne sans que ni l'un [ni] l'autre sût pourquoi. M. le prince de Conty et M. de Vendôme, si éloignés l'un de l'autre, eux et leurs amis principaux, s'étoient unis à l'insu l'un de l'autre dans la jalousie de M. le duc d'Orléans, duquel

ils avoient de longue main éloigné Monseigneur. L'intelligence de ce prince étoit nulle, et il y avoit un nombre de gens sur la parole de qui il croyoit fermement les choses les plus incroyables, et on en verra un échantillon sur l'année suivante, également vrai et hors de toute vraisemblance. En ce point encore madame de Maintenon et mademoiselle Chouin étoient réunies, et le succès commun contre Chamillart les unissoit de plus en plus. La première n'oublia pas les ressorts de l'intérieur des cabinets, qu'elle venoit de faire jouer si heureusement contre le ministre Chamillart ; toute sa peine fut de ne pouvoir venir à bout de concerter monseigneur le duc de Bourgogne à leurs cris. Il fut ferme à vouloir voir des preuves d'une autre évidence et à soutenir que, quand bien même elles y seroient, il falloit cacher et non pas manifester à leur honte commune, le crime du sang royal. Il est pourtant vrai que la partie étoit faite de le répandre, ou tout au moins de le déshonorer par la clémence d'une commutation de peine qui anéantît le duc d'Orléans à jamais. Beaucoup de gens y trouvoient leur compte pour les futurs contingents, et les deux dominatrices pour leur vengeance. Tout fut donc donné en Espagne et en France comme le complot d'un petit-fils de France, d'un oncle propre de la reine d'Espagne, qui, abusant du traitement d'infant du diplôme, qui remédiant au silence du testament de Charles II à son égard, le rappeloit à la monarchie d'Espagne à son rang, du commandement des armées et de la confiance de toutes les affaires, se servoit de toutes ces choses comme de moyen pour imiter ce que le prince d'Orange avoit fait en Angleterre, et chasser du trône et de l'Espagne la famille régnante, et en usurper la monarchie en leur place. Monseigneur changea pour la première et l'unique fois de sa vie son ordinaire apathie en furie, et ne vouloit rien moins qu'une instruction juridique et criminelle. Voisin et Desmaretz, trop attachés, ou de reconnoissance ou de crainte, à madame de Maintenon, n'osoient n'être pas du même avis, que Voisin appuyoit en petit-fils de greffier criminel du parlement. Le duc de Beauvilliers hésitoit, les cris publics l'étourdissoient ; les mœurs et la conduite habituelle de M. le duc d'Orléans lui rendoient tout croyable ; il ne voyoit toutefois rien de clair ni de précis ; il ne pouvoit oublier sa tendresse pour le roi d'Espagne ; il avoit la même peine sur la liaison de M. le duc d'Orléans avec l'archevêque de Cambray, son cœur et son âme ; il déféroit enfin à la délicatesse de monseigneur le duc de Bourgogne. Le chancelier de Pontchartrain, effrayé en digne citoyen d'un scandale si monstrueux dans la famille royale, étoit aussi fort éloigné de M. le duc d'Orléans par sa conduite et par ses mœurs ; il étoit extrêmement bien avec Monseigneur sans qu'il parût ; il avoit aussi du penchant pour madame des Ursins. L'acharnement de son fils, qu'il connoissoit à fond et dont il détestoit tout, le tenoit en garde, et son penchant le réunissoit à l'avis de monseigneur le duc de Bourgogne. Tout cela se cuisoit dès le temps que Flotte fut arrêté, et se préparoit dès celui que M. d'Orléans fut déclaré n'aller plus en Espagne. L'arrêt de ces deux lieutenants généraux donna un si grand coup de fouet à cette terrible affaire qu'il ne fut plus mention que d'elle, et que tous les visages en parurent visiblement agités. Dans un éclat si violent, M. le duc d'Orléans parla au roi longtemps, qui ne l'écouta qu'en juge, quoiqu'il lui avouât alors le fait, qui à la vérité étoit une idée extravagante, mais qui ne pouvoit jamais passer pour criminelle. Ce n'étoit pas ce qui revenoit d'Espagne, ni ce qui étoit soufflé d'ici, et l'on y eut toute l'application et le manége possible pour soutenir le roi dans la persuasion que l'aveu que lui avoit fait M. le duc d'Orléans n'étoit qu'un tour d'esprit d'un criminel qui se voit près d'être convaincu, et qui donne le change pour échapper, mais un change dont la grossière ineptie faisoit seule toute la preuve de ce qui se trouveroit si, en l'arrêtant et le livrant aux formes, on faisoit disparoître tout ce qui le rendoit trop respectable et trop à craindre, pour que, sans une démarche si nécessaire, on pût espérer de faire dire la vérité qui étoit retenue par l'extrême crainte de sa naissance et de sa personne, mais dont toute considération tomberoit quand on le verroit abandonné et livré à l'état des criminels, puisque, malgré l'éclat et la terreur qui le protégeoit encore, cette humble vérité étoit déjà comme palpable, et si bien sentie telle par M. d'Orléans qu'avec tout son esprit il n'avoit pu imaginer qu'une folie sans la moindre apparence pour l'obscurcir. C'étoit ainsi qu'un projet en soi insensé et conduit, s'il se peut, plus follement encore devenoit criminel, et que son ineptie étoit tournée en preuve d'un crime qui dans la réalité n'eut jamais d'existence que dans la malignité, et les autres motifs de vengeance d'une part, d'ambition d'une autre, si intéressé à perdre M. le duc d'Orléans qu'il se trouvoit tout seul à se défendre, et qui n'avoit nul autre secours que les larmes méprisées de sa mère et les languissantes bienséances de sa femme. Il étoit fui à découvert, et lui-même ne chercha pas à se rapprocher ni à se conseiller de personne. Le roi, déchiré d'un état si violent, en proie à tous les accès de son cabinet, sans repos chez madame de Maintenon, persécuté sans cesse d'Espagne et de Monseigneur, qui à bouche ouverte lui demandoit justice pour son fils, et ne sachant à quoi se résoudre, parloit au conseil d'État, qu'il trouvoit encore partagé; à la fin il se rendit à tant de clameurs si intimes et si bien organisées, et ordonna au chancelier de voir les formes qu'il faudroit tenir pour garder toute la solennité requise à un pareil jugement. Le chancelier avoit un ami intime (1), quoique fort différent de son âge, à qui

---

(1) Saint-Simon lui-même.

il s'ouvroit presque de tout; cet ami l'étoit aussi de M. le duc d'Orléans beaucoup, et le chancelier savoit qu'il n'ignoroit pas ces sortes de formes. Il faut ajouter qu'il étoit duc et pair. Un soir qu'il étoit seul dans le cabinet du chancelier à Versailles, ce qui leur arrivoit extrêmement souvent, plein de son affaire plus encore que depuis quelques jours, il en mit son ami en propos, et c'étoit depuis plus de quinze jours le propos unique de la ville et de la cour et qui faisoit taire jusqu'à ceux de la guerre et de la misère; allant plus loin, il fit sentir à son ami qu'à tout événement il voyoit les choses aller si loin qu'il ne seroit pas impossible que l'affaire ne fût mise en règle, et qu'il seroit bien aise de savoir bien quelle seroit la forme solennelle d'un jugement de cette qualité. L'ami en effet lui répondit avec justesse et par exemples; alors le chancelier, se concentrant de plus en plus, fit quelques tours de ce petit cabinet sans parler; puis tout à coup comme en sursaut se tournant et s'arrêtant devant son ami : « Mais vous, lui dit-il, vous seriez nécessairement juge ajourné comme tous les autres pairs, puisqu'il les faudroit convoquer. Vous êtes ami de M. d'Orléans, comment feriez-vous pour vous tirer de là ? — Comment je ferois, lui répondit l'ami, je n'en serois pas embarrassé un moment; j'irois (car le serment des pairs y est exprès et la convocation y nécessite), et à mon tour d'opiner je dirois qu'avant d'entrer dans l'examen des preuves il faut traiter l'état de la question ; qu'il s'agit ici d'une conspiration véritable ou supposée de détrôner le roi d'Espagne et d'usurper sa couronne; que ce fait est un cas le plus grief de crime de lèse majesté; mais qu'il regarde uniquement le roi et la couronne d'Espagne, en rien celle de France; que par conséquent, avant d'aller plus loin, je ne crois pas le parlement garni de pairs compétent de connoître d'un crime de lèse-majesté totalement étrangère, ni de la dignité de la couronne de livrer un prince que sa naissance en rend et capable et si proche à aucun tribunal d'Espagne, qui seul pourroit être compétent d'un crime de lèse-majesté qui regarde uniquement le roi et la couronne d'Espagne; cela dit, je crois que la compagnie se trouveroit surprise et embarrassée, et s'il y avoit débat, je ne serois pas en peine de bien soutenir mon avis. » Le chancelier fut étonné au dernier point, et après quelques moments de silence : « Vous êtes un compère, dit-il à son ami, frappant du pied et souriant en homme soulagé, je n'avois pas pensé à celui-là, et en effet cela a du solide. » Ils raisonnèrent encore un peu, puis coupant court il le renvoya. Ce qu'il en fit, son ami ne l'a jamais su, mais vingt-quatre heures après cette conversation les bruits changèrent tout à coup, puis tombèrent presque aussitôt, et il ne fut plus question de pousser cette affaire, qui fit place aux autres à son tour; mais Monseigneur n'en revint de sa vie, et le roi, qui traita beaucoup mieux son neveu, ne revint pas non plus comme il avoit été pour lui. A l'égard de madame de Maintenon, elle lui pardonna d'autant moins qu'il lui échappa au moment de sa vengeance et que depuis elle ne cessa point de le poursuivre. Le fâcheux fut que M. le duc d'Orléans, pour être échappé au péril, ne se rétablit guère dans le monde, et que les puissances qui l'avoient voulu perdre contribuèrent sans cesse à cette espèce d'excommunication.

Lundi 29, *à Versailles.* — Le roi travailla l'après-dînée avec M. de Pontchartrain et puis alla tirer. — Un de nos partisans avoit enlevé dans Schnalbach le grand maître de l'ordre teutonique et quelques autres seigneurs allemands qui y prenoient les eaux; mais son parti s'amusa à piller. Les milices d'alentour s'assemblèrent, coururent après notre parti, le battirent et remmenèrent les prisonniers et ont mené à Mayence celui qui commandoit le parti. — On apprend par beaucoup de lettres de différents endroits d'Espagne que l'archiduc est attaqué d'une maladie dangereuse. On l'a séparé de l'archiduchesse, et les gens qui l'ont vu à Barcelone assurent qu'il est étique et qu'il n'a pas la force de se soutenir. — M. de Berwick s'est avancé à Montmélian, conservant toujours la communication avec Briançon par la Maurienne et ayant des troupes étendues tout le long de l'arc. L'armée des ennemis est campée dans la plaine vis-à-vis de Conflans et a sa gauche à l'Isère. On assure que le reste de leur cavalerie, qui étoit en Piémont, est en marche par le val d'Aoste pour la venir joindre. M. de Savoie étoit encore à Turin le 24.

Mardi 30, *à Versailles.* — Le roi tint le matin le conseil de finances, où M. Desmaretz devoit rapporter l'affaire de madame de Calvisson avec MM. ses cousins sur la substitution des biens de la maison. Comme c'est une affaire d'une grande discussion et que M. Desmaretz est accablé de beaucoup d'autres affaires, le roi a renvoyé celle-là à la grande direction. L'après-dînée le roi travailla avec M. Voisin et puis s'alla promener dans les jardins. — Il arriva un courrier de M. de Villars, qui ne nous apprend rien du siége de Tournay. Il en est venu tant de nouvelles fausses depuis le siége qu'elles se contredisent presque toutes les unes les autres; ce qu'il y a de certain, c'est que la place est fort pressée. Ce courrier a été envoyé par M. de Villars pour représenter au roi l'embarras où est l'armée, à qui le pain n'est pas fourni régulièrement et où il y a très-peu d'argent. La désertion y commence et même il y a fort à craindre que le manque d'argent et de subsistance ne la fasse beaucoup augmenter. On donne ici tous les ordres qu'on peut, pour remédier à ces inconvénients, qui sont grands.

Mercredi 31, *à Marly.* — Le roi tint le matin à Versailles le conseil d'État et aussitôt après son dîner en partit pour revenir ici, où l'on demeurera jusqu'au 10. Monseigneur y vint le soir de Meudon. Madame la duchesse de Bourgogne y est venue en carrosse en faisant le grand tour par le parc pour éviter le pavé; elle se mit au lit en arrivant. Le roi travailla le soir chez madame de Maintenon avec M. Voisin. — Il arriva un courrier d'une ville de Flandre, et le bruit se répandit après le souper du roi que la ville de Tournay capituloit. — Madame la duchesse de Saint-Aignan et madame Voisin sont de ce voyage pour la première fois. Jamais il ne s'étoit présenté tant de dames pour y venir qu'il y en avoit avant-hier au souper du roi, et il y en a vingt-cinq de celles qui se sont présentées qui ne sont point venues. — Les affaires d'Espagne pour l'emprisonnement de Flotte et des officiers généraux qui ont été arrêtés à Saragosse et à Madrid font beaucoup de bruit et ne sont point encore éclaircies.

FIN DU DOUZIÈME VOLUME.

www.ingramcontent.com/pod-product-compliance
Lightning Source LLC
Chambersburg PA
CBHW071623230426
43669CB00012B/2051